Guido Knopp
Die SS

Guido Knopp

Die SS

Eine Warnung der Geschichte

In Zusammenarbeit
mit Jens Afflerbach, Stefan Brauburger,
Christian Deick, Jörg Müllner,
Sönke Neitzel, Ricarda Schlosshan

Redaktion:
Alexander Berkel, Mario Sporn

C. Bertelsmann

Umwelthinweis:
Dieses Buch und der Schutzumschlag wurden auf
chlorfrei gebleichtem Papier gedruckt.
Die Einschrumpffolie (zum Schutz vor Verschmutzung)
ist aus umweltschonender und recyclingfähiger PE-Folie.

2. Auflage
© 2002 by C. Bertelsmann Verlag, München,
in der Verlagsgruppe Random House GmbH
Umschlaggestaltung: Design Team München
Satz: Uhl + Massopust, Aalen
Druck und Bindung: GGP Media, Pößneck
Printed in Germany
ISBN 3-570-00621-2
www.bertelsmann-verlag.de

2 3 4 5 6 7 8 9 10

Den Opfern der SS

Inhalt

Eine Warnung der Geschichte

Sie war der Inbegriff des Terrors. Sie vollzog den Massenmord. Sie verkörperte wie keine andere Organisation in Hitlers Reich den tödlichen Wahn vom Herrenmenschen. SS – die beiden Buchstaben in altgermanischer Runenschrift stehen für das wohl effektivste und gefährlichste Machtinstrument der NS-Diktatur. In nur wenigen Jahren wurde die »Schutzstaffel« von einer unbedeutenden Leibwache zu einem Staat im Staate Hitlers, einem Sklavenstaat.

»Deine Ehre heißt Treue« – unter der von Heinrich Himmler propagierten Losung sollten SS-Männer an den Fronten als »Feuerwehr« die Lücken stopfen, die Gefangenen und Zwangsarbeiter erbarmungslos ausbeuten, in mobilen Mordschwadronen und den Todeslagern des Regimes mit kaltem Herzen morden. Den Holocaust vollziehen – unter all den Organisationen des NS-Staats war nur die SS imstande und vor allem willens, diesen Auftrag Hitlers auszuführen.

In diesem Buch wird nicht versucht, den nützlichen und detaillierten Studien zur Geschichte der SS eine weitere hinzuzufügen. Hingegen wird zu einer Zeit, da die letzten Täter und die letzten Opfer noch am Leben sind, parallel zu einer international gestützten Fernsehreihe publizistische Bilanz gezogen: für ein großes Publikum, mit vielen bislang unveröffentlichten Quellen aus Archiven zwischen Washington und Moskau – und mit Zeugen der Geschichte der SS: Opfern, Tätern, Gegnern, die sich bislang nicht geäußert haben. Zeitzeugengestützte Dokumentationen solcher Art sind in fünf Jahren nicht mehr möglich. Es war also höchste Zeit.

Die SS begann ganz klein. Auf der Kegelbahn des Münchner Wirtshauses Torbräu schlug im Mai 1923 die Geburtsstunde des »Stoßtrupps Hitler« – 22 Männer bildeten die Keimzelle des schwarzen Ordens. In Saalschlachten das Leben des »Trommlers« zu schützen, der »Führer« sein wollte – das war ihre Aufgabe. Auf ihren schwarzen Mützen trugen sie den Totenkopf – entliehen dem Emblem des 1. Garde-Reserve-Pionieregiments im

Ersten Weltkrieg, das vor den Frontlinien mit Flammenwerfern operierte. »Todesverachtende Kampfesfreude« – mit solcher Schützengrabengesinnung wollten die Stoßtruppler die verhasste Republik stürzen.

Nachdem Hitlers dilettantischer Putschversuch im ersten Anlauf gescheitert war, stellte der aus seiner Haft entlassene Anführer im Jahr 1925 einen neuen »Stoßtrupp« auf: Die »Schutzstaffel« – SS – verstand sich wie der erste Trupp von Anfang an als eingeschworene Prätorianergarde, als »Elite« der Partei, in bedingungslosem Gehorsam ihrem »Führer« unterworfen. SS-Anwärter mussten zwischen 23 und 35 Jahre alt sein, zwei Bürgen nennen können, »gesund und kräftig gebaut«, mindestens 1,70 Meter groß und natürlich von »arischer Abstammung«.

Doch in den Jahren vor der Machterschleichung Hitlers verschwand das Häuflein der SS im Millionenheer der SA, deren »braune Bataillone« den Straßenkampf beherrschten. Auch wenn SS-Chef Himmler die Marschrichtung vorgab: »Die SA ist die Linie, die SS die Garde« – es war die SA, die unter Führung von Ernst Röhm den Weg zur Reichskanzlei mit ebnete und immer vehementer Anteil an der Macht im Staate forderte.

Die Stunde der Wahrheit schlug am 30. Juni 1934. In einer bis dahin beispiellosen Mordaktion töteten SS-Kommandos im Auftrag Hitlers die Führer der SA. In dieser »deutschen Bartholomäusnacht« begann der Aufstieg der SS zur mächtigsten Terrororganisation des »Dritten Reiches«. Die frustrierten braunen Revolutionäre waren Hitler mehr als nur im Weg gewesen. Der zügellose Terror der SA-Kohorten nach der Machterschleichung hatte das auf einen starken Staat erpichte Bürgertum verschreckt. Enttäuscht von Hitlers Bündnis mit den alten Mächten, forderte SA-Chef Röhm nach der nationalen nun die »nationalsozialistische Revolution« – und die noch immer ausstehende Belohnung seiner braunen Heere für die »Opfer der Kampfzeit«.

All das gefährdete den Pakt des neuen Kanzlers mit der Reichswehr – die er benötigte, um seine imperialen Ziele zu erreichen. So sammelten nun Himmlers Helfer Heydrich und Gestapo-Chef Diels Material gegen den vermeintlichen »Putschisten« Röhm. Doch die Gefahr eines »Röhm-Putschs« gab es nie. Der »Röhm-Putsch« war ein Putsch gegen Röhm. Ein Gebräu aus Gerüchten, manipulierten Beweisen und gefälschten Indizien diente als Vorwand, um den Querulanten Röhm zu stürzen.

SS-Einheiten und Polizeiverbände, ausgerüstet mit Waffen der Reichswehr, töteten nicht nur die Führer der SA, sondern auch, in einem »Aufwasch«, konservative Regimegegner wie Hitlers alten Weggefährten Gregor Strasser und den ehemaligen Reichskanzler Kurt von Schleicher.

Der wahre Gewinner des parteiinternen Machtkampfs aber war die SS unter ihrem bislang kaum bekannten »Reichsführer«. Der Aufstieg der SS ist untrennbar mit Heinrich Himmlers Weg verbunden.

Dessen insgeheimer Wahlspruch, ein frivoler Diebstahl aus dem Reservoir des alten Preußen, hieß: »Mehr sein als scheinen.« Keiner hätte je vermutet, dass ausgerechnet dieser unscheinbare Mann zum mächtigsten Satrapen Hitlers werden würde.

So unbeschreiblich die Verbrechen sind, die sich mit seinem Namen verbinden, so banal war der Mensch, der sie vollziehen ließ. Als »völlig unbedeutende Persönlichkeit«, als »Mann ohne Eigenschaften«, allenfalls als Typ des »Schulmeisters mit ausgeprägtem Sparsinn« wurde er von Zeitgenossen charakterisiert. In anderen Zeiten hätte er seine Talente wohl als Bürokrat entfalten können: Wie ein Finanzbeamter Hunderte von Steuererklärungen abzeichnet, so absolvierte Himmler seine Aufgabe: Völkermord als Organisationsproblem.

Dass Hitlers Holokaust so gründlich, systematisch und mechanisch ablief, war vor allem Himmlers Werk. Die Mordfabriken inspizierte er persönlich. Täglich ließ er sich die Todeszahlen melden.

Der SS-Chef war kein Intellektueller, eher linkisch, furchtsam und entscheidungsschwach. Autorität erlangte er nicht aus der Überzeugungskraft seiner Person, sondern aus einem zielstrebigen und auf konsequente Machtentfaltung gerichteten Sinn. Organisationstalent und das bewusst gepflegte Bild des rigorosen Hardliners machten ihn zum unentbehrlichen Vollstrecker. Am Ende war Himmler als »Reichsführer SS« Chef der deutschen Polizei, Reichsinnenminister sowie als Oberbefehlshaber des Ersatzheeres nach Hitler der mächtigste Mann im Reich.

Sein Menschenideal war das des nüchternen und opferwilligen Gewaltmenschen, sein Ziel war dessen Züchtung. Seinen Mannen predigte er Lauterkeit und Sittlichkeit im gleichen Atemzug, in dem er auch Gewalt und Massenmord befahl: Unbarmherzigkeit als Tugend, mitleidloser Mord als Stärke. Himmler machte sich am Ende keine Sorgen um das Leid der Opfer, sondern um die Seelenpein der Täter. Nüchternheit und kalte Rationalität waren freilich nur die eine Seite seines widersprüchlichen Charakters. Zugleich verstieg er sich in ein absurdes Metgebräu aus Rassentheorie, Naturheillehre und völkischem Okkultismus.

Ausgerechnet dieser willige Vollstrecker, der »getreue Heinrich«, praktizierte in den letzten Kriegsmonaten eine doppelgleisige Verzweiflungspolitik. Er organisierte auf der einen Seite die Schimären Volkssturm und Werwolf und bot auf der anderen Seite dem Westen in Geheimgesprächen eine Kapitulation an – ohne zu erkennen, dass sein Name längst als Synonym für Massenmord schlechthin stand. So verriet er seinen »Führer« ebenso, wie er elf Jahre zuvor seine beiden ersten Förderer, Ernst Röhm und Gregor Strasser, verraten hatte. »Deine Ehre heißt Treue«: Was die von Himmler propagierte Losung der SS am Ende wert war, hat er selbst bewiesen.

»HHHH – Himmlers Hirn heißt Heydrich«, spotteten die Paladine des Regimes schon in den Dreißigerjahren. In der Tat erlebte der aus der Marine verstoßene Reinhard Heydrich in der SS-Hierarchie eine kometenhafte Karriere. Er baute für Himmler den Sicherheitsdienst der SS aus, er machte die Gestapo zu einem Codewort für Hitlers Deutschland, für den jederzeit möglichen Gewalttod, er schuf das Reichssicherheitshauptamt der SS, eine Riesenbehörde, die ein unsichtbares Netz über das System des Terrors gespannt hatte.

Gleichwohl ist hier eine Legende zu entkräften – die von der Gestapo als allwissender, allmächtiger Geheimpolizei. In Hitlers Reich sprach man von ihr als einer krakengleichen Mammutbehörde, deren bloße Existenz jedem vor Augen führen sollte: Widerstand ist zwecklos. In den Jahrzehnten nach dem Krieg geriet sie gar zu einem Synonym für die Herrschaft der Gewalt nach innen. Tatsächlich war die Gestapo sehr viel kleiner, als es die Legende wissen will. Entfalten konnte Heydrich seinen Spitzelstaat am Ende nur, weil sich ein Heer von Denunzianten anbot – die IMs des Nazi-Reichs. Ohne die Kohorten der Verleumder wäre die Gestapo blind und taub geblieben. Nie zuvor in der deutschen Geschichte war es so leicht, unliebsame Nachbarn, Konkurrenten oder einfach Menschen, die man hasste, anzuzeigen, sie zu hilflosen Opfern eines Willkürapparats zu machen, sie um Arbeit und Zukunft zu bringen – und schließlich unter das Fallbeil des Henkers. Wellen der Niedertracht schwappten über das Land. Die Spuren dieser Sintflut überdauerten die Zeiten in Tausenden von Akten.

Heydrich hatte Himmler seinen Aufstieg zu verdanken – und er revanchierte sich mit bedingungsloser Loyalität und gewissensfreier Härte. Himmlers rassistischer Säuberungswahn und Heydrichs eiskalter Sinn für das Machbare bildeten eine fatale Kombination.

Heydrich war der Prototyp des Managers der Macht, der vage formulierte Intentionen Hitlers aufgriff, daraus künftige Entwicklungen und Absichten ablas, bevor sie der Diktator noch befehlen musste. Wenn einer »dem Führer entgegengearbeitet« hat, dann war es Reinhard Heydrich.

Die Organisation der »Endlösung« packte Heydrich, der SD-Chef, unter Himmlers Obhut nicht zuletzt auch deshalb so energisch an, weil er beflissen um die Gunst des »Führers« buhlte, um dereinst selbst »Reichsführer« zu werden.

Der Schweizer Carl Burckhardt empfand ihn bereits vor dem Krieg als »jungen, bösen Todesgott«. »Heydrich«, schrieb das frühere Gestapo-Opfer Ralph Giordano, »war der Prototypus eines neuen Menschen, wie der Nationalsozialismus ihn haben wollte. Er war ein Protagonist der Generation des Unbedingten. Nichts an Unmenschlichkeit war mehr unmöglich. Alles war möglich, auch der Mord an Millionen Menschen.« Reinhard Heydrich hat ihn organisiert, doch das Ende des Vollzugs nicht mehr erlebt. Im Juni 1942 erlag er einem Attentat.

Was wäre geschehen, wenn Heydrich am Leben geblieben wäre? Heydrich war wie eine Ahnung dessen, was aus Hitlers Staat vielleicht geworden wäre: ein SS-Staat. In einem großgermanischen Reich vom Atlantik zum Ural, von Autobahnen durchzogen, von Totentempeln gekrönt, wären 90 Millionen Slawen in der Gewalt der Nazis gewesen. 14 Millionen wurden als Arbeitssklaven gebraucht, etwa 30 Millionen sollten umgebracht und die übrigen über den Ural vertrieben werden – in die Wildnis von Sibirien. Reinhard Heydrich, der kommende Mann der SS, hätte nicht gezögert, diese Vision des Schreckens wahr zu machen.

Bei den Nürnberger Prozessen fehlte Heydrich auf der Bank der Angeklagten. Er wäre zweifellos zum Tode verurteilt worden.

In Nürnberg wurde eine Organisation pauschal als kriminell eingestuft, die in der Schlussphase des Zweiten Weltkriegs mit fast 900 000 Mann die zahlenmäßig stärkste Truppe der SS aufbot: die Waffen-SS.

Am militärischen Arm der SS scheiden sich bis heute die Geister. War sie Elitetruppe oder Verbrecherbande? Waren ihre Männer »Soldaten wie andere auch«? Gar Inbegriff soldatischer Tapferkeit und Angriffslust? Oder Nazi-Raufbolde und -Schlächter, die man so bedachtsam brutalisiert hatte, dass sie eifrig und willig waren, alles und jeden niederzumachen?

Belege finden sich für beide Thesen. Die Panzerdivisionen der Waffen-SS kämpften insbesondere nach Stalingrad, vor allem an den Brennpunkten der Ostfront, als »Feuerwehr« oft mit immensen Verlusten. Die gab es freilich bei der Wehrmacht auch. Andererseits tat sich die Waffen-SS bei Kriegsverbrechen unrühmlich hervor: Gewiss war sie mit ihrem brutalen Vorgehen nicht allein, und der Unterschied zwischen Wehrmacht und Waffen-SS war bei weitem nicht so groß wie vielfach dargestellt. Dennoch übertrafen die Exzesse von SS-Einheiten die der Wehrmacht meist an Scheußlichkeit. Der Name Oradour steht als Symbol für manche anderen Kriegsverbrechen.

Nach dem Krieg versuchten Veteranen der Waffen-SS zu beweisen, was nicht zu beweisen war: dass die Soldaten der Waffen-SS schlichtweg nur Kämpfer gewesen seien, die mit den Verbrechen der SS in den Todesschwadronen und Vernichtungslagern nichts zu tun gehabt hätten. Dies mag von manchen – vor allem den zwangsrekrutierten – SS-Männern so empfunden worden sein. Doch die Wirklichkeit sah anders aus. Die Verbindung zwischen Waffen-SS und allgemeiner SS war durchaus eng. Die Offiziere wurden gemeinsam ausgebildet – ganz gleich, wo sie dann dienten: im KZ, in der Verwaltung oder an der Front. Es waren eben keine »Soldaten wie andere auch«.

Bei den Totenkopfverbänden der SS kam die Frage nach der Schuld des Einzelnen an den Orten schlimmsten Grauens in der Regel gar nicht auf. Sie waren der Kern der Tätertruppe, die den Holokaust vollzog. Es wäre für die Nachwelt wohl beruhigend, sie und auch die anderen Angehörigen der »Schutzstaffel« pauschal als Kriminelle, als geborene Sadisten abzustempeln. Denn das würde ja bedeuten, dass wir sie als Fehlentwicklungen der menschlichen Gesellschaft ansehen dürften.

Doch in der SS dienten weithin »ganz normale Menschen« aus der Mitte der Gesellschaft. Die SS war alles andere als ein eingeschworener monolithischer Block. Sie war ein komplexes und dynamisches Gebilde, das sich in den 20 Jahren seiner Existenz fortwährend veränderte. Die Männer (und Frauen), die in ihr dienten, waren höchst verschieden. Einige waren »gläubige Jünger«, die dem »Orden unter dem Totenkopf« eine fast religiöse Mission zuschrieben. Andere suchten sich aus Himmlers Arsenal die Stellen aus, die ihnen passten, und versuchten vieles andere, was ihnen eher missfiel, so gut es eben ging zu ignorieren. Wieder andere sahen in der SS vor allem eine Chance zur Karriere und bekannten sich zwar öffentlich zur Ideologie des schwarzen Ordens, doch innerlich war ihnen diese herzlich gleichgültig. Es gab vordem arbeitslose Intellektuelle, die in der Schutzstaffel die einzige Gelegenheit erkennen wollten, ihrem Leben Sinn und Halt zu geben. Und es gab auch, nicht nur in den Totenkopfverbänden, Abschaum der Gesellschaft: Kriminelle, Asoziale, Mörder. Stellten zu Beginn vor allem die in Saalschlachten erprobten Weltkriegsveteranen das Gerippe der SS, so drängten nach der Machterschleichung Hitlers Angehörige der »besseren Stände« in die schwarze Garde. Himmler übernahm geschlossen ganze Organisationen wie den »Herrenreiter-Club« oder den

»Kyffhäuserbund«. In den höheren Rängen der SS waren Adlige unverhältnismäßig zahlreich vertreten. Akademiker und Freiberufler wurden insbesondere für Geheimdienste und für das ökonomische Imperium rekrutiert. Heeresoffiziere wurden zur SS geholt, um die Rekruten der Verfügungstruppe auszubilden – Kern der späteren Waffen-SS. Überdies verlieh SS-Chef Himmler Hunderten von Wirtschaftskapitänen, Diplomaten, Staatsbeamten »Ehrenränge« der SS. Ein deutscher Prinz war ebenso SS-Mann wie ein Pfälzer Bauer, der als Wachmann im KZ den Judenmord vollzog.

Fazit: Die SS war durchaus auch ein Spiegelbild der deutschen Gesellschaft. Die weitaus meisten waren »ganz normale Menschen«, die unter ganz besonderen Bedingungen mitunter zu Verbrechern wurden, weil ein krimineller Staat sie dazu ermutigte. Wenn ein Staat erklärt, Menschen umzubringen sei für sich genommen zwar hart und unmenschlich, doch diene es am Ende einem höheren und »guten« Zweck, dann sind die Bande menschlicher Moral offenkundig nicht so stark, um zu verhindern, dass sich Hunderttausende dann kriminell verhalten. Die zu Verbrechern wurden, handelten weithin nicht im Bewusstsein, Unrecht zu begehen.

Die Moral von der Geschichte? Jeder hätte Täter werden können. Jeder ist gefährdet, wenn ein krimineller Staat die Schranken zwischen Recht und Unrecht bricht. Die menschliche Natur allein ist schwach. Ein Himmler und ein Mengele, ein Eichmann und ein Heydrich stecken in uns allen. Alle diese Männer hätten in anderen Zeiten, unter anderen Verhältnissen, »ganz normale« Lebensläufe absolviert, wären unauffällige Bürger gewesen. Himmler vielleicht Oberlehrer? Heydrich ein Marineoffizier? Mengele ein Kinderarzt?

Es wäre leichtfertig, nur auf die Menschlichkeit des Menschen zu vertrauen, die labil ist und zerbrechlich. Nur ein freiheitlicher Staat mit klaren Normen und Gesetzen, der auf einer menschenwürdigen Gesellschaft ruht, kann wirkungsvoll verhindern, dass aus Recht in der Geschichte Unrecht wird. Zu einem kriminellen Staat, der eine Organisation wie die SS ermöglicht, darf es gar nicht kommen. Insofern ist die Geschichte der SS vor allem eine Warnung der Geschichte.

Der Machtkampf

Am 30. Juni 1934 erhielt der Terror des »Dritten Reiches« eine andere Farbe. Schwarz löste Braun ab und vermischte sich mit Blutrot. Die Täter grölten keine Parolen und schwangen keine Knüppel. Sie fuhren dunkle Limousinen.

In Berlin geleiteten drei Männer der Berliner Gestapo-Zentrale den ehemaligen NS-Spitzenfunktionär Paul Schulz zu einem offenen Viersitzer. Sie schlossen das Verdeck des Wagens. »Es entströmte ihm ein unangenehmer Geruch nach geronnenem Blut, der mir, wenn ich noch im Unklaren über den Sinn dieser Fahrt gewesen wäre, auch den letzten Zweifel genommen hätte«, erinnerte sich Schulz später. Der Wagen jagte über Steglitz in den Grunewald, raste weiter Richtung Wannsee. Doch auf den Straßen waren zu viele Ausflügler unterwegs. Erst hinter dem Dorf Seddin, eine halbe Stunde von Potsdam entfernt, fanden die Männer in einem Waldstück die Gelegenheit, ihren »Abschuss«, wie sie es nannten, zu vollenden.

Sie befahlen ihrem Opfer, auszusteigen und ein paar Schritte zu gehen. Schulz blieben nur noch wenige Sekunden. Er schlug einem der SS-Männer die Waffe aus der Hand. Der Schuss eines zweiten traf ihn, bevor er das Unterholz erreichte. »Als ich wieder zu mir kam, lag ich auf dem Bauch, mit dem Kopf nach unten. Ich spürte starke Schmerzen im Rückgrat. Der Körper war nass von Blut. Ich begann sofort zu röcheln und imitierte die Zuckungen eines Sterbenden. Danach verhielt ich mich vollkommen ruhig – so ruhig, wie ein Toter ruhig ist.« Einen Fangschuss hielten die Täter für überflüssig. Als sie eine Zeltplane holten, um den vermeintlich Toten hineinzupacken, sprang der schwer verletzte Schulz auf und flüchtete in einen Waldweg. Er konnte mit knapper Not entkommen.

Es war das einzige Mal, dass die Männer in den schwarzen Uniformen an diesem 30. Juni 1934 ihren Auftrag nicht wie befohlen erledigten. An-

> Ich sagte mir damals, dass ich eine Leibwache brauchte, die, wenn sie auch klein war, mir bedingungslos ergeben wäre und sogar gegen ihre eigenen Brüder marschieren würde. Lieber nur 20 Mann aus einer Stadt – unter der Bedingung, dass man sich absolut auf sie verlassen konnte – als eine unzuverlässige Masse.
>
> Hitler über die Gründung der SS

sonsten töteten sie, wie man es von ihnen erwartete: durchdacht, gehorsam, skrupellos, intelligent und unauffällig. Nichts deutete an diesem schwülen Samstag darauf hin, dass die SS den ersten Massenmord des »Dritten Reiches« verübte. Es lag Ruhe über dem Land. Die Menschen erregten sich wenig über die seit Wochen offen ausgetragenen Konflikte zwischen der Partei und ihrer wichtigsten Organisation, der SA. Gesprächsstoff lieferte ein Drama anderer Art. Eine Woche zuvor hatte der FC Schalke 04 in einem dramatischen Finale den deutschen Meistertitel im Fußball gegen den 1. FC Nürnberg geholt. Ernst Kuzorra war kurz vor Abpfiff der entscheidende Treffer zum 2:1 gelungen.

Die Menschen ahnten wenig vom gnadenlosen Machtkampf, der innerhalb der Führung der NSDAP entbrannt war. Es war ein Machtkampf, in dem sich jene Parteiorganisationen bis aufs Blut bekämpften, die in den Propagandainszenierungen als machtvolle Einheit auftraten, sich öffentlich in scheinheiliger Maskerade, Treue und Gehorsam gelobend, hinter Adolf Hitler sammelten. Ein Machtkampf, den die neuen Herren aber auch nutzten, um alte Rechnungen zu begleichen.

Das Strafgericht war inszeniert, die Beweise waren gefälscht, und das Urteil stand längst fest. Unter dem Vorwand, einen drohenden Putsch der SA niederzuschlagen, ließen die SS-Führer Heinrich Himmler und Reinhard Heydrich von langer Hand angelegte Todeslisten abarbeiten. An diesem Tag bewies sich die Festigkeit eines Bündnisses, das sie mit Paladinen wie Göring und Bormann seit Monaten geschmiedet hatten. Es sollte zum Fundament der NS-Diktatur werden. Die schwarzen Bataillone waren ihre willfährigen Exekutoren. Im Gefängnis München-Stadelheim starb im Kugelhagel der SS-»Leibstandarte Adolf Hitler« der engste Führungszirkel der SA. In der Kaserne der »Leibstandarte« in Berlin-Lichterfelde exekutierten die Erschießungskommandos der Prätorianergarde des »Führers« die persönlichen Feinde der Parteielite. »Die Pelotons«, erinnert sich Hans Fischach, ehemaliger Angehöriger der »Leibstandarte«, »bestanden aus jungen Männern, denen man das befohlen hat: ›Da sind Leute, die gegen den Führer geputscht haben. Die werden hingerichtet und aus.‹ Und dann: Antreten. Erste Reihe knien, zweite Reihe stehen. Und dann wurde der Befehl ausgeführt. Der

> Die Gefahr bestand, dass die SA von Röhm sozusagen als Staat im Staate aufgezogen wurde und dadurch eine Gefahr für Hitler und seine Gesellen entstand.
> Eberhard Richter, lebte damals in Berlin

> Den Fall Klausener übernehmen Sie. Klausener ist sofort in den Diensträumen des Ministeriums zu erschießen. Dann rufen Sie mich von seinem Diensttelefon aus an.
> Gestapo-Chef Reinhard Heydrich zu SS-Mann Kurt Gildisch, dem Mörder des Politikers Ernst Klausener

einzelne SS-Mann hat da nicht drüber nachge-
dacht. Das war einfach Staatsnotstand.«

Für andere Aufträge schickte die SS professionelle Killer. Kurz vor 13 Uhr hielt der Wagen
des Sturmhauptführers Kurt Gildisch vor dem
Reichsverkehrsministerium in der Wilhelm-
straße. Gildisch erkundigte sich nach dem Büro
des Ministerialdirektors Dr. Erich Klausener. Dieser war für die Schifffahrt zuständig, doch wichtiger erschien den Machthabern, was er neben der
Arbeit tat. Als Leiter der »Katholischen Aktion«
hatte er eine Woche zuvor mehr als 60 000 Menschen zu einer Kundgebung im Berliner Hoppe-
garten zusammengebracht. Dort hatte er ein

> Letzten Endes war es wohl eine Auseinandersetzung zwischen SS und SA, bei der auch viele Leute, die mit dem Putsch nichts zu tun hatten, von der SS beseitigt wurden.
>
> Albert Speer, bei der Vernehmung durch Amerikaner, Mai 1945
>
> Mit dem Röhm-Putsch am 30. Juni, als der General Schleicher erschossen wurde, fing es an, dass ich zum ersten Mal nachdenklich wurde.
>
> Horst Zank, Offizier der Wehrmacht

spontanes Schlusswort gesprochen, das die Teilnehmer bewegte: Gerade
in diesen Zeiten dürfe man niemanden aus der Liebe Gottes entlassen.
Überdies hatte der Ministerialdirektor eine Vergangenheit, die Göring
und Heydrich missfiel. Während der Weimarer Zeit war Klausener im
preußischen Innenministerium auf der Polizeiabteilung gewesen. Niemand kannte das Strafregister der alten Nationalsozialisten besser als er.
Klausener verließ gerade sein Büro, als er seinem Mörder begegnete. Gildisch erklärte ihm, er sei verhaftet. Als der Beamte nach seinem Jackett
griff, schoss ihm sein Mörder zwei Kugeln in den Kopf. Eine SS-Wache
zog auf vor dem Büro des Opfers. Ohne sich umzusehen, verließ Gildisch
das Ministerium. Andere Aufträge warteten auf ihn.

In München glitten am Abend des 30. Juni 1934 schwarze Limousinen
durch die Stadt. Eine hielt ganz in der Nähe des Siegestores, vor dem Haus
Schackstraße Nummer 3. Im Gegensatz zu Paul Schulz war Dr. Willi
Schmid ahnungslos. Die Familie wunderte sich zwar über den barschen
Ton der vier Männer in schwarzer Uniform, doch der Vater beruhigte Frau
und Kinder: Es werde sich schon alles aufklären, er komme bald zurück.
Was konnte die SS schon von ihm, einem Musikkritiker, wollen? Bevor er
einstieg, griff Schmid nach seinem Hut. Diese alltägliche, unzählige Male
beobachtete Geste ist die letzte Erinnerung der Tochter Renate an ihren
Vater. »Die Limousine rollte nach Dachau«, weiß sie heute, »und dort
haben sie ihn sofort erschossen.«

In einer Terrorwelle ohnegleichen starben fast 100 Menschen im gesamten Reich – darunter Politiker der konservativen Opposition wie Kurt
von Schleicher oder alte Weggefährten Hitlers wie Gregor Strasser. In der

Martialische Gesten, zwei Jahre vor der »Machtergreifung« Hitlers: Die »Totenkopfbrigade« der Braunschweiger SA marschiert, 1931.

»Nacht der langen Messer« begann der Aufstieg der SS zur wohl gefürchtetsten Institution der braunen Herrschaft. An diesem Tag, urteilt der Münchner Rechtsanwalt Otto Gritschneder, lieferte die SS ihr »Mordgesellenstück« ab. Innerhalb weniger Jahre wucherte die »Schutzstaffel« von der persönlichen Leibwache Hitlers zu einem monströsen Terrorapparat, der Staat und Volk durchdrang. Die Ereignisse jenes Sommers wuchsen in

»Sturmlokale« waren Zentren der braunen Subkultur in den Großstädten. Hier ein SS-Lokal in Berlin.

der SS-eigenen Mythologie zur Legende von der »Blutsäuberung«. Das Ereignis war der Prüfstein ihres Selbstverständnisses: Pflegen sollten SS-Männer, so mahnte schon 1933 die Hauspostille *Das Schwarze Korps*, in erster Linie »…all die Tugenden, all die Eigenschaften, die die SS in den langen Jahren ihres Bestehens gepflegt und aufgrund deren sie sich bewährt hat: Treue zum Führer, Unterordnung und Disziplin«.

In der Folge dieser »deutschen Bartholomäusnacht« wurde sie zur »schärfsten Waffe im Arsenal des Hitler-Staates« geschmiedet, wie Hitler-Biograf Ian Kershaw urteilt. Jene Instrumente wurden sichtbar, die in den Folgejahren den Terror der SS ausmachen sollten: der scheinbar allmächtige Polizei- und Spitzelapparat, das System der Lager, der Einsatz gläubiger Elitetruppen, die auf Hitler eingeschworen waren.

Die Geschichte der SS hatte elf Jahre zuvor auf der Kegelbahn eines rauchgeschwängerten Münchner Wirtshauses begonnen. Die Männer im Hinterzimmer verlangten immer neue Runden. Sie warteten, bis die Bedienung den Raum verlassen hatte, dann erhoben sie ihre Gläser auf den Mann, dessen Bild nicht wenige Münchner Gaststuben und Hinterzimmer zierte: Adolf Hitler. Ihm widmeten sie, was sie nach dem Krieg noch zu besitzen meinten: »Wir schwören dir Treue bis in den Tod.« Diese bierselige Nacht im Mai des Jahres 1923 war die Geburtsstunde des »Stoßtrupps Hitler«. Gewachsen aus einer kurz zuvor gegründeten Leibwächtertruppe namens »Stabswache«, ahnten diese Männer der ersten Stunde noch nicht, dass sie die Urzelle des »schwarzen Ordens« bilden würden, nibelungentreu bis zum bitteren Ende. Noch 1942 schwärmte ihr Führer in romantischer Überhöhung von den »Männern, die zu revolutionären Taten bereit waren und wussten, dass es eines Tages hart auf hart gehen würde«.

Die Wirklichkeit schien dagegen grotesk. Schreibwarenhändler Josef Berchtold, dessen zwergenhafter Wuchs wenig mit dem Idealbild eines hünenhaften SS-Mannes zu tun hatte, und der stellvertretende Kassierer der NSDAP, Julius Schreck, sammelten insgesamt an die 20 Männer um sich. Unter ihnen auch die später verklärten »alten Kämpfer« Emil Maurice, ein wegen Unterschlagung vorbestrafter Uhrmacher, Pferdehändler Christian Weber und der Metzger und Hobbyringer Ulrich Graf. Es war ein verschwiegener Kreis von Weltkriegsveteranen, der Außenstehenden nur ungern Einblick in das Innenleben der Leibwächtertruppe gewährte. Schon damals

---

Für uns waren SS-Leute ein kleiner Haufen, der nur zum Personenschutz der Obrigkeit da war. Ich habe mir bis 1938 gar keine Gedanken gemacht über den Einfluss der SS.
Paul Tollmann, Kommunist, 1933 Gefangener der SA

Die SS habe ich auch damals gesehen, das waren nur wenige. Und man hatte immer den Eindruck, dass die SS besser organisiert war als die SA, dass sie eine einheitliche Truppe war. Die SA war dagegen mehr so ein wilder Haufen.
Josef Zander, lebte damals in Bad Godesberg

Die führenden Persönlichkeiten kamen aus der Reichswehr und aus dem deutschen Militär. Aber die Mannschaften, die wurden aus der Arbeiterklasse geworben – aus den Arbeitslosen, die Stiefel und Kleidung bekommen haben.
Paul Tollmann, Kommunist, 1933 Gefangener der SA

Lied der SS

SS marschiert, die Straße frei!
Die Sturmkolonnen stehen!
Sie werden aus der Tyrannei
Den Weg zur Freiheit gehen.

Drum auf, bereit zum letzten Stoß!
Wie's unsere Väter waren!
Der Tod sei unser Kampfgenoss'!
Wir sind die schwarzen Scharen!
Aus dem SS-Liederbuch

Die Nationalstrolchisten

Anjetreten! Held markieren!
Und Proleten massakrieren!
Saal umstellen! Blut muss fließen!
Janze Blase niederschießen!
Jeist ist Dreck, mit Dolch und Knüppel,
Arjument der Geisteskrüppel,
haun sie ein uff jeden Mann,
wenn er sich nicht wehren kann
...
Phrasen dreschen, Mord ausbrüten,
wie die wilden Tiere wüten!
Das, nur das kann diese Horde,
stets bereits zum Meuchelmorde!
Wenn's bezahlt jibt und die Pässe,
haun sie jeden vor die Fresse.
Jeld her! Die Kanone kracht!
Nachher ham se nischt jemacht.
Spottgedicht des Berliner
Journalisten Hardy Worm, 1932

kannte ihr Gehorsam keine Bedingung; Befehle nahmen sie nur von Hitler selbst entgegen. Dessen Leben zu schützen war ihre einzige Aufgabe; wo immer er auftrat, war auch seine neue Leibgarde vor Ort. Wie ein Schatten folgte sie ihm bei seinen Touren durch die Münchner Bierkeller. Bald wuchs die Gruppe auf über 150 Mann. Aufgenommen wurden nur diejenigen, die sich in den Saalschlachten des nachrevolutionären München »bewährt« hatten. »Macht ist Recht«, lautete ihre einfache Formel, und sie überzeugten ihre Gegner mit »Radiergummis« und »Feuerzeugen«, wie sie Gummiknüppel und Pistolen verniedlichend nannten. Ihre Uniformen zierte ein besonderes Symbol: »Auf unseren schwarzen Mützen tragen wir den Totenkopf unseren Feinden zur Warnung und unserem Führer zum Zeichen des Einsatzes unseres Lebens für seine Idee«, erklärte der spätere SS-Organisator Alois Rosenwink.

Das Symbol des Totenkopfs hatten sie den Eliteverbänden des Militärs entliehen. Seit Jahrhunderten galt er als Zeichen besonderer Loyalität gegenüber dem Truppenführer. Die »schwarzen« Husaren des preußischen Soldatenkönigs trugen den Totenkopf ebenso auf der Mütze wie die Männer vom 1. Garde-Reserve-Pionierregiment im Ersten Weltkrieg. Sie hatten weit vor der Infanterie mit einer neuartigen Waffe operiert, deren Einsatz Mut erforderte – und Vernichtungswillen. Der Flammenwerfer wurde zu einer der schlimmsten Waffen in diesem Krieg. Den Tod im Schützengraben, die massenhafte Vernichtung des Gegners verklärten die Veteranen zum reinigenden »Stahlgewitter«, das der eigenen Existenz erst Sinn und Richtung gebe. Der Armeeführer und deutsche Kronprinz verlieh der Einheit am 28. Juni 1916 feierlich das Recht, den weißen Totenkopf auf dem Ärmel zu tragen – höchste Auszeichnung für seine Truppe. Er gratulierte: »Stets an schwierigsten Stellen eingesetzt, haben Offiziere und Mannschaften ihre Waffen überall wirksam zur Geltung gebracht und in kurzer Zeit erreicht, für die Franzosen einer der gefürchtetsten Gegner im Nahkampf zu werden. Ich bin überzeugt, dass das äußere Zeichen der jungen Truppe stets eine Mahnung bleiben wird, bei ihrer Weiterentwicklung fortzufahren in dem Geiste todesverachtender Kampfesfreude.«

»Todesverachtende Kampfesfreude« im Zeichen des Totenkopfs – mit solcher Gesinnung aus den Gräben des Weltkriegs wollten die Stoßtruppler die verhasste Republik stürzen. »Das waren schlichte Männer. In ihrer Seele und in ihrem Herzen waren sie Soldaten geblieben«, sagt der ehemalige SS-Mann Robert Krötz, der die Mitglieder des »Stoßtrupps« in München erlebt hat. »Einige der Männer des Stoßtrupps waren pathologisch brutal, aber äußerlich unauffällig, andere relativ moderat«, erinnert sich der Münchner Rechtsanwalt Otto Gritschneder, »aber sie waren allesamt Hitler hörig.« Wie so viele hielten auch sie den Versailler Vertrag für einen »Schandfrieden«, abgeschlossen von den »Novemberverbrechern«, die Deutschland in den Rücken gefallen seien. In München sammelte sich etliches an, was diese neue Republik von Herzen verabscheute. Das Chaos der »Räterepublik« hatte den Hass der Rechtsrevolutionäre auf die neue Staatsform noch zusätzlich genährt, die Verheißungen des neuen Verführers sogen sie gierig auf. Als 1923 die Inflation um sich griff, kostete eine Maß Bier im SS-Stammlokal Torbräu schon mehrere Milliarden Mark. Das Geld, das sie am Morgen verdient hatten, war abends nichts mehr wert. Ihr Auftrag, Hitler zu beschützen, erhob die Männer von der Kegelbahn, wie sie es sahen, aus einer durchschnittlichen Existenz in den Rang einer »Elite«, einer

Wir fordern die Abschaffung der Söldnertruppe und die Bildung eines Volksheeres.
Aus dem 25-Punkte-Programm der NSDAP von 1920

Art kämpfenden Truppe. Sie zahlten es mit dem zurück, was sie der Weltkrieg gelehrt hatte: Treue, Gehorsam und Lebensverachtung.

Den ersten Versuch, den verhassten Staat zu stürzen, unternahm Hitler knapp ein halbes Jahr nach dem Treueschwur im Torbräu. Der Kurs für einen Dollar lag inzwischen bei 420 Milliarden Mark. Die Geduld der Menschen war erschöpft, die Situation für eine »nationale Revolution« schien günstig.

Für den Abend des 8. November hatte das bayerische Regierungstriumvirat Ritter von Kahr, von Lossow und von Seißer im Münchner Bürgerbräukeller zu einer Versammlung geladen. Diesen Anlass wollte Hitler für einen Coup d'Etat nutzen, das Treffen sprengen und Politiker und Militärs nach Mussolini-Vorbild zu einem gemeinsamen »Marsch auf das rote Berlin« zwingen. Der Gefreite wusste einen Star der rechten Szene auf seiner Seite: Die Autorität des ehemaligen Generalquartiermeisters von Ludendorff sollte Hitlers bestes Argument gegenüber Kahr sein.

Der Himmel hing am Morgen des 8. November in schwerem Grau über der bayerischen Metropole, als Hitler die »Vorhut des Deutschen Erwachens« – so nannte er seinen Stoßtrupp – alarmierte. Im Torbräu weihte Josef Berchtold die Männer in die Putschpläne ein: »Kameraden, jetzt ist die Stunde gekommen, die Sie alle wie auch ich herbeisehnten. Hitler und Herr von Kahr haben sich geeinigt, und noch heute Abend wird die Reichsregierung gestürzt und eine neue Regierung Hitler-Ludendorff-Kahr gebildet. Die von uns auszuführende Tat wird der anstoßgebende Moment zu den neuen Ereignissen sein. Aber ehe ich fortfahre, fordere ich

> München stand in den Jahren von 1921 bis 1923 unter politischer Hochspannung.
> Karl Füss, lebte damals in München

> Die Stimmung im Saal war keineswegs begeistert, sie war eher erschreckt. Oder man hat nicht gewusst: Was wollen diese Leute eigentlich?
> Günther Grassmann, Augenzeuge des Putsches

> In diesem Jahr 1923 verschwanden die Hakenkreuze, die Sturmtrupps, und der Name Adolf Hitler fiel beinahe in Vergessenheit zurück. Niemand dachte mehr an ihn als einen möglichen Machtfaktor.
> Stefan Zweig, »Die Welt von gestern«

> *Dann bin ich natürlich zum Bürgerbräukeller, und da habe ich schon gesehen, dass Leute auf einmal da standen, die haben Hakenkreuzarmbinden gehabt und auch ein Gewehr. Sie waren noch in Zivil, aber die meisten waren dann schon gruppenweise mit Gewehren aufgestellt.*
> Karl Füss, lebte damals in München

Diese Männer schworen ihrem »Führer« Treue bis in den Tod: Der »Stoßtrupp Hitler« gilt als Vorläuferorganisation der SS, München 1923.

diejenigen, die aus irgendwelchen Gründen gegen unsere Sache Bedenken haben, auf auszutreten.« Niemand machte Anstalten zu gehen.

Die Männer versorgten sich aus einem geheimen Waffenlager an der Balanstraße mit Maschinengewehren, Karabinern und Handgranaten, dann setzten sie sich in Richtung Rosenheimer Straße in Bewegung. Am Bürgerbräu angekommen, sprangen die schwer bewaffneten Stoßtruppler von ihren Lastwagen herab und blockierten die Straße. Berchtold wuchtete ein Maschinengewehr von der Ladefläche und schleppte es vor den Eingang des Bierkellers. Vom Trittbrett eines offenen Autos sprang ein SA-Führer namens Hermann Göring herunter. Den Stahlhelm auf dem Kopf und mit einem Säbel fuchtelnd, lief er die Treppen durch den Boteneingang hinauf. Es war ein Bild, das so grotesk wirkte wie der gesamte Bierkeller-Putsch, der nicht über das Zentrum Münchens hinauskommen sollte.

Im Inneren des Bürgerbräu wartete Hitler vor der Saaltür auf seinen Einsatz. Seine Taschenuhr zeigte 20.30 Uhr. Er klappte sie zu, nahm einen letzten Schluck aus seinem Bierglas, warf es mit theatralischer Geste an die Wand, zog seine Browning aus der Hosentasche, riss die Schwingtür auf und stürmte mit seinem Gefolge herein. Um ihn herum postierte sich neben Göring auch der SA-Studentenführer Rudolf Heß, umringt von den Männern des Stoßtrupps. Hitler sprang auf einen Stuhl und feuerte einen Schuss in die Decke, über einen Tisch kletterte er auf die Bühne: »Die nationale Revolution ist ausgebrochen!«, schrie er. Seine Stimme überschlug sich, als er fortfuhr: »Der Saal ist von 600 Schwerbewaffneten besetzt, niemand darf den Saal verlassen. Die bayerische Regierung ist abgesetzt, eine provisorische Reichsregierung wird gebildet.«

Zur gleichen Zeit hatte ein anderer Nationalrevolutionär zur Versammlung in den Löwenbräukeller geladen. Der Weltkriegs-Hauptmann Ernst Röhm begrüßte die Kameraden seines paramilitärischen Verbandes »Reichskriegsflagge« mit einem verheißungsvollen Versprechen: »Der Abend«, so Röhm kryptisch, »soll über den Rahmen eines gewöhnlichen Kameradschaftsabends hinausgehen.« In gewohnter Manier wetterte er gegen »Novemberverbrecher« und »Judenrepublik«, als ihn die Nachricht aus dem Bürgerbräukeller erreichte: Glücklich entbunden, lautete das Codewort. Röhm war eingeweiht. Er zögerte nicht und setzte seine Männer in Richtung Wehrkreiskommando in Bewegung. Es galt, das Gebäude zu besetzen, um dort ein »Hauptquartier« für General Ludendorff zu errichten.

Auch Ernst Röhm hatte im Krieg seine Bestimmung gesehen. Seine Autobiografie »*Geschichte eines Hochverräters*« begann er mit dem Satz: »Am 23. Juli 1906 wurde ich Soldat.« Ein Leben davor schien es nicht gegeben zu haben. »Ich betrachte die Welt von meinem soldatischen Standpunkt aus. Bewusst einseitig. Ein Soldat kennt keine Kompromisse.« Zivilisten verachtete er, die bürgerliche Welt mit ihren Tabus war dem homosexuellen Röhm verhasst. Die Männergemeinschaft der Sturmtrupps des Weltkriegs verklärte er zur schlechthin idealen Lebensgemeinschaft. Später sah er darin gar die Keimzelle eines diffusen Schützengraben-Sozialismus. Röhm galt als derber Haudegen. Ein Granatsplitter hatte ihm bei den Kämpfen auf den Maashöhen im Herbst 1914 eine Narbe beschert, die sein Gesicht auf Lebzeiten von der Nase bis zum Kinn durchzog. Überdies war seine Nase als Folge einer Gesichtsoperation verstümmelt. All das verstärkte den Eindruck einer Landsknechtfigur, die geradewegs den Söldnerlagern des Dreißigjährigen Krieges entsprungen zu sein schien.

Im Nachkriegsbayern fand er schnell seinen Platz als Ausrüster des Eppschen Freikorps, das gegen die geschmähte Räterepublik zu Felde zog. Später versorgte er im ganzen Land radikale Wehr-

Er machte einen wenig vertrauenerweckenden Eindruck. Ein richtig brutaler Schlägertyp, wie aus dem Verbrecheralbum.
Raban von Canstein, Wehrmachtsoffizier, über Röhm

verbände mit Waffen, bei ihm liefen etliche Fäden der antidemokratischen Rechten zusammen. Er gehörte einer Reihe von schwarz-weiß-roten Offiziersbünden an, darunter auch dem von ihm mitgegründeten nationalsozialistischen Zirkel »Eiserne Faust«. Hier traf er im Herbst 1919 zum ersten Mal Adolf Hitler. Aus der Zusammenkunft wuchs bald eine komplizierte Beziehung. Bereits früh keimte in der Duzfreundschaft Misstrauen.

Im Juni 1921, knapp zwei Jahre vor der Gründung des »Stoßtrupps«, verlangte Hitler als neuer Vorsitzender der NSDAP eine zunächst als Saalschutz verwendbare Schlägertruppe. Röhms militante Weltkriegsveteranen erschienen dafür wie geschaffen. Der Ordnungsdienst erhielt den Namen »Sturmabteilung«, kurz SA. Röhm und seine Vertrauten rekrutierten eine schnell wachsende Truppe blutjunger Männer, meist zwischen 17 und 24 Jahre alt, geführt von ehemaligen Weltkriegsoffizieren aus dem Dunstkreis der »Brigade Erhardt«. In ihrem Gründungsaufruf versprach die SA am 3. August 1921, der NSDAP als »eiserne Organisation zu dienen und freudigen Gehorsam gegenüber dem Führer zu üben«. Die Männer erlangten bald einen üblen Ruf. Wer in den Bierhallen oder auf den Straßen gegen Hitler aufmuckte, wurde ohne Gnade niedergeprügelt. Die SA und Hitler schienen nach außen eins.

Dabei prägte ein tief greifender Konflikt das Verhältnis zwischen SA und ihrem starken Mann im Hintergrund auf der einen und Hitler und der Partei auf der anderen Seite. Früh witterte Hitler in Röhm ein Übermaß an politischem Ehrgeiz. Der dagegen betrachtete die NSDAP nur als eine Art Werbeorganisation für seine SA, die er in Zukunft als regulären Truppenverband einzusetzen gedachte. Hitler sah er vor allem als fähigen Trommler, der ihm die Massen zutreiben sollte. Röhm 1922 über Hitler: »Wir müssen seine zweifellos große Stoßkraft ausnützen. Aber er reist mit leichtem Gepäck, und sein Weitblick reicht nicht über die Grenzen Deutschland hinaus. Wir werden ihn rechtzeitig beiseite stellen.« So wie sich Hitler ausschließlich als Politiker erachtete, hielt sich Röhm für einen politischen Soldaten: »Ich verlange das Primat des Soldaten vor dem Politiker«, schrieb er später in seiner Autobiografie. Die Saat des Konflikts war ausgebracht; 13 Jahre später sollte sie aufgehen.

Obwohl Hitler »seinen Mann«, Hermann Göring, als SA-»Kommandeur« einsetzte, blieb Röhm die treibende Kraft. Die SA-Männer unterstanden nicht Hitlers direktem Befehl, seine Position blieb angreifbar. Aus dieser Einsicht entstand die Idee zur Bildung des »Stoßtrupps«, einer Leibwache, die nur Hitler persönlich unterstellt, ihm treu ergeben sein sollte. Das blutige Ende des Novemberputschs von 1923 sollte auch die Legende

Oben: Duzfreunde und Kontrahenten: Röhm (2. v. r.) und Hitler als Angeklagte im Hitler-Luden-
dorff-Prozess 1924.
Unten: Auf dem Weg zur Macht aufeinander angewiesen: Röhm, Hitler und Himmler auf einer
NSDAP-Veranstaltung 1930.

um den »Stoßtrupp« begründen, aus dem der Mythos der SS erwachsen sollte.

Hitlers Putschplan war naiv. Generalstaatskom-
missar von Kahr verabschiedete sich ungehindert aus dem Bürgerbräukeller. Von Absprachen
mit Hitler wollte er nichts mehr wissen. Auch die
Reichswehr dachte nicht daran, gemeinsame
Sache mit den Putschisten zu machen – im Gegenteil: Starke Verbände von Reichswehr und Landespolizei wurden am Morgen des 9. November vor
dem alten Kriegsministerium zusammengezogen.
Es war nur eine Frage der Zeit, wie lange Röhms
Miliz das Gebäude noch halten konnte. Ein Foto
zeigt die Belagerer, die inzwischen zu Belagerten
geworden waren. Erstmals betrat ein blasser Mann
mit Nickelbrille die politische Bühne, die für ihn nicht mehr als eine Statis-
tenrolle bereitzuhalten schien. Der junge Agrarlaborant Heinrich Himmler
hielt die Reichskriegsflagge im Namen Ernst Röhms, den er glühend verehrte. Elf Jahre später sollte er als »Reichsführer SS« die Exekution der
SA-Führung und die Ermordung seines einstigen Vorbilds organisieren.

Die Euphorie der »Revolutionäre« im Bürgerbräukeller wich am Morgen des 9. November bald der Ernüchterung. In einem letzten Aufbäumen
befahl General Ludendorff: »Wir marschieren.« Ein Marsch durch die
Stadt sollte Aufmerksamkeit erregen, die Unterstützung der Massen und
Röhm und seinen Männern die Befreiung bringen. »Stoßtrupp im Garten
sammeln«, befahl Berchtold seinen Männern. Er schwor sie noch einmal
ein. Dann formierte sich der Zug.

Am Odeonsplatz, neben der Feldherrnhalle, hatte sich schon eine Hun-
dertschaft der bayerischen Landespolizei postiert. Die Marschierer über-
rumpelten die Kette, die sich mit Gummiknüppeln, Karabinern und Gewehren zu wehren versuchte. Als der Zug der Aufforderung zu stoppen
nicht nachkam, schob sich eine zweite Einheit Landespolizei dazwischen.
Totenkopfträger Ulrich Graf sprang zwischen die Fronten: »Nicht schießen, Seine Exzellenz Ludendorff und Hitler kommen.« Das Gebrüll über-
tönte seinen Appell. Ein Schuss peitschte über den Odeonsplatz. Ein
Mann in Uniform, Polizeiwachtmeister Fink, brach zusammen. Gewehrsalven hallten durch die Straßen – ein einminütiges Feuergefecht. Hitler-
Freund Max Erwin von Scheubner-Richter brach tödlich getroffen zusammen. Im Sturz riss er Hitler mit und renkte ihm den Arm aus. Auch

Leibwächter Graf sank neben Hitler verletzt zu Boden – ein Umstand, aus dem später die Legende geboren wurde, er habe sich auf Hitler geworfen und mit seinem Körper jene Kugeln abgefangen, die sonst wohl Hitler getötet hätten. Von den 16 toten Putschisten gehörten allein fünf dem »Stoßtrupp« an.

Das klägliche Ende dieser »Revolution« markierte die Geburtsstunde eines Mythos. Auf dem Odeonsplatz blieb eine blutbefleckte Hakenkreuzfahne zurück. Die »Blutfahne«, wie sie die Nazis später nannten, verschwand vorerst in den Katakomben der Münchner Polizei. Der dilettantische Umsturzversuch sollte später zum Opfergang der »Alten Kämpfer« verklärt werden. Die SS stellte von 1933 an eine »Ehrenwache« an der Feldherrnhalle. Dort wurden am 30. April 1945 die letzten SS-Männer von amerikanischen Soldaten gefangen genommen.

Ruhe kehrte in der bayerischen Landeshauptstadt nicht ein. Während Hitler in Landsberg eine eher bequeme Haft absaß, machte sich der rastlose Ernst Röhm in München daran, wieder eine schlagkräftige paramilitärische Vereinigung aufzubauen: Partei und SA waren verboten, daher gab er der neuen Organisation den Namen »Frontbann«. Unter straffer Führung bündelte Röhm die mit dem Nationalsozialismus sympathisierenden Kräfte. Seine Truppe wuchs geradezu explosionsartig. Hatte die SA im November 1923 2000 Mitglieder, so konnte Röhm seinem schwierigen Freund Hitler bei dessen Freilassung im Dezember 1924 stolz 30 000 »Frontbann«-Angehörige melden.

Röhm wollte weitermachen wie gehabt. Mit ihm als Führer einer paramilitärischen Truppe sollte Hitler auch in Zukunft nur die Rolle des »Trommlers« einnehmen. Doch der alte Duzfreund schien aus den Fehlern der Frühzeit gelernt zu haben. Nicht noch einmal wollte sich Hitler der Dynamik einer Parteiarmee ausgesetzt sehen, deren Sturm und Drang sich jeder Kontrolle entzog. Aber ohne Rückendeckung der Partei musste Röhm klein beigeben. Am 30. April 1925, kurz nach der Aufhebung des Verbots von NSDAP und SA, blieb ihm nichts anderes übrig, als Hitler »in Erinnerung an schöne und schwere Stunden, die wir zusammen verlebt haben, für deine Kameradschaft herzlich danken und dich [zu] bitten, [mir] deine persönliche Freundschaft nicht zu entziehen«.

Die Begründung für Hitlers Entscheidung fand Röhm einen Monat später schwarz auf weiß auf seinem Schreibtisch liegend. Das Büro des Freundes teilte ihm mit: »Eine neue Wehrbewegung gedenkt Herr Hitler nicht aufzuziehen. Wenn er es seinerzeit tat, so nur auf Veranlassung der Herren, die ihn nachher im Stich ließen. Heute braucht er lediglich einen Saalschutz, wie vor dem Jahr 1923.« Das war eine glatte Abfuhr. Röhm versuchte sich zunächst mit bescheidenem Erfolg im zivilen Leben. 1928 ging er als Militärausbilder ins bolivianische Exil.

Mit dem ihm eigenen Gespür für gefährliche Konkurrenz manövrierte Hitler seinen vermeintlichen Freund zum ersten Mal ins Abseits. Während Hitlers Haft in Landsberg hatte Röhm den »Frontbann« massiv ausgebaut, bei Hitlers Comeback überwog dessen Bedeutung die der Partei um ein Vielfaches. Dem Wehrverband war gelungen, was die Partei erst noch erreichen musste: über die Grenzen Bayerns hinaus Bedeutung zu erringen. Die NSDAP drohte erneut in den Schatten der SA zu geraten. Nun aber hatte Hitler die SA ihres charismatischen Bezugspunktes beraubt. Zwar bestand die Truppe weiter, doch blieb sie ohne zentrale Führung. Zurück blieb eine lokal zersplitterte Parteiarmee, unfähig, einheitlich zu handeln. Als Machtfaktor war sie vorerst ausgeschaltet. Jetzt konnte Hitler weitgehend ungestört daran gehen, seinen Führungsanspruch innerhalb der Partei zu festigen. Vertrauen fasste er nur zu denen, die er selbst aussuchte.

»Ich sagte mir damals, dass ich eine Leibwache bräuchte, die, wenn sie auch klein war, mir bedingungslos ergeben wäre und sogar gegen ihre eigenen Brüder marschieren würde. Lieber nur 20 Mann aus einer Stadt – unter der Bedingung, dass man sich absolut auf sie verlassen konnte – als eine unzuverlässige Masse«, begründete Hitler Jahre später die Entscheidung vom April 1925. Er erteilte dem alten Stoßtruppmitglied Julius Schreck den Befehl, eine neue Leibwache aufzustellen. Schreck tat, wie ihm geheißen, und wurde an bereits bekannter Stelle fündig. Im Torbräu zu München scharte er die »alten Kameraden« um sich. Der Name, den sich die Truppe dann im September zulegte, passte zu den aktuellen Bedürfnissen ihres Führers: »Schutzstaffel«, kurz SS.

Wie der »Stoßtrupp« verstand sich auch die SS von Anfang an als »Elite«, in bedingungslosem Gehorsam ihrem Führer unterworfen. Die Auswahl der Mitglieder erinnerte allerdings eher an die Strenge altväterlicher Turnvereine. »Chronische Säufer, Waschweiber und mit anderen Las-

> Das Wort »Elite« ist nie gefallen, doch in der Schutzstaffel Adolf Hitlers zu sein war für uns schon eine Auszeichnung. Ich wähnte mich bei denen, die in vorderster Front standen.
>
> Bruno Hähnel, damals SS-Mann

> Die SA ist die Linie, die SS ist die Garde. Immer hat es eine Garde gegeben: bei den Persern, bei den Griechen, bei Cäsar, bei Napoleon, beim Alten Fritz, bis zum Weltkrieg. Und die Garde des neuen Deutschland wird die SS sein.
>
> Heinrich Himmler

> Kein SA-Führer ist berechtigt, Befehle an die SS zu erteilen.
>
> Adolf Hitler, 1930

tern Behaftete kommen nicht in Betracht«, hieß es in der ersten SS-Richtlinie. Im Gegensatz zur SA, in die nach wie vor nahezu jeder eintrat, der das Bedürfnis verspürte, durchliefen die Anwärter der SS von Beginn an ein Auswahlverfahren. Sie mussten zwischen 23 und 35 Jahre alt sein, zwei Bürgen nennen können, fünf Jahre in einem Ort polizeilich gemeldet sowie »gesund und kräftig gebaut« sein. Nicht nur in München, auch in anderen Städten entstanden nun SS-Gruppierungen. Keine Massenbewegung wie die SA, lediglich eine kleine Elitetruppe sollte sie werden: mit jeweils einem Führer und einer Stärke von zehn Mann. Nur in Berlin gab es zwei Führer, die 20 Mann kommandierten. Formal der SA zugeordnet und äußerlich lediglich durch schwarz umrandete Hakenkreuzbinden und Mützen zum Braunhemd von ihr zu unterscheiden, erschienen die wenigen SS-Männer wie stumme Begleiter der braunen Kolonnen. Noch erinnerten ihre Verhaltensregeln eher an eine Klosterschule denn an einen Orden: »Die SS beteiligt sich niemals an der Diskussion in Mitgliederversammlungen. Die Teilnahme an den Sprechabenden, in denen während der Dauer des Vortrages von keinem SS-Mann geraucht wird und keiner das Recht hat, das Lokal zu verlassen, dient zur politischen Schulung der Leute«, hieß es in einem Befehl des »Reichsführers SS« Erhard Heiden aus dem Jahr 1927. »Der SS-Mann schweigt und mischt sich niemals in einen Bereich [politische Ortsgruppenführung und SA], der ihn nichts angeht.«

Selten fiel die SS in der Öffentlichkeit auf – selbst wenn sie sich an Schlägereien beteiligte wie in Dresden, wo SS-Männer auf einer Parteiversammlung eine Attacke von 50 Kommunisten abwehrten und SS-Führer Rosenwink jubelte, kein Linker wage es zu stören, »seitdem… die vereinigten Schutzstaffeln von Dresden, Plauen, Zwickau und Chemnitz die Kommunisten nicht nur furchtbar verprügelten, sondern zum Teil auch noch zum Fenster hinauswarfen«. Im Gegenteil: Die Münchner Polizei lobte 1929 die Disziplin, die »von den SS-Leuten gefordert wird. Schon bei der kleinsten Verfehlung der Anordnungen, die in den laufenden SS-Befehlen ergehen, sind Geldstrafen oder Einzug der Armbinde auf eine bestimmte Zeit oder Dienstenthebung angedroht. Besonderes Gewicht wird auf das Verhalten des einzelnen Mannes und auf dessen Kleidung gelegt.« Bei Kontrollen fand man bei SS-Leuten immer einen Parteiausweis, den SS-Ausweis und – ein Liederbuch. An den Zeilen des SS-Lie-

Die SS war vor 1932 im Straßenbild nicht existent. Da war nur die SA. Mit den Straßenkämpfen hatte die SS nichts zu tun. Die SA war immer sichtbar, auch später bei der »Kristallnacht« war es die SA, die die Synagogen ansteckte. Die SS hat sich da geschickt rausgehalten.

Paul Tollmann, Kommunist, 1933 Gefangener der SA

Eindeutige Parolen: Hitler (im Wagen stehend) nimmt auf dem NSDAP-Parteitag in Weimar den Vorbeimarsch der SA ab, Juli 1926.

des nahm 1929 noch kein bedeutender Hüter der Weimarer Demokratie Anstoß:

»Wenn alle untreu werden,
So bleiben wir doch treu,
Dass immer noch auf Erden,
Für euch ein Fähnlein sei.«

Früh kultivierte Hitler den Mythos um seine »Schutzstaffel«. Auf dem Reichsparteitag 1926 in Weimar überreichte er die mittlerweile an die Partei zurückgegebene »Blutfahne« der SS »zu treuen Händen«. Bei kruden Weiheritualen sah man nunmehr, wie SS-Truppführer Jakob Grimminger sie hinter Hitler hertrug. Die SS war nun ganz offiziell die elitäre Garde der braunen Bewegung. Dagegen stürzte die SA nach Röhms Abgang in ihre erste große Krise. Lokale Kleinstgruppen handelten oft autonom. Erst Mitte 1926, als die Partei erneut an Macht gewonnen hatte, sah Hitler die Zeit gekommen, auch die SA wieder stärker einzubinden. Mit der schwarzen Garde sollte zwar später ein Staat zu machen sein, doch für den Weg dorthin brauchte Hitler auch die Massen der braunen Bataillone. Sie erwiesen sich als unentbehrlich im propagandistischen Großeinsatz.

Den Versuch, die SA zu zentralisieren und zu kontrollieren, unternahm

Nach der Reichstagswahl 1932 im Berliner Hotel Kaiserhof: Die SA- und SS-Führer von Ulrich, Heines, Himmler, Ritter von Epp, Röhm und Graf Helldorf (v. l.).

Hitler am 27. Juli 1926. Er gewann einen populären Freikorpsveteranen für die Aufgabe. Goebbels notierte lapidar in sein Tagebuch: »12 Uhr beim Chef. Erste Besprechung. Pfeffer wird Reichs-SA-Führer.« Franz Pfeffer von Salomon kannte das Potenzial seiner Truppe. Zwar verzichtete er auf die Schaffung eines Wehrverbands Röhmscher Prägung, doch verspürte auch er nicht das Bedürfnis, die SA der NSDAP sklavisch unterzuordnen. Die Truppen der »Sturmabteilung« waren nun zwar an Hitlers Autorität gebunden, doch Pfeffer entwickelte freilich eine Eigenständigkeit, die nicht im Sinne Hitlers sein konnte. Noch immer waren Partei und SA nicht eins. Der Konflikt schwelte weiter; allein der gemeinsame Kampf um die Macht verhinderte vorerst, dass die Katastrophe offen ausbrach. Die SA stand nun im Großeinsatz: Ungeachtet der schwelenden Führungskrise trieb ihr besonders die Wirtschaftskatastrophe von 1929 in Scharen neue Mitglieder zu. Die Parteiarmee überzog das flache Land mit einer Vielzahl an Paraden und Veranstaltungen. Überall marschierten die »braunen Bataillone«. Ihr militärisches Auftreten, ihre permanente Präsenz beeindruckte die Bevölkerung, zumal in jenen Landstrichen, in die sich bis dato Politiker selten verirrt hatten. Politik fand in den Großstädten statt, mit einer Veranstaltung dort erreichte man bedeutend mehr Menschen als mit einer Tour durch die Dörfer. Hier setzte die SA an – mit Erfolg. Goebbels

Die SA sollte Angst einflößen.
Die SPD und die KPD mussten
sich immer darauf einstellen,
dass in ihren Versammlungen
SA-Schläger auftauchten.
Otto Gritschneder, Anwalt aus
München, über die SA vor 1933

Es waren Arbeitslose, die zur SA
gekommen sind, denn es gab
Freibier, es gab Essen und Trinken. So hat die SA ihre Mitglieder
geworben.
Paul Tollmann, Kommunist,
1933 Gefangener der SA

notierte in sein Tagebuch: »Man fing an, von uns zu reden. Man konnte uns nicht mehr totschwei-gen oder mit eisiger Verachtung an uns vorbeige-hen. Man musste, wenn auch widerwillig und mit zornigem Ingrimm, unseren Namen nennen.«

Mit »zornigem Ingrimm« wurde der Name ins-besondere von den politischen Kontrahenten in den Großstädten ausgesprochen. Hier herrschte nackter Terror. Wie vor 1923 sprengte die SA Veranstaltungen der Gegner, sie verprügelte Kommunisten und Sozialdemokraten und machte die Bahn frei für die NSDAP. Dabei wurden hehre Ziele beschworen: »Die SA marschiert... für Goethe, für Schiller, für Kant, für Bach, für den Kölner Dom und den Bamberger Reiter. ...Wir müssen jetzt für Goethe mit Bierkrügen und Stuhlbeinen arbeiten. Und wenn wir gewonnen haben, nun, dann werden wir wieder die Arme ausbreiten und unsere geistigen Güter an unser Herz drücken.« Solche Sätze legte Wilfried Bade, ein Dichter der »Bewegung«, seinem »Helden« Horst Wessel in den Mund.

Die Polizeiberichte über Ausschreitungen von Angehörigen der SA mehrten sich. Beispiel Nürnberg, Reichsparteitag 1929: »Dort schliefen wir auf Stroh, und ein Bier konnten wir uns nicht leisten. Aber das machte nichts, denn wir waren begeistert«, schwärmt SA-Mann Krötz noch heute. In Wahrheit wurde geprügelt und randaliert. In Reih und Glied mar-schierte ein SA-Trupp in Richtung Parteitagsgelände und blockierte die Straßenbahn. Als der Fahrer den Trupp aufforderte, die Gleise zu räumen, stürmten die SAler in den Wagen und verprügelten den Fahrer und meh-rere Fahrgäste. Am Rande der Veranstaltung überzog die SA Nürnberg mit einer Reihe von Gewalttaten: Ein Lokal wurde demoliert, weil es die schwarz-rot-goldene Fahne der verhassten Republik gehisst hatte, ein an-deres wurde mit einem Bombardement von Bierflaschen überzogen, weil es Gewerkschafter beherbergte. Einem Polizisten, der einen von SA-Leu-ten verfolgten Mann schützen wollte, entriss einer der Horde den Säbel und stach ihn damit dreimal in den Rücken. Den Vorwurf unbotmäßiger Brutalität wischte Hitler mit einem Satz weg: »Die SA ist keine moralische Anstalt zur Erziehung von höheren Töchtern, sondern ein Verband rauer Kämpfer.«

Besonders in Berlin gehörten wüste Schlägereien zwischen Linken und Rechten bald zum Straßenbild. Bewusst drangen die braunen Horden in

Hehre Worte für die Straße: Ein SA-LKW auf Propagandafahrt in Berlin.

die kommunistischen Kieze vor, um zu provozieren. Im roten Charlottenburg installierten sie einen »Sturm« inmitten eines dichten Netzwerks aus Häuserschutzstaffeln, Verkehrslokalen und Mietergruppen der Kommunisten. Ein anderer Brennpunkt war die »Rote Insel« im Bezirk Schöneberg. Ritualisiert, wie nach Drehbuch, liefen die Auseinandersetzungen ab, immer und immer wieder. Die SA fuhr mit LKWs durch die Straßen, schrie Parolen und warf Steine gegen Einrichtungen der Roten. Der Kommunist Paul Tollmann beschreibt die Gegenwehr seiner Leute: »Wir hatten eine bestimmte Taktik. Erst einmal die Nationalsozialisten reinlassen, dann die Straße zumachen. Und sie dann möglichst nicht mehr rauslassen. Wenn wir die nur beschimpft hätten, wären die ja wieder gekommen.« Tollmann gehörte nach der »Machtübernahme« zu den ersten Folteropfern der SA.

Vor allem nach der Weltwirtschaftskrise 1929 drängte das neue Großstadtproletariat in die SA. Viele flüchteten aus Existenznot und familiären Krisen in die braune Uniform. In den Stammlokalen der SA entstand der Mythos von den »braunen Bataillonen«, die den Entwurzelten vor allem

eine Heimat boten. Aus dem Gefängnis schrieb ein 21-jähriger SA-Mann
an einen Kameraden: »Ich bitte dich, schick mir nicht immer meine Mutter her. Die weint dann immer + dann ist meine Stimmung auch hin. Er-
zähle ihr, wenn sie dich fragt, dass ich jetzt blos *[sic]* noch alle vier Wochen
Sprecherlaubnis habe oder sonst was. Vor allem sehne ich mich nach euch
Kameraden.« SA-Heime und die »Sturmlokale« wurden Mittelpunkte
einer regelrechten braunen Subkultur in den Großstädten. In Kneipen wie
der Bornholmer Hütte in Berlin-Mitte hing in der düsteren Schankstube
eine Hakenkreuzfahne. Fahrradpatrouillen sicherten die Gegend; die
Kneipe selbst war von innen mit Verschlägen schnell verrammelt. Fremde
galten rasch als Feinde, und oft war im Nebenraum oder auf der Kegelbahn
ein Versteck eingerichtet, in dem man schon mal eben eine Pistole verschwinden lassen konnte, »wenn die Polente unvermutet erscheint«, wie
es in einem zeitgenössischen Bericht heißt.

Die Männerkumpanei wurde nicht zuletzt durch Alkohol beflügelt. Die
Schadenersatzforderung des Berliner Lokalbesitzers Robert Reißig gab
einen Eindruck: Als das preußische Innenministerium 1932 die SA verbot,
verlangte er eine Entschädigung für entgangenen Umsatz von 152,5 Ton-
nen Bier – für drei Monate. Die vermeintlichen Kameraden von der SS
sprachen angesichts solcher Attitüden hinter vorgehaltener Hand verächtlich vom »Lumpenproletariat« der NSDAP: »Da war keine Disziplin«,
befindet heute der Hamburger Otto Kumm, der 1931 der SS beitrat.

Vor allem in Berlin verschwammen mitunter die Grenzen zwischen
Halbwelt und SA. Zahlreiche Kleinkriminelle erhielten den Mitgliedsaus-
weis. Im Wedding kämpfte der »Räubersturm« gegen Kommunisten und
Gesetze. Die »Offizielle Geschichte der Berliner SA« kokettierte gar mit
dem schlechten Ruf der Neuköllner Schergen: »Über 3000 rote Aktivi-
sten, gegen knappe 70 Mann des Sturmes 25. Ein Sturm allerdings, der zu
80 Prozent aus Arbeitern besteht, aus Rabauken, eisern und mit allen Hun-
den gehetzt. ›Ludensturm‹, sagen die Berliner.« Im Bezirk Charlottenburg

regierte der berüchtigte SA-Sturm 33, im Volksmund »Mördersturm« geheißen, nachdem Angehörige dieser Gruppierung zum Jahreswechsel 1930/31 binnen kurzer Zeit mehrere Menschen umgebracht oder schwer verletzt hatten. Am 22. November 1930 tanzten im Edenpalast gerade die Mitglieder des kommunistischen Wandervereins »Falke«, als 20 SA-Männer in das Lokal eindrangen. Mit dem Schlachtruf »Schlagt die Hunde tot« prügelten sie die Gäste des Lokals nieder und schossen wahllos in die Menge. Drei Arbeiter brachen von Kugeln getroffen zusammen und blieben in ihrem Blut liegen.

Diesmal landeten die braunen Schläger vor Gericht. Der Anklage lautete auf versuchten Totschlag, Landfriedensbruch und Körperverletzung. Der junge Rechtsanwalt Dr. Hans Litten vertrat die Nebenklage gegen vier der SA-Männer – und ihm gelang eine kleine Sensation. Am 8. Mai 1931 rief er Adolf Hitler in den Zeugenstand des Kriminalgerichts Berlin-Moabit. Litten wollte nach eigenem Bekunden den Nationalsozialisten die Maske vom Gesicht reißen, den terroristischen Kern der nationalsozialistischen Ideologie bloßlegen. Er versuchte nachzuweisen, dass die NSDAP die Gewalttaten nicht nur duldete, sondern dass der Terror auch in der Politik der Partei das entscheidende Moment war. Zwei Stunden dauerte die Vernehmung. Anfangs gab sich Hitler noch ruhig. Er wiederholte gebetsmühlenartig immer wieder: »Die SA unterliegt dem strengsten Gebot, sich von Angriffen gegen Andersdenkende fern zu halten.« Litten konfrontierte Hitler mit den unzähligen Aussagen des Berliner Gauleiters Goebbels, wonach die »Gegner zu Brei zertreten« werden müssten. Je länger die Befragung dauerte, desto mehr wuchs Hitlers Unruhe. Schließlich platzte ihm der Kragen. Er sprang auf und brüllte mit hochrotem Kopf: »Wie kommen Sie dazu, Herr Rechtsanwalt, zu sagen, es ist eine Aufforderung zur Illegalität? Das ist eine durch nichts zu beweisende Erklärung!« Litten er-

> *Zwei Bauern aus Oranienburg hatten einem Hitlerjungen eine Ohrfeige gegeben. Das Trommelfell war ihm geplatzt, und er musste zur Behandlung nach Berlin laufen. Die SA-Männer haben die beiden Bauern vor dem Lager barfuß im Kreis so viele Kilometer laufen lassen, wie der Hitlerjunge nach Berlin laufen musste. Als wir am Abend von der Arbeit ins Lager kamen, liefen sie immer noch. Man sah, wo sie gelaufen waren, der ganze Boden war voller Blut. Die Hautfetzen hingen ihnen von den Füßen herab.*
> Arno Hausmann, 1933 im KZ Oranienburg inhaftiert

> Der SA-Mann hat grundsätzlich mit Politik nichts zu tun, er hat sich also mit den Fragen der Tagespolitik niemals zu befassen.
>
> August Schneidhuber, SA-Obergruppenführer, November 1930

> Die SS hat eine konservative Haltung, sie schützt die Reaktion und die Kleinbürger, ihre Unterordnung unter die Armee und die traditionelle Bürokratie ist zu stark.
>
> Röhm zu Himmler, 1934

> Die Revolution ist kein permanenter Zustand, sie darf sich nicht zu einem Dauerzustand ausbilden. Man muss den frei gewordenen Strom der Revolution in das sichere Bett der Evolution hinüberleiten.
>
> Adolf Hitler in einer Rede vor NSDAP-Funktionären, Juli 1933

wirkte die Verurteilung der Angeklagten. Dass sein Auftritt vor Gericht sein eigenes Todesurteil bedeuten würde, ahnte er zu diesem Zeitpunkt nicht. Litten war einer der Ersten, die 1933 in »Schutzhaft« genommen wurden. Nach Jahren schwerster Misshandlungen und einer Odyssee durch diverse Konzentrationslager nahm sich der mutige Anwalt am 5. Februar 1938 in Dachau das Leben.

Dass Gewalt das wohl wichtigste Propagandamittel der SA war, lässt sich allein an der Statistik der SA-Versicherung ablesen. Deren Chef hieß Martin Bormann, und er meldete einen drastischen Anstieg der »im Dienst verletzten« SA-Männer von 110 im Jahr 1927 auf 2506 im Jahr 1930. Die Polizeiberichte zeichneten ein ähnliches Bild: Registrierten die Beamten in Preußen 1929 noch 580 Zusammenstöße, so waren es 1930 bereits 2500 und im Jahr 1932 gar 5300. 86 Menschen fielen in der ersten Jahreshälfte 1932 dem blutigen Wahlkampf zum Opfer, in den sechs Wochen unmittelbar vor der Wahl waren es noch einmal 72.

Die Gewaltstrategie hatte Erfolg. Immer weiter stiegen die Mitgliedszahlen der SA – trotz Toter und Verletzter auch auf ihren Seiten. Doch zahlte sich die Selbstaufgabe für die Partei ebenfalls für die vielen SA-Männer aus?

Dabei stand der Feind nun nicht mehr nur »links«. Immer mehr SA-Männer sahen ihn nun auch in der nationalsozialistischen Partei und deren Führern. Sie wetterten gegen die »Parteibonzen« und deren Legalitätskurs. »Es gab vor allem in der SA eine Hoffnung auf eine sozialistische Veränderung. Nationalsozialismus – darunter konnte ich mir etwas vorstellen. National musste man sein damals, und sozialistisch klang irgendwie gerecht«, erinnert sich der Berliner Herbert Crüger, der als Halbwüchsiger zur SA-Tarnorganisation »Frontbann« stieß. Mitunter holte man sich gar bei Kommunisten Rat und Informationen über die Planwirtschaft; einträchtig streikten rote und braune Kolonnen gegen die Preiserhöhungen der Berliner Verkehrsbetriebe. Und der eine oder andere SA-Verband galt gar als »Beefsteak-Sturm«: außen braun, innen rot. Diffuse Vorstellungen von »Sozialismus« wurden auch gegenüber der eigenen Partei laut. Schon 1929 kam in den »Sturmlokalen« die Parole auf: »Adolf verrät uns Proletarier.«

In Flugblättern prangerten revolutionäre SA-Männer den »Verrat des Parteiklüngels mit Hitler an der Spitze« an. Auf ihren obersten Führer gemünzt, dichteten sie in holprigem Versmaß:
»Entschlossen, seinen Geldgebern dankbar zu sein,
stellt er seinen ›Kampf‹ gegen das Finanzkapital ein.
Was kümmern ihn des Volkes Sorgen?
Was kümmert ihn, was wohl sein mag morgen?«
Da wurde die Forderung erhoben: »Bewahrt die alten Ideale, duldet nicht den Verrat des Sozialismus durch eigennützige Interessenpolitiker, für die die Partei nur noch Selbstzweck ist!« Hämische Kommentare hagelte es, als sich Hitler einen neuen, kostspieligen Dienstmercedes anschaffte: »Wir proletarischen Elemente der Bewegung sind ja auch so zufrieden. Wir schieben ja so gern Kohldampf, damit es unseren lieben Führern mit ihren 2000 bis 5000 Mark Monatseinkommen recht wohl ergehe. Hoch erfreut waren wir auch, als wir hörten, dass sich unser Adolf Hitler auf der Berliner Automobilausstellung einen neuen großen Mercedeswagen für 40 000 Reichsmark gekauft hat.«
Die SA verlangte endlich den Lohn für malträtierte Schädel und gebrochene Knochen. Der Berliner SA-Führer Walter Stennes, immerhin einer der Stellvertreter Pfeffers, forderte in München mehrfach die Zuteilung von Parlamentsmandaten. Als die Parteiführung Stennes bei der Aufstellung der Liste für die Reichstagswahl 1930 erneut überging, kam es zum Eklat: Die Parteiarmee trat in den Streik gegen die Partei. Im Berliner Sportpalast verschlug es dem Hauptredner, Gauleiter Goebbels, die Sprache, als sich die mit dem Saalschutz betraute SA zurückzog und die Versammlung sich selbst überließ. Gegen ihn richtete sich die Demonstration der Parteisoldaten, die zum Wittenbergplatz zogen. Offen drohte die SA, den »Goebbels-Rummel auseinander zu prügeln«. Goebbels reagierte schnell. Er holte die Männer zu Hilfe, auf die Verlass war: Die lokale SS unter der Führung von Kurt Daluege übernahm den Ordnungsdienst im Sportpalast. Zum ersten Mal setzte die Partei ihre selbst ernannte Garde offen gegen die »Kameraden« von der SA ein. Die Rache ließ nicht lange auf sich warten. Zwei Tage später, am 30. August, überfielen SA-Männer die SS-Wachen im Haus der Berliner Gauleitung.
Umgehend reiste Hitler nach Berlin und zog durch die »Sturmlokale« der Hauptstadt. Sein Angebot: Er werde den Forderungen Stennes' weitgehend entsprechen. Am 1. September schien der Streit vorerst beigelegt. Doch einmal mehr war die Gefahr, die von den anarchischen Braunhemden drohte, in Hitlers Bewusstsein gerückt. Erneut versuchte er die Truppe

Oben: Hitlers Ernennung zum Reichskanzler, 30. Januar 1933. Auf dem Originalfoto stand Ernst Röhm zwischen Hitler und Göring. Hier wurde er wegretuschiert.
Unten: Die große Stunde der SA – Marsch der Sturmabteilungen durch das Brandenburger Tor, 30. Januar 1933 (nachgestellte Szene).

42

zu disziplinieren und machte sich auf die Suche nach einem Nachfolger für den zurückgetretenen Obersten SA-Führer Pfeffer. So kam es zur Wiederkehr eines alten Gefährten, mit dessen Comeback niemand gerechnet hatte. Duzfreund Ernst Röhm kehrte Ende 1930 aus Bolivien zurück. Hitler glaubte, einen taktisch klugen Schachzug getan zu haben. Röhm, der noch immer einen exzellenten Ruf bei der SA besaß, schien allen Grabenkämpfen fern gerückt zu sein. Was Hitler nicht wusste: Auch aus dem fernen Südamerika hatte Röhm gegen den »Führer« gestänkert. »Dolf ist ein Esel«, schrieb er 1928 im Duktus eines Pennälers auf einer Postkarte an einen Freund.

Doch auch Röhm konnte die SA nicht so schnell wie erhofft wieder disziplinieren. So leicht mochten sich die murrenden Rebellen nicht beugen. Ein Jahr nach dem ersten Stennes-Aufruhr kursierten erneut Flugblätter: »Nationalsozialisten Berlins! Der Gauleiter von Berlin, Dr. Joseph Goebbels, ist wegen Treuebruchs seines Postens als Gauleiter enthoben.« Es gehe »darum, den Verrat der Partei an der SA und am nationalen Sozialismus zu verhindern. SA marschiert, Stennes übernimmt das Kommando.« Der Berliner SA-Führer Walter Stennes hatte erneut Mandate für SA-Angehörige gefordert. Und abermals lehnte die Parteiführung ab. »Niemand regiert auf Dauer ungestraft gegen die Ansichten des besten Bestandteiles des Volkes – in diesem Fall gegen die Stimmung der SA«, drohte Stennes.

Staunend verfolgten die politischen Gegner, wie sich die NSDAP in grotesken Flügelkämpfen aufzulösen schien. Stennes gewann fast alle SA-Führer im Osten und Norden Deutschlands für einen Putsch gegen die Parteiführung in München. Hitler kam ihm jedoch zuvor und setzte Stennes am 31. März 1931 ab. Doch der braune Aufrührer schlug dennoch los. Die SA übernahm die Partei, welche die SA-Rebellen ihrerseits ausschloss. Doch als die Kriegskasse der chronisch klammen SA zur Neige ging, verlief die Revolte langsam im Sande. Die Organisation wurde von Stennes-Leuten gesäubert und ihr Apparat zerschlagen. Nach der Machtübernahme wurde Stennes von der SS verhaftet, dann aber auf Betreiben Görings freigelassen. Später avancierte er zum Chef der Leibwache des chinesischen Staatschefs Tschiang Kai-schek.

Nach dem Stennes-Putsch wurde die SS weiter

> Unser Führer aber weiß, was er an der SS hat. Wir sind ihm die liebste und wertvollste Organisation, denn wir haben ihn noch nie enttäuscht.
>
> Heinrich Himmler, Juni 1931

> Die SS, das waren unsere Vorbilder. Die waren exakt. Nicht so ein läppischer Haufen wie die SA.
>
> Friedrich Haberstroh, Soldat der Waffen-SS

43

aufgewertet. Wie ein Mann habe sie hinter Hitler gestanden, hieß es. Und dieser demonstrierte nun, wie der SS-Historiograf Heinz Höhne schrieb, dass er den Sieg über Stennes »nur der Wachsamkeit seiner Schutzstaffel« zu verdanken habe. Fortan trug sie die Losung, die ihr Himmler nach den dramatischen Ereignissen des Jahres 1932 verlieh:

»SS-Mann, deine Ehre heißt Treue.«

Der »Reichsführer SS« triumphierte auf einer Besprechung: »Wir sind nicht überall beliebt. Man wird uns nach eventuell getaner Arbeit in die Ecke stellen, wir dürfen keinen Dank erwarten. Unser Führer aber weiß, was er an der SS hat. Wir sind ihm die liebste und wertvollste Organisation, denn wir haben ihn noch nie enttäuscht.« Viele in der Partei unterschätzten den kleinen, blassen Mann mit mittelgroßem Kneifer; in der Öffentlichkeit war er kaum bekannt. Wochenschauen zeigten ihn in der dritten Reihe hinter Hitler und Röhm. Doch Heinrich Himmler, der einstige Fahnenträger Röhms am 9. November 1923, kannte keine Freunde, wenn es um Macht und Karriere ging. Kaum jemand ahnte, dass sich hinter dem freundlichen Bayer mit der Oberlehrer-Attitüde, dem im Männerbund der Weltkriegsveteranen eher belächelten »Antisoldaten« (Otto Kumm), ein ausdauernder Taktiker der Macht verbarg. Bei jeder Gelegenheit gab er nun die Marschrichtung vor: »Die SA ist die Linie, die SS die Garde.«

Himmlers Aufstieg wurde zum Wendepunkt in der Geschichte der SS. Seit seinem Amtsantritt im Jahr 1929 schnellten die Mitgliederzahlen der SS in die Höhe. Waren es anfangs nur etwa 280 Mann, so verzehnfachte sich ihre Stärke bis zum Dezember des Folgejahres. 1931 trugen bereits 14 964 Männer den Totenkopf auf der Mütze. Himmler verfeinerte die strengen Auswahlkriterien und stellte erstmals ideologisch formatierte Ordensregeln auf. »Die SS ist ein nach besonderen Gesichtspunkten ausgewählter Verband deutscher nordisch bestimmter Männer«, hieß es in den »Pflichten des SS-Mannes bei Verlobung und Heirat« vom 31. De-

Die SS habe ich anfangs als arrogant empfunden. Das waren unsere Feinde. 1940 wurde ich zur Waffen-SS beordert. Das hat mir gar nicht gefallen, ich war doch ein alter SAler. Doch dann habe ich gesehen, dass das dort ein anderes Kaliber war, da ging es viel strenger, viel disziplinierter zu. Das hat mir natürlich imponiert.
Robert Krötz, 1930 bis 1940 in der SA, 1940 bis 1945 bei der »Leibstandarte Adolf Hitler«

zember 1931. Und weiter: »Jeder SS-Mann, der zu heiraten beabsichtigt, hat hierzu die Heiratsgenehmigung des Reichsführers SS einzuholen.« Auslese allein sei der Weg zur Erhaltung des »guten Blutes«. »Die Zukunft gehört uns«, endeten die Ordensgesetze.

Der »schwarze Orden« begeisterte indes nicht mehr nur kleinbürgerliche Weltkriegsveteranen, sondern immer mehr auch jene, welche die marode Demokratie mit einer Art Kulturekel erfüllt hatte; die sich, wenn auch zu jung für die Schützengraben-Erfahrung, von der Härte und Romantik des Kriegserlebnisses angezogen fühlten. »Ich sah nur einen einzigen Ausweg für das darniederliegende Deutschland«, sagt der Hamburger Otto Kumm, »und das war Hitler. Ich bin zuerst in die SA eingetreten, das war ein selbstverständlicher Weg. Aber das war mir zu weich, zu mangelhaft. In der SS waren nur besonders ausgesuchte Männer.« In der Goethe-Stadt Weimar begeisterte sich der Schüler Horst Mauersberger für die SS. Mauersberger trug Goethes *Faust* in seiner Uniform – sein Sohn Volker besitzt die zerlesene und mit Markierungen über-häufte Ausgabe des Vaters bis heute. »Ich habe mich mein ganzes Leben mit der Frage herumge-schlagen: Wie konnte es sein, dass ein Mann aus so bürgerlichem Hause mit diesen humanisti-schen Idealen, mit diesen Sehnsüchten und Visio-nen, auf den Ettersberg geriet.« Mauersberger gibt den »bürgerlichen Eliten Weimars« die Schuld, die den jungen Mann zu einem radikalen Träumer machten – und es zuließen, dass der Et-tersberg, auf dem sich Goethe gern inspirieren ließ, in der Geschichte eine andere Bedeutung bekam: Buchenwald. Das Lager wurde einige Jahre später zum »Arbeitsplatz« des späteren SS-Scharführers Horst Mauersberger.

Nicht wenige Aspiranten der SS dachten wie der Schweizer Arzt Franz Riedweg, der sich früh für das nationalsozialistische Deutschland begeis-terte, weil er glaubte, dass in ihm ein »Bollwerk gegen den Kommunismus« entstünde. »Himm-lers Idee, eine Elite heranzuzüchten, war sehr ver-nünftig«, behauptet er noch heute. »Die Selbst-aufgabe für eine große Idee, das hat uns angezogen. Es war wie in einer Monarchie, wo es

Dem SA-Mann wurde gelehrt: »Du hast deine Pflicht zu erfüllen, du bist ein guter Deutscher, und um mehr hast du dich nicht zu kümmern. Du hast deine Befehle auszuführen.«
Paul Tollmann, Kommunist, 1933 Gefangener der SA

Die SS ist ein nach besonderen Gesichtspunkten ausgewählter Verband deutscher nordisch be-stimmter Männer.
Ordensgesetze der SS, 31. Dezember 1931

Jugend ist immer für das Neue, ob rechts oder links, ist egal, wenn es nur irgendwas Großarti-ges ist. Es gab »Action«, würde man später gesagt haben. Wir waren auch fasziniert von der Rasseidee. Die frühe SS war eine Elite, die nicht nur auf Ras-senreinheit, sondern überhaupt auf Reinheit der Lebenshaltung getrimmt war.
Luise Rinser, Schriftstellerin

Beispiele von Persönlichkeiten gibt, denen man folgen kann.« Riedweg sollte später im Krieg gegen die Sowjetunion ausländische Freiwillige für die Waffen-SS rekrutieren.

Doch wichtiger noch: Hinter dem ideologischen Vorhang probte Himmler weiter für die letzte Runde des Machtkampfs. Er formte die SS von der Leibwache Hitlers zur allgegenwärtigen Parteipolizei. Selten offenbarte er sich in der Frühzeit so offen wie auf einer Zugfahrt im Frühjahr 1929, an die sich der Hamburger Gauleiter Albert Krebs später erinnerte. In der Politik komme es auf die geheimen Zustände an, habe Himmler gesagt. Es sei wichtig zu wissen, wie der SA-Führer Conn zu seinem seltsamen, an das jüdische »Cohn« erinnernden jüdisch klingenden Namen gekommen sei, oder ob der Gauleiter Lohse als ehemaliger Bankangestellter in die Abhängigkeit jüdischen Kapitals geraten sei. Krebs bekam eine »merkwürdige Mischung von martialischer Großsprecherei, kleinbürgerlichem Stammtischgeschwätz und eifernder Prophetie eines Sektenpredigers« zu hören und übersah dabei wie viele, mit welch enormer Ausdauer und wenigen Skrupeln Himmler seine Ziele durchzusetzen gewillt war.

Nachdem Himmler den wegen »Unwürdigkeit« aus der Marine entlassenen Nachrichtenoffizier Reinhard Heydrich im Sommer 1931 in seine Dienste genommen hatte, wurde aus dem eher beliebigen Sammeln von Meldungen aus der Partei, das die SS bereits seit ihrer Gründung betrieben hatte, ein ausgeklügeltes Spitzelsystem. Im »Braunen Haus« in München liefen die Informationen des neu gegründeten »1c-Dienstes« zusammen, der »gegnerische Spione« in der Partei enttarnen sollte. Alte Loyalitäten zählten hier wenig. Ganz im Sinne Hitlers marschierte die SS jetzt inzwischen auch schon »gegen die eigenen Brüder«, die sich als so unberechenbar erwiesen hatten.

Auch die weiteren Maßnahmen Ernst Röhms beruhigten die Lage kaum. Die revolutionäre Stimmung in der SA gärte weiter, und in der Person des SA-Stabschefs fand der Konflikt sogar neue Nahrung. Aus seiner Homosexualität machte Röhm kein Geheimnis, und auch die Veranlagung seiner engsten Mitarbeiter war schon lange öffentlich bekannt. In Briefen an den Berliner Arzt Dr. Heimsoth schrieb Röhm recht unmissverständlich:

»Mit dem Herrn Alfred Rosenberg, dem tölpelhaften Moralathleten, stehe ich in schärfstem Kampf. Seine Artikel sind auch vor allem an meine Adresse gerichtet, da ich aus meiner Einstellung kein Hehl mache. Da mögen Sie daraus

Er war für alle immer nur der Ernstl.

Rita Stephan, Nichte des Röhm-Adjutanten Schweighardt

46

Noch in der zweiten Reihe: »Reichsführer SS« Heinrich Himmler hinter Röhm, August 1933.
Links SS-Gruppenführer Daluege.

ersehen, dass ›man‹ sich bei mir eben an diese verbrecherische Eigenheit in den nat[ional]soz[ialistischen] Kreisen gewöhnen hat müssen.«

Gerichtsbekannt wurde eine Affäre Röhms mit einem Berliner Gigolo namens Hermann Siegesmund, den der SA-Führer wegen des Diebstahls seines Koffers angezeigt hatte. Im Protokoll des Amtsgerichts Mitte hieß es: »Röhm lud den Siegesmund am Abend des 13. Januar 1925 im Berliner Marienkasino zu einem Glas Bier und dann zu dem ein, was solchen Kontaktgesprächen immer zu folgen pflegte.« Siegesmund gab zu Protokoll: »Während wir noch angekleidet im Hotelzimmer saßen, nahm Herr Röhm eine Zigarettenschachtel aus seiner Tasche; ich bemerkte, dass hierbei ein Stück Papier zur Erde fiel, und hob es auf. Nach etwa einer halben Stunde verließ ich das Hotelzimmer, weil mir Herr Röhm einen mir widerlichen Geschlechtsverkehr abverlangte, auf den ich nicht eingehen konnte. Erst auf der Straße stellte ich fest, dass der Zettel, den ich im Zimmer an mich genommen hatte, ein Gepäckschein des Herrn Röhm war.«

Offen machten sich niedere Chargen der SA über die Homosexualität ihres Chefs lustig. Da wurde in einem Flugblatt der Parteiführung emp-

47

fohlen, Röhm im Winter als »Anwärter« für das »Braune Haus« zu verwenden; zur Neuuniformierung von Röhms Wache forderten die anonymen Autoren Reiterhosen »mit funktionierendem Reißverschluss in Schrittweite 175« (in Anspielung auf den Homosexuellen-Paragraphen 175). Gleichwohl besetzten nach und nach Röhm-Freunde einige der Posten in der SA, die nach der Stennes-Revolte offen waren. Die Männer teilten nicht nur die politischen Ansichten ihres Stabschefs, sondern auch dessen homoerotische Neigungen. Gerüchte über Ausschweifungen und organisierte Liebesdienste in München und Berlin kursierten. Noch wies Hitler alle Klagen über das Lotterleben der SA-Führung als »Zumutung und in aller Schärfe« zurück. Noch brauchte er Röhm.

Doch dann machte im April 1932 ein obskures Mordkomplott aus den eigenen Reihen gegen Röhm und seine Freunde Schlagzeilen, das der oberste Parteirichter und »Sittenwächter« Walter Buch organisiert hatte. Hohe SA-Führer hatten aus Angst um ihr Leben bei der Polizei über die Bedrohung durch die NS-»Kameraden« ausgepackt – für SS-Chef Himmler, der am liebsten alles unter der parteiinternen Decke gehalten hätte, ein »unverzeihlicher Treuebruch«. Es kam zum Prozess gegen die Drahtzieher, in dem weitere unappetitliche Details an die Öffentlichkeit gelangten. Für die Moralhüter in der Partei war das Maß voll. Buch-Schwiegersohn Martin Bormann klagte in einem Brief an Rudolf Heß: »Das schlägt dem Fass rundherum den Boden aus. Einer der prominentesten Führer der Partei schimpft bei einem ebenso prominenten Führer der schärfsten Gegner und… beschimpft eigene Parteigenossen, die ebenfalls Führer sind, als Schweinehunde.« Hingegen, so schrieb Bormann mit Blick auf die Prätorianer im »Braunen Haus«: »Schauen Sie sich die SS an, Sie kennen doch Himmler, und Sie kennen Himmlers Fähigkeiten.« Je zügelloser die wilden Haufen der SA bis hin zur Führung wirkten, desto deutlicher trat der Korpsgeist der straffer geführten Himmler-Truppe zutage. Wann und wem die entscheidende Stunde im Machtkampf zwischen SA und SS schlagen sollte, war nur noch eine Frage der Zeit.

Die Euphorie des 30. Januar 1933 überdeckte die tiefen Risse zwischen den Parteirivalen. Röhms Männer, die durch den Straßenkampf der letzten Jahre zum sichtbaren Symbol der neuen Macht erhoben worden waren, marschierten in einem martialischen Fackelzug an den Fenstern der Reichskanzlei vorüber. Doch ihr Auftreten abseits der propagandistischen Inszenierungen stand in keinem Verhältnis zur Taktik der legalen Machtübernahme Hitlers, der vorerst auf ein Bündnis mit den konservativen Kräften

Nach Hitlers »Machtergreifung« wurden SS-Männer als Hilfspolizisten eingesetzt, wie hier am Tag der Reichstagswahl vom 5. März 1933.

angewiesen blieb. Für die SA bedeutete dieser Tag ein Ventil, auf dessen Öffnung sie lange gewartet hatte. An die bürgerlichen Gesetze sah sie sich nun nicht mehr gebunden. Betrunkene SA-Männer kontrollierten und verprügelten willkürlich Passanten. »24 Stunden Freizeit« forderten die braun uniformierten Banden, was nichts anderes hieß als Rache an den politischen Gegnern nehmen. Sie grölten Parolen vor jüdischen Geschäften, sie sammelten Geld für die Partei oder erpressten es für sich selbst. Hasserfüllte Racheorgien gehörten zur Tagesordnung. Um die 100 000 Menschen verschwanden in den ersten Monaten der neuen Herrschaft in den Kellern, Garagen und anderen Verstecken der SA. Überall wurden »wilde« Lager errichtet, teils wurden die »Sturmlokale« selbst zu Folterstätten umfunktioniert.

Bereits im März 1933 entstand auf einem alten Brauereigelände in Oranienburg im Norden Berlins ein Lager, in dem verhaftete Gegner des Regimes konzentriert werden sollten. Arno Hausmann, einer der letzten Überlebenden dieses frühen Lagers, erinnert sich: »Einen Landstreicher, der neu ins Lager kam, haben die Wachmannschaften so lange mit Bürsten bearbeitet, bis ihm die Haut in Fetzen herunterhing. Einen Tag später war er tot.« »Schutzhaft« nannte das die SA. Sie führte das Regiment in diesem Lager, das mitten in einem Wohngebiet neben Vergnügungslokalen lag.

Der Berliner Stadtteil Köpenick erlebte den Höhepunkt dieser offenen Terrorisierung. Ausgerechnet im Amtsgericht hatte der berüchtigte SA-Sturm 15 sein Hauptquartier. Von hier aus organisierte er eine pogromartige Jagd auf politische Gegner und jeden, der irgendwie »unangenehm auffiel«. In die wenige Quadratmeter großen Zellen presste die SA bis zu 20 Menschen. Als ein brauner Trupp in das Haus seiner Eltern eindrang, erschoss der junge Sozialdemokrat Anton Schmaus in Panik drei SA-Männer. Die Rache geriet unbeschreiblich grausam. Vater Schmaus wurde an Ort und Stelle gelyncht und in seinem eigenen Haus aufgehängt. Seinen Sohn, dem zunächst die Flucht gelungen war, trafen kurze Zeit später in der Haft hinterrücks die Kugeln der SA. 500 Kommunisten und Sozialdemokraten wurden in kürzester Zeit in die Köpenicker Sturmlokale sowie in das Gefängnis des Amtsgerichts verschleppt und bestialisch gefoltert. Ein Augenzeugenbericht: »Als die Nachricht von der Erschießung der drei SA-Leute eintraf, wurde unter uns Gefangenen ein schreckliches Blutbad angerichtet. Mit Stühlen, Peitschen und Seitengewehren schlug man auf uns ein. Im Kirchensaal schwammen etwa 35 Arbeiter in ihrem Blute. Die Kleider heruntergerissen. Die SA trampelte mit den Stiefeln auf ihnen herum. Blut und Fleischstücke wurden zusammengefegt und mit Eimern he-

Oben: »Nur ein Esel kommt ins Konzentrationslager«: Mit makabren Inszenierungen wie dieser sollten die Menschen eingeschüchtert werden, Kassel 1933.
Unten: SA-Wachen vor dem Eingang zum »Schutzhaftlager« Oranienburg, einem der ersten Konzentrationslager, April 1933.

rausgetragen.« Wie viele Opfer die Blutwoche forderte, ist bis heute nicht klar. 23 sind namentlich bekannt, doch die wahre Zahl liegt wahrscheinlich bei rund 100.

Sofern es noch eines letzten Beweises bedurft hätte, dass die braunen Bataillone im neuen Staat keinen Platz haben durften, wenn Hitler die konservativen Eliten an sich binden wollte – der zügellose Terror der SA lieferte ihn nach der Machtübernahme. Der SA-Chef trieb den schwelenden Konflikt auf die Spitze. Bereits im Sommer forderte Röhm, dass der nationalen nunmehr die nationalsozialistische Revolution folgen müsse. In schwärmerischer Stoßtrupp-Romantik hatte er von einer Revolution mit Kanonen und Gewehren geträumt, die in einer »Nacht der langen Messer« den Zusammenbruch der alten Ordnung erzwang. All dies blieb aus, und Röhm war tief enttäuscht vom Bündnis Hitlers mit den alten Kräften. Umso mehr, als die Masse der SA-Mitglieder noch immer auf die Belohnung für die viel beschworenen »Opfer der Kampfzeit« wartete. Unter den SA-Männern blieb eine große Anzahl arbeitslos; ihr miserabler Ruf erwies sich als schlechte Referenz. Nach Ansicht ihres Stabschefs aber sollte die SA zentrale Positionen im Staat übernehmen. Am 22. Mai 1933 verfasste Röhm einen Brief an die Parteileitung: »Die stiefmütterliche Behandlung durch die Partei soll ein Ende haben.« Um ihren Forderungen Nachdruck zu verleihen und ihre Macht zu demonstrieren, sammelte sich die SA zu großen Demonstrationen auf dem Annaberg (12 000 Teilnehmer), in Liegnitz (16 000 Teilnehmer) und in Breslau (80 000 Teilnehmer).

Ernst Röhm träumte einen besonderen Traum: Er sah in der SA den Kern eines neuen deutschen Volksheeres, in dem die kleine Berufsarmee, die Reichswehr, einfach aufgehen sollte. Er selbst würde natürlich an der Spitze stehen. Bis ins Detail hatte Röhm seine »Sturmabteilung« nach dem Vorbild einer Armee organisiert. Die Dienstvorschriften orientierten sich an den Heeres-Reglements, und die Standarten trugen die Nummern alter königlich-preußischer Regimenter. Der Weltkriegs-Hauptmann Röhm pflegte seine Aversion gegen das Offizierskorps der Reichswehr, deren Repräsentanten ihm bei offiziellen Anlässen mitunter nicht einmal die Hand reichten. Ihnen aber gab er eine Mitschuld an der Niederlage von 1918. »Die Generale sind alte Schuster. Denen kommt keine neue Idee.« Er selbst prahlte gern: »Ich bin der Scharnhorst der neuen Armee.« Röhm setzte auf die Macht der Masse, er sah in einem Volksheer die Armee der Zukunft. Teile des »Stahlhelms«, des ultrakonservativen Veteranenverbands des Ersten Weltkriegs, gingen bereits in der SA auf. Viereinhalb Millionen Mann hörten schließlich auf das Kommando Röhms, der seine Ansprüche offen anmeldete. Er verlangte überdies die Führung beim Grenzschutz Ost sowie die Kontrolle über die ostdeutschen Waffenlager.

Doch die unkontrollierbare SA gefährdete Hitlers Erfolg, der um sein fragiles Bündnis mit Armee und Industrie fürchtete. Am 6. Juli 1933 erklärte er: »Die Revolution ist kein permanenter Zustand, sie darf sich nicht zu einem Dauerzustand ausbilden. Man muss den frei gewordenen Strom der Revolution in das sichere Bett der Evolution überleiten.« Hitler vertauschte die braune Uniform mit Cut und Zylinder. In einem zynischen Auftritt hatte er in Potsdam neben dem alten Feldmarschall von Hindenburg seine vermeintliche Verfassungstreue demonstriert. Noch musste er auf die Wünsche der Einflüsterer um den greisen Reichspräsidenten Rücksicht nehmen. Noch musste er damit rechnen, alles wieder zu verlieren. Noch konnte Hindenburg im Falle einer Verschärfung der innenpolitischen Krise jederzeit den Staatsnotstand verkünden, der Reichswehr die vollziehende Gewalt übertragen und dadurch einen Reichskanzler Hitler ausschalten. Solange Hindenburg lebte, musste Hitler Rücksicht nehmen.

Reichsinnenminister Frick reagierte mit einem Rundschreiben gegen die brutalen Übergriffe der SA in Verwaltung und Wirtschaft: Frei werdende Posten in der Verwaltung sollten weiterhin in erster Linie mit politischen Leitern der NSDAP besetzt werden, die mehr von der Sache verstünden als ämtersüchtige SA-Leute. Zwar erhielt Röhm einen Posten in der Regierung, doch als Reichsminister ohne Geschäftsbereich war er – und damit die SA – Staffage. Die einzige Position, für die er sich wirklich interessierte, die des Reichswehrministers, blieb fest in der Hand eines konservativen Militärs. Der Ton klang kameradschaftlich, doch Ende 1933 war die Lage zum Zerreißen gespannt. In einem Brief skizzierte Hitler »in herzlicher Freundschaft und dankbarer Würdigung« seinem »lieben Stabschef« einen lauen Kompromiss: »Wenn das Heer den Schutz der Nation nach außen zu garantieren hat, dann ist es die Aufgabe der SA, den Sieg der nationalsozialistischen Revolution, den Bestand des nationalsozialistischen Staates und unserer Volksgemeinschaft im Inneren zu sichern.« Hitler versicherte dem Mann, den er sechs Monate später ermorden ließ, »wie dankbar ich dem Schicksal bin, solche Männer wie du [sic] als meine Freunde und Kampfgenossen bezeichnen zu dürfen«. Gleichzeitig beauftragte er den Leiter des Geheimen Staatspolizeiamts, Rudolf Diels, Material gegen Röhm und die SA-Führung zu sammeln. »Das ist das Wichtigste, was Sie je getan haben.«

Kaum zwei Monate später ließ Hitler seinen Stabschef die vermeintliche Verständigung mit dem Militär festigen. Am 28. Februar 1934 lud er die Führung der SA und der Reichswehr in den marmorgetäfelten Vertragssaal des Reichswehrministeriums und beschwor die Kontrahenten, endlich Frieden zu halten. Minister Blomberg und Röhm mussten im Beisein Hitlers die neue Formel bekräftigen, nach der die Reichswehr für die Vorbereitung der Reichsverteidigung, Mobilmachung und Kriegführung allein zuständig sei, die SA für die vor- und nachmilitärische Ausbildung – allerdings nach den Richtlinien des Wehrministeriums. Bei einem Sektfrühstück im Berliner Hauptquartier der SA feierten die Gegner scheinbar Versöhnung. Doch kaum hatten die Offiziere den Saal verlassen, ließ Röhm seiner Wut freien Lauf: »Hitler! Wenn man sich nur von diesem Mann befreien könnte. …Was der lächerliche Gefreite erklärt, gilt nicht für uns… Hitler ist treulos und muss mindestens auf Urlaub.«

Röhm glaubte sich unter seinen SA-Führern sicher. In der alkoholgeschwängerten Atmosphäre redete er sich in Rage: »Wenn nicht mit, so werden wir die Sache ohne Hitler machen.« Röhms Wutanfall blieb nicht vertraulich. Ein verstörter SA-Obergruppenführer trug die Tiraden des Stabschefs weiter, zunächst zu Heß, dann zu Hitler. Die Antwort, die Viktor Lutze auf seinen Treuebruch erhielt, war knapp. »Wir müssen die Sache reifen lassen«, entgegnete Hitler. Selbst zögerlich im Handeln – wie so oft an den Wendepunkten seiner politischen Karriere –, wartete er ab, bis die Schlinge ebenso kunstvoll wie tödlich geknüpft war, die seinen alten Kampfgenossen und dessen aufrührerische SA strangulieren sollte. Er würde die Gelegenheit nutzen, die beiden einzigen unabhängigen Gruppierungen im Staat, Reichswehr und SA, gegeneinander auszuspielen, die einen dabei hinter sich zu bringen und die anderen dafür zu opfern. Der vermeintlich drohende »Verrat« Ernst Röhms wurde zum Vorwand einer blutigen »Säuberung«, deren Exekutoren schon bereitstanden.

Heinrich Himmler gab seiner SS in dieser Zeit nach außen ein versöhnliches Gesicht. In Mün-

Ich habe Ende Januar 1934 eine Rede von Röhm gehört. Er rief: »Ich mache lieber Revolution, als dass ich Revolutionen feiere – die Revolution ist noch nicht zu Ende!«
Otto Gritschneder, Anwalt aus München

Wer hat die Macht – die SA oder die SS? So haben wir das gesehen, warum man Röhm erschossen und ihn durch einen willfährigen Mann wie Lutze ersetzt hat.
Rita Stephan, Nichte des Röhm-Adjutanten Schweighardt

chen ließ er Industrielle, Offiziere und Wissenschaftler zu einem Vortrag bitten. Gewohnt, in den schrillen Tönen des Straßenkampfes als »Spießer«, »dekadent« und »judenhörig« denunziert zu werden, rechneten die Gäste mit dem Schlimmsten. Sie trauten ihren Ohren kaum. Die Attacken blieben aus. Der »Reichsführer SS« appellierte an seine Zuhörer, Teil einer neuen Elite zu werden. Himmler ersuchte die Anwesenden um ihre Kooperation, um »das Zusammenfließen der verschiedenen Traditionsströme in der SS zu ermöglichen«. Jeder Staat benötige eine Elite, und im nationalsozialistischen Staat sei das die SS. In ihr, so Himmler, müssten sich »die Tradition echten Soldatentums, die vornehme Gesinnung, Haltung und Wohlerzogenheit des deutschen Adels und die schöpferische Tatkraft des Industriellen auf dem Boden rassischer Auslese mit den sozialen Forderungen der Zeit« verbinden.

Die so genannten »feinen Leute« bevorzugten beim Eintritt in eine der Parteigliederungen die SS.
Walter Schellenberg, Chef des Auslandsnachrichtendienstes der SS, in seinen Memoiren

Kein Volk kann sich den ewigen Aufstand von unten leisten, wenn es vor der Geschichte bestehen will. Mit ewiger Dynamik kann nichts gestaltet werden. Deutschland darf nicht einem Zug ins Blaue gleichen… Einmal muss die Bewegung zu Ende kommen, einmal ein festes soziales Gefüge, zusammengehalten durch eine unbeeinflussbare Rechtspflege und durch eine unbestrittene Staatsgewalt, entstehen.
Franz von Papen, damals Vizekanzler, in einer Rede am 17. Juni 1934

Himmlers Masseur Felix Kersten erinnerte sich später, dass fast alle Zuhörer nach der Veranstaltung in die SS eingetreten seien. Die Episode belegte, so der Autor Heinz Höhne, »mit welcher Geschicklichkeit Himmler seine Schutzstaffel… zu präsentieren wusste«. Im so genannten »Freundeskreis Reichsführer SS« fanden sich von Flick bis Oetker, von den Chefs der Dresdner Bank bis zu jenen von Siemens-Schuckert alle Zeitgenossen, die der Terror der braunen Proletarier, das Geschrei nach Revolution und Enteignung abgestoßen hatten. Für Himmlers SS aber zückten sie ihre Scheckbücher.

Mit enormem Gespür rekrutierte der SS-Chef die Vertreter alter, einflussreicher Kräfte: Mit den ländlichen Reitervereinen etwa öffnete er allmählich der SS die bis dahin geschlossene Gesellschaft der Agrarier und Grundbesitzer. Geschlossen traten in den Hochburgen Ostpreußen, Holstein, Westfalen, Oldenburg und Hannover viele Reitervereine in den schwarzen Orden ein. Der Pakt mit den Kyffhäusern brachte Himmler die alten Soldaten, die bis dahin eher der Schützengraben-Romantik der SA zuneigten. Sogar kaisertreue Exmilitärs und nationalkonservative Diplomaten trugen jetzt die schwarze Uniform mit dem Totenkopf – was selbst in der SS offenen Protest auslöste, denn unter seiner neuen Uniform behielt so mancher der nun so benannten »Ehrenführer« seine alte Einstellung. Systematisch wurden junge Wissenschaftler und Juristen rekrutiert – vor allem für den neuen »Sicherheitsdienst« der SS, den SD. Hier wuchs der Typus des scheinbar unpolitischen, kalten SS-Technokraten heran – »klug, illusionslos, kaum noch einer Ideologie verschrieben außer jener der Macht«, so Höhne. Es waren die Funktionstäter der kommenden Jahre.

War in diesen frühen Jahren schon erkennbar, wohin der Weg der neuen schwarzen Garde einmal führen würde? »Jeder wusste von Dachau«, sagt Renate Weißkopf, die Tochter des später ermordeten Münchner Musikkritikers Willi Schmid. »Dachau stand in der Zeitung. Aber man hieß es gut, denn dort kamen ja angeblich nur die Menschen hin, die für die SS keine Menschen waren, sondern ›Volksschädlinge‹, wie sie es nannten.«

Die SS brachte nach den Worten des früheren SA-Mannes Herbert Crüger die »furchtbare Ordnung in den Terror. Was die SA tat, war grausam, doch von jetzt an wurde nach System terrorisiert, gedemütigt und gemordet.«

Seit dem 22. März 1933 stand der Name Dachau für das neue Wesen der SS. An diesem Tag passierten die ersten »Volksschädlinge« auf offenen LKWs ein Spalier von »zahlreichen Neugierigen, die sich seit Stunden am Einfahrtstor der ehemaligen Pulverfabrik eingefunden hatten«, wie die *Münchner Neuesten Nachrichten* zu berichten wussten. Die Bevölkerung war informiert. Die Eröffnung eines Lagers mit einem Fassungsvermögen von 5000 Menschen hatte Himmler zwei Tage zuvor auf einer Pressekonferenz angekündigt. Als amerikanische Soldaten zwölf Jahre später das KZ befreiten, vegetierten 67 000 Häftlinge in den Baracken. Insgesamt 206 206 waren hier während des »Dritten Reiches« inhaftiert. Der Tod von 31 951 Insassen ist standesamtlich beurkundet. Wie viele tatsächlich der SS zum Opfer fielen, wie viele bei den Menschenversuchen sterben mussten, wie viele auf dem letzten Todesmarsch ums Leben kamen – dies ist nicht aktenkundig.

Am 13. März 1933 gab Adolf Wagner, Staatskommissar für das bayerische Innenministerium, die Linie vor: »Falls die den Justizbehörden zur Verfügung stehenden Gefängnisse nicht ausreichend sein sollten, empfehle ich, dieselben Methoden zur Anwendung zu bringen, die man früher den Masseninhaftierten der Nationalsozialistischen Deutschen Arbeiterpartei gegenüber anwandte. Man sperrte sie bekanntlich in irgendein leer stehendes Gemäuer und kümmerte sich nicht darum, ob sie den Unbilden der Witterung ausgesetzt waren oder nicht.« Konzentration der inneren Feinde in einem Lager – SD-Chef Reinhard

> Ich habe erlebt, dass ein jüdischer Rechtsanwalt bei einer Vernehmung so stark geschlagen wurde, dass er vor meinen Augen gestorben ist.
>
> Paul Tollmann, Kommunist, 1933 Gefangener der SA

Heydrich prägte den Begriff, der wie kein anderer für die Schreckensherrschaft der SS steht: Konzentrationslager.

Glaubt man einem Bericht der *Münchner Neuesten Nachrichten*, so handelte es sich beim Konzentrationslager Dachau eher um eine Art Pfadfinderheim mit gesamtgesellschaftlichem Impetus: »Es ist vorgesehen, die politischen Gefangenen in Arbeitsgruppen zu teilen und ... für die Kultivierung im Dachauer Moos zu verwenden. ... In der Freizeit sind Vorträge heimatkundlicher und konfessioneller Art vorgesehen. Man will versuchen, die Internierten durch Arbeit, entsprechende Verköstigung, Gerechtigkeit gegenüber dem Einzelnen wieder für vaterländische Ideen brauchbar zu machen.« Die Akteure im Hintergrund dachten ganz anders. Im 20 Kilometer entfernten München arbeiteten zwei Männer daran, die Kontrolle über das Lager zu gewinnen. Heinrich Himmler und Reinhard Heydrich wollten es aus der Obhut von Landespolizei und Justiz lösen und der SS unterstellen. Dachau sollte ein Ort der organisierten Vollstreckung werden.

Die Absichten der SS waren in den ersten Lagertagen nur ein vages Gerücht – doch sie erregten in Dachau schon größte Besorgnis. Die Häftlinge wandten sich an einen Wachposten der Polizei: Würde die SS in Zukunft die Wachmannschaften stellen? »Die SS? Die können Sie doch nicht zur Gefangenenbewachung gebrauchen. Gewehr können sie keines in die Hand nehmen, aber Sprüche machen über ihre Heldentaten«, erwiderte ein Oberwachtmeister und sprach auch unverhohlen aus, was er von Himmlers Leuten hielt: »Menschen sind das nicht mehr, das sind wilde Tiere! Nein, nein, so weit ist es doch noch nicht, dass ihr denen ausgeliefert werdet.« Die beruhigende Wirkung der Worte hielt nicht lange vor.

Himmlers Aufstieg besiegelte das Schicksal der Lagerinsassen: Als neuer Kommandeur der Politischen Polizei Bayerns unterstellte er am 2. April das Lager seinem Oberbefehl. Die Zuständigkeit ging schleichend von der Polizei auf die SS über. Eines Nachts schreckten die Häftlinge vom Gebrüll des SS-Oberführers von Malsen-Ponickau auf: »Kameraden von der SS. Ihr alle wisst, wozu uns der Führer berufen hat. Wir sind nicht hierher gekommen, um diesen Schweinekerlen da drinnen menschlich zu begegnen. Wir betrachten sie nicht als Menschen, wie wir sind, sondern als Menschen zweiter Klasse. Jahrelang haben sie ihr verbrecherisches Wesen betreiben können. Wenn diese Schweine an die Macht gekommen wären, hätten sie uns allen die Köpfe abgeschnitten. Daher kennen wir auch keine Gefühlsduselei. Wer hier von den Kameraden kein Blut sehen kann, passt nicht zu uns und soll austreten. Je mehr wir von diesen Schweinehunden niederknallen, desto weniger brauchen wir zu füttern.«

Bereits am Abend des 12. April, einen Tag nach Übernahme der Bewachung, zeigten die SS-Männer, dass sie nicht nur Sprüche machten. Vier jüdische Gefangene – Arthur Kahn, Dr. Rudolf Benario, Ernst Goldmann und Erwin Kahn – wurden nach einem Tag voller Torturen am Abend von den übrigen Gefangenen getrennt. »Mitkommen, die vier«, befahl SS-Scharführer Steinbrenner. Man führte sie in Richtung Schießplatz, dann verschwanden sie im Wald. »Kurz darauf hörten wir Schüsse und auch Schreie«, berichtete ein Augenzeuge. »Auf der Flucht erschossen«, teilte die SS am nächsten Tag den Gefangenen lapidar mit. Die Wahrheit war eine andere: Die SS-Männer ließen ihre Opfer ein Stück allein in Richtung Verderben gehen. Ohne Vorwarnung eröffneten sie aus ihren Pistolen das Feuer auf die vier Männer.

Noch waren die Gefangenen der Willkür ihrer Bewacher ausgeliefert. Erst der Mann, der Ende Juni 1933 das Regiment im Lager Dachau übernahm, goss den Terror in Regeln. »Papa Eicke« nannten ihn die Wachen, »Eickes Jungs« die Geschundenen der Lager ihre Peiniger. Eine große Familie von Mördern wuchs in Dachau heran.

Mit Theodor Eicke kamen die berüchtigte »Disziplinar- und Strafordnung für das Gefangenenlager« und die »Dienstvorschriften für die Begleitpersonen und Gefangenenbewachung«. Sie bestimmte, dass derjenige, der »zum Zwecke der Aufwiegelung politisiert oder sich mit anderen zusammenfindet, gegnerische Gräuelpropaganda wiedergibt o.ä. kraft revolutionären Rechts als Aufwiegler gehängt; dass derjenige, welcher einen Posten tätlich angreift, den Gehorsam ... verweigert oder Meuterei in irgendeiner Form betreibt, als Meuterer auf der Stelle erschossen oder nachträglich gehängt wird«. Eicke sah auch milde Strafen vor: »Als Nebenstrafen kommen in Betracht: Strafexerzieren, Prügelstrafe, Postsperre, Kostentzug, hartes Lager, Pfahlbinden, Verweis und Verwarnungen.«

Gleichzeitig impfte Eicke seinen Wachen jenes menschenverachtende Elitebewusstsein ein, das zum Strukturprinzip der Konzentrationslager werden sollte. Skrupel und menschliche Reflexe wider die Unmenschlichkeit seien, so Eicke, »wegzuerziehen«. »Toleranz bedeutet Schwäche«, schärfte Eicke seinen Männern ein und dozierte weiter: »Aus dieser Erkenntnis heraus wird dort rücksichtslos zugegriffen werden, wo es im Interesse des Vaterlandes notwendig erscheint. ... Den politisierenden

Hetzern und intellektuellen Wühlern gleich welcher Richtung aber sei gesagt, hütet euch, dass man euch nicht erwischt, man wird euch sonst nach den Hälsen greifen und nach eurem eigenen Rezept zum Schweigen bringen.« Knapp ein Jahr später würde die Willfährigkeit der Dachauer SS auf den Prüfstand gestellt werden. Eickes Männer sollten die Kameraden von einst »zum Schweigen bringen«.

Ernst Röhm blieb im Frühjahr 1934 wenig Anlass zur Freude. Zwar erging er sich immer wieder in kraftvollen Parolen, verkündete lauthals, er verfüge mit seiner SA immerhin über die Macht von 30 Divisionen. Doch den verbalen Kraftmeiereien, die in den verräterischen Äußerungen vor der SA-Führung gipfelten, einigen demonstrativen Waffenkäufen und immer neuen militärischen Ausbildungsplänen für seine SA folgten Phasen tiefer Resignation.

Laut dachte er in dieser Zeit auch über eine Rückkehr nach Bolivien nach. Das Verhältnis zu Hitler war auf dem Nullpunkt. Einen Putschplan aber gab es nach wie vor noch nicht. Als die SA am 20. April 1934 Hitler sechs Flugzeuge zum Geburtstag schenkte, war der Stabschef nicht einmal anwesend. Drei Tage vorher, ausgerechnet bei einem Frühjahrskonzert der SS im Berliner Sportpalast, zeigten sich die beiden zum letzten Mal gemeinsam in der Öffentlichkeit.

Hinter den Kulissen brodelten gleichwohl Gerüchte über eine bevorstehende Revolte der SA. Reinhard Heydrich wuchs in größter Heimlichkeit zum Drahtzieher eines blutigen Komplotts ohnegleichen, das zwar den Namen Röhm trägt, aber den des neuen SD-Chefs verdient hätte. Zwar stehen dazu keine Unterlagen zur Verfügung, doch aus zahlreichen Aussagen der Beteiligten nach dem Krieg ist bekannt, dass Heydrich spätestens Ende April 1934 damit begann, belastendes Material gegen Röhm zu sammeln. Heraus kam ein übles Gebräu aus Gerüchten, manipulierten Beweisen und gefälschten Indizien, das potenzielle Partner von den angeblichen Putschabsichten überzeugen sollte. Röhm, der nur ahnen konnte, wer da gegen ihn intrigierte, sah sich einer regelrechten Treibjagd ausgesetzt. Plötzlich lief alles gegen ihn. Sogar die Justizbehörden ermittelten wieder gegen Angehörige der SA, und er konnte es nicht verhindern. Röhms Feinden kam zupass, dass es sich der Stabschef mit allen Seiten verdorben hatte: In der Bevölkerung unbeliebt, von der Reichswehr gefürchtet, von Goebbels, Bormann und Göring gehasst, von Hitler auf Distanz gehalten, erschien der SA-Chef seinen Gegnern als eine leichte Beute.

SS-Chef Heinrich Himmler war erst spät zu der sich allmählich formierenden Anti-Röhm-Fronde gestoßen. Nach einigem Zögern witterte der einstige Fahnenträger Röhms die neue Verteilung der Macht und ignorierte die alten Bindungen. Noch zu Röhms Geburtstag, am 28. November 1933, wünschte er ihm »als Soldat und Freund, was man in treuer Gefolgschaft versprechen kann. Das war und ist immer unser größter Stolz, zu deinen Treuesten zu gehören.« Mutmaßlich Anfang März sowie noch einmal im April 1934 kam es in Rathenow bei Berlin zu zwei geheimen Treffen zwischen Röhm und Himmler, bei denen der Stabschef dem schweigenden SS-Führer Standpauken hielt: »Die SS hat eine konservative Haltung, sie schützt die Reaktion und die Kleinbürger, ihre Unterordnung unter die Armee und die traditionelle Bürokratie ist zu stark.«

Nach Aussage des Himmler-Adjutanten Karl Wolff soll Himmler den SA-Chef vor neuen homosexuellen Exzessen gewarnt haben, die an die Öffentlichkeit dringen könnten. Röhm habe sich einsichtig gezeigt, doch am folgenden Morgen seien Himmler Berichte über eine neuerliche Orgie zugetragen worden. In den folgenden Wochen reiste Himmler zu SS-Standarten im gesamten Reich, um sie vorsichtig auf das Kommende vorzubereiten.

Währenddessen aktivierte Heydrich die wenigen Spitzel und Zuträger, über die er verfügte. Die Resultate waren mehr als dürftig. Zwar gab es Meldungen über geheime Waffenlager der SA in München, Berlin und in Schlesien. Zwar hatte sich Röhm mit dem ehemaligen Reichskanzler General Kurt von Schleicher getroffen, der damals durchaus Verbindung zu Hitler-kritischen Gruppierungen innerhalb der NSDAP suchte, wie seine Tochter Lonny heute noch weiß. Zwar pflegte Röhm auch Kontakte zum französischen Botschafter François-Poncet. Doch mehr als ein langweiliges Abendessen sei dabei nicht herausgekommen, erinnerte sich der Diplomat. Wie überhaupt sämtliche Hinweise nicht einmal im Ansatz eine konkrete Putschgefahr ergaben. Der »Röhm-Putsch« war nichts anderes als ein Putsch gegen Röhm.

Eine Pressemitteilung heizte die Geschichte auch im Ausland weiter an. Die Nachrichtenagentur AP berichtete über Kontroversen in den oberen Etagen des Parteiapparats. Es war ausgerechnet Edgar Jung, der Vertraute des Vizekanzlers von Papen, der unermüdlich ein neues Gerücht lancierte: Röhm solle sich mit dem Exkanzler von Schleicher gegen von Papen verbündet haben, und Kabinettslisten sollten die Runde machen. Stabschef Röhm war angeblich als Reichswehrminister im Gespräch, Gregor Strasser als Wirtschaftsminister, Hitler aber sollte Reichskanzler bleiben.

»Mein lieber Stabschef...«: Hitler und Röhm am 31. Januar 1934 in Berlin.

Doch der wiegelte öffentlich ab. Dem amerikanischen Journalisten Louis P. Lochner gab er ein Interview: »Sicher habe ich mich nicht mit Nullen umgeben, sondern mit wirklichen Männern. Die Nullen sind rund, sie rollen davon, wenn es schlecht steht. Die Männer um mich herum sind eckig und gerade. Jeder von ihnen ist eine Persönlichkeit, jeder ist von Ehrgeiz erfüllt. … Aber noch niemals hat einer der Männer meiner Umgebung versucht, mir seinen Willen aufzuzwingen. Ganz im Gegenteil, sie fügen sich vollkommen meinen Wünschen.«

Wo die Indizien nicht ausreichten, das Gegenteil zu beweisen, halfen Fälschungen und Manipulationen nach. Allgemeine Bewaffnungsbefehle der SA platzierte Heydrich bei der Reichswehrführung derart geschickt, dass man dort nur allzu gern an einen bevorstehenden Putsch glaubte. Auch mit falschen Dokumenten versuchte er Bedenkenträger zu überzeugen. So präsentierte der Kommandeur der SS-»Leibstandarte Adolf Hitler«, Sepp Dietrich, dem Reichswehrministerium eine angebliche »Abschussliste« der SA-Führung, aus der hervorzugehen schien, dass Röhm die oberste Riege der Reichswehroffiziere ermorden lassen wollte.

Immer rasender drehte sich der Kreisel der Verschwörung. Zwischen SS und SD, zwischen Göring, Goebbels und Himmler kursierten voneinander abweichende Todeslisten. In zynischer Geheimdiplomatie verhandelten die Akteure über das Schicksal einzelner Todeskandidaten wie etwa des SA-Führers und Münchner Polizeipräsidenten August Schneidhuber, den Heydrich persönlich auf der Liste hielt. Den ehemaligen Gestapo-Chef Rudolf Diels, einst von Hitler mit geheimen Recherchen gegen Röhm beauftragt, rettete ein Federstrich Görings. Der Tag rückte näher, an dem zahlreiche alte Rechnungen beglichen werden sollten. Längst standen nicht mehr nur SA-Führer auf den Listen. Einem der Autoren der Todeslisten, einem SD-Obersturmführer namens Ilges, wurde die Äußerung zugeschrieben: »Wissen Sie, was Blutrausch bedeutet? Ich habe das Gefühl, in Blut waten zu dürfen.«

Anfang Juni 1934 war die Schlinge gegen die SA gelegt. Die Täter setzten sich in Bewegung. Theodor Eicke, Kommandant des Lagers Dachau, ließ in Planspielen den Schlag gegen die SA üben. Seine Totenkopfverbände simulierten einen

Trügerische Normalität: Hitler während der Trauung des NSDAP-Gauleiters Josef Terboven in Münster, 28. Juni 1934.

Marsch auf München, Lechfeld und Bad Wiessee. Münchner SS-Einheiten erhielten Befehl, sich für den Tag X bereitzuhalten.

Nur einer schien nicht mitzuspielen: Röhm. Als die Todeslisten schon verfasst waren und die Verschwörer auf ihren Einsatz warteten, schickte er die SA am 7. Juni auf Urlaub. Er selbst verabschiedete sich mit mahnenden Worten in die Kur an das Ufer des idyllischen Tegernsees: »Um allen Missdeutungen, die daran etwa geknüpft werden können, von vornherein vorzubeugen, lässt der Stabschef erklären, dass er nach der Wiederherstellung seiner Gesundheit sein Amt in vollem Umfang weiterführen wird.« Und einen Tag später: »Wenn die Feinde der SA sich in der Hoffnung wiegen, die SA werde aus ihrem Urlaub nicht mehr oder nur zum Teil wieder einrücken, so wollen wir ihnen diese kurze Hoffnungsfreude lassen. Sie werden zu der Zeit und in der Form, in der es notwendig erscheint, darauf die gebührende Antwort erhalten. Die SA ist und bleibt das Schicksal Deutschlands.«

Doch der Urlaub sollte Röhm und die SA nicht retten. Zwar gerieten die Verschwörer unter Zeitdruck, doch das Urteil war gesprochen. Ein weiterer Umstand brach nun auch Hitlers innerlichen Widerstand.

Öffentlich wetterte sein Vizekanzler Franz von Papen in einer Rede gegen die SA und ihr Verlangen nach Einfluss in Staat und Militär. Immer drohender zeichnete sich nun ein Szenario ab, das Hitler plötzlich ohne alle Macht dastehen ließ: Wie dem, wenn die konservativen Kräfte um Papen mit Unterstützung der Reichswehr die kurze Zeit, die dem greisen Reichspräsidenten Hindenburg noch blieb, nutzten, um mit dessen Hilfe Hitler zu stürzen und eine Militärdiktatur zu etablieren. Als Hitler am 21. Juni Hindenburg in Neudeck seine Aufwartung machte, forderte ihn Reichswehrminister von Blomberg nachdrücklich auf, die SA dauerhaft in ihre Schranken zu weisen und die innere Ordnung in Deutschland wieder herzustellen. Am 23. Juni 1934 wies Oberst Fritz Fromm, Chef des Allgemeinen Heeresamts, seine Offiziere an, der SS Waffen auszuhändigen, falls sie das wünsche. Sie stehe auf Seiten der Reichswehr.

Hitler sah sich gezwungen, gegen die SA loszuschlagen, doch er zögerte noch in der Wahl der Mittel. Suchte er noch einmal die Aussprache mit seinem alten Duzfreund? In Bad Wiessee beobachteten Augenzeugen, wie Hitler am 25. Juni, also fünf Tage vor der »Nacht der langen Messer«, mit dem Motorboot aus Sankt Quirin übersetzte und vor der Pension Hanselbauer gegen 17.30 Uhr anlandete. Vergeblich habe er verlangt, Röhm zu sprechen. Der hatte sich bei schönstem Wetter auf einen Ausflug begeben. Hitler habe sich mit dem Personal unterhalten und die Zimmer zeigen lassen. Nach etwa 20 Minuten vergeblichen Wartens habe er die Pension verlassen, weil er am selben Abend nach Berlin zurückkehren musste.

Drei Tage später – Hitler war Trauzeuge bei der Hochzeit des Gaulei-

Ich studierte in Berlin und musste mit zu dem Großalarm der SS in Lichterfelde. Wir hatten keine Ahnung, was eigentlich gespielt wurde. Aus einem Kasernentor kam dann eine Einheit SS herausmarschiert. Ich hatte bisher überhaupt noch nicht wahrgenommen, dass es außer unserer so genannten allgemeinen SS auch noch eine kasernierte, militärisch aufgezogene Waffen-SS gab, mit weißem Koppelzeug und schwarzem Stahlhelm. Hinterher kam eine Reihe von offenen Überfallwagen. Auf jedem dieser Überfallwagen saß schwer bewacht ein Mann mit kahl geschorenem Kopf und in Sträflingskleidung. Ich kannte keinen von denen, aber die Berliner wussten beinah immer, wer das war, und sagten: »Det is' doch der Obergruppenführer von Schlesien! Det is' doch der Obergruppenführer von Pommern!« und so weiter. Alle wurden dort erschossen.

Hans Lautenbach, Militärarzt

Das Kurheim Hanselbauer in Bad Wiessee. Hier »verhaftete« Hitler am Morgen des 30. Juni 1934 Ernst Röhm.

ters Terboven in Essen – erhielt er einen Anruf Himmlers: Ein Treffen zwischen Papen und Hindenburg sei für den 30. Juni anberaumt. Hindenburg solle überzeugt werden, die Regierungsgewalt der Reichswehr zu übertragen und Hitler abzusetzen. In seinem Hotel Kaiserhof erreichte Hitler eine zweite Nachricht Himmlers: Ein unmittelbarer Putsch der SA sei nicht länger auszuschließen. Wutentbrannt befahl Hitler eine SA-Führerbesprechung in Bad Wiessee – Termin: Samstag, der 30. Juni, neun Uhr. Doch noch war das Todesurteil nicht gesprochen. Gab es nicht doch eine Lösung im scheinbar unlösbaren Konflikt mit Röhm?

Am folgenden Tag, dem 29. Juni, begab sich Hitler ins Hotel Dreesen nach Bad Godesberg. Am Abend erreichten ihn Nachrichten aus Berlin. Die Lage sei gespannt. Die Münchner SA sei bereits in Alarmbereitschaft versetzt worden. Es war Himmler, der Hitler mit diesen gezielten Falschmeldungen versorgte. Sie veranlassten Hitler nun zu einer radikalen und schnellen Entscheidung, die wie so oft die Phase langen Zögerns ablöste. Der Chef seiner Leibgarde spielte dabei eine entscheidende Rolle.

Um 22.00 Uhr empfing Hitler den Kommandeur der »Leibstandarte«,

Am 29. Juni, 13.10 Uhr, kam der Alarm. Und es war klar, es konnte irgendwas pas-
sieren, aber was im Einzelnen passieren würde, wussten wir nicht. Es wurde auch
scharfe Munition ausgegeben. Einige Soldaten wurden damit beauftragt, die alten
Maschinengewehre zu gurten. Und einer der Landser, der recht faul war und sich
gerne drückte, saß da und machte das mit einer unglaublichen Sorgfalt. Ich fragte,
warum er das so sorgfältig wie noch nie machte. Er sah mich ganz ernst an und sagte:
»Herr Oberleutnant, morgen darf es keine Hemmung geben.«
Johann Adolf Graf von Kielmansegg, damals in der Reichswehr

Sepp Dietrich. »Sie nehmen das Flugzeug nach München. Sobald Sie ein-
getroffen sind, rufen Sie mich hier in Godesberg an.« Zwei Kompanien der
SS-»Leibstandarte« bestiegen indessen einen Sonderzug – Ziel: Bayern.

Himmler meldete sich aus Berlin: Die Vorbereitungen der SA in Berlin
seien abgeschlossen. Sie wolle am folgenden Tag, dem 30. Juni, um 16 Uhr
die Regierungsgebäude besetzen. Hitler wusste nicht, dass die meisten der
Berliner SA-Leute zu diesem Zeitpunkt schon beurlaubt waren.

Der bayerische Gauleiter Adolf Wagner meldete indes, in München sei
die SA auf die Straße gegangen und protestiere lauthals gegen den »Führer« und die Reichswehr – eine ebenso maßlose wie gezielte Übertreibung.

Der Augenzeuge Josef Zander, Nachbar des Hotels Dreesen, beobachtete in dieser Nacht, wie schlagartig im gesamten Hotel das Licht anging
und wenig später eine lange Wagenkolonne das Gelände der Nobelher-
berge verließ.

Um 1.50 Uhr bestieg Hitler auf dem Bonner Flugplatz Hangelar eine
Ju 52, die ihn direkt nach Oberwiesenfeld bei München brachte. Mit an
Bord war SA-Obergruppenführer Viktor Lutze. Der notierte in sein Tage-
buch:

»Morgenrot, Morgenrot.
Leuchtest uns zu frühem Tod.
Gestern noch auf hohen Rossen,
Heute durch die Brust geschossen.«

Auf dem Flugplatz erwarteten Hitler der Gauleiter Adolf Wagner, zwei
Reichswehroffiziere und vermutlich auch ein paar alte Kameraden des
Stoßtrupps: Berchtold, Maurice und Weber. Sie meldeten ihm, die
Münchner SA sei bewaffnet vor der Feldherrnhalle aufmarschiert. Hitler

ließ den dafür angeblich verantwortlichen SA-Gruppenführer Wilhelm Schmidt holen und riss ihm die Rangabzeichen herunter: »Sie sind ein Verräter. Sie werden erschossen.« In Begleitung einer Hand voll SS-Männer fuhr er umgehend nach Bad Wiessee. Dort war gegen sechs Uhr schon der halbe Ort auf den Beinen. In der Bäckerei Königslinde liefen die Öfen bereits seit Stunden heiß für das Bankett zur großen Besprechung. Der Hausmeister der Pension Hanselbauer brachte gerade Stiefel zum Putzen.

Leise umstellten die Männer das Gebäude der Pension. Hitler, im schwarzen Ledermantel, betrat das Haus. Er entschuldigte sich bei der Wirtin für die Umstände, dann stürmte der Trupp die Treppe hinauf. Ein Kriminalbeamter klopfte an die Tür des Zimmers 21. Röhm öffnete im Unterhemd. Die Tür wurde aufgestoßen. Hitler trat ein und beschimpfte Röhm. »Du bist ein Verräter. Du wirst erschossen!«, brüllte er. SA-Führer Heines kam aus dem Nebenzimmer, im Hintergrund zeichneten sich die Körperumrisse eines Schlafgenossen ab. Insgesamt wurden sieben Männer verhaftet und in einem eilig herangeschafften Bus in das Gefängnis München-Stadelheim verfrachtet.

In München wurde Sepp Dietrich eine Liste ausgehändigt, auf der Hitler mit einem Grünstift die Namen von sechs SA-Führern abgehakt hatte. Im Hof des Gefängnisses Stadelheim ließ Dietrich antreten und erschießen: August Schneidhuber, SA-Obergruppenführer und Polizeipräsident in München; Wilhelm Schmidt, SA-Gruppenführer in München; Hans Hayn, SA-Gruppenführer in Dresden; Hans Joachim Graf von Spreti-Weilbach, SA-Standartenführer in München; Edmund Heines, SA-Ober-

> **Der 30. Juni war das Gesellenstück der SS.**
> Otto Gritschneder,
> Anwalt aus München

> **Ich lebe für meinen Führer. Der Gedanke an ihn ist das Einzige, was mich aufrecht erhält. Wenn ich an meinen Führer nicht mehr glauben könnte, dann möchte ich lieber sterben.**
> Hans Peter von Heydebreck,
> SA-Führer von Stettin,
> am 30. Juni 1934 hingerichtet

> **Die Leute waren blind oder wollten blind sein. Dass Hitler ein brutaler Verbrecher war, das musste den Leuten spätestens am 30. Juni 1934 klar geworden sein, anlässlich des so genannten Röhm-Putsches.**
> Frieda Becker, lebte damals
> in Frankfurt am Main

> *Ich war bei den Pimpfen. Wir sollten am Hotel Hanselbauer bei der Versammlung der SA absperren. Doch zu dieser Versammlung kam es gar nicht. In der Früh um fünf standen plötzlich zwei SS-Männer in der Pension meiner Eltern und ließen sich das Gästebuch zeigen. Sie wollten sehen, ob auch bei uns noch SAler wohnten.*
> Hannes Kuntze-Fechner, damals neun Jahre alt

gruppenführer und Polizeipräsident von Breslau; Hans-Peter von Heyde-
breck, SA-Gruppenführer in Stettin. Einige der Männer starben fluchend,
andere grüßten mit »Heil Hitler« den Mann, der ihr Todesurteil ausgesprochen hatte und von nun an Richter und Henker in einer Person sein
würde. Schneidhuber schrie flehend: »Kamerad Sepp, was ist los, wir sind
unschuldig.« Doch Dietrich kannte nur seinen Befehl.

Ein Haken fehlte auf der Liste: Röhm blieb noch verschont. Er habe ihn
wegen seiner großen Verdienste begnadigt, ließ sich Hitler vernehmen.

Goebbels, der die Szenerie in Wiessee miterlebt hatte, rief Göring in
Berlin an und nannte das verabredete Stichwort: »Kolibri«. Jetzt brach der
Terror in ganz Deutschland los. Im gesamten Reich öffneten SS-Führer
und Polizeioffiziere versiegelte Umschläge; in Berlin erteilte Heydrich
persönlich die Befehle. Die Stunde der Mörder war gekommen.

Um 12.30 Uhr hielt ein Wagen mit zwei SS-Männern vor der Villa des
Generals von Schleicher in der Griebnitzstraße 4 in Potsdam. Zögernd
öffnete die Köchin die Tür und wurde sogleich brutal beiseite gestoßen.
Ein Mann blieb bei ihr, der andere ging auf das Arbeitszimmer zu.

»Sind Sie General von Schleicher?«

»Ja, ich bin General von Schleicher.«

Im selben Moment krachten Schüsse. Der General und seine ebenfalls
anwesende Frau waren sofort tot. Als Schleichers 15-jährige Adoptiv-
tochter Lonny an ihrem letzten Schultag vor den Ferien nach Hause kam,
war das Haus ihres Stiefvaters bereits weiträumig abgesperrt. Der örtliche
Polizist ließ sie passieren. Eine Tante erzählte ihr, was sich ereignet hatte.
»Es war«, sagt Lonny von Schleicher heute, »der furchtbarste Tag in meinem Leben. Mutter tot, Vater tot, mein Zuhause weg.« Der Erklärung, ihr
Stiefvater habe eine Waffe gezogen, um sich zu
wehren, schenkte sie schon damals keinen Glauben. »Er hatte eine Waffe, aber die war im Safe.
Die war in diesem Moment für ihn unerreichbar.
Man hat sie kalt ermordet.«

Im Vorzimmer des Gestapo-Chefs Reinhard
Heydrich in der Prinz-Albrecht-Straße warteten
indessen weitere SS-Männer auf ihre Mordauf-
träge. Einzeln holte Heydrich die Führer der Todeskommandos zu sich. Dem SS-Sturmhauptfüh-
rer Kurt Gildisch sagte er: »Sie übernehmen den
Fall Klausener, der von Ihnen persönlich zu erschießen ist. Sie begeben sich dazu sofort in das

Dass am 30. Juni die Reichswehr
schon lange vorher alarmiert
worden wäre, stimmt nicht.
Johann Adolf Graf von Kielmansegg,
Wehrmachtsoffizier

Im Hinblick auf die großen Verdienste der SS, besonders im Zusammenhang mit den Ereignissen
des 30. Juni 1934, erhebe ich die-
selbe zu einer selbstständigen
Organisation im Rahmen der
NSDAP.
Verfügung Hitlers, 20. Juli 1934

68

Extrablätter wie dieses verkünden schon wenige Stunden nach den Ereignissen die Version des NS-Regimes.

Reichsverkehrsministerium.« Gildisch kannte den Mann nicht, doch er zögerte keinen Moment. Telefonisch meldete er Vollzug und erhielt den Befehl, die Tat als Selbstmord zu tarnen. Noch am selben Tag holte er den SA-Führer Ernst aus Bremen nach Berlin, danach den Adjutanten des SA-Obergruppenführers Heines und den Sanitätsstandartenführer Villain. Gildisch brachte die Verhafteten in die Kaserne der »Leibstandarte« nach Berlin-Lichterfelde, wo sie sofort erschossen wurden. Obwohl die Extrablätter bereits seinen Tod meldeten, glaubte Ernst an einen rauen Scherz seiner Kameraden. Bis zum Schluss ungläubig, starb er mit einem gellenden »Trefft gut, Kameraden!« auf den Lippen.

Zur gleichen Zeit ließ sich Hitler, der tags zuvor mit Schaum vor dem Mund und ganz so, als wolle er sich selbst davon überzeugen, über den »größten Treuebruch der Weltgeschichte« gewettert hatte, auf einer Gartenparty für Parteiprominenz und Kabinettsmitglieder sehen. Auch Gattinnen und Kinder waren eingeladen. Während in Lichterfelde noch immer die Salven der Pelotons krachten und die Familien der in der Nachbarschaft wohnenden Offiziere verstört ihr Viertel verließen, zeigte sich Hitler in aufgeräumter Laune unter seinen Gästen, plaudernd, Tee trinkend, Kinder tätschelnd. »Es steckt ein großes Stück Psychologie in der Szene; unschwer drängt sich die Physiognomie eines der Shakespeareschen negativen Helden auf, die dem Bösen nicht gewachsen sind«, schreibt Hitler-Biograf Joachim Fest. Offenbar aus jener scheinwirklichen Sicherheit heraus gab er an diesem Nachmittag den Befehl, auch jenen letzten Mord zu begehen, den anzuordnen ihn Himmler und Göring an diesem Sonntag immer wieder drängten und dem er letztlich nicht ausweichen konnte, denn Röhm war kein zweitrangiger Gegner, sondern ein Tribun, der kaltgestellt werden musste.

Nicht der »Stellvertreter des Führers«, Rudolf Heß, der tags zuvor erregt ausgerufen hatte: »Mein Führer, es ist meine Aufgabe, Röhm zu erschießen!«, erhielt den Auftrag, sondern zwei zuverlässige Killer in schwarzer Uniform. Gegen 18 Uhr betraten der Dachauer Lagerkommandant Theodor Eicke und der SS-Sturmbannführer Michael Lippert Röhms Zelle in Stadelheim. Ein dritter, der Gefängnisverwalter Lechler, musste dem Delinquenten die neueste Ausgabe des *Völkischen Beobachters* auf den Tisch legen, der in großer Aufmachung über die Ereignisse berichtete. Darin eingewickelt: eine Pistole, die nur eine Patrone enthielt. Dann verließen die SS-Männer die Zelle.

Röhm reagierte nicht auf diese unverhohlene Aufforderung zum Selbstmord. Kein Schuss fiel. Erneut – vorsichtig diesmal, denn sie rechneten mit einer Verzweiflungstat ihres Opfers – ließen die SS-Männer die Zellentür öffnen. Langsam richteten Eicke und Lippert ihre Pistolen auf Röhm, der Haltung annahm. »Ganz langsam«, zischte Eicke seinem zitternden Stellvertreter zu. Zwei Schüsse setzten dem Leben Ernst Röhms ein Ende.

Landesweit rollte indes die Woge der Fememorde weiter. Zu günstig erschien die Gelegenheit, mit tatsächlichen oder vermeintlichen Feinden des Regimes abzurechnen. Der Generalmajor Ferdinand von Bredow wurde in seiner Berliner Wohnung verhaftet. Ein Gestapo-Kommando tö-

Wehe dem, der die Treue bricht, im Glauben, durch eine Revolte der Revolution dienen zu können! Adolf Hitler ist der große Stratege der Revolution. Wehe dem, der plump zwischen die feinen Fäden seiner strategischen Pläne hineintrampelt im Wahne, alles schneller machen zu können. Er ist ein Feind der Revolution.
Rundfunkrede von Rudolf Heß, 25. Juni 1934

Nach der Ermordung von Röhm und von Schleicher, dem Tod Hindenburgs und der Verbindung von Reichspräsidentschaft und Reichskanzlerschaft war ich der Überzeugung, Hitler ist nicht mehr abzusetzen.
Theodor Eschenburg, Publizist

Leider hat man nicht alles mit Stumpf und Stiel ausgerottet. Man ist viel zu schonend vorgegangen.
Robert Schulz, Mitglied des SD, 17. August 1934

Es hieß, Röhm habe geputscht und sei erschossen worden. Ein Freund kam zu mir und brachte seine Spielzeugsoldaten mit. Er hatte auch einen Adolf Hitler, der sogar den Arm bewegen konnte, und einen Röhm. Den haben wir auf dem Gartentisch geköpft und ihn dann weggeworfen. Das war der Röhm-Putsch für uns. Wir haben überhaupt nicht kapiert, was da eigentlich los war.
Heinrich Kling, damals Schüler

Auch frühere Parteigänger Hitlers gehörten zu den Opfern, so der einstige »Reichsorganisationsleiter« der NSDAP, Gregor Strasser. Hier eine Aufnahme von 1932.

tete ihn bei Lichtenberg. Dem 71-jährigen Gustav Ritter von Kahr wurde seine Opposition beim Hitler-Putsch 1923 zum Verhängnis. In Dachau wurde er gefoltert und auf Befehl Eickes im Arrestbereich der Kommandantur erschossen. Seine Leiche, von Spitzhacken zerstückelt, fand man später im Dachauer Moor. Gregor Strasser, kluger Gegenspieler, der Himmler verächtlich »den Anhimmler« genannt hatte, starb in einem Gestapo-Keller in Berlin. In Schlesien verlor der SS-Führer Udo von Woyrsch die Kontrolle über die Mordaktionen, die er befehligte. Seine Killer hetzten den SA-Führer Engels in einen Wald und töteten ihn mit einer Ladung Schrot. Einen ehemaligen SS-Stabsführer ermordete ein Gefolgsmann von Woyrsch, dann wurde der Mörder selbst erschossen. Der SS-Oberabschnittsführer Erich von dem Bach-Zelewski setzte zwei SS-Männer auf seinen Rivalen, den SS-Reiterführer Anton Freiherr von Hohberg-Buchwald, an und ließ den Gutsbesitzer in dessen Herrenzimmer hinterrücks umbringen. Als der 17-jährige Sohn des Opfers hereinstürzte, meinte einer der Täter seelenruhig: »Wir haben eben deinen Vater erschossen.«

Ein Befehl Hitlers beendete am 2. Juli den ersten Massenmord in der Geschichte des »Dritten Reiches«. In Berlin und München wurden die meisten Unterlagen vernichtet; erst nach dem Krieg konnten in Prozessen gegen Sepp Dietrich, Michael Lippert, Kurt Gildisch und Udo von Woyrsch die Ereignisse rekonstruiert und die Toten gezählt werden. 85 Ermordete sind heute aktenkundig, doch ist dies nicht mehr als ein Anhaltspunkt für die tatsächliche Zahl der Opfer.

Nun herrschte wieder Friedhofsruhe. Die Zeitungen gaben die Rechtfertigungen Hitlers wieder, der – eingerahmt von SS-Männern im Stahlhelm – vor dem Reichstag in der Krolloper erklärte: »In dieser Stunde war ich des deutschen Volkes oberster Gerichtsherr.« Das Gesetz, das die Morde ex post legalisierte, bestand nur aus einem Satz: »Die zur Niederschlagung hoch- und landesverräterischer Angriffe am 30. Juni und am 1. und 2. Juli 1934 vollzogenen Maßnahmen sind als Staatsnotwehr rechtens.« Die SS wurde zur eigenständigen Organisation erklärt, die Täter wurden befördert. Ein Ehrendolch belohnte ihre Morde, denn sie hatten ausreichend bewiesen, was sie Treue nannten.

Einige Tage nach der versehentlichen Ermordung des Musikkritikers Willi Schmid wurde sein Sarg der Familie übergeben. Er durfte nicht geöffnet werden. Kein Angehöriger der Opfer des 30. Juni durfte seinen Toten noch einmal sehen. Die meisten Leichen waren verbrannt worden – nur die Asche vertuschte, wie grausam der Tod aus den Händen der SS gewesen war. Rudolf Heß sprach sein Bedauern über die Verwechslung Schmids mit einem SA-Führer gleichen Namens aus – nicht ohne darauf hinzuweisen, dass Schmid »für eine große Sache« gestorben sei.

Wie konnte man ihn verwechseln?

Wenige Tage vor seinem Tod, als hätten ihn Ahnungen getrieben, hatte Schmid einen düsteren Brief geschrieben:

> Die SA wurde nach dem Röhm-Putsch sehr zurückhaltend, war auf der Straße nicht mehr so präsent. Erst zur »Kristallnacht« 1938 brauchte man sie wieder.
>
> Paul Tollmann, Kommunist, 1933 Gefangener der SA

> Das gesamte Reichskabinett war sich darüber einig, dass im Falle Röhm tatsächlich eine Staatsnotwehr vorlag.
>
> Hans-Heinrich Lammers, 1934 Chef der Reichskanzlei

> Am Sonnabend, dem 30. Juni 1934, um vier Uhr sollte nach den erhaltenen Meldungen die von Röhm vorbereitete Aktion beginnen. Es war nötig, sofort zu handeln, um einer Katastrophe vorzubeugen, zumal die Taktik Röhms darin bestehen sollte, die SA-Leute dadurch für sich zu gewinnen, dass er ihnen sagen ließ, dass Hitler nicht mehr mit ihnen gehe.
>
> Hitler in einer Ministerbesprechung vom 3. Juli 1934

73

Reichstagssitzung am 13. Juli 1934: Hitler verkündet, er sei am 30. Juni 1934 »des deutschen Volkes oberster Gerichtsherr« gewesen. Zu seiner Sicherheit sind SS-Wachen aufmarschiert.

> *Ich sah nur noch, wie mein Vater seinen Hut nahm und uns zuwinkte. Ein Mann ging ja damals nicht ohne Hut. Meine Mutter versuchte verzweifelt, den SS-Männern seinen Pass zu zeigen. Aber sie zogen die Pistole und bedrohten sie. Es war ihnen egal, wen sie wirklich vor sich hatten. Er ist in Dachau sofort erschossen worden. Als wir den Sarg erhielten, durften wir ihn nicht öffnen.*
>
> Renate Weißkopf, Tochter des Musikkritikers Willi Schmid, der am 30. Juni 1934 mit einem SA-Führer gleichen Namens verwechselt wurde

»Und das Leben rinnt, es rieselt und rauscht davon, Stunde um Stunde, Nacht um Nacht. ... Ja, so ist es. Nichts dagegen zu tun, das Gesetz ist eisern, es ist unerbittlich. Und weil es so unerbittlich ist, deswegen sind wir ängstlich geworden. Ich bin's. Sag' nicht, es sei feig oder lebensgierig. Es ist einfach der Drang nach ein paar Stunden Glück mehr oder weniger.«

Niemand hatte eine Ahnung von seiner Todesangst, als Schmid vor den Gewehrläufen seiner Mörder in Dachau stand. »Er war so das genaue Gegenteil von dem, was diese Männer in der schwarzen Uniform verkörperten«, sagt seine Tochter Renate Weißkopf heute. »Ihm war das Leben heilig. Sie haben es verachtet. Ihnen war es egal, dass er gar nicht der sein konnte, für den sie ihn hielten. Es hat sie nicht interessiert. Das Leben eines Menschen hat sie nicht interessiert.«

Heinrich Himmlers SS hatte nun ihr eigentliches Wesen offenbart. Sie war nicht nur der Sieger eines Machtkampfs, sondern an diesem Tage legte sie auch den Grundstein für das Regiment des schwarzen Terrors. Nach außen gab sich die SS noch jahrelang als das anständige, bessere Gesicht des »Dritten Reiches«.

Die »Maskerade des Bösen« – Dietrich Bonhoeffer erkannte sie als das Strukturprinzip der nationalsozialistischen Herrschaft. Die SS erwies sich in den frühen Jahren als ein Meister der Camouflage. »Sie gingen ins Theater und ließen sich von Beethovens Neunter Symphonie zu Tränen rühren«, erinnert sich der Weimarer Wolfgang Held. Erst als ihn amerikanische Soldaten mit anderen Weimarer Bürgern, zumeist Parteigenossen, ins gerade befreite Todeslager Buchenwald zwangen, fiel für Held – sehr spät – die Maske des schwarzen Ordens. »Sie waren wie Raubtiere. Sie waren elegant, schön anzuse-

> Für mich war die SS eine Organisation, die auf Tod und Verderb verschworen war, für Hitler und seine Ideologie zu leben. Und die bereit war, jeden Mord und jedes Unrecht zu begehen.
>
> Josef Zander, lebte damals in Bad Godesberg

hen. Aber sie konnten in jeder Sekunde den Tod bringen – das war für sie völlig selbstverständlich.«

»Was sind unsere Einzelschicksale gegen das millionenfache Morden, das später kam?«, fragt Renate Weißkopf, die ihre Trauer mit Bescheidenheit zu dämpfen sucht. Die Antwort könnte sein: In das perverse Ethos der SS, Konstrukt aus »Treue«, »Pflichterfüllung« und »unbedingtem Gehorsam«, passen die Morde von 1934 ebenso wie Jahre später der Jahrhundertmord. In seiner Posener Rede von 1943 zog Heinrich Himmler selbst die Parallele: »Die befohlene Pflicht zu tun und Kameraden, die sich verfehlt hatten, an die Wand zu stellen und zu erschießen, ... das hat jeden geschaudert, und doch war sich jeder klar darüber, dass er es das nächste Mal wieder tun würde, wenn es befohlen wird und wenn es notwendig ist. Ich meine jetzt die Judenevakuierung und die Ausrottung des jüdischen Volkes.«

So gesehen war das Schicksal von Schmid und der anderen Opfer des 30. Juni 1934 auch ein Prolog des Kommenden.

Himmlers Wahn

Der »Reichsführer« war ein viel beschäftigter Mann. Sein Dienstkalender vom 13. Oktober 1941 zeigt, wie gedrängt der Terminplan war – und wie verschieden die Beschäftigungsfelder. Nach Erledigung der Post und einiger Anweisungen bezüglich des Nachlasses seiner Anfang September gestorbenen Mutter Hilde wies Heinrich

> Dieser Mann, der böse Geist Hitlers, kalt, berechnend, machtgierig, war wohl die zielstrebigste und skrupelloseste Erscheinung im »Dritten Reich«.
> Friedrich Hoßbach, Wehrmachtsgeneral

Himmler um 12.30 Uhr seine Sekretärin Erika Lorenz in Berlin an, Blumen an einen gewissen August Meine zu schicken. Meine war ein im Russlandfeldzug verwundeter Mitarbeiter aus dem »persönlichen Stab« des »Reichsführers«, der am Tag zuvor Vater geworden war. Um 12.40 Uhr erkundigte sich Himmler dann telefonisch nach dem Wohlbefinden des Reichsaußenministers Joachim von Ribbentrop, der in diesen Herbsttagen etwas kränkelte. Ribbentrop zählte unter den Paladinen Hitlers zu den wenigen, die ein leidlich gutes Verhältnis zu Himmler hatten. Ein Jahr zuvor war er zum SS-Obergruppenführer ehrenhalber ernannt worden. Um 14.30 Uhr ging ein weiterer Anruf bei der Sekretärin in Berlin ein: Diesmal war Erika Lorenz selbst die Glückliche, die vom Chef Blumen erhielt – und dazu noch eine »germanisch« gestaltete Elchfigur für die Wohnung. Eine Stunde später folgte ein Telefonat mit Tochter Gudrun, dann eines mit Reinhard Heydrich in Prag, seinem mächtigsten und wichtigsten Untergebenen. Die beiden gefürchtetsten Männer des Reiches verabredeten, sich baldmöglichst wieder zu treffen.

Um 16.00 Uhr wurde ein Gespräch aus der »Wolfsschanze«, Hitlers Hauptquartier, angemeldet. Himmler selbst war in seinem Sonderzug »Heinrich« in Angerburg zwar lediglich eine halbe Autostunde entfernt, doch seinen »Führer« suchte er nur auf, wenn er gerufen wurde. Am Telefon war Karl Wolff, hinter Heydrich der dritte Mann in Himmlers Hierarchie. Wolff, der im Gegensatz zu seinem Chef dem nordischen Ideal der

SS ziemlich nahe kam, sollte die Verbindung zu Hitler halten und versorgte den SS-Chef mit den wichtigsten Informationen aus den täglichen Lagebesprechungen. An diesem Tag klangen die Nachrichten besonders erfreulich. Die Heeresgruppe Mitte, die seit einer Woche in Richtung Moskau vorrückte, machte solche Fortschritte, dass die Sowjets offenbar schon die Evakuierung ihrer Regierung vorbereiteten. Himmler scheint guter Dinge gewesen zu sein. Die chronischen Magenschmerzen, die ihn seit seiner Jugend quälten, machten sich in diesem Herbst kaum bemerkbar. Um 18.00 Uhr bat er zur letzten verzeichneten Dienstunterredung dieses Tages: Zwei wichtige Untergebene aus dem besetzten Polen waren angereist: Obergruppenführer Friedrich Wilhelm Krüger, ehemaliger Vorstand der Berliner Müllabfuhr und jetziger »Höherer SS- und Polizeiführer« Krakau, sowie Odilo Globocnik, Spitzname »Globus«, der zuständige SS-Offizier für den Bezirk Lublin. Die beiden SS-Statthalter aus Polen wollten die geplanten »Umsiedlungsmaßnahmen« für ihre Bezirke besprechen. Dahinter verbarg sich neben der vorgesehenen Besiedlung ganzer Landstriche mit deutschen Bauern auch die »allmähliche Säuberung des Generalgouvernements«, wie es Globocnik in einem vorbereitenden Papier in der typischen Tarnsprache der Täter umschrieben hatte. Unter sechs Augen redete Himmler diesmal Klartext und befahl »Globus« die Einrichtung eines speziellen Lagers in Belzec für diese »Säuberung«. Es war die Weisung zum Bau des ersten Vernichtungslagers. 600 000 Menschen wurden bis Ende 1942 in Belzec ermordet.

Tagsüber Blumen – abends eine Mordfabrik. Himmler scheint die Wechselbäder, die sein Amt mit sich brachte, ohne Gefühlsregung bewältigt zu haben. Der Nachwelt bleibt nur Kopfschütteln. Wie wird ein Mensch zu solchem Handeln fähig? Welche monströse Gedankenwelt beherrschte sein Gehirn? Wie kann es sein, dass Himmlers Tochter Gudrun einen »besonders liebenswerten Vater« in Erinnerung hat – und dass derselbe Mann gleichzeitig die Verantwortung trägt für einen Massenmord ohne Beispiel?

Schon für die Zeitgenossen war dieser Heinrich Himmler ein nur schwer fassbares Phänomen. Der Schweizer Carl Jacob Burckhardt spürte etwas »Unheimliches« an ihm, »etwas engstirnig Gewissenhaftes, unmenschlich Methodisches mit einem Element von Automatentum«. Albert Speer,

> Auf mich wirkte Himmler farblos, ich hatte keinen tieferen Eindruck von ihm. Er war immer freundlich, wenn er da war. Er machte einen freundlichen, liebenswürdigen Eindruck.
> Martin Bormann junior

> Ich war gar nicht beeindruckt von Himmler, der Mann war mir nicht angenehm.
> Ernst-Günther Schenck, SS-Arzt

der mit ihm einvernehmlich den Einsatz von zehntausenden KZ-Häftlingen für das V2-Raketenbauprogramm koordinierte, charakterisierte ihn als »halb Schulmeister, halb verschrobener Narr – eine völlig unbedeutende Persönlichkeit, die auf unerklärliche Weise in eine hervorgehobene Stellung gekommen war«. Viele, die ihm begegneten, waren enttäuscht über seine äußere Wirkung. »Ein ziemlich unbedeutender Beamter«, lautete das Urteil des schwedischen Diplomaten Bernadotte, der kurz vor Toresschluss 1945 noch völlig aussichtslose Verhandlungen über einen Separatfrieden mit dem SS-Chef führte. Selbst Himmlers langjähriger finnischer Masseur Felix Kersten, der vielleicht die beste Gelegenheit hatte, den Großinquisitor des »Dritten Reiches« kennen zu lernen, konnte nach dem Krieg zwar beschreiben, aber kaum erklären: »Nie schien sich der eigentliche Mensch zu offenbaren. Nie irgendein Anzeichen von Offenheit. Wenn Himmler kämpfte, intrigierte er, wenn er für seine so genannten Ideen stritt, gebrauchte er List und Täuschung. Seine Methoden waren die feigen, schwächlichen, falschen und unendlich grausamen einer Schlange. Himmlers Gedanken gehörten nicht dem 20. Jahrhundert an. Sein Charakter war mittelalterlich, feudalistisch, machiavellistisch, böse.«

Die Geschichte Heinrich Himmlers wirkt abschreckend. Bis heute gibt es keine umfassende Biografie über ihn, die wissenschaftlichem Standard entspricht. Manche Teilbereiche jener Schattenwelt, die er regierte, sind von Forschern aufgehellt worden – manche liegen noch weitgehend im Dunkeln. Dabei ist die Aktenlage gut. Weil Himmler ein Pedant war, der fast alles aufschrieb, und zudem noch umfangreiche Korrespondenz pflegte, sind wahre Papierberge übrig geblieben, die von seinem verbrecherischen Wirken erzählen. Auch die meisten seiner zahlreichen und mitunter endlosen Reden sind überliefert. Doch das Interesse am »Reichsführer SS« blieb bemerkenswert gering. Vielleicht liegt es daran, dass der blasse Brillenträger in der Außenwirkung hinter anderen, schillernden Potentaten des NS-Staates weit zurückblieb – verglichen etwa mit dem prunksüchtigen Göring oder dem rhetorisch brillanten Scharfmacher und Schürzenjäger Goebbels. Vielleicht liegt es auch daran, dass die am Ende des Krieges schier unübersehbare Menge seiner Kompetenzen eine Biografie unweigerlich zum Mammutwerk geraten ließe. Die geringe Nachfrage könnte freilich auch damit zu begründen sein, dass die Beschäftigung mit Himmler zu unbequemen Schlüssen führen kann. Denn wenn erst einmal alle Dämonisierung, zu der insbesondere die Mittäter im Interesse der eigenen Schuldminderung beigetragen haben, beiseite geschoben ist, dann bleibt ein wankelmütiger Mensch, der in erster Linie das Produkt seiner Epoche war. Alle – vornehmlich angelsächsischen – Versuche, Himmlers Handeln als Ausdruck folgenschwerer Geisteskrankheit mit schizoiden Charakteristika zu erklären, führen in die Irre. Stramme Sekundärtugenden, ausgeprägter Hang zur Romantik und fatale Orientierungslosigkeit – Himmlers Merkmale sind die Merkmale einer ganzen Generation, die geeint war durch die kollektiv als Katastrophe empfundene Niederlage im Ersten Weltkrieg. Das Besondere an Himmler war nur, dass die Ingredienzien für die nächste Katastrophe bei ihm bis zur exzessiven Übersteigerung vorhanden waren – und dass er die Macht erlangte, um seine kruden Ideen, gespeist aus der damals kursierenden Mixtur von völkischem und pseudowissenschaftlichem Humbug, in die Tat umzusetzen. Beschäftigung mit Himmlers Wahn bedeutet daher auch Beschäftigung mit Fehlentwicklungen der damaligen Gesellschaft. Deutsche Krankheit oder deutsche Karriere? Die Geschichte der SS, Himmlers Irrweg, hat von beidem etwas.

Am Anfang steht ein geradezu liebenswerter Junge. »Das sanfteste Lamm, das sich denken ließ«, erinnerte sich der 1933 in die USA emigrierte Historiker George Hallgarten an seinen Mitschüler Heinrich Himmler. Ihr Lehrer am Münchner Wilhelmsgymnasium pries Himmler als »sehr gut veranlagten Schüler, der mit unermüdlichem Fleiß, brennendem Ehrgeiz, regster Beteiligung am Unterricht die besten Leistungen der Klasse erzielte«. Der junge Heinrich hatte durchaus Freunde in der Klasse, er war alles andere als ein verschlossener Sonderling. Aus seinen frühen Tagebüchern erfährt der Leser staunend, dass der regelmäßige Kirchgänger sogar zu ausgeprägtem Mitgefühl fähig war. In den Weihnachtsferien las er einem blinden Akademiker vor, er schenkte einer verarmten alten Frau Kuchen und Brötchen, bedauerte die brutale Behandlung französischer Kriegsgefangener, die er 1914 auf dem Landshuter Bahnhof beobachtet hatte, und organisierte eine Wohltätigkeitsveranstaltung zugunsten Wiener Waisenkinder. Das Verhältnis zu seinen Eltern war liebevoll. Der Vater, Gebhard Himmler, war ein nationalkonservativer, standesbewusster Gymnasiallehrer. Schon vor der Geburt seiner drei Kinder Gebhard, Heinrich und Ernst hatte er als Erzieher des bayerischen Prinzen Heinrich gesellschaftliches Renommee erworben. Der Vorname seines Zweitgeborenen erinnerte an die Ehre, für das Königshaus gearbeitet zu haben. Dafür, dass

Das Patenkind des bayerischen Prinzen Heinrich: Heinrich Himmler (1901).

Filius Heinrich unter ausgeprägter väterlicher Strenge gelitten habe, wie manche psychologisch orientierte Biografen meinen, finden sich in den Quellen keine Anzeichen. Im Gegenteil – die schulmeisterliche Art des späteren SS-Chefs und vor allem sein Faible für germanische Vor- und Frühgeschichte deuten vielmehr auf den starken Einfluss hin, den der Vater, ein leidenschaftlicher

Hobbyarchäologe, auf seinen Sohn ausübte. Das alles sind gewiss keine Hinweise auf frühe »Wurzeln des Bösen«. Heinrich Himmlers Kindheit war gesichert und normal, wenn nicht gar glücklich. Auch für den mörderischen Antisemitismus, der später zur monströsen Triebkraft der gesamten SS wurde, finden sich in der Jugend keine Belege. Vater Gebhard war königstreu, katholisch, nationalkonservativ – aber kein Antisemit.

Nur in einer Hinsicht scheint Heinrich Himmler in seiner Jugend ernste Probleme gehabt zu haben. »Heinrich war viel krank. 160 Versäumnisse…«, heißt es in den Notizen des Vaters über seines Sohnes Volksschuljahre. Er war kleiner als die Schulkameraden, kränklich, kurzsichtig und unsportlich. George Hallgarten berichtete, dass die Sportstunden bei einem gewissen Herrn Haggenmüller für Himmler die reinste Tortur ge-

Familie Himmler vor dem Ersten Weltkrieg. Heinrich Himmler vorne links.

wesen seien. Einmal, so Hallgarten, habe Himmler nach einem miss-glückten Felgaufschwung kopfüber vor der versammelten Klasse am Reck gehangen, und Haggenmüller habe ihn dort baumeln lassen. Dann sei der Sportlehrer ans Reck getreten, habe ihm die Brille von der Nase gerissen und ihn dann so lange hin- und hergeschaukelt, bis die Beugen seiner Knie grün und blau gewesen seien. Solche Demütigungen müssen für einen Jungen, der wie die meisten seiner Mitschüler unbedingt Offizier wer-den wollte, eine besondere Qual gewesen sein. Zeitlebens sollte seine körperliche Leistungsfähigkeit ein Quell für Minderwertigkeitskomplexe bleiben. Auch jahrelanges hartes Training vermochte nicht, aus dem un-sportlichen und untersetzten Mann einen Athleten zu formen. Seine SS-Männer mussten dagegen höchsten physischen Anforderungen ent-sprechen. Endlose Gewaltmärsche, riskante Mutproben und die ständig eingehämmerte Forderung nach »bedingungsloser Härte« mögen auch ein fernes Echo jener Sportstunden bei Herrn Haggenmüller gewesen sein.

Erst der Krieg brachte das Leben des jungen Heinrich Himmler aus den Fugen – wie bei so vielen seiner Generation. Bei Kriegsausbruch war er 14 Jahre alt. Vom »vaterländischen« Unterricht im königlichen Gym-nasium und am elterlichen Tisch beeinflusst, wünschte er sich nichts sehn-licher, als endlich selbst Soldat werden zu können – am besten in der Ma-rine, aber die nahm leider keine Bewerber mit Brille. Mit seinem Freund Falk Zipperer verbrachte er Stunden bei Kriegsspielen. »Ich freue mich auf den Kampf, wenn ich des Königs Rock trage«, schrieb er in sein Tagebuch. Doch erst im Januar 1918, der Krieg neigte sich dem Ende zu, rückte »mi-les Heinrich«, wie er einen Brief an seine Eltern stolz lateinisch unter-schrieb, in eine Kaserne ein. Dort blieb er bis zum Waffenstillstand – ohne je die Front gesehen zu haben. Der Fahnenjunker empfand dies allerdings nicht als persönliches Glück, sondern als schmachvolles Scheitern. Weih-nachten 1918 kehrte er unverrichteter Dinge zu den Eltern nach Landshut zurück. Zum körperlichen Malus gesellte sich nun obendrein der Makel, nicht zu den »Frontkämpfern« zu gehören. Im kommenden Männerbund um den Weltkriegs-freiten Hitler sollte sich das als schmerzhafter Dorn erweisen, von dem er sich erst an den He-beln der Macht befreien konnte. In einer Anspra-che vor Hitlerjugendlichen am 22. Mai 1936 fin-det sich erstmals die geschönte Version seiner Vita. »Wir als Soldaten, als Frontkämpfer«, for-

> **Ich bin jetzt wieder in einem Zustand inneren Kampfes. Wenn ich nur jetzt Gefahren zu beste-hen hätte, mein Leben aufs Spiel setzen, kämpfen könnte, es wäre mir eine Wohltat.**
>
> Heinrich Himmler, Tagebuch, November 1919

mulierte Himmler in dieser Rede über den »Rassegedanken«, und später: »wir, die wir am Krieg teilgenommen haben«. Der Wunsch besiegte die Wirklichkeit – später sogar schwarz auf weiß. Das »Handbuch für den Großdeutschen Reichstag« 1943 schwindelte bei Himmlers Lebenslauf gehörig und gab an, der »Reichsführer« habe im Alter von 17 Jahren im 11. Bayerischen Infanterieregiment an den »Kämpfen im Weltkrieg« teilgenommen: eine der Lebenslügen des damals schon zweitmächtigsten Mannes in Deutschland. Erst in seiner Eigenschaft als Dienstherr der Waffen-SS und 1944/45 noch als Chef zweier Heeresgruppen am Oberrhein und an der Weichsel führte Himmler wirklich Krieg – allerdings nie an der Front. Anders als sein Herr und Meister Hitler hat er das Grauen des industrialisierten Gemetzels niemals am eigenen Leib erfahren. Seine romantischen Visionen vom heroischen Kampf blieben bis zum Ende ungetrübt von blutiger Wirklichkeit.

Die Niederlage von 1918 verschlechterte die Aussichten des Lehrersohns ungemein. Neue Offiziere wurden einstweilen nicht mehr gebraucht. Die soziale Sicherheit, die ihm seine Herkunft aus dem gehobenen Bürgertum gegeben hatte, war dahin. Nach seinem Abitur entschied er sich – überraschend für die Eltern –, Landwirt zu werden. Im Herbst 1919 schrieb sich Himmler an der Münchner Universität für Agrarwissenschaften ein. In dieser Zeit begann er auf die schiefe Bahn zu geraten. Aus einem typischen Zögling des Bildungsbürgertums wurde binnen weniger Jahre ein politischer Extremist. Seine Tagebucheinträge verraten Gründe für die Metamorphose. Einerseits spiegeln sie die Zweifel und Nöte eines jungen Mannes mit ungewisser Zukunft auf der Suche nach Orientierung und nach Erklärungen für den Verlust der vermeintlich glänzenden Perspektive. Am 4. Januar 1919 notierte er etwa: »Am Abend waren wir im hinteren Zimmer. Ich war furchtbar ernst und bedrückt. Ich glaube, es kommen ernste Zeiten.« Andererseits weisen die Notizen auch darauf hin, dass der Student zunehmend unter den Einfluss rassistischer Literatur geriet.

Eine Leseliste, auf der er pedantisch seine jeweilige Lektüre verzeichnete, gibt präzise Auskunft über den geistigen Nährboden des keimenden Fanatismus. Auf seinem Nachtisch lagen plötzlich antisemitische Schriften. Houston Stewart Chamberlains antijüdischen Bestseller »*Rasse und Nation*« etwa kommentierte Himmler: »Eine Wahrheit, von der man die Überzeugung hat: Sie ist objektiv und nicht hasserfüllt antisemitisch. Deshalb wirkt sie umso mehr. Dieses entsetzliche Judentum.« Er verschlang Traktate wie »Die Sünde wider das Blut«, »Das Handbuch der Judenfrage«

oder »Der falsche Gott« – sämtlich besonders widerwärtige Produkte des »völkischen« Sumpfes, der sich damals in der bayerischen Hauptstadt ausgebreitet hatte. Gemessen an heutigen Kriterien erfüllten fast alle jener verschworenen Zirkel der »völkischen« Bewegung und ihre schriftlichen Absonderungen gleich mehrere Tatbestände des Strafgesetzbuchs – doch in der Weimarer Republik blieben Machenschaften, die das Fundament der Demokratie auszuhöhlen drohten, ungeahndet. Innerhalb weniger Jahre formte sich im Zeichen der »völkischen« Bewegung Himmlers neues, verhängnisvolles Weltbild. Juden, Bolschewisten, Freimaurer und zunehmend auch die katholische Kirche machte er nun verantwortlich für den vermeintlichen »Niedergang« des deutschen Volkes. Es waren dieselben Sündenböcke, die zur gleichen Zeit ein bis dahin unbekannter Gefreiter namens Hitler zu erkennen glaubte. Es war das gleiche Muster des Hasses – begründet nicht auf Vernunft, sondern auf Irrlichtern im Nebel des Irrationalen. Noch aber kannten sich Verführer und Vollstrecker nicht.

Heinrich Himmler begnügte sich nicht damit, Gegner auszumachen. Ausführlich beschäftigte er sich schon während des Studiums mit einer idealisierten Gegenwelt zur subjektiv empfundenen Misere. Die Suche nach »Erlösung« und »Erleuchtung« war eine gängige Stereotype im »völkischen« Geraune. Himmler wurde im Altertum fündig. Der »germanische Held«, noch unbeschmutzt von römischer Dekadenz und dem Joch der christlichen Kirche – das war das Richtige für die Tagträume des kurzsichtigen Agrarstudenten aus München. Sein wichtigster Bezugspunkt dabei war die »*Germania*« des Tacitus, ein Steckenpferd schon des humanistisch gebildeten Vaters. Himmler verehrte das »herrliche Bild, wie hoch, sittenrein und erhaben unsere Vorfahren waren«. Abends, beim Grübeln, notierte er: »So sollten wir wieder werden.« Dass die germanische Wirklichkeit jenseits des Limes in Wahrheit eher trostlos, brutal und frappierend unterentwickelt war, konnte er freilich nicht wissen. Der idealisierte Bericht des Tacitus, geschrieben als Vorbild für die seiner Meinung nach verweichlichte römische Jugend, galt damals besonders in der deutschen Altertumswissenschaft noch als zutreffende Quelle. Doch selbst wenn Himmler die historische Wahrheit gekannt hätte, sein wahnhaftes Weltbild wäre kaum noch geändert worden. Wie sehr er bereit war, Geschichte nach seinen Vorstellungen zurechtzubiegen, sollte er noch mehrfach unter Beweis stellen.

Die Schlussfolgerungen, die er aus seiner vergifteten Lektüre zog, weisen durchaus schon den Weg ins Jahrhundertverbrechen. Zu einem

Himmler mit Fahne: Am 9. November 1923 vor dem ehemaligen bayerischen Kriegsministerium in München.

Pamphlet des deutsch-völkischen Schutz- und Trutzbundes mit dem Titel »Eine unbewusste Blutschande, der Untergang Deutschlands. Naturgesetze über die Rassenlehre« vermerkte Himmler 1924: »Ein herrliches Heft. Besonders der letzte Teil, wie es möglich ist, die Rasse wieder zu verbessern, ist von herrlicher, sittlicher Höhe.« Menschenzucht, Ausmerzen von Minderwertigem, Pflege einer Elite – das primitive und inhumane Programm der SS, das sich mit Selektionen, Kinderraub und Massenmord ins Geschichtsbuch der Menschheit einbrannte, wurde in der »völkischen« Subkultur der frühen Zwanzigerjahre schon vorgedacht. Fraglich ist nur, ob sich die Verfasser jemals ernsthaft die Umsetzung ihrer Hirngespinste im europaweiten Maßstab vorzustellen in der Lage waren. Auch für Himmler selbst, der noch fest entschlossen war, Landwirt zu werden, waren solche radikalen Pläne damals vage »Idealvorstellungen«. Zwei Jahrzehnte später allerdings, im rauschhaften Zustand fast unbegrenzter Machtfülle, sollte er zahlreiche »völkische« Pioniere aus Münchner Tagen mit hohen SS-Rängen ausstatten.

Himmlers Studentenzeit stand auch privat unter schwierigen Vorzeichen. Er war zwar Mitglied in mindestens zehn Vereinen und pflegte eifrig Bekanntschaften mit Kommilitonen, doch Anerkennung fand er nicht in zufrieden stellendem Maß. Seine Studentenverbindung »Apollo« hatte ihn zeitweise wegen mangelnder Standfestigkeit am Bierseidel für »nicht satisfaktionsfähig« erklärt, was für den empfindlichen Himmler einer Katastrophe gleichkam. Erst nach Vorlage eines ärztlichen Attestes, das ihm einen »Reizmagen« bescheinigte, hatte er »Bierdispens« erhalten. Man darf getrost davon ausgehen, dass der seltsame Brillenträger mit seinen kruden Überlegungen am Stammtisch von »Apollo« eher für Amüsement als für Bewunderung sorgte. Besonders die Damen zeigten kaum Interesse an dem unscheinbaren Studiosus. Die wenigen Kontaktaufnahmen, die sein Tagebuch verzeichnet, verdienen sämtlich nicht einmal den Begriff Flirt. Vieles spricht dafür, dass Heinrich Himmler seine ersten sexuellen Erfahrungen erst mit 28 machte – nach der Hochzeit mit seiner Frau Marga. »Wird auch höchste Zeit«, kommentierte NS-Funktionär Otto Strasser damals.

Vertraut man Himmlers eigenen Aufzeichnungen und seiner Leseliste, so flüchtete er sich vor den Misserfolgen des Alltags immer häufiger in die bizarre Scheinwelt seiner Bücher. In alten indischen Sagen entdeckte er eine Truppe von selbstbewussten Haudegen, die ihm sehr imponierte: die Kschatrija-Kaste, die adlige, landbesitzende Elite der altindischen Kastenordnung. »Das müssen wir sein. Das ist die Rettung«, nahm er sich 1925 vor. Andernorts finden sich bewundernde Notizen über japanische Samurai oder römische Prätorianer. Zu solch einer Elite gehören, das wäre die Lösung aller Probleme – Heinrich Himmler als Angehöriger, oder besser noch Anführer, einer Kaste von ausgewählten und verschworenen Kriegerhelden. Die Träumerei wurde zur fixen Idee, zum selbstverabreichten Heilmittel gegen die bohrenden Minderwertigkeitskomplexe. Die naive Wunschvorstellung eines jungen Mannes, der mit dem Erwachsenwerden Probleme hatte, wurde zur Blaupause für die SS.

Gleichgesinnte fand er im »Artamanenbund«, einem der vielen verschwörerischen Zirkel aus der »völkischen« Halbwelt. Die »Artamanen« nannten sich nach einem mittelhochdeutschen Kunstwort – »art« gleich Ackerbau, »manen« gleich Männer – und verstanden sich als ritterlicher Orden, der die deutsche Besiedlung des Ostens zum Ziel hatte. In den abendlichen Runden dieser Möchtegernsiedler wurde schon über einen Arbeitsdienst für Jugendliche debattiert oder ein Programm zur Eindämmung der Landflucht ausgedacht. Gewaltsame Eroberung, Vertreibung und Versklavung der slawischen Bevölkerung gehörten von Beginn an zum

Oben: Hitlers Helfer in bayerischer Tracht bei einer Schießübung.
Unten: Ausgleichssport – Tennis mit seinem Adjutanten Karl Wolff als Doppelpartner.

Kein Modellathlet: Himmler beim Kugelstoßen (oben) und beim Lauftraining für das »Reichssportabzeichen« (unten).

Programm der knapp 2000 »Artamanen«. Himmler notierte in seinem Tagebuch, wie die Siedlungen des »germanischen Paradieses« im Osten aussehen sollten. Zwischen den Wehrdörfern der Menschen »nordischen Blutes« sollte es Lager geben »mit Arbeitssklaven, die ohne Rücksicht auf irgendeinen Verlust unsere Städte, unsere Dörfer, unsere Bauernhöfe bauen«. Im Kreis der »Artamanen« keimte schon gehörig der Wahn vom Herrenmenschen. Der Boden für Hitlers Vernichtungskrieg im Osten wurde hier bereitet. Eine Mitgliedsliste aus den Zwanzigerjahren weist neben Himmler den Kern der späteren »Blut-und-Boden«-Fanatiker aus Hitlers Umgebung auf: Es finden sich Richard Walther Darré, der spätere Chef des Rasse- und Siedlungshauptamts der SS, Alfred Rosenberg, nach 1941 Reichsminister für die besetzten Ostgebiete, und Rudolf Höß, der berüchtigte Kommandant von Auschwitz.

Geschichte ist keine Einbahnstraße. Infizierung durch das »völkische« Virus oder Wunschträume von altindischen Kriegerkasten zwingen nicht auf den Weg zum Jahrhundertverbrecher. Viele Mitglieder des »Artamanenbundes« machten später nie wieder von sich reden. Selbst für Heinrich Himmler lässt sich ein Moment nachweisen, in dem alles hätte anders kommen können. Während seines Studiums spielte er ernsthaft mit dem Gedanken, Siedlungspläne im Osten ganz konkret in die Tat umzusetzen. Er besuchte Russischkurse und erkundigte sich nach den Formalitäten einer Auswanderung. Am 23. November 1921 vertraute er seinem Tagebuch an: »Heute habe ich mir aus der Zeitung einen Artikel über Auswanderung nach Peru herausgeschnitten. Wo wird es mich hinverschlagen: Spanien, Türkei, Baltikum, Russland, Peru? Ich denke oft darüber nach. In zwei Jahren bin ich nicht mehr hier.« Bei der sowjetischen Botschaft in Berlin fragte Himmler an, ob er als Gutsverwalter in die Ukraine gehen könne. Der Mann, dessen Einheiten zwei Jahrzehnte später in der Ukraine die ländliche Bevölkerung terrorisieren sollten, wollte als friedlicher Bauer Entwicklungshilfe leisten. Bei einer Zusage hätte Himmler als Landwirt in der Ukraine den deutschen Einmarsch dann aus anderer Perspektive erleben dürfen.

Himmlers Eintritt in die NSDAP 1923 war die logische Konsequenz seiner unsteten Suche nach Anerkennung und politischer Orientierung. Der Parteigenosse mit der Mitgliedsnummer 42404 blieb zunächst ein kleines Licht im Bannkreis des Reichswehrhauptmanns Ernst Röhm. Röhm, der später als SA-Chef mit seinen braunen Landsknechten den Weg zur

Machterschleichung Hitlers frei prügelte, verkehrte damals wie Himmler in den »völkischen« Hinterzimmern Münchens. Er fand rasch Gefallen an dem glühenden und treu ergebenen Akademiker mit der Nickelbrille. Während Hitler am

9. November 1923 zur Feldherrnhalle marschierte, besetzte Röhm mit seinen Männern das ehemalige bayerische Kriegsministerium. Ein Foto dieses Handstreichs zeigt Heinrich Himmler als Fahnenträger mit der Reichskriegsflagge. Es war ein entscheidender Moment in seinem Leben. Endlich gehörte er »dazu«. Auch wenn der Putsch kläglich scheiterte und die Anführer ins Gefängnis mussten – Himmler hatte seine Bestimmung gefunden: den politischen »Kampf« für die »Sache«. Er brach alle Brücken hinter sich ab. Die Karriere auf dem landwirtschaftlichen Sektor endete nach kurzer Anstellung bei einer Düngemittelfirma in Schleißheim für immer. Mit den geliebten Eltern entstand ein schweres Zerwürfnis. Der gestrenge Gymnasialprofessor Gebhard Himmler missbilligte die »politischen« Ambitionen seines Zweitgeborenen, der im Sommer 1924 als Sekretär des bayerischen Landtagsabgeordneten Gregor Strasser mit dem eher bescheidenen Gehalt von 120 Reichsmark angeheuert hatte. Strasser betreute während der Verbotszeit der NSDAP deren Ersatzorganisation mit dem wenig verhüllenden Titel »Nationalsozialistische Freiheitsbewegung«. Auch Heinrichs innere Abkehr von der Kirche trug wohl zum Familienkrach mit bei. Eine Zeit lang hatte er noch versucht, sich durch die absurde Theorie, Jesus sei in Wahrheit kein Jude, sondern ein von einem römischen Zenturio gezeugter Arier, mit der Kirche zu versöhnen. Doch es half nichts, Christentum und »völkische« Gesinnung passten nicht so recht zusammen. Himmler wandelte sich zum militanten Kirchengegner. Später würde er Zehntausende von Priestern in die Konzentrationslager werfen lassen.

An Strassers Seite machte Himmler Parteikarriere. Auf seinem Motorrad raste er von einem niederbayerischen Dorf zum nächsten und hetzte dort auf »politischen Versammlungen« gegen die Juden und den Kapitalismus – was Strassers sozialistisch geprägtem Kurs entsprach. Als nach einer solchen Himmler-Rede in einem kleinen Dorf ein reisender jüdischer Geschäftsmann verprügelt wurde, erzählte der junge Agitator die Geschichte voller Stolz seinem Chef. Gregor Strasser und auch sein jüngerer Bruder Otto, beide damals trotz ihrer Linksausrichtung für die »Bewegung« in Bayern feste Größen, erkannten die radikale Energie, die in dem jungen Parteisekretär steckte. 1925 schlug Himmler vor, alle Juden

Niederbayerns auf eine Liste zu setzen und diese zu veröffentlichen – was selbst im nicht gerade zimperlichen politischen Klima der Weimarer Republik ein ungeheuerlicher Vorgang gewesen wäre. Gregor Strasser soll sich darüber amüsiert haben, doch ihm und seinem Bruder blieb das Lachen über den Fanatiker bald im Halse stecken. Otto Strasser gab zu Protokoll, Himmler habe ihm einmal erklärt, er würde auch »seine Mutter erschießen«, wenn Hitler es ihm befähle, und er wäre auch noch »stolz auf das Vertrauen«, das aus solch einem Befehl spräche. »Heinrich, mir graut vor dir« – das Bonmot der Strassers spiegelte die grenzenlose Radikalität wider, mit der Himmler schon damals zu Werke ging. Solche Leute brauchte Hitler, der nach der Wiederzulassung der NSDAP 1925 neue, schlagkräftige Strukturen aufbauen wollte. Himmler wurde Gaugeschäftsführer, 1926 stellvertretender Gauleiter sowie stellvertretender Reichspropagandaleiter und 1927 schließlich stellvertretender »Reichsführer SS«. Die »Schutzstaffel« war zu diesem Zeitpunkt nur rund 200 Mann stark und als Untergliederung der SA nichts weiter als eine bessere Leibwache für Hitler. Ihr Aufstieg – zum allumfassenden Staat im Staate, zur Inkarnation von Terror und Gewalt, zum Synonym für den verhängnisvollsten Irrweg der deutschen Geschichte – sollte allerdings eng mit der Person des neuen Stellvertreters verbunden sein.

Eine Frau wird von einem rechten Mann auf 3 Arten geliebt. Als liebes Ding, das man zanken und vielleicht strafen muss in seiner Unvernunft, das man schützt und hegt. Dann als Gattin und treuer, verständnisvoller Kamerad, der das Leben mit einem durchkämpft, einem überall treu zur Seite steht, ohne den Mann in seinem Geist zu hemmen und in Fesseln zu schlagen. Und als Gattin, der man die Füße küssen muss, die einem Kraft gibt durch ihre weibliche Weichheit und kindlich reine Heiligkeit, in den härtesten Kämpfen nicht zu erlahmen, und einem in idealen Stunden der Seele Göttlichstes gibt.

Heinrich Himmler, Tagebuch, 1922

1926 hatte Himmler auf einer Vortragsreise in Bad Reichenhall die acht Jahre ältere Margarete Siegroth kennen gelernt. Himmlers Bruder Gebhard beschrieb sie als »Inbegriff der nordischen Frau«, mit auffallend schönen blonden Haaren und blauen Augen. Spätere Bilder zeigen eine eher »stattliche« Persönlichkeit. Das Verhältnis der beiden scheint nicht den damaligen Rollenklischees entsprochen zu haben. Henriette von Schirach, eine notorische Klatschtante des Regimes, gewann den verblüffenden Eindruck, dass der Herrscher über das SS-Imperium zu Hause »unter dem Pantoffel« seiner Frau stehe. Marga war in der Tat eine ebenso selbstbewusste wie resolute Dame, die Heinrich ihre profunden Kenntnisse über Naturheilkunde, Haferstrohbäder und Homöopathie beibrachte. Zudem hatte sie durch finanzielle Zuwendungen ihres Vaters eine ge-

»Reichsführer SS« Himmler nimmt mit Hitler einen Vorbeimarsch der SS-»Leibstandarte Adolf Hitler« ab, 20. April 1939.

wisse Mitgift zu bieten, die das Paar 1928 nach der Hochzeit in einen Hühnerhof im Münchner Vorort Waldtrudering investierte. Doch das oft bemühte Bild vom Hühnerzüchter Himmler, der seine Zuchtregeln später einfach auf Menschen anwandte, trifft nicht zu. In Wahrheit besorgte Marga die Arbeit auf dem Hühnerhof, während ihr Mann fast nur noch in politischer Mission unterwegs war. 1929 erblickte Tochter Gudrun das Licht der Welt, das einzige Kind des Paares. Soweit die Quellen aussagekräftig sind, bemühte sich Himmler trotz seiner häufigen Abwesenheit, ein guter Vater und Ehemann zu sein. Die Seiten seines Dienstkalenders verzeichnen fast tägliche Telefonate mit Tochter und Gattin – auch dann noch, als er längst dabei war, mit seiner Geliebten eine weitere Familie zu gründen.

Man sollte annehmen, dass ein junger Mann mit 29 Jahren, soeben Vater geworden und mit einem gewissen beruflichen Erfolg gesegnet, Anzeichen von beginnender Reife und gewachsener Souveränität aufzeigen würde. Doch Himmler wirkte auf Außenstehende immer noch rastlos. Der Hamburger Gauleiter der NSDAP, Albert Krebs, hatte während einer sechsstündigen Bahnfahrt von Elberfeld nach Hamburg im Frühjahr 1929 Gelegenheit zu einer Charakterstudie: »Himmler war kein Mensch mit irgendwelchen einnehmenden und bestechenden Eigenschaften«, erinnerte sich Krebs nach dem Krieg, »darin unterschied er sich völlig von Hitler und Goebbels, die sich, falls es der Zweck gebot, durchaus liebenswürdig und charmant zeigten. Himmler dagegen benahm sich betont derb und geradeaus, protzte mit Landsknechtsmanieren und antibürgerlicher Gesinnung, obwohl er damit offensichtlich nur eine angeborene Unsicherheit und Linkischkeit überdecken wollte. Doch das wäre zu ertragen gewesen. Was ihn aber auf jener Fahrt zu einem beinahe unerträglichen Gesellschafter machte, war das törichte und im Grunde gegenstandslose Geschwätz, mit dem er ununterbrochen auf mich eindrang. Auch heute noch glaube ich ohne Übertreibung sagen zu dürfen, dass ich niemals wieder so viel politischen Unsinn in so konzentrierter Form von einem Mann mit höherer Schulbildung aufgetischt erhalten habe. Himmlers Ausführungen waren eine merkwürdige Mischung von martialischer Großsprecherei, kleinbürgerlichem Stammtischgeschwätz und eifernder Prophetie eines Sektenpredigers.« Im Kern sollte sich dieses Konglomerat nicht mehr ändern. Unreif, unausgegoren und an den Haaren herbeigezogen – das wahnerfüllte Haus des Heinrich Himmler blieb ein seltsam windschiefes Gemäuer.

Warum hat er gleichwohl eine der steilsten Karrieren des »Dritten

Reiches« gemacht? Weil Hitler genau solche Charaktere suchte und mit sich an die Macht zog. Der Parteichef brauchte keine unbequemen und eigenständigen Männer – wie die Strasser-Brüder –, sondern treu ergebene, höchst effiziente und möglichst unselbstständige Figuren. Unter diesem Anforderungsprofil verkörperte Himmler geradezu den idealen Prototyp des totalitären Vollstreckers. Am 6. Januar 1929 war er von Hitler zum »Reichsführer SS« ernannt worden. Ende des Jahres hatte sich die Mitgliederzahl der Totenkopftruppe schon mehr als vervierfacht – auf gut 1000 Mann. Himmler stellte rassische Richtlinien für die Aufnahme von Bewerbern auf und verlieh damit seiner »Schutzstaffel« die Attraktivität einer vermeintlichen Elitetruppe. Samurai, Prätorianer, Kschatrija-Kaste – der neue SS-Chef suchte mit all seiner Energie den Jugendtraum umzusetzen. Bewerber mussten »guten Blutes« sein, mindestens 1,70 Meter groß und einer bestimmten Kategorie rassischer Kriterien entsprechen: »rein nordisch«, »vorherrschend nordisch

So wurde die SS-Organisation von ihm nach den Grundsätzen des Jesuitenordens aufgebaut. Als Grundlagen dienten die Dienstordnung und die Exerzitien des Ignatius von Loyola.

Walter Schellenberg, Chef des Auslandsnachrichtendienstes der SS, in seinen Memoiren

Mit der SS glaube ich einen Baum gepflanzt zu haben, der so tiefe Wurzeln hat, dass er allen Stürmen und Unwettern standhält.

Heinrich Himmler zu seinem Masseur Felix Kersten

Die Leute hatten innerlich zu ihrem höchsten Führer keinen Bezug, sondern sie sahen eine bürokratische Gestalt, die die Organisation leitete.

Franz Riedweg, »Germanische Leitstelle« der SS

oder fälisch« oder »mit leichten alpinen, dinarischen oder mittelmeerischen Zusätzen«. Wen die Vermesser der SS-Aufnahmebüros als Mischling »vorwiegend ostischen oder alpinen Ursprungs« oder gar als Mischling »außereuropäischer Herkunft« einstuften, hatte keine Chance. Außer – Himmler persönlich, der sich von jedem Bewerber ein Lichtbild auf den Schreibtisch kommen ließ, entschied sich aus anderen Gründen für eine Aufnahme. Er selbst wäre übrigens schon aufgrund seiner geringen Körpergröße abgelehnt worden.

Schon am Anfang der SS-Geschichte steht also eine »Selektion«. Die grausame Prozedur an der Rampe von Auschwitz, während der SS-Ärzte die ankommenden jüdischen Opfer zur Zwangsarbeit oder sofortigen »Sonderbehandlung« einteilten, ist auch das perverse Gegenstück des frühen Auswahlverfahrens für den schwarzen Orden. Biologische Selektion war das eigentliche, barbarische Grundprinzip der NS-Irrlehre. Es galt auch für die Bräute von SS-Männern. In Himmlers Verlobungs- und Heiratsbefehl vom 31. Dezember 1931 wurde bei Hochzeiten von SS-Männern zuvor die biologische Prüfung der Bräute durch das SS-Rasseamt vorgeschrieben. Nur wenn die Angebetete »gesund, erbgesund und rassisch mindestens gleichwertig« war, erteilte der »Reichsführer SS« die Heiratsgenehmigung. Nach dem Jawort stand das SS-Paar dann weiter unter Überwachung. Nachwuchs war Pflicht. Kinderlosen SS-Männern wurde ein Teil des Solds nicht ausbezahlt – eine versteckte Zeugungsprämie. Später plante Himmler sogar allen Ernstes, SS-Männern, die fünf Jahre kinderlos verheiratet waren, die Scheidung zu befehlen. Er wolle »Menschenzucht« betreiben, erklärte er immer wieder in seinen Reden, die »germanische Rasse« wieder »rein züchten«. Vor Offizieren der Marine erläuterte er: »Ich habe mir die praktische Aufgabe gestellt, durch äußere Auslese nach dem Erscheinungsbild und durch dauernde Belastung, durch eine brutale, ohne menschliche Sentimentalität geführte Auswahl und durch Ausmerzung des Schwachen und Untauglichen einen neuen germanischen Stamm herauszuziehen.« Individuelle Wünsche, Liebe, persönliches Glück – die zentralen Punkte menschlicher Würde und Zivilisation – spielten dabei keine Rolle, galten als »sentimental« oder »dekadent«. Himmlers Wahn zielte ausschließlich auf Erhalt und Verbesserung der »Rasse«. Weshalb dieser primitiv-darwinistischen Lehre dennoch Hunderttausende folgten, ist letztlich nur mit den irrationalen Sehnsüchten der Epoche zu erklären.

Der Aufstieg des schwarzen Ordens schien Beobachtern ebenso geräuschlos wie unaufhaltsam. Nachdem sich SS-Einheiten 1931 während einer Revolte von Teilen der Berliner SA gegen die NS-Führung loyal verhalten hatten, verlieh ihnen Hitler Ehrendolche mit dem eingravierten Spruch: »SS-Mann, deine Ehre heißt Treue.« Der Satz wurde zur Schwurformel der gesamten SS – zum fatalen Wahlspruch, der in Missbrauch und Verderben führte. Keine Kritik mehr, keine andere Meinung, kein Gewissen. Immer deutlicher erkannte jetzt auch Hitler, von welchem Wert die Männer in den schwarzen Uniformen für ihn waren. Lange Zeit hatte es

»Eine neue Sittlichkeit…«: Himmler und sein Adjutant Karl Wolff.

so ausgesehen, als ob er den von Röhm als »Anhimmler« verspotteten SS-Chef, dem Fronterfahrung und revolutionärer Stallgeruch fehlten, nicht ganz ernst nahm. Doch die anstehende schwere Krise der »Bewegung« sollte das dramatisch ändern und Röhm selbst, Himmlers alter Gönner und Freund, diesem Stimmungsumschwung ebenso zum Opfer fallen wie Gregor Strasser, der andere frühe Förderer. Die kalten und präzisen

Himmler hasst mich. Jetzt werde ich ihn zum Sturz bringen. Dieses hinterlistige Vieh muss verschwinden.

Joseph Goebbels, Tagebucheintrag vom 30. Juni 1931

Ich habe ein einziges Mal erlebt, dass Hitler bei Tisch das Gespräch auf Himmler und Konzentrationslager gebracht hat. Das klang dann typischerweise so, dass der Eindruck entstehen musste, das sind Arbeitslager. Hitler erwähnte, dass Himmler da ein ganz raffiniertes System anwendet. So übertrug er zum Beispiel einem notorischen Brandstifter die Verantwortung für die Brandwache. Himmler dazu: »Da können Sie sicher sein, mein Führer, da wird kein Brand ausbrechen.« Man hat das Gefühl gehabt, das ist ein wohl organisiertes, psychologisch geschickt geführtes Arbeitslager. Das war auch das einzige Mal, dass Hitler über Himmler gesprochen hat. Da schwang eine Art Achtung und Bewunderung für seine organisatorischen Talente mit.
Traudl Junge, Hitlers Sekretärin

Tötungsaktionen der SS während der Entmachtung der SA im Sommer 1934 ließen Himmler in die erste Riege von Hitlers Helfern aufsteigen. Nicht die Reichswehr, die zum Schlag gegen Röhms Volksarmee gestichelt hatte, war der eigentliche Gewinner der braunen »Bartholomäusnacht«, sondern die Totenkopfmänner. Ihre Morde wurden reich belohnt. Hitler befreite die SS von der Unterordnung unter die SA und machte sie zur selbstständigen Gliederung der Partei. Himmler war auf dem Weg zum zweitmächtigsten Mann im Reich.

Nach der »Machtergreifung« am 30. Januar 1933 hatte er sich im perfekten Zusammenspiel mit seinem Helfer Reinhard Heydrich geschickt in die Schlüsselpositionen des neuen Staates manövriert. Beginnend in Bayern, ergriffen die beiden nach und nach alle Hebel der exekutiven Gewalt im Reich. In Polizeidienststellen und den neu errichteten Konzentrationslagern herrschten SS-Männer. Die wesentlichen Instrumente diktatorischer Macht konzentrierten sich in Himmlers Händen. Willkür, Gewalt und Einschüchterung der Volksgenossen fielen in seinen Kompetenzbereich. 1936 war dieser Prozess vorläufig abgeschlossen. Der »Reichsführer SS« wurde in Personalunion Chef aller deutschen Polizisten. Zwar übernahm er die griffige und freundliche Parole aus der Weimarer Zeit – »Die Polizei, dein Freund und Helfer« –, doch sein Amtsstil sah anders aus. »Ob ein Paragraph unserem Handeln entgegensteht, ist mir völlig gleichgültig«, schwadronierte er ausgerechnet vor der »Akademie für Deutsches Recht«. »Ich tue zur Erfüllung meiner Aufgaben grundsätzlich das, was ich nach meinem Gewissen in meiner Arbeit für Führer und Volk verantworten kann und was dem gesunden Menschenverstand entspricht. Ob die anderen Leute über die Brechung der Gesetze jammerten, war gänzlich gleichgültig. In Wahrheit legten wir durch unsere Arbeit die Grundlagen zu einem neuen Recht, dem Lebensrecht des deutschen Volkes.« Was Himmler hier als »gesunden Menschenverstand« verbrämte, war nichts anderes als brutaler Terror. Wer das Pech hatte, ins Visier seiner Organe zu geraten, versank in einem Orkus der Gewalt. Kommunisten, Juden, Homosexuelle, Sinti und Roma wurden in Himmlers Kerkern und Lagern systematisch gedemütigt, misshandelt und ermordet. Der blinde Hass gegen alles, was nicht ins Raster der vermeintlichen Herrenrasse zu passen schien, entlud sich schon in den »Friedens-jahren« des Regimes in unendlichem Leid. Himmler persönlich stellte detaillierte Regeln für den Alltag in den Konzentrationslagern auf – mit dem erklärten Ziel, Willkür und Exzesse des Personals zu verhindern. Doch die Wirklichkeit sah anders aus. Trotz genauer Vorschriften entstanden unkontrollierbare Freiräume für Sadisten. Morde in den Lagern durften von der staatlichen Justiz nicht weiter verfolgt werden. Im Zweifel entschied der »Reichsführer SS« stets zugunsten der eigenen Wachmänner. Kein einziger Fall ist bezeugt, in dem Himmler KZ-Wachmannschaften wegen übertriebener Härte bestrafte. Wie zynisch er selbst den Umgang mit Häftlingen betrieb, belegen mehrere Ansprachen. In Dachau beispielsweise begrüßte er 1938 eine Kolonne von Neuankömmlingen mit den Worten: »Ihr wisst, ihr seid hier als Schutzhäftlinge. Das heißt, wir wollen alles tun, um euren Schutz zu gewährleisten.« Das brüllende Gelächter der Wachen unterbrach zuerst einmal alle weiteren Ausführungen.

> Himmler zum Chef der deutschen Polizei ernannt. Das ist gut so. Er ist klug, energisch und kompromisslos.
>
> Joseph Goebbels, Tagebucheintrag vom 19. Juni 1936

> Ich weiß, dass es manche Leute gibt, denen es schlecht wird, wenn sie diesen schwarzen Rock sehen. Wir haben Verständnis dafür und erwarten nicht, dass wir von allzu vielen geliebt werden.
>
> Heinrich Himmler, 1936

Trotz stetig wachsender Aufgaben zimmerte Himmler weiter am Gerüst seiner kruden Ideologie. Am 2. Juli 1936 ließ er ein besonderes Schauspiel inszenieren. Im Quedlinburger Dom feierte die Spitze des schwarzen Ordens eine makabre Weihestunde. SS-Männer mit Helm und Gewehr standen schweigend Wache, »grüne Kränze deutscher Eichen« schmückten die Krypta, Wachskerzen tauchten die Szenerie in mystisches Dämmerlicht. Altgermanische Luren, imitiert nach archäologischen Funden, steuerten »erhebende« Melodien bei. Gefeiert wurde der 1000. Todestag des deutschen Königs Heinrich I. Folgt man der Aussage seines finnischen Masseurs Felix Kersten, so sah sich Himmler gleichsam als Wiedergeburt dieses mittelalterlichen Herrschers und behauptete, im Traum Ratschläge

Hier wurde ich zufällig Zeuge einer der okkulten Marotten Himmlers, mit denen er selbst Führer der SS beschäftigte. Er hatte während der Verhandlungen gegen von Fritsch in einen dem Verhörzimmer nahe gelegenen Raum etwa 12 seiner vertrautesten SS-Führer beordert und diesen befohlen, durch Willenskonzentration einen suggestiven Einfluss auf den beschuldigten Generaloberst zu nehmen. Himmler war davon überzeugt, dass der Angeschuldigte unter dieser Einwirkung die Wahrheit reden müsse...

Walter Schellenberg, Chef des Auslandsnachrichtendienstes der SS, in seinen Memoiren

von ihm zu erhalten. Der erste Ottone spielte für den SS-Chef aus »historischen Gründen« eine Schlüsselrolle. Mit seinen Ostsiedlungen und seinem vermeintlichen Widerstand gegen die Reichskirche habe er den Weg gewiesen für die »germanische Wiedergeburt«, die nun, 1000 Jahre später, endlich stattfinde. Die Weihestunde mit ihrer sorgsam ausgefeilten Zeremonie verfehlte ihre Wirkung auf die Anwesenden nicht. Aufgestaute Bedürfnisse nach säkularisierter Religiosität fanden innerhalb der alten Dommauern ihr Ventil. Ein hoher SS-Mann schrieb über »gläubige Herzen« und »wahre deutsche Frömmigkeit«, wie sie sich an diesem »heiligen Ort« gezeigt habe. Die kollektive Ergriffenheit umnebelte den Verstand. Wir dürfen annehmen, dass auch der in Hunderten von Kirchgängen sozialisierte Himmler im Gefühl eines feierlichen Hochamts schwelgte. Seine schwülstige Ansprache passte ins Bild: »So sind wir angetreten und marschieren nach unabänderlichen Gesetzen als ein nationalsozialistischer, soldatischer Orden nordisch bestimmter Männer und als eine geschworene Gemeinschaft ihrer Sippen den Weg in eine ferne Zukunft.« Es war das typische Zukunftsszenario seiner Reden, verschwommen und unklar, ohne feste Zielumschreibung. Ob er aus den Ausgrabungen von primitiven bronzezeitlichen Siedlungen eine urdeutsche Hochkultur konstruieren ließ, die den Anspruch auf neuerliche Weltherrschaft rechtfertigen sollte, oder ob er veranlasste, für gefallene SS-Offiziere Totenburgen nach prähistorischen germanischen Vorbildern zu skizzieren – seine Zukunftsvisionen waren Interpretationen einer missverstandenen Vergangenheit, Rückbesinnung auf geschnitzte Ahnen. Himmler wiederholte die Zeremonie in Quedlinburg ein Jahr darauf bei der »Grablegung« der Gebeine Heinrichs I. Wie sich nach dem Krieg herausstellte, handelte es sich allerdings bei den im Erdreich nahe dem Dom gefundenen Überresten kei-

Germanische Wiedergeburt: Himmler an der Gruft des Königs Heinrich I. im Quedlinburger Dom.

neswegs um die echten Königsknochen – servile Archäologen hatten dem SS-Chef eine ganz besondere Freude machen wollen.

Es spricht für die Macht der Massensuggestion in jener Zeit, dass Himmlers blasphemische Ersatzreligion so viele Anhänger fand. Liturgische Elemente christlicher Gottesdienste wurden schamlos adaptiert und ins »Germanische« transferiert. Im Nachlass des »Reichsführers« fand sich etwa eine Umdichtung des Vaterunser nach sächsisch-irministischer Naturreligion. »Vatar unsar der Du bist der Aithar«, heißt es da, »Gibor ist Hagal des Aithars und der Irda!« Man mag sich kopfschüttelnd vorstellen, wie Himmler das neue »Gebet« zum ersten Mal andächtig an seinem Schreibtisch vor sich hin murmelte. Pedantisch wie er war, kümmerte er sich bis ins Kleinste um die Vorschriften für Zeremonien seines neuen Kults. Tausende von Kindern empfingen nach diesen Regeln die SS-Namensweihe – anstelle der christlichen Taufe. In der Mitte des Weiheraums stand dabei ein hakenkreuzgeschmückter Altar mit einem Porträt Hitlers als »neuem Christus«. Hinter dem Altar wachten drei SS-Männer in Kampfuniform, flankiert von Feuerschalen und »Lebensbäumen«. Während das Kind, unmittelbar vor dem Hitler-Altar liegend, die Zeremonie über sich ergehen lassen musste, trugen die Feiergäste im »Sprechchor« Passagen aus Hitlers »*Mein Kampf*« vor. Nirgends wurde der totale Verfügungsanspruch auf Körper und Seele der Menschen symbolhafter dargestellt als in diesem SS-Ritual. Ob zu den Sommersonnenwenden, die mit Vorliebe an »magischen« Orten wie den Externsteinen bei Paderborn gefeiert wurden, ob zu SS-Hochzeiten, Totenfeiern, zu Hitlers Geburtstag oder zum Julfest, das im Winter Weihnachten ersetzen sollte – Himmler vertraute auf die Wirkung und die spirituelle Kraft von kultischen Zeremonien für den Zusammenhalt seiner Truppe. Von KZ-Häftlingen ließ er die Wewelsburg im Ostwestfälischen zum Kultzentrum ausbauen, mit einer Krypta für gefallene SS-Offiziere und einem marmorvertäfelten Festsaal. Der Krieg verhinderte die Inbetriebnahme, doch Baupläne und Modelle zeigen, wie Himmler nach dem »Endsieg« hier den spirituellen Mittelpunkt seines schwarzen Ordens aufbauen wollte. Rund um die eher kleine Burg sollte eine gigantische kreisförmige Anlage entstehen – eine Art SS-Vatikan als zentrale Weihe- und Verwaltungsstätte einer »neuen Sittlichkeit«.

Deren Kernbotschaft wurde Himmlers Männern zu jeder Gelegenheit eingehämmert. Mit Reden, Broschüren und Unterrichtsstunden arbeitete die SS permanent an der »Weltanschauung« ihrer Angehörigen. Nicht der Einzelne und seine Glückserwartung sollten im Zentrum des »neuen Denkens« stehen, sondern das Wohl des Volkes, der Rasse. Jeder SS-Angehörige sollte sich nur als Glied einer Kette zwischen Vorfahren und Erben auffassen. »Wir neigen uns in Ehrfurcht vor den Ahnen«, hieß es beispielsweise in Himmlers Vorschriften für Ansprachen auf Julfeiern im De-

Die Wewelsburg in Ostwestfalen: Hier sollte der spirituelle Mittelpunkt des schwarzen Ordens entstehen.

zember, »deren Blut als Auftrag und Verpflichtung in unseren Adern kreist.« Danach antworteten alle Anwesenden wie bei einer Fürbitte: »Ihr Licht soll leuchten.« Die Ansprache wurde dann weitergeführt: »Die Sippe bindet den Mann an die Pflicht, das Erbe zu wahren. Der Sinn des Seins ist die Entfaltung des Erbes zur Frucht.« – »Ihr Licht soll leuchten.« – »Wir selber werden einst Ahnen sein. Unsere Kinder sind Zeugen unserer Zucht und unseres Wesens. Und unsere Enkel werden Künder unserer Größe sein.« – »Ihr Licht soll leuchten.« Kern dieser totalitären Botschaft war die Aufgabe jeder Individualität, jeder persönlichen Freiheit: »Du bist nichts, dein Volk ist alles.« Die Bereitschaft allzu vieler, dieser Kollektivierung im Zeichen des Hakenkreuzes zu folgen, bildete den bemerkenswert haltbaren Kitt der Hitler-Diktatur. Sie war aber auch die Voraussetzung für die Rekrutierung von Personal für den Massenmord. Wenn der »Reichsführer SS« später in Reden den Holokaust als »schwersten Dienst für Volk und Vaterland« verbrämte, dann reflektierte das die grausig verzerrte Perspektive der SS. Mord als »Dienst« für die Rasse – die Selbstblendung der Täter war die perverse Konsequenz von Himmlers Irrlehre.

Gegen gelegentliche Zweifel oder Anflüge von Mitleid verordnete der »Reichsführer SS« vor allem »Härte«. Die Stellen in Himmler-Reden und -Briefen, in denen »größte Härte« oder »unnachgiebige Zähigkeit« gefordert werden, sind Legion. In seiner berüchtigten Posener Rede vom 4. Oktober 1943 fasste er etwa zusammen: »Blut, Auslese, Härte. Das Gesetz der Natur ist eben dies: Was hart ist, ist gut, was kräftig ist, ist gut, was aus dem Lebenskampf körperlich, willensmäßig, seelisch sich durchsetzt, das ist das Gute.« Bei der Ausbildung von neuen SS-Männern führte dieses Prinzip immer wieder zu Todesfällen, wenn beispielsweise im Manöver auf Befehl Himmlers scharfe Munition verwendet wurde. Der SS-Chef rühmte sich dann im Kreis der anderen Paladine damit, dass diese Toten »zutiefst moralische Opfer« seien, weil sie im Krieg »Ströme von Blut« verhindern würden. Kersten, der Masseur, schilderte ein Gespräch mit Göring, der sich über Himmlers »Härtetick« lustig machte. Zum Thema scharfe Manövermunition der Waffen-SS habe sich der Reichsmarschall mit »todernstem Gesicht« wie folgt geäußert: »Lieber Himmler, ich habe dasselbe mit meiner Luftwaffe vor. Mir liegt bereits der ›Mutprobe-Befehl‹ der Luftwaffe zur Unterschrift vor.« Auf Himmlers Nachfrage, was denn der Befehl besage, antwortete Göring: »Sehr einfach, eine kleine Korrektur beim Fallschirmabsprung, zweimal mit Fallschirm, das dritte Mal ohne.« Ob Himmler darüber lachen konnte, ist nicht überliefert.

Radikalität und Bedingungslosigkeit umgaben ihn wie ein Panzer, der keinen Blick ins Innerste zuließ. Nur die stetig wieder aufflammenden Magenbeschwerden drangen als Ausdruck innerer Unausgeglichenheit nach außen. Notorische Demonstrationen besonderer »Härte« scheinen dieser selbst auferlegten Camouflage gedient zu haben. Himmler war berüchtigt für außerordentlich scharfe »Exempel«, die er innerhalb seines schwarzen Ordens statuierte. Urteile von SS-Gerichten verschärfte er fast immer, wenn sie seinen Schreibtisch passierten. Im Frühjahr 1939 bekam sein Chauffeur die maßlose Strenge zu spüren. Er war auf einer Dienstfahrt mit einem Motorradfahrer zusammengestoßen. Niemand wurde ernsthaft verletzt, und die Schuldfrage blieb ungeklärt, doch Himmler ließ ihn ohne Anhörung sechs Wochen lang einsperren. Der arme Mann durfte nicht einmal seiner Familie Bescheid geben. Anschließend wurde er völlig verängstigt, wie der Diplomat Ulrich von Hassel erfuhr, zum Schweigen verpflichtet und entlassen. Es hat den Anschein, dass sich Himmler in solchen Momenten trotz aller gegenteiliger Bekundungen an der eigenen Machtfülle berauschen konnte. Ein besonders eklatantes Beispiel ist das Todesurteil gegen seinen eigenen Neffen, den SS-Obersturmführer Hans

Himmler. Dieser hatte betrunken SS-Dienstgeheimnisse ausgeplaudert, war zum Tode verurteilt und dann zur Bewährung als Fallschirmjäger »an die Front« begnadigt worden. Wegen »abfälliger Äußerungen« wurde er jedoch erneut verhaftet und schließlich 1941 als Homosexueller im KZ Dachau auf Himmlers persönlichen Befehl erschossen. Damit wollte der »Reichsführer« wohl seinen Sinn für »Anstand« und Unbestechlichkeit demonstrieren – keine Schonung für Familienangehörige, keine Vetternwirtschaft. Wahrscheinlich hätte er wirklich seine Mutter erschossen, wenn es ihm von Hitler befohlen worden wäre.

Es bleibt ein Schaudern bei der Betrachtung dieses Schreibtischtäters. Seine Kaltblütigkeit entsprang der völligen Verblendung, mit der er seiner »Mission« für »Volk« und »Rasse« nachzugehen glaubte. So war es für ihn durchaus logisch, wenn er in der Sekunde nach der Unterschrift unter einen Mordbefehl genauso ernsthaft dem Studium seiner skurrilen Marotten nachging. Besonderes Steckenpferd waren die zahllosen Expeditionen, die er auf Reisen schickte. Himmler sandte Forscher nach Tibet, um Spuren des Urariers zu bergen, ließ im Schwarzwald Felsenformationen daraufhin untersuchen, ob es sich bei ihnen nicht um gigantische prähistorische Befestigungsanlagen handele, oder dirigierte Kundschafter in alte Burgruinen, um nach dem Heiligen Gral zu fahnden. Über Vorbereitung und Ergebnisse der Reisen wünschte der »Reichsführer SS« stets aufs Genaueste unterrichtet zu werden. Wissenschaftlich Relevantes kam freilich wenig dabei heraus. Vor allem fanden sich keine handfesten Spuren für seine abstrusen Geschichtstheorien. Doch die SS-Forscher wagten in der Regel nicht, die Sinnlosigkeit ihrer Missionen offen zu legen. Also wurde fleißig gefälscht, geschwindelt und verbogen, um den mächtigen Finanzier milde zu stimmen. Rund um den Organisator des Terrors entstand ein Geflecht von Scharlatanen und Scheingelehrten, welche die Objektivität der Forschung dem ideologischen Auftrag zu opfern be-

> Himmler hat dauernd die merkwürdigsten Kräuter suchen lassen und hat auch mit einem Alchimisten zusammengearbeitet, dem man alle Möglichkeiten gegeben hat. Himmler ließ ihn dann, so wie im Mittelalter auch, nachher aufhängen, als das Gold nicht kam.
>
> Reinhard Spitzy, damals Mitarbeiter des Außenministers Ribbentrop

> Himmler war ein Ernährungsapostel. Im Grunde standen ihm die so genannten Ostvölker viel näher als die verweichlichten Westler. Seine Hoffnung war, dass er nach dem Kriege – er wusste wohl, dass es während des Krieges nicht ging – seine ganze Truppe zu Vegetariern machen könnte, außerdem alkohol- und nikotinfrei. Das war sein Zukunftsbild, und er glaubte, dass auf diesem Wege die deutsche Rasse am besten weiter emporgezüchtet werden könne.
>
> Ernst-Günther Schenck, SS-Arzt

> Er war ein Mann der stillen, unpathetischen Gesten. Ein Mann ohne Nerven.
>
> Generalmajor Walter Dornberger über Himmler

Oben: Wo sind die Runen? Himmler besichtigt einen Steinbruch in der Pfalz.
Unten: Neue Kameraden – Himmler im Gespräch mit Vertretern der italienischen Polizei
am Comer See (1939).

106

reit waren. Ein besonders aberwitziges Beispiel dafür ist die so genannte »Welteislehre« des österreichischen Ingenieurs Hanns Hörbiger, dessen Sprösslinge Paul und Attila als Schauspieler Karriere machten. Hörbiger vertrat die allen empirischen Erkenntnissen widersprechende Ansicht, im Weltall seien große Mengen an Eis vorhanden, die sich in permanentem Ringen mit »glühenden Sonnen« befänden. Der auf die Erde niedergehende Hagel, der direkt aus dem Weltall stamme, sei der zwingende Beweis für die Schlüssigkeit der »Welteislehre«. Seriöse deutsche Wissenschaftler lehnten Hörbigers These natürlich schroff ab. Ein Berliner Professor nannte sie einen »für das Ansehen Deutschlands tief bedauerlichen Rückfall« in eine »primitive Vorstufe« wissenschaftlicher Forschung. Himmler aber verteidigte den Unfug vehement. In einem Schreiben mit drohendem Unterton verwies er darauf, dass auch Hitler »seit langen Jahren« ein »überzeugter Anhänger« der »Welteislehre« sei. Einen Sachbearbeiter aus seiner »Reichsführung«, der nichts weiter getan hatte, als sich die kritischen Kommentare führender Astronomen zu Hörbigers »Lehre« schicken zu lassen, beurlaubte Himmler »unter Verbot des Tragens der Uniform und des Zivilabzeichens«. Im Rausch der Machtfülle blieb der Verstand auf der Strecke.

Der »Reichsführer« ließ nie locker, seine seltsame Weltsicht doch noch wissenschaftlich untermauern zu lassen. Schon 1935 hatte er den Verein »Ahnenerbe e.V.« gegründet, der »Raum, Geist, Tat und Erbe des nordrassischen Indogermanentums« erforschen sollte – als »lebendige Waffenschmiede« gegen jene Mächte, die das Germanentum bedrohten. »Ahnenerbe« entwickelte sich unter seinem Präsidenten Himmler zum Sammelbecken für allerlei obskure Pseudowissenschaften. Bei Kriegsende umfasste der Verein mehr als 40 Abteilungen. Verbrecherische Menschenversuche an Häftlingen gehörten genauso zu seinem Betätigungsfeld wie vergleichsweise harmlose »Volkstumsforschung« in Südtirol. Zur Schlüsselfigur in Himmlers verschrobenem Vergangenheitskult wurde ein geheimnisvoller Exoffizier der österreichisch-ungarischen Armee. Karl Maria Wiligut bediente wie kein Zweiter seine Sehnsucht nach Utopischem, Romantischem und Okkultem. 1933 wurden die beiden ungleichen Männer einander vorgestellt. Wiligut war da schon 67 – doppelt so alt wie Himmler – und hatte, wie sich erst später herausstellen sollte, fast drei Jahre in einer Salzbur-

> Wir leben in einem Zeitalter der endgültigen Auseinandersetzung mit dem Christentum. Es liegt in der Sendung der Schutzstaffel, dem deutschen Volk im nächsten halben Jahrhundert die außerchristlichen arteigenen weltanschaulichen Grundlagen für Lebensführung und Lebensgestaltung zu geben.
>
> Himmler in einem Plan zur Erschließung des germanischen Erbes, 1937

»Reichsakademie für Leibesübungen«: Himmler spricht zu Unterführerinnen des »Bundes Deutscher Mädel« (BDM), 1937.

ger Nervenheilanstalt verbracht. Er erzählte dem SS-Chef von seiner angeblichen Gabe der »Erberinnerung«, die ihm erlaube, das Wissen längst vergangener Generationen abzurufen. Demnach sei er der letzte Abkömmling einer langen Reihe germanischer Weisen aus der Sippe der »Uligoten«. Seine Erinnerung bestätige, dass die Bibel eigentlich in Deutschland geschrieben worden sei und dass die germanische Frühgeschichte bis in die Zeit um 228 000 vor Christus zurückreiche. Damals hätten noch »drei Sonnen« am Firmament gestanden, und die Erde sei von »Riesen und Zwergen« bewohnt worden. Jeder andere Zuhörer, ob mit Abitur und Studienabschluss wie Himmler oder ohne, hätte wohl längst dankend abgewinkt oder einen Arzt gerufen, doch der SS-Chef war geradezu entflammt. Er stellte Wiligut umgehend als Abteilungsleiter seines »Rasse- und Siedlungshauptamts« in München ein. Die spontane Begeisterung für Wiliguts Fantastereien wirft ein bezeichnendes Licht auf die Janusköpfigkeit Himmlers. Am Schreibtisch nüchtern, pedantisch und effizient, konnte er im Nu völlig irrationalen, romantisch versponnenen

Gedanken nachgehen, als sei er noch der unreife Pennäler, der sich seine eigene Welt erträumt.

Wiligut, der in der SS unter dem Pseudonym Karl Maria Weisthor firmierte, wurde Himmlers persönlicher Rasputin. Er durfte jederzeit ins Chefbüro kommen und Enthüllungen seiner »Erberinnerung« offenbaren. Er beschäftigte sich mit Runenkunde, verfasste für seinen Auftraggeber Traktate über Kosmologie und mythologische Poesie oder entwarf jenes Vaterunser, das sich in Himmlers Nachlass fand. Er durfte Expeditionen auf der Suche nach alten religiösen Zentren der »irministischen« Religion unternehmen, die er sich aus der Überlieferung der sächsischen Weltesche »Irminsul« zusammengereimt hatte. Wiligut plante auch Anlage und Bau der Wewelsburg, die er in einer seiner »seherischen« Offenbarungen als historisches Bollwerk erkannt zu haben glaubte, an dem der »Hunnensturm« aus dem Osten zerbrochen sei – was historisch gesehen völliger Unsinn ist. Himmler jedoch hatte einen Narren an Wiligut/Weisthor gefressen und beauftragte ihn damit, einen Ehrenring für die SS zu entwerfen. Wiligut erledigte den Auftrag offenbar zur vollsten Zufriedenheit, denn der von Himmler abgesegnete Ehrenring enthielt fortan neben den Sigrunen, einem Hakenkreuz und einem Totenkopf auch eine Runengruppe, welche die angebliche Familienüberlieferung Weisthors darstellte. Himmler dekretierte, dass die Ehrenringe von gefallenen SS-Männern in einer Truhe auf der Wewelsburg aufzubewahren seien – zum »ewigen Andenken«. Bei Kriegsende ist diese Truhe vermutlich von einem alliierten Soldaten als Souvenir in die Heimat verschifft worden.

Die Entzauberung des Gurus begann im November 1938, als Himmlers Adjutant Karl Wolff Wiliguts Gattin Malwine in Salzburg aufsuchte. Sie erzählte dem Gesandten, wie ihr Gemahl sie einst mit Morddrohungen überzogen habe und daraufhin in eine geschlossene Anstalt überführt worden sei. Himmler nahm die bislang verschwiegene Vergangenheit seines »Sehers« zwar zur Kenntnis, handelte aber noch nicht. Wiliguts spirituelle Bedeutung ließ alle Bedenken noch einmal verstummen. Massive Alkoholprobleme und andere, zum Teil delikate Verfehlungen hatten seine Position jedoch schon länger ausgehöhlt. Einer jungen, gut aussehenden Bekannten des »Reichsführers« namens Gabriele Dechend hatte Wiligut beispielsweise mitgeteilt, Himmler wünsche Nachwuchs von ihm – und zwar mit ihr! Es sei eine Angelegenheit von großer Wichtigkeit und für die Angesprochene eine Ehre, dazu ausgewählt zu werden. Doch die Dame hatte sich geweigert, dem Greis zu Willen zu sein, und war zu Himmler gegangen, um sich zu beschweren. Der SS-Chef fiel aus allen Wolken.

Idylle am Wegesrand: Zwei SS-Führer helfen ihrem Chef beim Blumenpflücken.

Einen Zeugungsbefehl für seinen »Seher« hatte er nie erteilt. Am 28. August 1939, drei Tage vor dem Überfall auf Polen, endete die Ära Wiligut mit seinem offiziellen Austritt aus der SS. Himmler bat um Rückgabe von Totenkopfring, Dolch und Schwert, welche er als Zeichen letzter Verbundenheit persönlich in Verwahrung nahm.

Mit Kriegsbeginn wucherte Himmlers Aufgabenbereich weiter. Hitler, der sich stets über die romantischen und okkulten Neigungen seines effizientesten Vollstreckers lustig gemacht hatte, brauchte diesen nun mehr denn je. Die düstere Vision vom Lebensraum im Osten, den es zuerst zu entvölkern und dann zu »germanisieren« galt, schien endlich Formen anzunehmen. Himmlers Mitarbeiter begannen Pläne zu entwerfen, wie die deutsche »Volkstumsgrenze« möglichst weit nach Osten verschoben werden konnte. Am Ende stand der »Generalplan Ost« von 1942, der den Hungertod von 30 Millionen Menschen aus Polen und den westlichen Teilen der Sowjetunion vorsah. Im Gegenzug sollten Heerscharen deutscher

Siedler in »Wehrdörfern« die neuen germanischen Grenzen sichern. Schon beim Überfall auf Polen hatten Himmler und Heydrich erste Unternehmungen zur Dezimierung der »Ostvölker« gestartet. Hinter der Front hatten ihre Einsatzkommandos, vorerst wenig systematisch, Jagd auf polnische Intellektuelle und Juden gemacht. Die Befehlshierarchie war dabei immer die gleiche. Hitler äußerte im persönlichen Gespräch mit dem SS-Chef allgemeine Richtlinien, die dieser dann in konkrete Befehle für seine Männer umsetzte. Das Verhältnis der beiden Haupttäter war dabei jedoch keinesfalls von dem kollegialen Einvernehmen geprägt, das die Wochenschau-Bilder immer wieder vorgaukelten. Für Himmler waren

die Momente, wenn er seinem »Führer« unter die Augen treten musste, Bewährungsproben höchster Anspannung. Kersten, der Masseur, und Wolff, der Chef des persönlichen Stabes, haben übereinstimmend geschildert, wie sehr sich Himmler vor Treffen mit Hitler fürchtete. »Niemand, der es nicht selbst mit angesehen hat, wird glauben, dass ein Mann mit den Machtbefugnissen Himmlers Angst hatte, wenn er zu Hitler befohlen war«, gab Kersten zu Protokoll, »und sich wie über ein bestandenes Examen freute, wenn es wieder gut gegangen war oder er sogar ein Lob erhalten hatte.« Es war ein fast pathologisches Abhängigkeitsverhältnis. Wenn Himmler Untergebenen erklärte, der »Führer« habe »immer Recht«, dann galt ihm das geradezu als metaphysische Wahrheit – auch wenn er als bestinformierter Mann des Reiches natürlich wissen musste, dass Hitler de facto schon diverse eklatante Fehlentscheidungen getroffen hatte. Im Wahn des Vollstreckers aber spielte der Diktator tatsächlich die Rolle des nationalen Erlösers. »Er entstand uns aus der tiefsten Not«, pries er Hitler 1940, »er gehört zu den großen Lichtgestalten, die dem Germanentum immer dann entstehen, wenn es in tiefste körperliche, geistige und seelische Not gelangt. Goethe war eine solche Gestalt auf dem Geistesgebiet, Bismarck auf dem politischen Sektor, der Führer ist es auf allen Gebieten. Er ist dazu von dem Karma des Germanentums der Welt vorbestimmt, den Kampf gegen den Osten zu führen und das Germanentum der Welt zu retten.« Solche pathetischen Hymnen aus Himmlers Mund waren keine Lippenbekenntnisse. Für den Mann, der Wiliguts Märchen ernst nahm, der an »drei Sonnen« und »Welteis« im All glaubte, war wohl auch die gottgleiche Überhöhung seines »Führers« kein intellektuelles Problem. Zudem stillte die maßlose Verehrung auch sein tief verwurzeltes Bedürfnis nach Halt, Orientierung und Sicherheit, das einige Beobachter auch für die ersten Jahre an der Seite seiner deutlich älteren Frau attestierten. Die eigene Projektion auf die Figur Hitlers ging dabei so weit, dass Untergebene wie der SS-Brigadeführer Walter Schellenberg bei Himmler eine deutliche Annäherung an Hitlers Diktion und Betonung beobachteten.

Ende September 1939 – um Warschau wurde noch gekämpft – unternahm Himmler eine Inspektionsreise durch das besetzte Polen und besichtigte dabei auch mehrere jüdische Siedlungen. Polen hatte damals mit 3,3 Millionen Juden bei insgesamt 35 Millionen Einwohnern den höchsten jüdischen Bevölkerungsanteil der Welt. Der eingefleischte Antisemit Heinrich Himmler sah hier ein Problem, dessen »Lösung« nur seiner SS übertragen werden konnte. Noch war die Entscheidung zum millionenfachen Massenmord nicht gefallen – doch dass im Vergleich zur Entrechtung und Drangsalierung der Juden in Deutschland die Radikalität des Vorgehens in Polen noch gesteigert werden müsse, hatten Himmler und Hitler längst verabredet. Der SS-Chef machte auf seiner Reise auch kein Hehl aus seiner

Himmler ging durch unser Feldlazarett, in dem wir die Verwundeten und die Kranken hatten – zunächst durch die Säle mit den Verwundeten. Dann wollte er möglichst schnell wieder verschwinden, und das ärgerte mich als Chefarzt der Inneren Abteilung des Feldlazaretts. Ich fragte den Reichsführer, ob er nicht auch zu den Kranken gehen wolle. Und da sagt er: »Warum jetzt zu den Kranken, da steck' ich mich nur an! Was wird denn da der Führer sagen, wenn er einen kranken Himmler hat?« Das ärgerte mich ebenfalls. Spontan griff ich in die Tasche meines Arztkittels, in der ich ein kleines Röllchen mit Pyramidon hatte. Ich holte zwei Tabletten heraus, gab ihm diese und sagte: »Reichsführer, wenn Sie die nehmen, stecken Sie sich nicht an.« Da er nun von seinem Stab umringt war und sein Gesicht wahren musste, nahm er die Tabletten und ging im Galopp mit mir zusammen durch die Innere Abteilung, ohne viel zu reden, nur um ein bisschen zu grüßen.
Ernst-Günther Schenck, SS-Arzt

Oben: »Vorführung von Verbrechertypen«: Himmler 1936 bei einem Besuch des Konzentrationslagers Dachau.
Unten: NS-Erziehung – Tochter Gudrun begleitet ihren Vater zur »Arbeit«.

hasserfüllten Entschlossenheit. Bei der »Vorführung« einiger »Verbrecher-typen«, wie ein Mitglied seines Begleitkommandos festhielt, zeigte er mit einem Stöckchen auf zitternde Greise, machte sich über ihre Schläfenlo-cken lustig und beschimpfte sie als Parasiten. Zu diesem Zeitpunkt hatten seine SS-Männer bereits fast 20 000 Menschen erschossen. Seit Jahren hatte Himmler den Boden bereitet für den nun beginnenden »Kampf«. Zentraler Punkt seines Rassewahns war die Einteilung von Lebewesen in Kategorien: Menschen, »Untermenschen« und Tiere. Seinen SS-Männern redete er bei jeder Gelegenheit ein, dass Juden »Untermenschen« seien oder, bei anderer Gelegenheit, »Menschentiere«. Seine Reden waren ge-spickt mit gezielter Diffamierung von Juden, die als »Schmarotzer«, »Blutsauger«, »Parasiten« oder »Verräter« verbal ihrer Würde beraubt wurden. Schritt für Schritt, Rede für Rede, Pamphlet für Pamphlet wurde ihnen die Menschlichkeit abgesprochen, den Tätern noch vor der Tat das Gewissen erleichtert. Am Ende stand die infame Gleichsetzung von Juden mit Ungeziefer, die Himmler ganz offen formulierte: »Es ist keine Welt-anschauungsfrage«, hetzte er 1943 in Charkow, »dass man die Läuse ent-fernt. Das ist eine Reinlichkeitsangelegenheit.«

Ganze Bataillone von Gelehrten haben darüber gestritten, wann genau die Entscheidung für den Holokaust fiel – und wer sie getroffen hat. Die Quellenlage ist unsicher, weil die NS-Führung diese heikelste aller Fragen lieber mündlich verhandelte – um keine Spuren zu hinterlassen. Außerdem ist vieles, was die »Judenfrage« betrifft, in verschleiernder Tarnsprache verfasst. »Endlösung«, »Sonderbehandlung«, »Evakuierung« – nie nann-ten die Täter ihren Massenmord beim Namen. Sicher ist hinsichtlich der Entscheidung für die Tat nur, dass Himmler im Zentrum des Prozesses stand, und sicher ist auch, dass schon mit dem Wüten der Einsatzgruppen nach Beginn des Angriffs auf die UdSSR im Sommer 1941 das Morden jene neue, unfassbare Dimension angenommen hat, die den Holokaust zu einem singulären Verbrechen macht. Als grober Zeitraum für die Ent-scheidung steht unbestritten der Spätsommer des Jahres 1941 fest. Schwirrten bei Jahresanfang noch Pläne für die Massenevakuierung von Juden nach Madagaskar durch die Köpfe in Himmlers Reichssicherheitshauptamt, so waren am Jahres-ende schon Hunderttausende in den eroberten Gebieten der Sowjetunion von den Einsatzgrup-pen liquidiert worden, war der Befehl zur Einrich-tung der ersten Vernichtungslager bereits erteilt.

Lobendste Worte findet der Füh-rer für das militärische Verhalten der Waffenverbände der SS. Sie haben wahre Heldentaten voll-bracht. … Es ist nicht zu bezwei-feln, dass Himmler hier wirklich ein Erziehungswunder vollbracht hat.

Joseph Goebbels, Tagebucheintrag vom 22. November 1941

114

> *Nach der Besichtigung in Birkenau sah er sich den gesamten Vorgang der Vernichtung eines gerade eingetroffenen Judentransports an. Auch bei der Aussonderung der Arbeitslosen sah er eine Weile zu, ohne etwas zu beanstanden. Zu dem Vernichtungsvorgang äußerte er sich in keiner Weise, er sah nur ganz stumm zu. Dabei beobachtete er mehrere Male unauffällig die bei dem Vorgang beteiligten Führer und Unterführer und mich.*
>
> Rudolf Höß über Himmlers Besuch in Auschwitz im Sommer 1942

Der akademische Streit darüber, ob es Hitler war, der in den zahllosen Besprechungen dieses Jahres seine Helfer zu mehr Radikalität drängte, oder ob die Paladine ihrerseits Hitler durch immer weiter gehende Vorschläge »entgegenarbeiteten«, ist bei Lichte betrachtet müßig. Denn über die allgemeine Marschrichtung herrschte unter allen Eingeweihten Einigkeit. In deutschen Konzentrationslagern wurde seit nunmehr acht Jahren willkürlich und ungestraft gemordet; seit 1939 lief unter dem Kürzel T4 der Massenmord an Behinderten, bei dem schon Gas zur Anwendung kam, und in Polen sowie im Sommer 1941 auf dem Balkan hatten SS- und SD-Kommandos unübersehbare Schneisen des Todes geschlagen. Die Zahl der durch das Regime Ermordeten ging schon vor dem von der Geschichtswissenschaft ausgemachten Beginn des Holokaust in die Hunderttausende. Für die Haupttäter war der Schritt zu der von Hitler bereits 1939 öffentlich angekündigten »Vernichtung der jüdischen Rasse in Europa« deshalb nur noch eine Frage der Zeit.

Himmler hat im Kreis von Untergebenen nie einen Zweifel daran gelassen, dass es Hitler war, der die endgültigen Entscheidungen traf. Auschwitz-Kommandant Höß berichtete nach dem Krieg über ein Gespräch im Sommer 1941. »Der Führer hat die Endlösung der Judenfrage befohlen«, habe Himmler ihm erklärt, »wir, die SS, haben diesen Befehl durchzuführen.« Drei Jahre später, am 5. Mai 1944, konnte Himmler in Sonthofen verkünden, dass die »Judenfrage im Allgemeinen« von seiner SS »kompromisslos gelöst« worden sei, und er fügte mit einem Anflug von Larmoyanz hinzu: »Sie mögen mir nachfühlen, wie schwer die Erfüllung dieses mir gegebenen soldatischen Befehls war, den ich befolgt und durchgeführt habe aus Gehorsam und aus vollster Überzeugung.« Auch andernorts klagte er über den »schwersten Befehl«, den ihm der »Führer« erteilt habe. Es sind Äußerungen, die an Zynismus nicht zu überbieten sind. Der Befehlshaber der Mörder klagte über das Gewicht seiner Tat. Himm-

Gemeinsame Ziele: Himmler und Hans Frank, Chef des »Generalgouvernements«, trieben den Holokaust voran.

lers Masseur Kersten wollte sich nach dem Krieg gar erinnern, sein Patient habe ihm eröffnet, dass er die Juden »gar nicht vernichten« habe wollen und »ganz andere Ideen« gehegt habe. Demgegenüber stehen gleichwohl die zahllosen hasserfüllten Reden und die amoralische Effizienz, mit der Himmler bei der »Endlösung« zu Werke ging. Befehlsnotstand kann ein Mann wie er nicht für sich in Anspruch nehmen. Er handelte aus voller Überzeugung. Seine Energie als Organisator machte die fatale Dimension erst möglich. Seine Vorliebe für Intrige und Täuschung verlieh den Todeslagern erst ihren gespenstischen Charakter. Die Perfidie, mit der die Opfer zum »Duschen« oder »Entlausen« in den Tod geschickt wurden, entsprang dem heimtückischen Wesen des SS-Chefs.

Doch was für die Nachwelt den Gipfel des Makabren darstellt, ist der weitgehende Mangel an Schuldbewusstsein. Der Haupttäter fühlte sich nicht als Verbrecher. Himmler war so gefangen in seinem Wahn, dass er den Holokaust vor seinen Männern allen Ernstes als verdienstvolle Leistung darstellen konnte. Das berüchtigtste Beispiel hierfür ist die Rede vor den SS-Gruppenführern am 4. Oktober 1943. »Ich will hier vor Ihnen in aller Offenheit auch ein ganz schweres Kapitel erwähnen«, führte er mit beherrschter Stimme im Prunksaal des Posener Schlosses aus, »unter uns soll es einmal ganz offen ausgesprochen sein. Ich meine jetzt die Judenevakuierung, die Ausrottung des jüdischen Volkes. Es gehört zu den Dingen, die man leicht ausspricht. ›Das jüdische Volk wird ausgerottet‹, sagt ein jeder Parteigenosse. Machen wir. Ganz klar. Steht in unserem Parteiprogramm. Und dann kommen sie alle, die braven 80 Millionen Deutschen, und jeder hat seinen anständigen Juden. Von allen, die so reden, hat keiner zugesehen, keiner hat es durchgestanden. Von euch werden die meisten wissen, was es heißt, wenn 100 Leichen beisammen liegen, wenn 500 daliegen oder wenn 1000 daliegen. Dies durchgehalten zu haben und dabei – abgesehen von Ausnahmen menschlicher Schwächen – anständig geblieben zu sein, das hat uns hart gemacht.« Aus solchen Passagen spricht die Negation all dessen, was den Menschen ausmacht. Himmlers »Anstand« war in Wahrheit nichts als die Bemäntelung immenser zerstörerischer Energie. Der Herr des schwarzen Ordens war geblendet von dem Irrglauben, ausschließlich seine »Weltanschauung« sei der Weg zu einer besseren, »völkischen« Welt. Stattdessen führte er nur in den Abgrund.

Im August 1941 machte der SS-Chef auf einer Inspektionsreise in Minsk beim Leiter der Einsatzgruppe B, Brigadeführer Arthur Nebe, Station. Nachdem Nebe Bericht über die zurückliegenden Massenerschießungen durch seine Männer erstattet hatte, befahl Himmler für den nächsten Tag die Erschießung von weiteren 100 angeblichen »Partisanen«, der er persönlich beiwohnen wollte. Der Aussage Karl Wolffs zufolge hatte der SS-Chef bis zu diesem Tag noch nie mit eigenen Augen eine Exekution gesehen. Angehörige des Einsatzkommandos 8 und des Polizeibataillons 9 führten daraufhin am nächsten Morgen 100 Gefangene, darunter zwei Frauen, zu einer frisch ausgehobenen Grube. Die Opfer mussten gruppenweise hineinklettern und sich mit dem Gesicht nach unten legen. Dann feuerte das Exekutionskommando von oben eine Salve. Da entdeckte Himmler unter den noch wartenden Gefangenen einen etwa 20-jährigen, auffallend blonden jungen Mann mit blauen Augen und ließ ihn zu sich kommen. Der SS-General Erich von dem Bach-Zelewski, Augenzeuge des Moments, schilderte das Gespräch der beiden. »Sind Sie Jude?«, fragte der SS-Chef. »Ja.« »Sind Ihre beiden Eltern Juden?« »Ja.« »Haben Sie irgendwelche Vorfahren, die keine Juden waren?« »Nein.« »Dann kann ich Ihnen auch nicht helfen.« Der Mann wurde erschossen. Als die

Exekutionen die Grube immer weiter füllten, wurde Himmler zusehends unruhiger. Seine Nerven versagten, er musste sich übergeben. Von dem Bach-Zelewski nutzte die Gelegenheit und wies darauf hin, wie »fertig« seine Männer nach solchen Aktionen seien. Himmler hielt daraufhin eine kurze Rede, in der er an die Täter appellierte, sie müssten »als Soldaten« allen Befehlen bedingungslos gehorchen, im Übrigen trügen nicht sie, sondern allein er und Hitler die »Verantwortung«.

Von nun an widmete er der »Moral« seiner Mördertruppe besondere Aufmerksamkeit. Mit Untergebenen diskutierte er »humanere« Tötungsmethoden, ließ Sprengstoff, Giftgas und die Abgase von LKW-Motoren ausprobieren. Er bat um genaueste Informationen, regte an und erließ detaillierte neue Vorschriften für die Vernichtung. Am Ende stand die industrialisierte Tötungswelt von Auschwitz-Birkenau mit ihren Zyklon-B-Behältern, deren Inhalt in die Gaskammern geworfen wurde. Himmler hatte sich mehrfach persönlich ein Bild von der Mechanik der Endlösung gemacht – ganz anders als Hitler, der nie seinen Fuß auf den Boden eines KZ setzte. So beobachtete der SS-Chef am 17. Juli 1942 in Auschwitz interessiert Ankunft und Vergasung eines Transports von 449 holländischen Juden im Bunker 2. Anschließend folgte, so KZ-Kommandant Höß, ein geselliger Abend mit Rotwein. Ausführlich kümmerte sich Himmler auch um Verhaltensregeln für Einsatzgruppen und Totenkopfverbände, um »unnötige Rohheit« und »moralischen Schaden« einzudämmen. So empfahl er in einem Rundschreiben, mit nur mäßigem Alkoholgenuss, gutem Essen und »deutscher Musik« nach Dienstschluss für andere Gedanken zu sorgen. Mit besonderer Energie wandte er sich gegen jede persönliche Bereicherung der Täter. »Wir hatten das moralische Recht«, erläuterte er vor SS-Kommandeuren, »wir hatten die Pflicht gegenüber unserem Volk, dieses Volk, das uns umbringen wollte, umzubringen. Wir haben aber nicht das Recht, uns auch nur mit einem Pelz, einer Uhr, mit einer Mark oder mit einer Zigarette oder mit sonst etwas zu bereichern.« Wer dennoch etwas an sich genommen habe, fügte er hinzu, sei »des Todes«. Die Wirklichkeit bei den Einsatzgruppen und den Wachmannschaften sah völlig anders aus. Himmler befehligte in Wahrheit ein Imperium, in dem jede Form von Missbrauch, Korruption und Bereicherung vorkam, die nur denkbar war. Und der vermeintliche Tugendwächter an der SS-Spitze wusste genau Bescheid. Die Exempel, die er statuierte, dienten eher der Außenwirkung. Intern musste Himmler regelmäßig mit Beförderungen, Geschenken und großzügigen, häufig als Kredit getarnten Zuwendungen die Gier seiner Komplizen stillen und ohne Kommentar hinnehmen, dass sich etwa seine Lagerkommandanten mit den geraubten Gütern ihrer Opfer luxuriös einrichteten. Geld für die Dotationen, mit denen das Morden belohnt wurde, floss übrigens reichlich auch aus dem so genannten »Freundeskreis des Reichsführers SS«, dem neben anderen große Namen aus der deutschen Industrie angehörten – von Siemens bis zur Deutschen Bank.

Die Ämterhäufung, die 1943 mit der Ernennung zum Reichsinnenminister eine weitere Stufe erreichte, und die fast unübersehbare Vielfalt seiner Kompetenzen scheinen eine gewisse Zerfaserung seiner Persönlichkeit zur Folge gehabt zu haben. Verfolgt man seine Entscheidungen, die er nicht selten bis nachts um zwei an seinem Schreibtisch vorantrieb, so drängt sich der Eindruck auf, es mit mehreren, grundverschiedenen Figuren zu tun zu haben. Himmler konnte buchstäblich in einem Atemzug gerührt seine ausgeprägte Tierliebe erläutern, die ihn die Jagd verabscheuen und für Tierschutzvereine Polizeibefugnisse vorsehen ließ, um dann sofort in ein Dienstgespräch über die »Evakuierung« eines jüdischen Ghettos überzuwechseln, was den Tod von Zehntausenden zur Folge hatte. Er mochte eben noch am Telefon gegenüber seiner Tochter den liebenden und treu sorgenden Vater gegeben haben, um dann in einer Rede scheinbar ohne Regung zu begründen, warum es nötig sei, auch die jüdischen Kinder umzubringen. Zwischen beiden Gemütszuständen lagen manchmal nur Sekunden. Einmal nahm er seine Tochter Gudrun, genannt »Püppi«, mit ins KZ Dachau. Am Abend notierte sie in ihr Tagebuch: »Wir haben den Kräutergarten gesehen, die Birnbäume und die Bilder, die die Häftlinge gemalt haben. Wunderbar. Danach haben

Wie kann es Ihnen Freude machen, Herr Kersten, aus der Deckung heraus arme Geschöpfe zu erschießen, die am Waldrand grasen! Genau betrachtet ist es reiner Mord.

Himmler zu seinem Masseur Felix Kersten über die Jagd

Er hatte überhaupt keine ethische Bindung. Er war zu jedem Verbrechen bereit.

Franz Riedweg, »Germanische Leitstelle« der SS

119

wir sehr gut zu Mittag gegessen.« Am selben Tag hatte sich ihr Vater nebenbei auch mit ganz anderen Dingen beschäftigt und einen seiner Lieblingsmediziner getroffen, den in Dachau beschäftigten Stabsarzt der Luftwaffe, Dr. Sigmund Rascher, der dort an Gefangenen Experimente durchführte, die fast alle mit dem Tod endeten. Er operierte ohne Narkose am offenen Herzen, sperrte Häftlinge in eine Unterdruckkammer oder quälte sie in Unterkühlungsbecken zu Tode. Mit Himmler stand er in dauerndem Briefkontakt darüber, wie man anhand derartiger Versuche Erkenntnisse für die Kriegführung gewinnen könnte. Einmal regte der »Reichsführer SS« an, Aufwärmversuche an Unterkühlten mit »animalischer Wärme« durchzuführen, was Rascher prompt mit vier eigens aus dem KZ Ravensbrück überführten Frauen ausprobierte. Er zwang die Frauen dazu, sich nackt mit Hautkontakt neben einen auf unter 30 Grad abgekühlten Häftling zu legen. Als Ergebnis meldete er am 12. Februar 1943, die »animalische« Wärmezufuhr würde »leider« keine besseren Resultate bringen als andere Methoden. Im Übrigen schlug er vor, weitere Unterkühlungsexperimente besser in Auschwitz zu unternehmen, weil in Dachau die Bevölkerung zu sehr davon Notiz nehme: »Versuchspersonen brüllen, wenn sie sehr frieren.« Der SS-Chef, der sich in seinem Hauptquartier Filme von Raschers Experimenten anschaute und einmal sogar persönlich einem »Unterdrucktest« beiwohnte, unterstützte den schrecklichen Doktor mit Mitteln aus seinem »Ahnenerbe« und verteidigte ihn auch vehement gegen die Kritik wissenschaftlicher Mitarbeiter. »In diesen ›christlichen‹ Ärztekreisen«, schrieb Himmler, »steht man auf dem Standpunkt, dass selbstverständlich ein junger deutscher Flieger sein Leben riskieren darf, dass aber das Leben eines Verbrechers dafür zu heilig ist und dass man sich damit nicht beflecken will.« Der Großmeister des Totenkopfordens war der Motor hinter zahlreichen ebenso sadistischen wie sinnlosen Menschenversuchen, die deutsche Ärzte in Konzentrationslagern und Forschungsstätten durchführten. Tausende Opfer waren betroffen – ob als menschliche Versuchskaninchen für Zwangssterilisationen mit hochdosierten Röntgenstrahlen, für die Infizierung mit tödlichen Krankheitserregern oder die berüchtigte Zwillingsforschung des Dr. Mengele in Auschwitz.

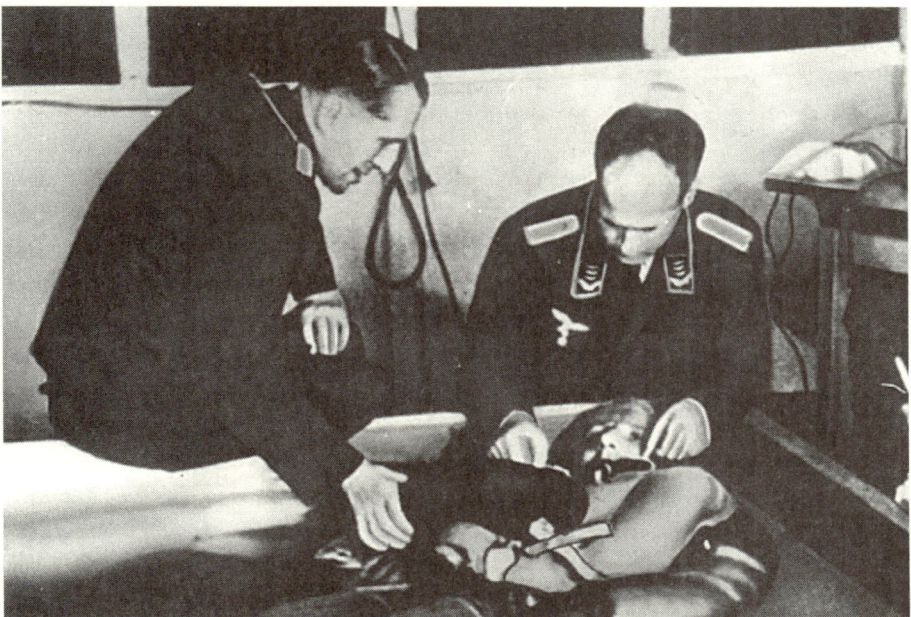

Oben: »Mechanik der Endlösung«: Himmler besichtigt das Konzentrationslager Auschwitz (1942).
Unten: Mit Billigung Himmlers führte Dr. Sigmund Rascher (Mitte) in Dachau zahlreiche
menschenverachtende Experimente durch, hier Unterkühlungsversuche.

Der mörderische Arzt Sigmund Rascher war übrigens auf makabre Weise gleichermaßen Täter und Opfer der menschenverachtenden Ideologie seines Herrn. 1941 ehelichte er eine alte Bekannte Himmlers, die Münchner Konzertsängerin Karoline Diehl. Himmler hatte zunächst die Heiratserlaubnis verweigert, denn die Braut war schon 48, 16 Jahre älter als Rascher, und damit offenkundig zu alt zum Kinderkriegen. Doch Karoline Diehl schien ein biologisches Wunder beschieden zu sein. Innerhalb von nur einem Jahr schenkte sie ihrem Sigmund zwei stramme Knaben. Himmler erteilte seinen Segen. Das fruchtbare Paar wurde in den engeren Bekanntenkreis des »Reichsführers« aufgenommen und dinierte mehrfach bei Himmler zu Hause. Dann aber flog der Schwindel auf. Als Karoline zum dritten Mal schwanger wurde, schöpfte ihr Gatte Verdacht. Warum sah ihm keines der Kinder ähnlich? Das Lügengebäude des späten Mädchens brach schließlich zusammen. Sie gestand, gemeinsam mit ihrer Cousine die Schwangerschaften vorgetäuscht zu haben. Tief verschleiert waren beide durch München gezogen, hatten Hebammen bestochen, auf ausgebombte junge Mütter eingeredet und schließlich auch ein Baby aus einem Kinderheim gestohlen. Beim dritten Kind hatte Karoline gar mit roter Farbe eine drastische Hausgeburt vorgetäuscht. Ihr Gatte war offenbar zu sehr mit seinen Menschenversuchen beschäftigt gewesen, um die Hochstaplerin zu entlarven. Das Ehepaar fand sich im Gefängnis wieder. Kurz vor Ende des Krieges wurden beide auf persönlichen Befehl Himmlers exekutiert.

Das Beispiel der Karoline Diehl belegt, welche Auswirkungen Himmlers Fixierung auf möglichst zahlreichen Nachwuchs für die »Herrenrasse« haben konnte. Als Kersten Himmler in einer ähnlichen Heiratsangelegenheit entgegenhielt, er kenne viele Paare, die kinderlos und glücklich seien, hatte Himmler geantwortet, es interessiere ihn nicht, ob »Herr und Frau Müller glücklich sind«, das Einzige, was zähle, sei das Wohl des Volkes. Nationaler Kinderreichtum war geradezu eine Voraussetzung für die monströsen Ziele des Regimes. Nur mit steigender Geburtenzahl konnten die immensen Verluste durch den Krieg ausgeglichen und gleichzeitig genügend »Wehrbauern« für die im Osten zu besiedelnden riesigen Gebiete aufgebracht werden. Dafür war Himmler nahezu jedes Mittel recht. Er ließ keine Gelegenheit aus, seine SS-Männer zur Zeugung aufzurufen – ob innerhalb der Ehe oder nicht. Homosexuelle befahl er scharf zu verfolgen, weil sie für die »Kräftigung des Volkskörpers« verloren seien. In den Heimen seines Vereins »Lebensborn e. V.« ermöglichte er ledigen Frauen, die seinen »rassischen« Kriterien entsprachen, eine diskrete Entbindung. Da-

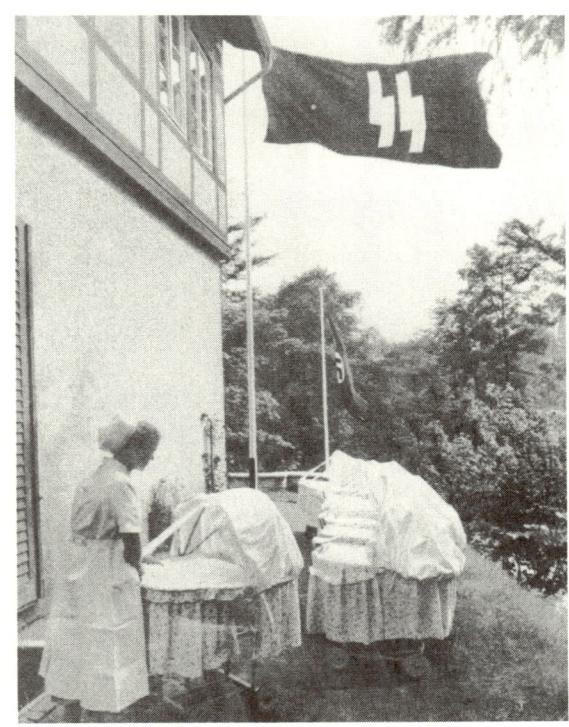

Oben: Kinderreichtum als
Staatsziel – SS-Männer und
Angehörige des »Bundes Deut-
scher Mädel« (BDM) auf einer
»Lebensborn«-Veranstaltung.
Rechts: SS-Familienpolitik:
In den Heimen des Vereins
»Lebensborn« sollten auch
uneheliche Kinder geboren
werden.

bei war der Zweck dieser Heime allerdings nicht, Zeugungshilfe zu leisten, wie nach dem Krieg häufig mit lüsternem Zungenschlag kolportiert wurde. Die Geschichten von strammen SS-Zuchtbullen, die gebärfreudigen deutschen Mädchen zu Kindern für den »Führer« verhalfen, entspringen der Fantasie. Der tatsächliche Zweck der Heime bestand darin, möglichst viele Abtreibungen von ungewollten Kindern zu verhindern. Gesunde »Lebensborn«-Babys, deren Mütter sie nicht behalten wollten, wurden zur Adoption für SS-Familien freigegeben – oder blieben gleich in der Obhut der SS. 12 000 Kinder sind bis 1945 in den Heimen des »Lebensborn e.V.« zur Welt gekommen.

Erst angesichts der dramatisch steigenden Verluste nach der Kriegswende von Stalingrad beschäftigte sich der oberste Menschenzüchter des Reiches auch mit der Idee der organisierten Zeugung. Gemeinsam mit dem ebenfalls sehr interessierten Martin Bormann erwog er Möglichkeiten, Frauen, die verwitwet waren oder keinen Mann finden konnten, zu Mutterfreuden zu verhelfen. Auch Überlegungen zur Einführung der Vielehe für »würdige« Männer teilte er mit Bormann. Dabei dachte Himmler wohl auch an seine eigene Situation: 1942 gebar ihm seine Geliebte und ehemalige Sekretärin, Hedwig »Häschen« Potthast, einen illegitimen Sohn, der Helge getauft wurde. 1944 sollte noch eine Tochter namens Nanette folgen. Das Verhältnis des SS-Chefs blieb vor der Öffentlichkeit des »Dritten Reiches« streng verborgen. Nur der innere Zirkel der NS-Führung wusste Bescheid, dass Himmler seine wenigen privaten Stunden längst lieber mit der neuen Familie verbrachte als mit Marga und »Püppi«. Es scheint tatsächlich die große Liebe im Leben des Heinrich Himmler gewesen zu sein – auch wenn man sich mit solchen Begrifflichkeiten im Privatleben des Jahrhundertmörders schwer tut. In der Nähe von Hitlers Berghof richtete er für »Häschen« und den Nachwuchs ein schickes Haus ein, und die Zweitfamilie fügte sich harmonisch in die Gesellschaft der braunen Entourage. Himmler wollte sich sogar scheiden lassen, doch Marga lehnte ab – vor allem wegen »Püppi«.

Während er also in seinem privaten Umfeld die Interessen der eigenen Kinder gegeneinander abwägen musste, gingen Greifer der SS in den besetzten Gebieten auf Kinderjagd. Vor allem in Waisenhäusern griffen sie zu – aber auch in Kindergärten, auf Schulhöfen oder Spielplätzen. Ihre Opfer waren vor allem blonde, blauäugige Mädchen und Jungen. Sie wurden nach den Regeln des »SS-Rasseamtes« vermessen, gewogen und nach ihrer Physiognomie eingestuft. Galten sie als »eindeutschungsfähig«, so wurden sie ins Reich deportiert. Auf einer SS- und Polizeiführertagung am 16. September 1942 fasste Himmler die Zielsetzung zusammen: »Was an gutem Blut überhaupt auf der Welt vorhanden ist, an germanischem Blut, das haben wir zusammenzuholen.« Vor seinen Gruppenführern führte er in einer anderen Rede aus: »Alles gute Blut auf der Welt, alles germanische Blut, was nicht auf deutscher Seite ist, kann einmal unser Verderben sein. Es ist deswegen jeder Germane mit bestem Blut, den wir nach Deutschland holen und zu einem deutsch-bewussten Kämpfer machen, ein Kämpfer für uns, und auf der anderen Seite ist er einer weniger. Ich habe wirklich die Absicht, germanisches Blut in der ganzen Welt zu holen, zu rauben und zu stehlen, wo ich kann.« Diesem atavistischen Programm entsprang ein besonders berührendes Kapitel des Krieges. Die Zahl der von Himmlers Häschern geraubten Kinder ging vermutlich in die Hunderttausende. Ihre Eltern wurden meist nicht einmal informiert. Allein aus der polnischen Region um Zamosc wurden 30 000 Kinder verschleppt, mindestens 20 000 auch aus der Ukraine und Weißrussland. In Deutschland wurden ihre Papiere gefälscht, und sie wurden von linientreuen Familien adoptiert. Etliche dieser Kinder haben nie etwas von ihrem eigentlichen Schicksal erfahren. Sie leben heute noch als Senioren in Deutschland, tragen kerndeutsche Namen und ahnen nicht einmal, dass sie Opfer von Himmlers Rassewahn geworden sind.

Der »Reichsführer SS« galt spätestens seit 1943 den meisten in- und ausländischen Beobachtern als unangefochtener zweiter Mann des Regimes. Es war kein Zufall, dass sein Aufstieg genau in jener Phase möglich wurde, in der sich das Kriegsglück endgültig zu wenden begann. Das Regime reagierte auf Misserfolge an den Fronten mit zunehmender Härte – und das fiel in Himmlers Zuständigkeit. Verlorene Schlachten waren für seine Karriere günstig. Er kontrollierte seit 1943 nicht nur alle inneren Organe

> Ich halte es für richtig und angebracht, rassisch wünschenswerte Kleinkinder polnischer Familien zu beschaffen, in der Absicht, sie in besonderen (und nicht zu großen) Kindergärten und Kinderheimen aufzuziehen.
>
> Heinrich Himmler,
> in einem Brief vom Juni 1941

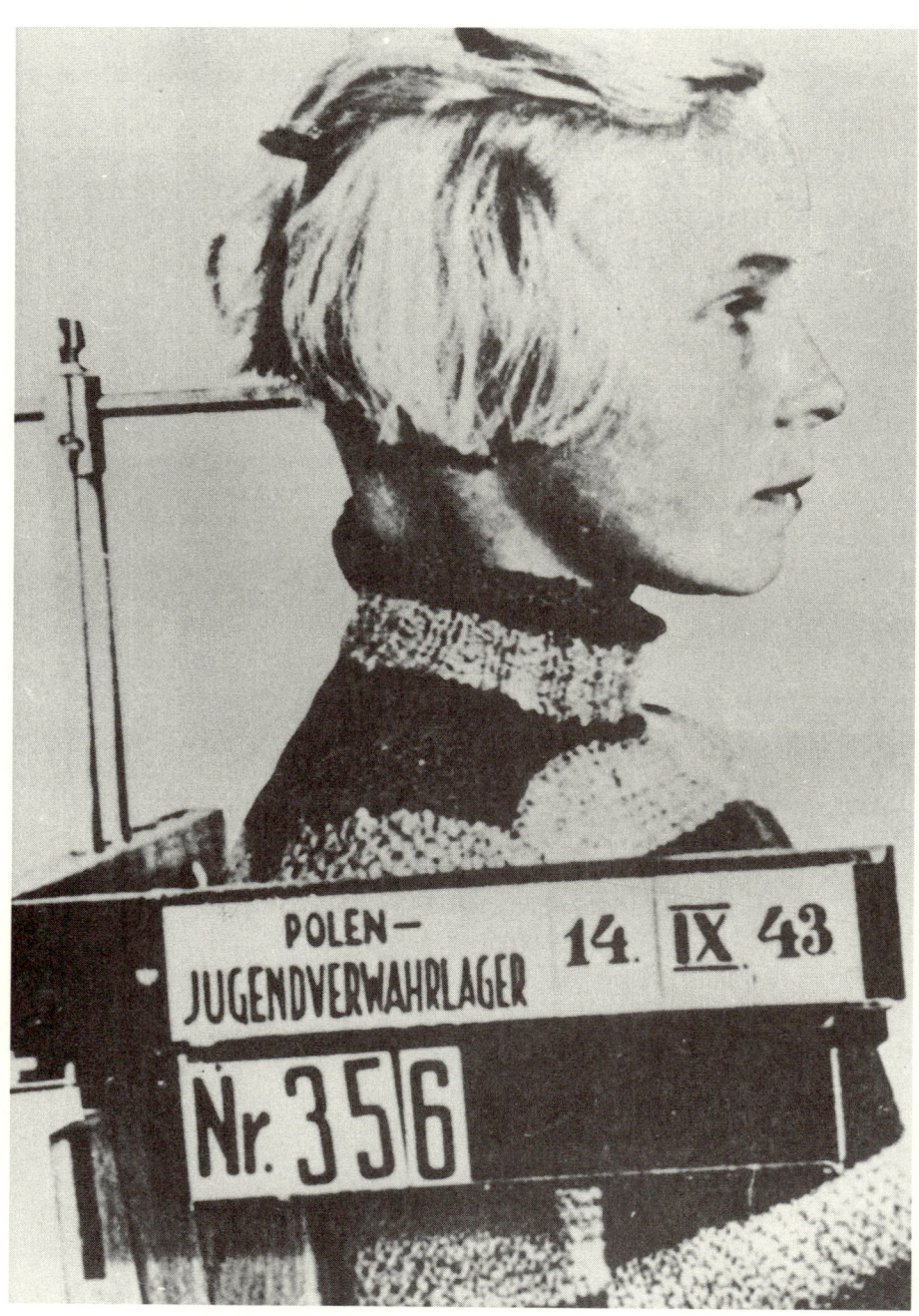

Zur »Zwangsgermanisierung« vorgesehen: Aufnahme eines Mädchens aus dem besetzten Polen.

Die von Himmler herausgegebene Hetzschrift *Der Untermensch* zeigt die absurde Dimension des Rassenwahns.

des Terror- und Polizeiapparats, sondern verfügte mit der stetig größer werdenden Waffen-SS mittlerweile auch über veritable militärische Macht. Zudem fielen ihm mit der Zerschlagung des Wehrmachtsgeheimdienstes unter dem undurchsichtigen Admiral Canaris auch noch alle Kompetenzen auf dem Gebiet der Spionage und der Spionageabwehr zu. Himmler hatte eine geradezu furchteinflößende Machtfülle angesammelt – doch er nutzte sie nicht. Wenn er zu Hitler kam, blieb er devoter Vasall. Der Diktator konnte abweichende Meinungen seines SS-Chefs mit einer Handbewegung einfach »beiseite wischen«, wie Kersten zu berichten wusste. Es ist keine auch nur mittelmäßig bedeutende Angelegenheit bekannt, in der Himmler sich durchgesetzt hat. Mitunter strafte Hitler seinen »treuen Heinrich« sogar gezielt mit verletzenden Worten, weil er wusste, wie sehr der Paladin sich das zu Herzen nahm. So berichtete Bormann 1942 in einem Brief an seine Frau von Ausfällen Hitlers, durch die Himmler »tief verletzt« sei, »und offensichtlich nicht erst seit gestern«. Der »Reichsführer SS« steckte in einer Sackgasse. Er hatte sein schwarzes Imperium immer wieder auf bedingungslose »Treue« gegenüber Hitler eingeschworen, und er blieb in diesem Schwur gefangen. Hitler konnte sich darauf verlassen und vertraute ihm auch deshalb so viel Macht an. Ein Putsch Himmlers gegen ihn war völlig illusorisch. Denn ihm fehlte, was neben dem Terror die zweite wichtige Säule des Regimes ausmachte – die Akklamation durch die Massen. Göring wurde zugejubelt, Goebbels – zumindest am Rednerpult – auch, doch Himmler nie. Wenn der »Reichsführer SS« durch die Straßen einer Stadt fuhr, standen keine »Heil« rufenden Menschentrauben am Straßenrand. Eher löste seine Ankunft ängstliche und respektvolle Blicke aus. Himmler hätte nie »Führer« sein können – höchstens Polizeidiktator. Das Studium seiner Dienstgeschäfte zeigt zudem, wie »schwach« seine Stellung im Wildwuchs der NS-Instanzen bis zuletzt geblieben ist. Selbst unwichtige Detailfragen musste der scheinbar so mächtige SS-Chef mit Parteiressorts, Wehrmacht oder Ministerien haarklein abstimmen, um dann die Angelegenheit Hitler zur Entscheidung vorzulegen. So war der Dauerstreit um Bewaffnung und Nachschub für die Waffen-SS ein Thema, bei dem Himmler mitunter fast täglich intervenieren musste – und nicht immer mit Erfolg.

Die einzigen Schritte, die er gegen Hitlers Willen unternahm, fanden im Verborgenen statt. Schon früh scheint Himmler in realistischen Momenten die Aussichtslosigkeit des Krieges erkannt zu haben. Seit 1943 streckte er mehrfach Verhandlungsfühler zu den Westmächten aus, die alle auf ein Ziel hinausliefen: Verständigung mit dem Westen, weiterkämpfen im Osten. Himmler klammerte sich – wie Hitler übrigens auch – mit zunehmender Kriegsdauer immer verzweifelter an die Hoffnung auf einen Bruch des alliierten Bündnisses. Er entsandte Emissäre wie den Berliner Rechtsanwalt Carl Langbehn oder seinen Vertrauten Karl Wolff, er traf sich mit Vertretern neutraler Länder wie dem schwedischen Grafen Bernadotte oder sandte gar eine direkte – und bis heute geheimnisvolle – Botschaft an Churchill. Doch der Westen dachte überhaupt nicht daran, mit Hitlers Henker zu verhandeln. Churchill notierte nach Erhalt des Himmler-Funkspruchs im Juli 1944 nur knapp: »Erhalten und zerstört.« Die Motive des »Reichsführers SS« für diese Kontaktversuche lassen sich bis heute nur schwer entschlüsseln. Waren die Gesprächsangebote heimlicher Verrat an seinem »Führer«? Gehörte es schlicht zum Aufgabenfeld eines Geheimdienstchefs, alle möglichen Optionen auszuloten? Oder wusste Hitler gar Bescheid? Wenn Himmler tatsächlich mit dem Gedanken gespielt hat, sich selbst als ernsthaften Gesprächspartner für einen Separatfrieden zu präsentieren, dann wäre dies nur ein weiterer Beweis fortschreitender Verblendung. Die Alliierten hatten ihn auf der Liste der wichtigsten Kriegsverbrecher gleich hinter Hitler platziert. Sie wussten mittlerweile mehr als schemenhaft vom Holokaust, den Himmler und seine SS vollzogen. Wenn der SS-Chef schon selbst kein Gefühl für die eigene Schuld empfand, so hätte er zumindest einsehen müssen, dass ihn die Kriegsgegner – zu Recht – als Hauptschuldigen einstuften.

Auch Himmlers Rolle im Szenarium um das Hitler-Attentat vom 20. Juli 1944 liegt weitgehend im Dunkel fehlender Quellen. Schon die Zeitgenossen haben sich gefragt, warum Himmlers allumfassender Spitzelapparat nichts von der Offiziersverschwörung mitbekommen hat. War es ein Zufall, dass der SS-Chef persönlich am 17. Juli einen schriftlichen Antrag auf Verhaftung der Mitverschwörer Ludwig Beck und Carl Goerdeler abgelehnt hat? War es ebenfalls Zufall, dass er am Tag des Attentats nicht

> **Zu meiner großen Überraschung war er auch außergewöhnlich liebenswürdig. Er zeigte Anzeichen von Humor, wenn er auch eine starke Neigung zum Makabren verriet.**
>
> Graf Folke Bernadotte über Himmler

> **Himmler, der in der Vergangenheit ein Radikalist war, jetzt aber den wahren Pulsschlag des Landes spürt, wünscht einen Kompromissfrieden.**
>
> Graf Galeazzo Ciano, italienischer Außenminister, Tagebucheintrag vom April 1942

einmal die Berliner SS-Garnisonen alarmierte und dass ihn Kersten am Abend in seinem Hauptquartier beobachtete, wie er Unterlagen vernichtete? Sicher ist dagegen, dass die Mehrzahl der Verschwörer rund um Stauffenberg am liebsten auch den SS-Chef ausgeschaltet hätte. Himmler war gewiss kein Verbündeter der Attentäter. Doch hat er, ahnend oder wissend, abgewartet, um nach der Eliminierung Hitlers mit seinen enormen Machtmitteln das Heft selbst in die Hand zu nehmen? Das hätte wohl Bürgerkrieg bedeutet – SS-Einheiten gegen die Wehrmacht. Über den Ausgang kann lediglich spekuliert werden, ebenso über Himmlers tatsächlichen Kenntnisstand am 20. Juli 1944.

Tatsache ist nur, dass er nach dem Scheitern des Anschlags zu den Gewinnern gehörte. Seine SS war maßgeblich daran beteiligt, die blutige Abrechnung mit den Verschwörern und ihren Familien zu inszenieren. Dabei forcierte Himmler die barbarische Praxis der »Sippenhaft«, die er schon seit 1943 gegen Deserteure anwenden ließ – eine weitere praktische Folgerung aus dem Vergangenheitskult um die »Sitten der Ahnen«. Am 3. August 1944 erklärte er dazu auf einer Gauleitertagung: »Sie brauchen bloß die germanischen Sagas nachzulesen. Wenn sie eine Familie in die Acht taten und für vogelfrei erklärten oder wenn eine Blutrache in einer Familie war, dann war man maßlos konsequent. Wenn die Familie vogelfrei erklärt wird und in Acht und Bann getan wird, sagten sie: Dieser Mann hat Verrat geübt, das Blut ist schlecht, da ist Verräterblut drin, das wird ausgerottet. Und bei der Blutrache wird ausgerottet bis zum letzten Glied in der ganzen Sippe. Die Familie Graf Stauffenberg wird ausgelöscht werden bis ins letzte Glied.« Tatsächlich wurden hunderte Angehörige der Verschwörer, Ehefrauen, Kinder, Geschwister, mitunter sogar Enkel und Eltern, ins KZ gesteckt. Ein Onkel und die Schwiegermutter Stauffenbergs kamen ums Leben.

Himmlers Nimbus als Mann fürs harte Durchgreifen schien ihn angesichts des drohenden Untergangs auch für militärische Aufgaben zu prädestinieren. Am 25. September 1944 übernahm er die militärische Leitung des »Volkssturms«. Dieses letzte Aufgebot des Regimes, zusammengestellt aus halbwüchsigen Jungen und alten Männern, die bis dahin noch nicht eingezogen worden waren, sollte den »Heimatboden« mit »härtestem Fanatismus« verteidigen. Dass die nur unzureichend ausgerüsteten und kaum ausgebildeten Einheiten einen hohen Blutzoll zahlen würden, war dem SS-Chef dabei von Beginn an klar. Vier Tage vor der Ausrufung des »Volkssturms« hatte er vor Offizieren einen angeblichen Brauch der »Seegermanen« erläutert, den er offenkundig einer alten »Saga« entnommen hatte: »Wenn sie mit ihren Seetrecks, bei denen das ganze Volk dabei war, über See gingen, und sie wurden angegriffen und das Schiff wurde leck, sodass die Last auf dem Schiff verringert werden musste, dann gab es einen Ruf: Knaben von Bord! Dann mussten die Knaben, die nicht kampffähig waren, von Bord und ersoffen. Das war ganz konsequent völkisch durchdacht! Die Frauen und Mädchen als Mütter des Volkes mussten gerettet werden. Die Wehrhaften mussten dableiben.« Schließlich fügte er hinzu, auch

Deutschland müsse willens sein, »15-Jährige an die Front zu schicken, um das Volk zu erhalten«. Am Ende wurde Himmler fast zwangsläufig zum Propheten und Vollstrecker des kollektiven Untergangs, wie ihn Hitler als Parole ausgegeben hatte. SS-Kommandos machten hinter den zusammenbrechenden Fronten gemeinsam mit den »fliegenden Feldgerichten« der Wehrmacht Jagd auf Deserteure. Tausende endeten mit einem Schild um den Hals an Bäumen und Laternenmasten. Als Befehlshaber zweier Heeresgruppen, erst am Oberrhein, dann an der Weichsel, sollte der SS-Chef nach Hitlers Willen seine Radikalität gegen »innere Feinde« auch militärisch unter Beweis stellen. Doch die Vollendung seines Traums vom Soldatendasein endete in der Katastrophe. Seine Fronten brachen genauso zusammen wie die der anderen Befehlshaber. Himmler wurde seines Kommandos wieder enthoben und zog sich in die Klinik Hohenlychen bei Berlin zurück. Gemeinsam mit »Häschen« und den beiden Kindern verbrachte er dort Tage in tiefer Depression. Alles war in Auflösung begriffen. Sein Wahn bestand nur noch aus hohlen Phrasen. Der elitäre Anspruch seiner SS war zerstoben. Aus Mangel an Kanonenfutter hatten längst alle »rassischen« Aufnahmekriterien über Bord geworfen werden müssen. Unter den Sigrunen und dem Totenkopf waren slawische und sogar muslimische Einheiten gebildet worden – nach Himmlers perverser Diktion eigentlich »Untermenschen«. Selbst seine innersten Überzeugungen gerieten ins Wanken. Kersten gegenüber bedauerte er, die Kirchen bekämpft zu haben, weil sie sich letztlich »als stärker erwiesen« hätten. Der Mann, der eigentlich nach dem »Endsieg« mit dem Christentum »gnadenlos« abrechnen wollte, entließ jetzt 27 Geistliche aus den KZ mit der Auflage, nach dem Kriegsende für ihn zu beten.

Am 20. April 1945 machte sich Himmler noch einmal auf den Weg zu Hitler nach Berlin. Sowjetische Truppen standen schon an den Stadtgrenzen. Der letzte »Führer«-Geburtstag wurde zur gespenstischen Szenerie. Himmler nahm Abschied von seinem Herrn und Meister, der nur noch ein Schatten seiner selbst war. Doch noch im Angesicht des nahen Endes hielt der Bann, in dem der SS-Chef sich gefangen sah. Im Bunker unter der Reichskanzlei fiel kein Wort des Widerspruchs, keine Aufforderung, dem Sterben endlich ein Ende zu machen. Stattdessen erging sich Hitler in den üblichen Tiraden von der vermeintlich kurz bevorstehenden Wende – wenn auch nicht mehr mit der Überzeugungskraft früherer Tage. Das Dröhnen sowjetischen Artilleriefeuers lieferte dazu die dumpfe akustische Kulisse. Erst als Himmler wieder auf dem Rückweg nach Hohenlychen war, äußerte er kopfschüttelnd, dass »die im Bunker« sämtlich »den Verstand verloren« hätten. In der Nacht nach seinem letzten Treffen mit Hitler empfing er noch einen besonderen Gast. Norbert Masur, ein Vertreter des Jüdischen Weltkongresses, hatte sich in einem Flugzeug durch den von den Alliierten kontrollierten Luftraum geschmuggelt, um mit dem Henker seines Volkes zu verhandeln. Himmler begrüßte Masur mit über-

Die letzte Meldung und Verabschiedung beim RFSS bleibt mir unvergesslich. Er strahlend und bester Laune – und dabei war die Welt untergegangen, unsere Welt. Wenn er gesagt hätte: »So, meine Herren, jetzt ist Schluss; Sie wissen, was Sie zu tun haben.« Das hätte ich verstanden – das hätte dem entsprochen, was er jahrelang der SS gepredigt hatte: Selbsthingabe für die Idee. So aber gab er uns als letzten Befehl: »Taucht unter in der Wehrmacht!«
Rudolf Höß, ehemaliger Kommandant von Auschwitz, über sein letztes Treffen mit Himmler 1945

raschender Freundlichkeit: »Willkommen in Deutschland, Herr Masur! Es ist Zeit, dass ihr Juden und wir Nationalsozialisten die Streitaxt begraben.« Masur antwortete nüchtern: »Dafür ist zu viel Blut zwischen uns. Aber ich hoffe, dass unsere Begegnung vielen Menschen das Leben retten wird.« Masur legte eine Namensliste vor: Wenigstens diese Menschen sollten freikommen, darunter 1000 Jüdinnen aus Ravensbrück und die holländischen Juden in Theresienstadt. Himmler zeigte sich entgegenkommend: Natürlich, alle Häftlinge auf den Listen würden entlassen werden – nein, Gefangene würden ab jetzt nicht mehr »evakuiert«.

Das nächtliche Treffen war der Höhepunkt in Himmlers heimlichem Bemühen, das Leben der noch in seiner Hand befindlichen Juden als Faustpfand für Verhandlungen zu nutzen. Schon im Vorjahr hatte er unter dem zynischen Motto »Blut gegen Ware« einen Tausch von Menschenleben gegen Devisen und Militärlaster angeboten. Noch immer hoffte er auf Gespräche mit dem Westen über einen Separatfrieden. Es zeugt von einer fast unbegreiflichen Wirklichkeitsferne, dass Himmler tatsächlich zu glauben schien, gerade er komme als Verhandlungspartner mit dem Westen infrage. War er noch immer gefangen in den Nebeln seines eigenen Wahns? Fehlte ihm nach den Jahren immenser Machtfülle schlicht der Sinn für die Wirklichkeit? Oder trieb ihn nur noch die Angst vor dem Ende? Seine Bemühungen um Gespräche mit dem Westen führten letztlich immerhin dazu, dass tatsächlich einige zehntausend Juden den Holokaust überlebten – während noch hunderttausende auf Todesmärschen oder bei brutalen »Evakuierungen« der Lager ums Leben kamen. Die Westkontakte hatten aber auch den völligen Bruch mit Hitler zur Folge, denn Radio London machte am 28. April die Avancen des SS-Chefs öffentlich, einen Separatfrieden zu schließen. Hitler in seinem Bunker tobte über den »schamlosesten Verrat der Weltgeschichte« und stieß den »treuen Heinrich« aus allen Ämtern aus. Doch das Verdikt seines »Führers« erreichte Himmler nicht mehr. Während Hitler sein Ende im Erdreich Berlins inszenierte, hatte sich sein Vollstrecker schon nach Norddeutschland abgesetzt, wo er sich vergeblich der Regierung Dönitz andiente, um die letzten Tage des Reiches mitzugestalten.

Noch am 19. März 1945 hatte Himmler die Vision beschworen, er und seine SS würden eher wie die »Ostgoten am Vesuv« bis zum letzten Mann kämpfend untergehen, als die Waffen zu strecken. Doch als das Ende dann tatsächlich nahte, war die heroische Haltung plötzlich verflogen. Rudolf Höß, der zu den letzten Gefolgsleuten Himmlers gehörte, war sprachlos, als ihm sein »Reichsführer« erklärte, das Beste sei, »in der Wehrmacht« unterzutauchen. Es war der endgültige Zusammenbruch jener Irrlehre, der sich die SS verschrieben hatte. Der Großmeister des todesverachtenden Wahns hatte selber Angst vor dem Tod. Am Ende stand nur noch Jämmerlichkeit.

Für viele seiner Jünger brach eine Welt zusammen. Mehrere Dutzend SS-Männer begingen Selbstmord, als sie von Himmlers »Verrat« erfuhren. In Böhmen zündete eine Gruppe von SS-Offizieren nachts ein Feuer an, sang stehend das Gelöbnislied der SS, »Wenn alle untreu werden…«, und ging dann kollektiv in den Freitod. Ihr einstiger Chef hatte derweil seinen Schnurrbart abrasiert, eine Augenklappe angelegt und die Uniform eines Feldwebels der Geheimen Feldpolizei übergestreift. Mit den Papieren eines gewissen »Heinrich Hitzinger«, der von Freislers Volksgerichtshof zum Tode verurteilt worden war, machte er sich am 20. Mai 1945 mit seinen ebenfalls kostümierten Adjutanten auf die Flucht vor der eigenen

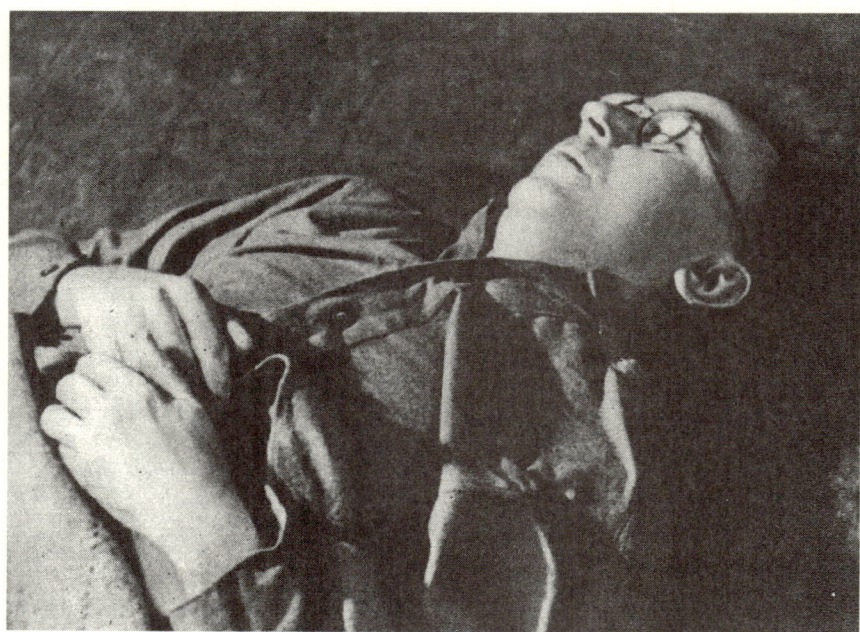

Tod durch Zyankali: Himmler entzog sich durch Selbstmord am 23. Mai 1945 dem Urteilsspruch der Siegermächte.

Vergangenheit. Sein Ziel war Süddeutschland, wo er auf den Moment warten wollte, in dem ihn die Westmächte für den Kampf gegen den Bolschewismus brauchen würden. Doch so weit kam er nicht, denn Angehörige der Geheimen Feldpolizei, die im Osten massiv in Verbrechen verstrickt war, wurden von den Alliierten grundsätzlich gefangen genommen. Eine sowjetische Patrouille setzte die drei Männer fest, übergab sie jedoch wenig später an die Briten. Die Sowjets hatten ihren Fang nicht erkannt, und Himmler war es sicher lieber, in die Obhut eines »germanischen Brudervolks« zu geraten. Am 23. Mai lüftete er sein Inkognito, ließ sich zum leitenden Offizier des Gefangenencamps von Barnstedt südlich Lüneburg bringen, nahm seine Augenklappe ab und sagte mit leiser Stimme: »Heinrich Himmler.« Vielleicht spielte er immer noch mit dem Gedanken, einen politischen Handel abschließen zu können. Doch die Sieger behandelten ihn ohne den erhofften Respekt. Himmler musste sich komplett ausziehen und eine Leibesvisitation über sich ergehen lassen. Als der Militärarzt C. J. Wells schließlich seinen Mund untersuchen wollte, biss der Gefangene auf die Zyankalikapsel, die er laut Aussage seiner Ehefrau seit dem ersten Kriegstag immer bei sich trug. Die Briten fotografierten und filmten die Leiche, nahmen eine Totenmaske ab und schnitten ein Stück seines Gehirns zu Laborzwecken aus dem Schädel. Dann wickelten sie den Jahrhundertmörder in ein Tarnnetz und verscharrten ihn in der Lüneburger Heide. Wo genau seine Gebeine liegen, ist bis heute unbekannt. Damit war Himmler wenigstens im Tod jenem Sachsenkönig Heinrich I. ähnlich, dessen Reinkarnation er zu sein glaubte.

Während der Zeit, in der Himmler unter meiner Bewachung stand, verhielt er sich völlig korrekt. Er machte auf mich den Eindruck, dass er sein Schicksal erkannt und sich damit abgefunden hatte.
Captain Tom Selvester, Kommandant des britischen Vernehmungslagers Nr. 31

Auch ein unbedeutender Mann kann natürlich an einer bedeutenden Stelle sehr bedeutend werden. Die letzte Phase seines Lebens hat in vollem Ausmaß gezeigt, wie unbedeutend er eigentlich war.
Albert Speer, Vernehmung durch Amerikaner, Mai 1945

Er starb, und als er tot war, breiteten wir eine Decke über ihn und ließen ihn liegen.
Sergeant-Major Edwin Austin, Vernehmungsoffizier, 23. Mai 1945

Heydrichs Herrschaft

Es schien ein sonniger, friedlicher Frühlingstag zu werden – so friedlich, wie ein Tag unter Heydrichs Herrschaft eben sein konnte. Weit abseits vom Verhörkeller der Prager Gestapo, von den Schreien der geschundenen Opfer, vom Mordbetrieb in den Konzentrationslagern, genoss Reinhard Heydrich, der stellvertretende »Reichsprotektor von Böhmen und Mähren«, auf seinem

> Heydrich war der Prototypus eines neuen Menschen – wie der Nationalsozialismus ihn haben wollte. Heydrich war ein Protagonist der Generation des Unbedingten: Nichts an Unmenschlichkeit ist mehr unmöglich.
>
> Ralph Giordano

Herrensitz Panensky Brezany, damals Jungfern-Breschan, die Sonnenseite seiner dunklen Macht. Der Beauftragte der »Endlösung«, der Organisator des Holokaust, ließ sich Zeit an diesem 27. Mai 1942. Im weitläufigen Garten, umrahmt von dichten, schattigen Wäldern, pflegten tschechische Arbeiter die herrschaftliche Kulisse. Vor dem Portal spiegelten sich Sonnenstrahlen im polierten Lack des Dienstmercedes mit dem viel sagenden Kennzeichen »SS-3«.

Geduldig wartete der Fahrer, SS-Oberscharführer Klein, bis sich sein Vorgesetzter von der Familie verabschiedet hatte: von Lina, der hochschwangeren Gattin, und Töchterchen Silke, das er noch einmal auf den Arm hob, an sich drückte. Eine Szene wie in einer ganz normalen Familie. Der Vater fährt zur Arbeit. Ein Küsschen. Ein Lächeln. Das allmorgendliche Ritual. »Wir umarmen uns noch einmal«, erinnerte sich Lina Heydrich an diesen Morgen. »Ich begleite meinen Mann vor das Portal des Schlosses. Reinhard steigt in den offenen Mercedes, der sofort anfährt. Ich winke. Mein Mann winkt zurück.« Wieder im Haus, sagte das Zimmermädchen gerührt zu seiner Herrin: »Oh, welch ein Abschied!«

Heydrich rechnete damit, seine Familie für längere Zeit nicht mehr zu sehen. Die Ju 52, die ihn vom Prager Militärflughafen zu Hitlers Hauptquartier bei Rastenburg in Ostpreußen fliegen sollte, wartete schon. Der nächste Sprung in seiner kometengleichen Karriere stand an. Mit 38 Jahren hatte es der SS-Obergruppenführer Heydrich weit gebracht. Der all-

»Auftritt wie ein Bühnenstar«: Reinhard Heydrich, der »stellvertretende Reichsprotektor von Böhmen und Mähren«, im Palais Waldstein in Prag, 26. Mai 1942.

mächtige Chef des Sicherheitsdienstes (SD), der Geheimen Staatspolizei (Gestapo), der Deutschen Kriminalpolizei, der Beauftragte für die »Endlösung der Judenfrage«, der »Mann mit dem eisernen Herzen«, wie ihn Hitler bewundernd nannte, hatte auch als stellvertretender Reichsprotektor von Böhmen und Mähren »Erfolge« vorzuweisen. Im Land herrschte Friedhofsruhe. Der antideutsche Widerstand war zwar nicht gebrochen, aber offenkundig stark geschwächt. Heydrich hatte die eroberte »Tschechei«, die Waffenschmiede des Reiches, mit Zuckerbrot und Peitsche, mit Standgerichten, Erschießungen, aber auch sozialen Zugeständnissen »befriedet«, wie er glaubte. Das erste wichtige Ziel war erreicht, die tschechische Rüstungsproduktion lieferte weiter Waffen für Hitlers Krieg.

Vom ersten Tag an stand Heydrichs Name auch im »Protektorat« für Terror. Kurz nach seiner Amtsübernahme verkündeten rote Plakate die Namen der Hingerichteten, mehr als 400 in den ersten Wochen. Heydrichs Erscheinen in Prag vergleicht der Schriftsteller Pavel Kohout, der wie sein Vater dem Widerstand angehörte, mit einem »Bühnenauftritt, als käme ein großer Star auf die Bühne, mit Pauken und Trompeten. Die roten Plakate mit den Namen der Hingerichteten zeigten uns, dieser Mann ist vielleicht einer der gefährlichsten. Und obwohl das Wort stellvertretender Reichsprotektor nicht imposant klang, hatte man das Gefühl, dass plötzlich Hitlers verlängerter Arm über Böhmen und Mähren erschien.«

Der Vollstrecker des Willens seiner Vorgesetzten Hitler und Himmler – so sah er sich auch selbst. »Die Hauptsache ist, dass er ruhig ist, denn wir brauchen diese Ruhe und Stille für die endgültige Vereinnahmung dieses Raumes«, hatte Heydrich bei der Ankunft in Prag seinen Helfern als Ziel beschrieben. Als Grundlinie gelte, »dass dieser Raum einmal deutsch werden muss und dass der Tscheche in diesem Raum letzten Endes nichts mehr verloren hat«.

So weit war es Ende Mai 1942 zwar noch nicht, aber Heydrich war fest davon überzeugt, den Boden für Hitlers Utopie bereitet zu haben, aus Böhmen und Mähren einen deutschen »Musterstaat« zu machen. Heydrichs Talent zum Terror machte ihn zum Hoffnungsträger eines »Großgermanischen Reiches«, das »Hilfsvölker« bis zum Ural unterjochen und Millionen »Minderrassige« vernichten wollte. Geradezu fasziniert notierte Joseph Goebbels am 15. Februar 1942 in sein Tagebuch: »Heydrich operiert erfolgreich. Er spielt mit den Tschechen Katze und Maus, und sie schlucken alles, was er ihnen vorlegt. Er hat eine Reihe außerordentlich populärer Maßnahmen getroffen, darunter an erster Stelle die fast vollkommene Überwindung des Schwarzhandels. Die Slawen, das betont er, können nicht erzogen werden, so wie man ein germanisches Volk erzieht, man muss sie brechen oder ständig beugen, er verfolgt augenblicklich den zweiten Weg, und zwar mit Erfolg.«

Solche »Experten« waren selten und gefragt an den Krisenherden in Hitlers wucherndem Reich: zum Beispiel im deutsch besetzten Frankreich, wo sich die Sabotageaktionen der Résistance dramatisch häuften. Widerstand zu brechen, darin kannte sich Heydrich aus. Ein neues Besatzungsstatut hatte er schon ausgearbeitet. Es war zu erwarten, dass er seine Macht schon bald um ein weiteres Amt erweitern konnte: Reichsprotektor für Frankreich und Belgien.

Erst wenige Tage zuvor, am 6. Mai 1942, hatte Heydrich in Paris seinen neuen Tatort inspiziert und spontan erklärt, in Frankreich müsse eine andere Politik betrieben werden als im Osten; Geiselerschießungen seien fehl am Platz. Doch die »Politik im Osten«, größtenteils von Heydrich bestimmt, bestand nicht nur aus der Liquidierung von Geiseln. In etwas kleinerem Kreis ging der Beauftragte für die »Endlösung der Judenfrage« in die Details, sprach von »Bussen, die für den Transport von Juden bestimmt sind, vom Bahnhof zum Lager, vom Lager zur Arbeitsstätte, und in die man während der Fahrt tödliches Gas einströmen lässt«. Diese Technik sei aber »unzureichend«. »Die Busse sind zu klein, die Todesraten zu gering, dazu kommen noch andere ärgerliche Mängel.« Heydrich kündigte größere, perfektere, zahlenmäßig ergiebigere Lösungen an und schloss mit den Worten: »Wie über die russischen Juden in Kiew ist auch über die Gesamtheit der europäischen Juden das Todesurteil gesprochen. Auch über die französischen Juden, deren Deportation in diesen Wochen beginnt.« Todesurteile zu verkünden war Alltag für den Mann, der Zeitgenossen wie »geschliffener Stahl« erschien und den Hitler »meinen Herzog Alba« nannte.

Er selbst, der Herr über Leben und Tod, fühlte sich unverwundbar. Dass er persönlich zur Zielscheibe werden könnte, kam ihm nicht in den Sinn. »Seine« Tschechen, gab er sich überzeugt, würden ihm »nichts tun, und wer es doch wollte, der würde es nicht wagen«. Ohne Leibwächter besuchte er Konzerte und ließ sich im offenen Wagen durch Prag fahren. Doch längst hatten ausländische Geheimdienste den SD-Chef als einen der gefährlichsten Nazis ins Visier genommen. Den deutschen Behörden lagen Hinweise vor, dass sich etwas anbahnte – eine Aktion, welcher Art auch immer, gegen Heydrich oder andere Nazi-Spitzen gerichtet. Bei einer Zugkontrolle im März 1942 fanden Polizisten bei einem Musikanten ein Spezialgewehr mit Zielfernrohr und Schalldämpfer. Er habe Heydrich töten wollen, gab der Mann aus Moskau an. Niemand wollte ihm glauben.

Überall in Böhmen und Mähren registrierte Heydrichs Sicherheitsdienst im Frühjahr 1942 eine zunehmende Zahl von Sabotageakten. Die Stimmung der Tschechen, so der Tagesbericht des SD-Leitabschnittes Prag vom 26. Mai 1942, sei auch weiterhin gleich bleibend deutschfeindlich:

»In der Nacht zum 24. 5. wurden in Mährisch-Ostrau-Witkowitz ungefähr 500 der bereits bekannten Flugzettel mit kommunistischen Parolen verstreut, die auf der einen Seite die tschechische Aufschrift ›Es lebe die ČSSR, die Rote Armee und Stalin‹ und auf der anderen Seite den deutschen Text ›Sichel, Hammer, Hitlers Jammer. Die Armee rot, Hitlers Tod‹ tragen.«

»Am 24. 5. ist auf der Streckenkreuzung Kladno – Prag und Kladno – Nutghit eine Lokomotive mit den Vorrädern entgleist. Es wird vermutet, dass die Ursache der Entgleisung auf eine gelockerte Schraube im Vordergestell der Maschine zurückzuführen ist.«

»Am 23.5. gegen 23 Uhr wurde gegen den aus Tschelakowitz nach Prag abfahrenden Personenzug Nr. 816 ein Sprengstoffattentat verübt. Der vermutlich mit Zeitzünder versehene Sprengstoff kam ungefähr in der Mitte des Zuges zur Explosion, wodurch eine Schiene des Geleises in die Höhe geschleudert wurde.«

Mit dem Gespür eines Raubtiers witterte auch Heydrich die aufziehende Gefahr. »Ich spüre und sehe, dass die ausländische Propaganda und die defätistische und deutschfeindliche Flüsterpropaganda im Raum wieder erheblich im Zunehmen ist. Sie wissen«, drohte er am Tag vor seiner Abreise vor Journalisten in Prag, »dass ich bei aller Geduld nicht zögern werde, unerhört hart zuzuschlagen, wenn ich das Gefühl und den Eindruck haben sollte, dass man das Reich immer noch für schwach hält und loyales Entgegenkommen meinerseits für Schwäche ansieht.« So dachte er wirklich: Er hielt sich für entgegenkommend, und seine Opfer, die tschechische Bevölkerung, müsste ihm eigentlich dankbar sein. Der Bezug zur Realität ging ihm allmählich verloren.

Noch einmal wollte der »Henker von Prag«, wie sie ihn im »Protektorat« in einer Mischung aus Hass und Furcht nannten, ein Konzert in »seiner« Stadt genießen, der Hauptstadt eines SS-Musterstaates Böhmen und Mähren, Heydrichs Staat. Den letzten Abend in Prag, das ihm deutscher erschien als Nürnberg, wollte Heydrich an der Seite seiner Gattin Lina im Waldstein-Palais auf der Prager Kleinseite verbringen. Auf dem Programm stand, vom Reichsprotektor persönlich verfügt, eine Oper seines Vaters Bruno Heydrich, des Gründers und Direktors des Konservatoriums in Halle. »Amen« hieß das Werk, war wagnerianisch durch und durch, 1895 in Köln uraufgeführt, neun Jahre vor Reinhard Heydrichs Geburt. Wie eine böse Prophezeiung liest sich der Titel des Prologs: »Reinhards Verbrechen«. Es geht, wie könnte es anders sein, um Mord.

Während Heydrich in der ersten Reihe mit ernster Miene den Klängen lauschte, wartete die tschechische Exilregierung in London mit wachsender Nervosität auf eine Nachricht aus der Heimat, die jetzt offiziell »Reichsprotektorat« hieß. Die Exiltschechen unter Präsident Eduard Benesch waren sich uneins darüber, was gegen diesen Heydrich unternommen werden sollte, was sinnvoll und erfolgversprechend war. Die einen hatten schon im Vorjahr einen sofortigen schweren Schlag gegen die deutschen Besatzer gefordert. Andere warnten vor der Rache der Deutschen an der Zivilbevölkerung, vor den unabsehbar harten Sühnemaßnahmen, falls ein Mann wie Heydrich zur Zielscheibe werden würde. Die Mutigen setzten sich durch. Sie wollten ein Zeichen setzen, das der Welt beweisen sollte, dass das tschechische Volk sich nicht aufgegeben hatte. Ein Attentat auf einen so hochrangigen Nationalsozialisten sollte allen Menschen unter deutschem Joch neuen Mut geben und den bis dahin siegreichen Nazis einen schweren psychologischen Schlag versetzen.

Als idealer Tag für ein Attentat war ursprünglich der 28. Oktober 1941 ausersehen worden, der Gründungstag der tschechoslowakischen Republik. Zwei junge Fallschirmjäger sollten den gefährlichen Auftrag ausführen: Josef Gabčik, ein Schlosser aus der Slowakei, und der Tscheche Karel Svoboda. Allen Beteiligten war klar, worauf sie sich einließen – Unternehmen »Anthropoid«, so das Codewort für das Attentat, war ein Selbstmordkommando.

Der Plan war streng geheim. Nur der engste Zirkel um Eduard Benesch wusste, wofür ein kleiner Trupp von Agenten in wochenlangem Training auf britischen Übungsplätzen ausgebildet wurde. Als sich Svoboda verletzte, wurde Jan Kubis, ein Bauernsohn aus Mähren, Gabčiks Partner. Beide kannten sich aus der Fremdenlegion, kämpften gemeinsam gegen die deutsche Wehrmacht, waren enge Freunde und verstanden sich blind. Sie bildeten also ein ideales Gespann für ein derart riskantes Unternehmen. Nach wochenlanger Verzögerung hob am 28. Dezember 1941 um zehn Uhr abends eine »Halifax« mit den beiden Agenten vom Flugfeld Tangmere in England ab. Am nächsten Morgen gegen 2.15 Uhr sprangen Jan Kubis und Josef Gabčik mit Fallschirmen etwa acht Kilometer südlich von Pilsen ab – weit vom vorgesehenen Punkt entfernt. Nebel hatte den Piloten behindert. Die Maschine musste tief über die schneebedeckte Landschaft fliegen, und es war zu befürchten, dass die lauten Motorengeräusche sie verrieten. Doch Kubis und Gabčik hatten Glück. Die ersten Menschen, die sie auf Heimatboden trafen, waren keine Gestapo-Angehörigen, sondern ein Wildhüter und ein Müller, die mit der Exilregierung von Eduard Benesch sympathisierten, die Agenten verpflegten und versteckten. Kubis und Gabčik tauchten unter, nahmen Kontakt mit Widerständlern auf, sammelten Informationen über Heydrichs Gewohnheiten, suchten den besten Weg, den »Reichsprotektor« zu töten. Die erste Idee, Heydrich bei einer seiner Zugfahrten nach Berlin mit einer Bombe tödlich zu treffen, wurde verworfen. Vielversprechender schien es, ihm auf seinem morgendlichen Weg von Jungfern-Breschan nach Prag anzugreifen.

Mit Fahrrädern suchten Kubis und Gabčik die Strecke nach einer geeigneten Stelle für ein Attentat ab, die sie bei ihrem Rückweg nach Prag am nördlichen Stadtrand auch entdeckten. In der Klein-Holschewitzer Straße musste Heydrichs Fahrer wegen der scharfen Kurve und des starken Gefälles auf einen niedrigeren Gang herunterschalten. In diesem Moment, ehe der Wagen wieder beschleunigen konnte, wollten Kubis und Gabčik zuschlagen. Kubis sollte mit einem Feuerstoß aus seiner zerlegbaren Maschinenpistole »Sten-Gun« den im offenen Wagen ungeschützten Heydrich töten, Gabčik mit einer Spezialhandgranate, deren hochbrisanter Inhalt beim Aufprall zündete, zu aller Sicherheit einen zweiten Schlag führen. Vier Monate lang zogen sich die Vorbereitungen hin. Dann sickerte durch, dass Heydrich möglicherweise früher als bekannt Böhmen und Mähren Richtung Frankreich verlassen könnte. Kubis und Gabčik durften keine Zeit mehr verlieren. Am 20. Mai funkte die tschechische Exilregierung ihr Einverständnis für einen Anschlag nach Prag. Heydrich sollte in sieben Tagen sterben, am 27. Mai 1942.

Es war kein Geniestreich, den das Publikum im Prager Waldstein-Palais am Abend des 26. Mai zu hören bekam. »Amen«, die Oper von Reinhard Heydrichs Vater, war zwar von Richard Wagner inspiriert, stand dem Vorbild aber doch um einiges nach. Reinhard Heydrich, selbst ein begabter Geiger und Cellist, störten kompositorische Schwächen nicht. Für ihn war »Amen« eine Reise in die eigene Vergangenheit, in die Jugendjahre von Reinhard Tristan Eugen Heydrich, dem Jungen aus Halle, der zum größten Verbrecher des Jahrhunderts werden sollte.

Es hätte eigentlich anders kommen müssen. Die Voraussetzungen waren günstig. Reinhard Heydrich war das zweite von drei Kindern einer im Königreich Sachsen gesellschaftlich und kulturell angesehenen Familie. Er war musisch begabt, lernte Violine und Cello, war aber schon zu Schulzeiten ein Außenseiter ohne Freunde. Er blieb es sein Leben lang. Heydrich wirkte schwächlich, schlaksig, schielte leicht und hatte eine Fistelstimme, die ihm den Spitznamen »Ziege« einhandelte. Auch auf dem Höhepunkt seiner Karriere scheute er sich, vor großem Publikum zu reden – aus Sorge, die helle Stimme, die so gar nicht zu seiner athletischen

Erscheinung passte, mache ihn wieder, wie schon als Pennäler, zum Ziel von Spott und Hohn. Minderwertigkeitskomplexe verfolgten den jungen Heydrich, und er versuchte sich zu schützen, indem er ehrgeizig danach strebte, sich von den Spöttern abzuheben, mehr zu leisten, besser zu sein auf allen Gebieten, besonders im Sport. Sein ganzes Leben lang spürte Heydrich den Zwang, sich selbst und anderen etwas beweisen zu müssen. Zeit seines Lebens musste er der Beste sein, und oft genug gelang es ihm, andere auf die Plätze zu verweisen. Beliebter bei Gleichaltrigen machte ihn das nicht. Schon in jungen Jahren umgab den ewig Strebsamen die Aura dünkelhafter Arroganz. Der Elitegedanke der SS, das Versprechen von einer Gemeinschaft edler Germanen schien wie gemacht für einen wie Heydrich, den seine Umwelt allzu oft verspottete.

Nichts aber traf den jungen Heydrich so sehr wie die Behauptung, er sei jüdischer Herkunft, habe einen jüdischen Großvater. »Blonder Moses« hieß Heydrich in seiner Kadettenzeit bei der Marine. »Moses Händel«, neckten ihn die Kameraden, wenn er Geige spielend Zuflucht in der Musik suchte. Noch Jahrzehnte nach dem Krieg war Heydrichs Witwe Lina ernsthaft davon überzeugt: »Seiner Veranlagung und seinem Können nach war Reinhard immer Künstler. Er konnte Gefühle in Töne übersetzen, und wäre die Welt damals nicht so kaputt gewesen, wäre ich heute nicht die Frau eines Kriegsverbrechers, sondern sicherlich die Frau eines Violingenies.«

Heydrichs Welt schien bei der Marine noch halbwegs in Ordnung. Der »weiße Moses«, wie sie ihn auch nannten, errang den Respekt seiner Kameraden, die er beim Fechten, Schwimmen, Segeln oder Reiten oft besiegte. Doch Freunde fand er auch bei der Marine nicht. Er blieb ein mit Allüren behafteter Sonderling, der sich selbst im Weg stand. Das sollte sich rächen. Denn über Nacht geriet Heydrichs Welt ins Wanken. Seine Karriere in der Marine stand auf dem Spiel.

Die Affäre war eigentlich eine Posse. Der junge Offizier Heydrich musste sich 1931 vor einem Ehrengericht verantworten, weil er der Tochter eines einflussreichen Marineoberbaurats die Heirat versprochen hatte, davon aber nichts mehr wissen wollte, als er beim Tanz in Kiel die Tochter des Dorfschullehrers von Fehmarn, Lina von Osten, kennen lernte und sich mit ihr nur zwei Tage später verlobte. Der Verschmähten schickte

»Keine Gefühle zeigen«: Heydrich mit seiner Frau Lina, die schon als 18-Jährige der NSDAP beigetreten war, 1931.

Heydrich seine Verlobungsanzeige aus der Lokalzeitung. Die junge Frau erlitt einen Nervenzusammenbruch. Der Skandal war perfekt. Der Vater der abgewiesenen Braut beschwerte sich bei der Marineleitung. Es kam zum Ehrenverfahren mit einem Reinhard Heydrich, der keinerlei Schuldbewusstsein zeigte und so selbstgefällig auftrat, dass ihn der Ehrenrat für charakterlos und nicht würdig befand, weiter der Marine anzugehören. Heydrich wurde unehrenhaft entlassen. Er hatte Karriere, Ansehen und sicheres Gehalt verloren. Seine Welt brach zusammen.

Was tun? Zurück in Halle, soll er – gedemütigt und gescheitert – tagelang geweint haben wie ein Kind. Eine Stellung war nicht in Sicht. Deutschland steckte tief in der Wirtschaftskrise. Reinhard Heydrich war nun einer von Millionen Arbeitslosen ohne Hoffnung auf Anstellung. Mutter Heydrich wandte sich schließlich an einen alten Freund der Familie, den Chef der Münchner SA, Karl Freiherr von Eberstein, mit der Bitte, ihrem Sohn bei der Arbeitssuche zu helfen. Eberstein hatte Zugang zu Heinrich Himmler, der damals gerade einen SS-Nachrichtendienst schaffen wollte, um für sich und die NSDAP-Führung Informationen über Parteifreunde und -feinde zu sammeln. Als ausgebildeter Nachrichtenoffizier schien Heydrich dafür infrage zu kommen. Eberstein arrangierte einen Besuch Heydrichs auf Himmlers Hühnerzucht bei Waldtrudering nahe München. Seine hünenhafte nordische Erscheinung, sein Auftreten und der von ihm rasch skizzierte Plan für den Aufbau eines SS-Geheimdienstes beeindruckten Himmler so sehr, dass er ihn auf der Stelle engagierte. Heydrich durfte wieder eine Uniform anziehen. »Die Hauptsache für Reinhard war in dieser Zeit«, erinnerte sich seine Witwe, »dass er eine Aufgabe hatte, die sich im Rahmen des Völkischen, des Nationalen bewegte und soldatisch war.«

Heydrich war gerade 27 Jahre alt, als er seine neue Stellung antrat. Weder zur NSDAP noch zur SS hatte er vor dem Sommer 1931 Kontakt. Hitlers Partei kannte er nur von den Schilderungen seiner Frau Lina, die schon als 18-Jährige eingetreten war. Er hielt nicht viel von den grölenden SA-Horden, doch das elitäre, ordensgleiche Gehabe der SS entsprach ganz seinem Elitedünkel. So begann 1931 die verhängnisvolle Beziehung zwischen Himmler und Heydrich, die zum Sicherheitsdienst (SD) mit seinen Mordbataillonen führte und den gesamten zukünftigen Kurs der SS und der Polizei in der NS-Zeit bestimmte. Heydrich hatte Himmler seine Karriere zu verdanken – und revanchierte sich mit bedingungsloser Loyalität und gewissensfreier Härte als Vollstrecker der SS-Politik. Bald stellte Himmler fest, dass Heydrich über Fähigkeiten verfügte, die unverzichtbar waren, um SS und Polizei gegen alle Widerstände zum »ausführenden Werkzeug des Führerwillens« zu schmieden und eine Kultur des Tötens zu schaffen. Himmlers rassistischer Säuberungswahn und Heydrichs eiskalter Sinn für das Machbare bildeten eine fatale Kombination. Des öfteren kapitulierte Himmler, wenn er wieder seinem Traum vom Reich germanischer Edlinge nachhing, vor Heydrich mit dem Satz: »Ach, Sie mit Ihrer verdammten Logik! Alles, was ich vorschlage, machen Sie mit Ihrer Logik herunter.« Tatsächlich suchte Heydrich in der Regel einen Weg, Himmlers Wünsche zu erfüllen, um im Gegenzug mit noch mehr Macht ausgestattet zu werden. »Himmlers Hirn heißt Heydrich«, sagte Hermann Göring über Himmler.

Oben: Heydrich als Leiter der Politischen Polizei in Bayern im Gespräch mit seinem Mitarbeiter Alfred Naujoks, 1934.
Unten: Täter mit eigener Rechtsauffassung – Heydrich mit Himmler und Hans Frank in der »Akademie für Deutsches Recht« in Berlin, 1936.

Eine seiner besonderen Gaben schien es zu sein, die persön-lichen, fachlichen, aber auch politischen Schwächen anderer Menschen sofort zu erkennen und diese sowohl in seinem phänomenalen Gedächtnis als auch in seiner »Kartei« zu regis-trieren und im richtigen Augen-blick auszuspielen.

Walter Schellenberg, seit 1934 Gestapo, später Chef Amt VI des SD (Spionage), in seinen Memoiren

Keine andere Beziehung in der Geschichte des »Dritten Reiches« war ähnlich folgenschwer für das Leben von Millionen Menschen wie das Verhältnis von Himmler und Heydrich, zwei Männern mit denselben Zielen, die sich geradezu teuflisch ergänzten, verbunden im Vernichtungs-willen, ohne je Freunde gewesen zu sein. »Rein-hard hatte keine Freunde. Kein Mann kann sagen, er sei Heydrichs Freund gewesen«, bestätigte Lina Heydrich. »Er wollte keine Freunde. Er glaubte, keine Freundschaften schließen zu dür-fen.« Sie wären ihm beim Vollstrecken seines blu-tigen Handwerks nur im Weg gestanden. Walter Schellenberg, später Heydrichs Auslandschef im SD, gewann einen ähnlichen Eindruck von seinem Vorgesetzten. »Er konnte sogar unfair bis zur Grausamkeit sein«, so Schellenberg. »Dennoch spielte er – denn sein Vorgesetzter, der Reichsführer SS Himmler, legte Wert auf ein trautes Familienleben – wäh-rend der regelmäßigen Musikabende in seinem Hause gern den zärtlichen Gatten und Familienvater.« Es sind nur scheinbare Widersprüche in der Biografie eines Jahrhundertverbrechers.

Die Anfänge von Heydrichs SS-Geheimdienst waren bescheiden bis ärm-lich. Es fehlte an Geld, an Räumlichkeiten, an Mitarbeitern. Aber Heyd-rich bewies Organisationstalent und ging mit Eifer daran, ein Netz von Informanten im Reich aufzubauen. Schon früh offenbarten sich seine »Qualitäten«: sein enormer Elan, die schier unerschöpfliche Energie und der Wille, tage- und nächtelang hart zu arbeiten. Auf dem Höhepunkt seiner Karriere beschäftigte er seine Sekretärinnen im Schichtbetrieb, ver-schliss reihenweise Adjutanten, die mit seinem hohen Tempo nicht Schritt halten konnten. Heydrich entwickelte sich zum Typ eines modernen Ma-

> *Meine Erinnerungen an Heydrich sind recht positiv. Er war ein guter Vorgesetzter. Ich habe ihn kennen gelernt, weil ich den Pressebericht brachte. Die erste Ausgabe brachte ich ihm persönlich in die Prinz-Albrecht-Straße. Es war ein gutes Verhältnis zu Heydrich, sagen wir mal: wie unter Sportsleuten. Aber dienstliche Anweisungen oder so hab ich nie von ihm erhalten.*
> Karl-Heinz Hass, Mitarbeiter im RSHA, Abteilung Presse

nagers, den vor allem eines interessierte: Macht. »Nicht auf die Macht des Deutschen Reiches kam es ihm an«, charakterisierte der ehemalige SS-Obersturmbannführer Wilhelm Höttl den SD-Chef, »sondern sich selbst wollte er die Wollust der Macht verschaffen. Das ist alles.« Um eigene politische Visionen ging es ihm nie. Heydrich blieb im Grunde prinzipienlos. Er hatte seine Lektion beim Rauswurf aus der Marine gelernt und erkannt, dass in einer militärischen Organisation nur der Erfolg hat, der sich bedingungslos unterwirft. Heydrich vollstreckte Himmlers Willen und widersetzte sich nie. Er entdeckte früh seine verhängnisvolle Gabe, vorauszusehen, was Hitler oder Himmler im Schilde führten. So konnte er sich unentbehrlich machen – als skrupellose Allzweckwaffe, die vor nichts zurückschreckte.

Gefährden konnten seinen Schwindel erregenden Aufstieg lange Zeit nur noch die Schatten der Vergangenheit und das für einen SS-Mann so gefährliche Gerücht einer angeblich jüdischen Herkunft. »Im Februar 1932, nur wenige Wochen nach unserer Heirat«, blickte Lina Heydrich zurück, »werden wir durch eine Nachricht geschockt. Crew-Kameraden aus der Marine haben, als sie erfuhren, dass der aus dem 100 000-Mann-Heer entlassene Reinhard Heydrich eine Stellung bei der SS der NSDAP in München erhalten hat, eine Anzeige beim Gauleiter der NSDAP in Halle erstattet und erklärt, dass Reinhard nicht eigentlich Heydrich, sondern Süss heiße und Jude sei.« Das Gerücht zog Kreise. Am 6. Juni 1932 schrieb der Gauleiter von Halle-Merseburg, Rudolf Jordan, an Gregor Strasser: »Wie mir zu Ohren gekommen ist, befindet sich in der Reichsleitung ein Parteigenosse mit dem Namen Heydrich, dessen Vater in Halle wohnen soll. Es besteht Veranlassung zu vermuten, dass der als Vater bezeichnete Bruno Heydrich in Halle Jude ist.« Dem Schreiben lag ein Auszug aus Hugo Riemanns »Musiklexikon« bei. Es wäre vielleicht angebracht, schloss der Gauleiter, »dass die Personalabteilung einmal diese Sache prüfen könnte.« Noch Jahre später wurde verstohlen die Frage gestellt: Hat Heydrich Juden gehasst, weil er selbst jüdische Vorfahren gehabt hatte?

Das Gerücht ging laut Lina Heydrich zurück auf das Jahr 1926, als Reinhards Bruder Heinz in

> **Wie mir zu Ohren gekommen ist, befindet sich in der Reichsleitung ein Parteigenosse mit dem Namen Heydrich, dessen Vater in Halle wohnen soll. Es besteht Veranlassung zu vermuten, dass der als Vater bezeichnete Bruno Heydrich in Halle Jude ist.**
>
> Rudolf Jordan, Gauleiter von Halle-Merseburg, an Gregor Strasser, 6. Juni 1932

> **Aus beiliegender Ahnenliste geht hervor, dass Oberleutnant z. See a.D. Reinhard Heydrich deutscher Herkunft ist und frei von farbigem und jüdischem Bluteinschlag.**
>
> Aus einem »Gutachten über die rassische Herkunft« Reinhard Heydrichs vom 22. Juni 1932

149

Dresden von einer schlagenden Verbindung nicht aufgenommen wurde – angeblich weil er Jude sei. Enttäuscht und bestürzt sei Heinz Heydrich damals »zu Fuß« von Dresden nach Halle gegangen, um seinen Vater Bruno zur Rede zu stellen. »Von ihm erfuhr er, dass er seine Mutter auch nach ihrer Heirat mit dem Schlossermeister Süss finanziell unterstützt und ihr Briefe mit der Anschrift ›Frau Heydrich-Süss‹ geschrieben hatte.« Der Vater selbst sei von seinem Geigenlehrer als »Jud Süß« denunziert worden, was der eher als amüsant empfunden habe.

Reinhard Heydrich aber konnte darüber kaum lachen. Peinliche Fragen verfolgten ihn zu Beginn seiner SS-Karriere, bis am 22. Juni 1932 ein »Gutachten über die rassische Herkunft« für scheinbar klare Verhältnisse sorgte. »Aus beiliegender Ahnenliste geht hervor«, hieß es, »dass Oberleutnant z. See a.D. Reinhard Heydrich deutscher Herkunft ist und frei von farbigem und jüdischem Bluteinschlag.« Heydrichs Großmutter Ernestine Wilhelmine Heydrich sei in zweiter Ehe mit Gustav Robert Süss verheiratet und habe sich »als Mutter einer zahlreichen Kinderschar aus der Ehe mit ihrem ersten Mann Reinhold Heydrich des öfteren Süss-Heydrich« genannt. Damit war das Gerücht zwar formal aus der Welt geschafft, doch der Argwohn blieb. Als Himmler dieses Gerücht zugetragen wurde, wollte er ihn angeblich ausschließen. Hitler jedoch soll nach einem längeren Gespräch mit Heydrich zu dem Schluss gekommen sein, »dieser sei ein hochbegabter, aber auch sehr gefährlicher Mann, dessen Gaben man der Bewegung erhalten müsse. Solche Leute könne man jedoch nur arbeiten lassen, wenn man sie fest in der Hand behielte, und dazu eigne sich seine nichtarische Abstammung ausgezeichnet, er werde uns ewig dankbar sein, dass wir ihn behalten und nicht ausgestoßen hätten, und werde blindlings gehorchen.« Das war dann auch der Fall, wie Himmler bestätigte: »Der Führer konnte sich im Kampf gegen die Juden wirklich keinen besseren Mann aussuchen als gerade Heydrich. Den Juden gegenüber kannte er keine Gnade.«

Von Hitlers »Machtübernahme« schienen Heydrich und sein Sicherheitsdienst zunächst kaum zu profitieren. Noch stand die SS im NS-Machtgefüge im zweiten Glied. Heydrich residierte als Chef der Politischen Polizei in Bayern im Münchner Polizeipräsidium. Er war jetzt Himmlers Stellvertreter und träumte wie sein Ziehvater davon, die Polizei reichsweit der SS einzuverleiben. Bis April 1934 hatte Himmler die politischen Polizeien unter Kontrolle. Der Durchbruch kam am 20. April 1934, als Hermann Göring die Leitung der preußischen Gestapo auf Hein-

Oben: »Kameradschaftsabend« von Wehrmacht und SS. Heydrich neben Wilhelm Canaris, dem Chef der Abwehr im Reichskriegsministerium, 1935.
Unten: SS-Chef Himmler 1939 bei einer Besprechung mit seinen Mitarbeitern Franz Josef Huber (Gestapo), Arthur Nebe (Kripo), Reinhard Heydrich und Heinrich Müller (Gestapo).

rich Himmler übertrug, der wiederum Heydrich zu deren Chef ernannte. Von Berlin aus sollte Heydrich den SS-Einfluss nun auf die gesamte deutsche Polizei erweitern. Wie unerbittlich und skrupellos Heydrich sein konnte, bewies er gleich beim ersten Massaker seiner Amtszeit.

Ausgerechnet der Pate seines ersten Sohnes, Ernst Röhm, Chef der SA, sollte liquidiert werden. Heydrich und Röhm duzten sich, aber das spielte keine Rolle, wenn es um den Machtanspruch der SS ging. Beim so genannten »Röhm-Putsch«, wie die Mordaktion ummäntelt wurde, war Heydrich zusammen mit Himmler und Göring an der Erstellung von Liquidierungslisten beteiligt. Heydrich besorgte den bürokratischen Teil. Für ihn war das Massaker vom 30. Juni 1934 nur »eine Maßnahme« wie die vielen anderen Terroraktionen, die auf ihn zurückgingen, auf »seinen« Sicherheitsdienst, auf die seit 1936 reichsweit nach SS-Maximen neu organisierte Polizei, insbesondere auf »seine« Gestapo.

Schon unter Göring und ihrem ersten Präsidenten Rudolf Diels hatte die Gestapo gültige Rechtsnormen gebrochen, doch erst Heydrich verwandelte die Behörde in einen »weltanschaulichen Stoßtrupp«, in einen Terrorapparat, der für viele Opfer zum Synonym für das »Dritte Reich« wurde und sich von politischen Polizeien anderer Diktaturen grundlegend unterschied. Heydrichs Gestapo verstand sich als »völkische Polizei«, sah in ihren Gegnern »Volksschädlinge«, die es galt, gleichsam »biologisch« zu bekämpfen, sie auszurotten. Wie ein Arzt sollte die Polizei den »Volkskörper« vor Krankheiten, von »Bazillen« verursacht, bewahren. Insgesamt sechsmal war Ralph Giordano mit Heydrichs Gestapo konfrontiert und trug traumatische Erfahrungen davon, die ihn noch heute manche Nacht aus dem Schlaf hochschrecken lassen. »Die Gestapo«, sagt er, »war allgegenwärtig. Sie war das Codewort für Hitler-Deutschland, für Nazi-Deutschland, für den Schrecken, für den in unserem Lebensgefühl jederzeit möglichen Gewalttod.«

Die Legende der Gestapo spricht von einem allmächtigen, allgegenwärtigen, krakengleichen Bespitzelungssystem, dessen bloße Existenz jedem vor Augen führen sollte: Widerstand ist zwecklos. Dabei war Heydrichs Gestapo eine personell schlecht ausgestattete Behörde. Für die

500 000 Düsseldorfer zum Beispiel waren 1937 nur 126 Gestapo-Beamte aktiv, in Essen mit 650 000 Einwohnern waren es 43, in Mönchengladbach gerade mal 14. In den meisten Städten gab es nur einen Gestapo-Mann, mancherorts gar keinen. Dennoch schien die Gestapo alles zu sehen und zu hören. Sie wurde regelrecht zum Mythos. »Geheime Staatspolizei und Sicherheitsdienst«, stellte Heydrich 1941 zufrieden fest, »sind umwoben vom raunenden und flüsternden Geheimnis des politischen Kriminalromans. In einer Mischung aus Furcht und Gruseln, und doch im Inland mit einem gewissen Gefühl der Sicherheit ob ihres Vorhandenseins, sagt man den Männern dieser Arbeit in böswilligen Kreisen des Auslandes gerne Brutalität, ans Sadistische grenzende Unmenschlichkeit und Herzlosigkeit nach.« Verständlicherweise, so Heydrich, wolle man im Reich »doch verhältnismäßig wenig mit uns zu tun haben«.

Nur Denunzianten wandten sich vertrauensvoll an die Gestapo. Und davon gab es allzu viele. Ohne das Heer der Verleumder wäre die »völkische Polizei« blind und taub geblieben. Bis zu 85 Prozent ihrer »Fälle« gingen auf Denunzianten zurück. Nie zuvor in der deutschen Geschichte war es so einfach wie im NS-Staat, unliebsame Nachbarn, Konkurrenten am Arbeitsplatz oder anderen, denen man Schaden zufügen wollte, mit einem Wort massive Schwierigkeiten zu bereiten, sie zu hilflosen Opfern eines Willkürapparats zu machen, sie um Arbeit und Zukunft zu bringen.

Eine der gesetzlichen Grundlagen, auf denen Heydrich seinen Spitzelstaat aufbaute, war das so genannte »Heimtückegesetz« vom 20. Dezember 1934. Demnach war es unter anderem strafbar, »öffentlich gehässige oder von niedriger Gesinnung zeugende Äußerungen über leitende Per-

---

Schon als ich S. das erste Mal sah, fing er gleich zu politisieren an. ... U. a. äußerte er sich in abfälligem Tone. »Deutschland will Belgien, Holland und alle umliegenden Staaten sich einverleiben, und deshalb muss gegen Deutschland eingeschritten werden.« ... Ich bin davon überzeugt, dass S. ein ganz gehässiger Staatsgegner ist, der alle Kunden ... beeinflussen will.

Anzeige vom 17. August 1938 gegen den Friseur S. durch seinen Untermieter bei der Gestapo Wiesbaden

Es ist mir unverständlich, dass, während der deutsche Soldat treu seine Pflicht erfüllt, derartige Hetzer dem deutschen Soldaten an der Front in den Rücken fallen. Ich kenne F. schon seit längerer Zeit und habe mit diesem keine Feindschaft. ... Da ich jedoch nicht dulden kann, dass F. auch weiterhin derartige Äußerungen in der Öffentlichkeit macht, habe ich die Anzeige heute freiwillig gemacht.

Denunziation durch einen deutschen Fronturlauber bei der Gestapo Wiesbaden, Februar 1942

Die Redensarten des F. sind in Anbetracht des Krieges ... geeignet, den Kampfeswillen unserer Truppe und die Zuversicht der Heimat zu zersetzen. Durch die Aussagen der Zeugen steht einwandfrei fest, dass F. ein Gegner des Dritten Reiches ist und außerhalb der Volksgemeinschaft steht. Aus diesem Grund erscheint mir eine exemplarische Strafe angebracht...

Abschlussbericht der Gestapo Wiesbaden vom 7. März 1942 zum selben Fall

sönlichkeiten der NSDAP« zu machen, »die geeignet sind, das Vertrauen in die politische Führung zu untergraben«. Damit war der Verleumdung Tür und Tor geöffnet. Eine Welle der Niedertracht schwappte über das Land. Die Spuren dieser Sintflut haben die Zeiten in Tausenden von Akten in Staats- und Landesarchiven überdauert.

Ein Fallbeispiel aus einer Ermittlungsakte der Gestapo-Außenstelle Wiesbaden vom 5. Februar 1940: »Es ist zutreffend, dass sich Kollege Wulf am 31. Januar 1940 uns gegenüber geäußert hat: ›Ich habe gestern, als der Führer sprach, das Radio abgestellt, ich konnte die Schreierei und das Geschimpfe nicht hören, außerdem habe ich auch kein Interesse daran. Hitler ist doch schuld am Krieg, ob wir ihn gewinnen oder nicht, wir bleiben doch ein armes Volk.‹« Gleich drei »Kollegen« hatten den Autoschlosser bei der Gestapo angeschwärzt. »Kollege Wulf« wurde zu vier Monaten Haft verurteilt. Drei Jahre später wäre ihm vor Freislers Volksgerichtshof das Todesurteil sicher gewesen.

Solche »heimtückischen Angriffe« führten allein 1937 zu Anzeigen gegen 17 168 Personen. Auch Ralph Giordano wurde denunziert – von Menschen, denen er vertraute. Ausgerechnet am 1. September 1939, dem ersten Kriegstag, wurde er verhaftet und fünf Tage lang verhört. Was war geschehen? »Spielkameraden, zwei, mit denen ich groß geworden war, mit denen ich auf der Straße gespielt hatte, haben über Jahre hin mitgeschrieben, was ich an staatsfeindlichen Äußerungen von mir gegeben hatte, und es dann über ihre Eltern beziehungsweise ihre Großeltern an den Blockwart weitergegeben, und der hat es der Gestapo gemeldet.« Die Kunde, wer wegen was wann und wie verhaftet worden war, verbreitete sich in Windeseile – und mehrte die Legende von der Allwissenheit der Gestapo, von der Gefahr, schon bei einem unfreundlichen Wort ans Messer geliefert zu werden. Ein Klima des Misstrauens und der Angst lag über dem Land. Denn in den schlimmsten Fällen endeten Opfer von Denunziationen nicht im Gefängnis, sondern als »Volksschädling« im Konzentrationslager oder unter dem Fallbeil des Henkers.

Was sich hinter den Toren eines deutschen Konzentrationslagers abspielte, wollte 1935 der Schweizer Carl Jacob Burckhardt mit einer Delegation des Internationalen Komitees vom Roten Kreuz erfahren. Wie nicht anders zu erwarten, stieß Burckhardt mit diesem Ansinnen auf Widerstände von deutscher Seite, die ein Besuchsprogramm ausarbeiten und Gespräche mit Häftlingen nur in Gegenwart des Lagerkommandanten und von SS-Offizieren genehmigen wollte. Burckhardt lehnte ab, drohte mit Rückreise nach Genf und einem internationalen Affront. Ein klärendes Diner beim Herzog von Coburg wurde anberaumt. Burckhardt hat niedergeschrieben, wie er Heydrichs Auftritt erlebte. Sein Bericht gewährt einen einmaligen Einblick in die Psyche eines Mannes, der Jahre später zum Architekten des Holokaust werden sollte.

»Vor seinem Erscheinen war jedermann erwartungsvoll gespannt, gedrückt, nur gedämpft wurde gesprochen. Dann sprang die Flügeltüre auf, Heydrich erschien in der ersten schwarzen Uniform, die ich aus der Nähe zu sehen bekam, schlank, blond, mit zwei vollkommen verschieden gearteten Hälften des scharfen, blassen, asymmetrischen Gesichtes, aus welchem Mongolenaugen hervorblickten. Zackig und wiederum weich und morbid betrat dieser berühmte Henker den Salon des Herzogs.«

Bei Tisch saß Heydrich links neben Burckhardt. »Seine Hände fielen mir auf, präraffaelitische Lilienhände, zum hinauszögernden Würgen geschaffen. Der Polizeigewaltige begann sein Gespräch mit einer Äußerung über Heinrich von Kleist, aber sowohl Michael Kohlhaas als auch den Prinzen von Homburg fand er bedenklich. Dann wechselte er das Thema und griff frontal an: ›In Ihrem kleinen Land, da sind die Freimaurer Meister, das muss anders werden, sonst sind auch Sie verloren.‹

›Was für Wirkungen schreiben Sie dieser Gesellschaft zu?‹, fragte ich ihn.

›Die Freimaurer‹, erwiderte er, ›sind das Instrument der jüdischen Rache, zuhinterst in ihren Tempeln steht ein Galgen vor einem schwarzen Vorhang, der das Allerheiligste verhüllt, nur den höchsten Eingeweihten ist es zugänglich, hinter dem Vorhang steht nur noch das eine Wort ›Jahve‹, der eine Name, das sagt genug.‹ Und dann sich ereifernd: ›Falls das millennare Werk des Führers misslingen sollte, falls wir zugrunde gehen, dann wird alles sich enthüllen, dann werden Triumphe, Orgien der Grausamkeit gefeiert werden, neben denen die Strenge Adolf Hitlers sehr maßvoll erscheinen wird.‹« Burckhardt beschlich »das Gefühl, einen Abstürzenden zu sehen, der nach dem überhängenden nassen Fels greift«.

Nachdem die Tafel aufgehoben war, setzten Heydrich und Burckhardt das Gespräch unter vier Augen im Nebenraum fort. »Ein blitzschneller Blick Heydrichs nach rechts und links, auf die Vorhänge – Gewohnheit –, dann schaute er mich zum ersten Mal eine Sekunde lang an. Es schauten mich zwei Personen gleichzeitig an, und diese Feststellung war von einem abwehrenden Gefühl begleitet; nur das eine Mal hat Heydrich mir in das Gesicht geschaut, im Bruchteil einer Sekunde.« Heydrich lehnte Burckhardts Wunsch, Konzentrationslager seiner Wahl zu besuchen, ab. »Sie müssen nicht vergessen, wir kämpfen, der Führer kämpft gegen den Weltfeind. Es geht darum, nicht nur Deutschland wieder gesund zu kriegen, wir müssen die Welt vor ihrem geistigen und moralischen Untergang retten, das hat man bei Ihnen noch nicht verstanden. Also, es geht nicht, die Antwort des Herrn Reichsführers ist negativ. Besuchen Sie *die* Lager, die wir Ihnen vorschlagen.«

Das »Gespräch« endete ergebnislos, vorläufig. »Wir erhoben uns gleichzeitig«, erinnerte sich Burckhardt. »Heydrich stellte sich vor mich hin, und indem er über meine linke Schulter schaute, sagte er gepresst: ›Man hält uns für Bluthunde im Ausland, ist es nicht so? Es ist fast zu hart für den Einzelnen, aber hart wie Granit müssen wir sein, sonst geht das Werk unseres Führers zugrunde, viel später wird man uns danken für das, was wir auf uns genommen haben.‹« Dann verließ Heydrich die Gesellschaft, und Burckhardt hatte den Eindruck, einem »jungen, bösen Todesgott« begegnet zu sein. Zwei Tage später bestellte Heydrich Burckhardt erneut zu sich und genehmigte nach Rücksprache mit Himmler den Besuch der Delegation in den Konzentrationslagern.

Burckhardt traf auf einen Mann mit geschlossenem Weltbild. Der Feind stand unverrückbar fest. Zweifel gab es in diesem Punkt für Heydrich nie. Er war absolut davon überzeugt, das Richtige zu tun. Wer so dachte, konnte tagsüber am Schreibtisch Mordbefehle ausstellen und nach Dienstschluss treu sorgender Familienvater sein – ein Täter, der mit sich im Reinen war, den Gegner stets im Blick. In einer Artikelserie für das *Schwarze Korps* über »Die Wandlungen unseres Kampfes« beklagte Heydrich im Herbst 1935, dass »ein Teil des deutschen Volkes schon jetzt nach zwei Jahren der nationalsozialistischen Revolution beginnt, dem Juden gegenüber gleichgültig zu werden«. Die SS aber sehe »auf Seiten des Juden ein zähes, ewig gleich bleibendes Anstreben seines

Für Heydrich galt, was auch für andere galt. Heydrich war wie Himmler, wie der KZ-Kommandant von Auschwitz, Höß, und wie andere fürsorgliche Väter. Man sah ihnen ihre Unmenschlichkeit nicht an. Von Heydrich weiß man, dass er kulturell interessiert war. Wie passt das zusammen? Wie kommt dieser Schnitt zustande? Wie kommt diese Schizophrenie zustande? Sie kommt zustande durch das, was durch das Wort von der »Generation des Unbedingten« richtig ausgedrückt ist: dass man sich dem Bösen verschrieben hat, ohne es so zu nennen.

Ralph Giordano

Schaffen und Kämpfen für Deutschland. Ihr Motor ist ihr unerschütterlicher Glaube, ihr Wertmesser soll ihre Leistung sein.

Reinhard Heydrich über das Motto von Gestapo und SD

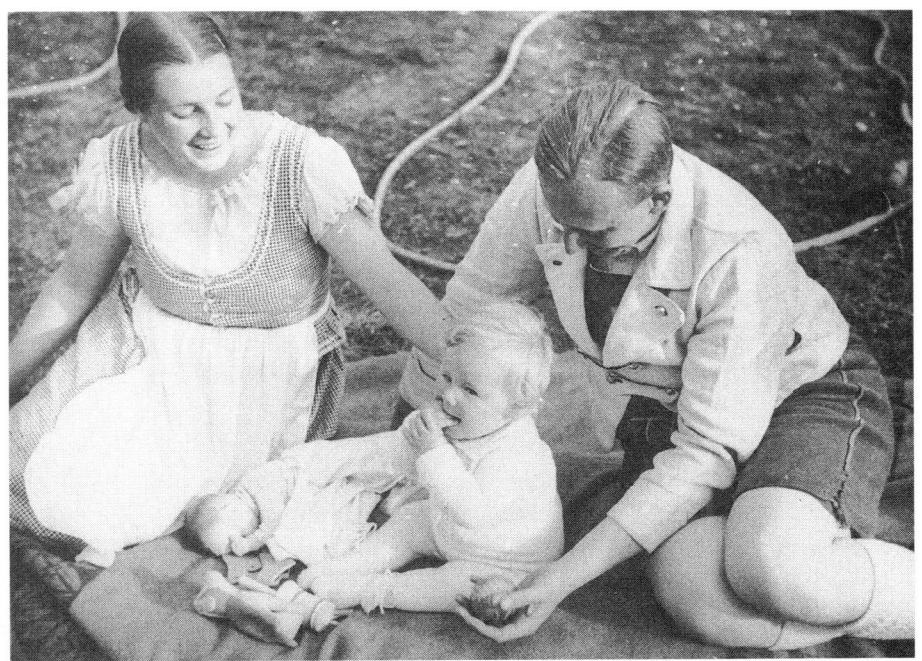

Das andere Gesicht des Reinhard Heydrich: Hier posiert er mit Frau und Sohn fürs Familienalbum, 1934 in München.

Zieles, das immer nur heißt: die Beherrschung der Welt und die Vernichtung nordischer Völker«. In diesem weltanschaulichen Kampf gelte es Härte zu beweisen. »Wenn wir nämlich als Nationalsozialisten unsere geschichtliche Aufgabe nicht erfüllen, weil wir zu objektiv und menschlich waren, so wird man uns trotzdem nicht mildernde Umstände anrechnen. Es wird einfach heißen: Vor der Geschichte haben sie ihre Aufgabe nicht erfüllt.« Es gebe daher keine »Staatsfeinde« mehr, sondern nur noch »Volksfeinde«, rassische Gegner. »Die treibenden Kräfte des Gegners«, formulierte Heydrich 1936, »bleiben ewig gleich: Weltjudentum, Weltfreimaurertum und ein zum großen Teil politisches Priesterbeamtentum, welches die Religionsbekenntnisse missbraucht.« Heydrich erachtete den Juden als den »Todfeind aller nordisch geführten und rassisch gesunden Völker. Sein Ziel war und bleibt die Beherrschung der Welt durch eine mehr oder weniger sichtbare Oberschicht. Zur Erreichung dieses Zieles ist ihr jedes Mittel und jede Organisationsform recht, mag sie äußerlich noch so dumm und lächerlich aussehen. Der Weg bleibt stets der gleiche.« Wie Heydrich-Witwe Lina bezeugt, war ihr Mann »zutiefst davon überzeugt, dass die Juden von den Deutschen getrennt werden müssten. Die Juden waren in seinen Augen heimatlose Beutemacher, die darauf aus waren, sich Vorteile zu verschaffen und schließlich wie Blutsauger am fremden Volkskörper zu kleben.« In zahlreichen Gesprächen habe er ihr erklärt, »dass der Antisemitismus kein Politikum, sondern ein ›medizinisches Problem‹« sei. Lina Heydrich: »Die Juden störten Reinhard weder politisch noch gesellschaftlich. Sie erschienen ihm und mir in der Seele, in der Psyche, unerträglich.« Wer so spricht, ist Überzeugungstäter.

Heydrich, so beschreibt es Ralph Giordano und bezieht sich dabei auf die Forschungen des Historikers Michael Wildt, »war der Prototypus eines neuen Menschen, wie der Nationalsozialismus ihn haben wollte. Er war ein Protagonist der Generation des Unbedingten. Nichts an Unmenschlichkeit war mehr unmöglich. Alles war möglich, auch der Mord an Millionen Menschen.« Schon äußerlich wirkte der hochgewachsene, blonde, athletische Heydrich wie die »Verkörperung des neuen Menschen, den die NS-Rasselehre als Ideal vergötzte. Heydrich war die Vollendung dessen, was sich der Nationalsozialismus an Gefolgschaft vorstellte.«

In Heydrichs Universum gab es überall Feinde, die er als »Mädchen für alles« oder »Mülleimer des Reiches«, wie er sich später einmal nannte, zwanghaft glaubte, beseitigen zu müssen. Über diese »schrägen Fürsten«, als die er die »Schädlinge« mitunter bezeichnete, wollte der in Hitlers Augen »ideale Nationalsozialist« alles wissen. »Je näher ich diesen Mann kennen lernte«, beschrieb SD-Auslandschef Walter Schellenberg seinen Vorgesetzten, »desto mehr kam er mir wie ein Raubtier vor – stets wachsam, stets Gefahr witternd und misstrauisch gegen alles und jedes. Daneben war er von dem unersättlichen Ehrgeiz befallen, ständig mehr zu wissen als die anderen, überall der Beherrschende zu sein. Diesem Ziel ordnete er alles andere unter.« Admiral Canaris, als Abwehrchef der Wehrmacht in Konkurrenz zu Heydrichs SD, sah in ihm die »klügste Bestie«.

Bei der Jagd ging das »Raubtier« strikt bürokratisch vor. Sein SD legte eine Kartei an, die sämtliche Juden in Deutschland, aus Deutschland emigrierte Juden und die wichtigsten Juden des Auslands erfasste. »Eine seiner besonderen Gaben schien es zu sein«, so Schellenberg, »die persönlichen, fachlichen, aber auch politischen Schwächen anderer Menschen sofort zu erkennen und diese sowohl in seinem phänomenalen Gedächtnis als auch in seiner ›Kartei‹ zu registrieren und im richtigen Augenblick auszuspie-

In diesem unscheinbaren Berliner Mietshaus befand sich der »Salon Kitty«, ein Edelbordell, das der SD nutzte, um Prominente aushorchen zu lassen.

len.« Deshalb ließ er in seiner Karteizentrale 250 Beamte persönliche Daten, Informationen und Gerüchte über jeden sammeln, den er für einen Feind des Reiches oder auch nur für einen persönlichen Konkurrenten hielt.

Sogar über Hitler und seine Paladine soll Heydrich Akten geführt haben. Besonders interessierten ihn Hitlers ungeklärte Herkunft, jüdische Spuren in Himmlers Verwandtschaft, Goebbels' Liebesaffären, Görings Ausschweifungen und Korruptionsneigungen. Wer so viel wusste, war gefürchtet, auch von Männern, die in Hitlers Hierarchie über ihm standen. Voller Misstrauen gegenüber allem und jedem verbrachte er Tage und Nächte hinter Aktenbergen, studierte Dossiers über Katholiken, Freimaurer, Marxisten und Juden. Bald galt er als »Oberverdachtschöpfer«, der allenthalben revolutionäre Umtriebe witterte und bei der Jagd auf Gegner auch vor ungewöhnlichen Methoden nicht zurückschreckte. So nutzte Heydrich, wie SD-Auslandschef Walter Schellenberg in seinen Memoiren schrieb, in der Berliner Giesebrechtstraße 11 ein Edelbordell namens »Salon Kitty«, in dem Dirnen des SD Führungskräfte von Partei, Staat, Wehrmacht und Diplomatie für ein Durchschnittshonorar von jeweils 200 Reichsmark ihre Dienste anbieten und sie dabei aushorchen sollten. Die Frauen in Heydrichs Bordell kamen aus allen Teilen des Reiches, aus Österreich oder aus Polen. Die Schönheiten waren zwischen 20 und 30 Jahren alt und sprachen neben Deutsch teils Französisch, Italienisch, Spanisch, Englisch, Russisch oder Polnisch. Manche beherrschten drei oder mehr Sprachen – und alle hatten eines gemeinsam: einen dunklen Punkt in ihrer Vergangenheit, der sie in die Fänge des SD getrieben hatte. Im »Salon Kitty« arbeiteten verkrachte Studentinnen, Frauen, die eine Abtreibung hinter sich hatten, kriminelle und professionelle Prostituierte, die so im Dienst des NS-Staates ihrem Gewerbe nachgehen konnten, ohne Repressionen von der Polizei befürchten zu müssen. Überall an ihrem Arbeitsplatz sollen Mikrofone angebracht gewesen sein. Im Keller schnitten Heydrichs Spezialisten die Gespräche auf Schallplatte mit. Nur wenn der Chef selbst zur »Inspektion« erschien, »gab er mir zuvor den ausdrücklichen Befehl, dafür zu sorgen, dass die gesamte technische Apparatur abgestellt werde«, berichtete Walter Schellenberg, von dem wohl die Idee stammte, intime Momente zur Informationsbeschaffung zu nutzen. Der »Salon Kitty« erfreute sich regen Zuspruchs. Über 10 000 Personen sollen allein 1940 das Nazi-Bordell besucht haben, im Schnitt über 30 Personen am Tag, darunter viele Prominente, Diplomaten, Generäle, Reichsführer, Minister, Gauleiter, Künstler. Der Kreis der Klienten reichte von Sepp

Oben: Ghettoisierung als Schritt zur »Endlösung« – Angehörige des SD erteilen Mitgliedern der Warschauer jüdischen Gemeinde Anweisungen, November 1939.
Unten: Herren über Leben und Tod. Zwei SS-Männer durchsuchen einen jüdischen Bewohner des Warschauer Ghettos, 1942.

Dietrich bis zu Joachim von Ribbentrop, von Ferdinand Marian bis zu Hans Albers, vom italienischen Außenminister Graf Ciano bis zum Chef der »Deutschen Arbeitsfront«, Robert Ley. Nur die Ausbeute an Informationen blieb unbefriedigend. Staatsgeheimnisse konnten Heydrichs Dirnen ihren Freiern in der Regel nicht entlocken.

Gnadenlos konsequent und perfektionistisch führte Heydrich alles zu Ende, was er anpackte. Wenn schon Spitzelstaat, dann total. Wenn schon Verfolgung, dann lückenlos. Und wenn schon »der Jude« als Volksfeind galt, dann musste er nach seiner Ansicht auch restlos beseitigt werden – egal, wie. Heydrich hielt nichts vom pöbelnden Antisemitismus eines Julius Streicher, von den pornografischen Tiraden im *Stürmer*, von planlosen Pogromen gegen Juden. Er wollte eine radikale Lösung des »Problems«, womit anfangs nicht ausdrücklich Massenmord gemeint war, sondern vielmehr die zentral gelenkte Vertreibung aller Juden aus Deutschland möglichst nach Palästina. Denn, so Heydrichs Überzeugung: »Entweder wir überwinden den Gegner endgültig, oder gehen zugrunde.« Die »Ariergesetzgebung« allein genügte ihm nicht. Damit sei »die Gefahr des Judentums« für Deutschland noch nicht gebannt. Die jüdischen Zweckorganisationen mit all ihren internationalen Verbindungen arbeiteten in seiner Vorstellung nach wie vor an der »Vernichtung unseres Volkes mit allen seinen Werten«. Wie aber wollte Heydrich Juden »entfernen«? Als vorläufige Zielsetzung fasste SS-Untersturmführer Herbert Hagen in einer Aktennotiz für Heydrich zusammen: »Erstens: Zurückdrängung des jüdischen Einflusses auf allen Gebieten des öffentlichen Lebens (einschließlich der Wirtschaft). Zweitens: Förderung der jüdischen Auswanderung.« Aus Heydrichs Perspektive gab es nur eine Möglichkeit, das »Judenproblem« zu lösen: Alle Juden mussten zum Aufbruch nach Palästina gedrängt werden. »Als Nationalsozialist«, sagte er zynisch, »bin ich Zionist.«

Die erste große Bewährungsprobe dieses Konzepts brachte 1938 der »Anschluss« Österreichs an das Reich. Um mehr Juden noch schneller zu vertreiben, ließ Heydrichs Helfer in Wien, Adolf Eichmann, im früheren Rothschild-Palais in der Prinz-Eugen-Straße eine »Zentralstelle für jüdische Auswanderung« errichten. Wer ausreisen wollte, bekam hier zwar alle Papiere binnen acht Tagen, doch der Preis war ein Vermögen. Besitztümer wurden beschlagnahmt. Für Devisen, die unerlässlichen »Vorzeigegelder«, mussten die Emigranten Schwindel erregende Fantasiekurse berappen. Heydrich und seine Handlanger machten aus der Vertreibung ein Millionengeschäft. Ein jüdischer Funktionär aus Berlin, der nach Wien geladen wurde, um die »Zentralstelle« zu besichtigen, notierte über die Behörde, die wie

ein Fließband funktionierte: »Auf der einen Seite kommt der Jude herein, der noch etwas besitzt, einen Laden oder eine Fabrik oder ein Bankkonto. Nun geht er durch das ganze Gebäude, von Schalter zu Schalter, von Büro zu Büro, und wenn er auf der anderen Seite herauskommt, ist er aller Rechte beraubt, besitzt keinen Pfennig, dafür aber einen Pass, auf dem steht: ›Sie haben binnen 14 Tagen das Land zu verlassen, sonst kommen Sie ins Konzentrationslager.‹« Den organisierten Raub ließen Heydrich und sein Vollstrecker Eichmann nicht etwa von SS- oder SD-Männern verüben. Hinter den langen Tischen, an denen Stempel auf die Formulare knallten, saßen jüdische Mitarbeiter der Kultusgemeinde. So wurden Opfer zu Helfern – ein perfides System, das unverkennbar die Handschrift Heydrichs trug.

Die Zentralstelle in Wien sollte zum Modell der Vertreibung im ganzen Reich werden. Wilde Ausschreitungen wie die reichsweiten Pogrome in der so genannten »Kristallnacht« am 9. November 1938 nannte Heydrich hingegen eine »Riesenschweinerei«, einen Rückfall in die Zeit, als grölende, betrunkene SA-Horden plündernd und prügelnd durch die Straßen zogen. Die Pogrome seien der »schwerste Schlag für Staat und Partei seit 1934«. Natürlich ging es Heydrich nicht um Mitleid für die Opfer. Er verurteilte diese brutalen Übergriffe als irrational. Wie sein Vorgesetzter Himmler bevorzugte er den lautlosen, bürokratischen Terror, den Mord mit Stempel und Unterschrift, zentral gesteuert, mechanisch wie am Fließband.

Drei Tage später berief Hermann Göring Vertreter aller beteiligten Stellen, darunter auch Heydrich – insgesamt über 100 Teilnehmer –, zu einer Sitzung in das Reichsluftfahrtministerium, um die wirtschaftlichen Folgen der »Kristallnacht« und Verordnungen zur Ausschaltung der Juden aus der deutschen Wirtschaft zu erörtern. Das Ergebnis fand auch Heydrichs Zustimmung. Deutschlands Juden sollten eine »Strafe« von einer Milliarde Reichsmark zahlen; die Arisierung der deutschen Wirtschaft sollte forciert, die Juden hierzulande noch stärker diskriminiert werden; Theater, Kinos und Zirkusse, Badeanstalten und sogar den »deutschen Wald« sollten sie nicht mehr betreten dürfen, forderte Joseph Goebbels. Schließlich ergriff Heydrich das Wort und betonte, worauf es ihm und dem SD vor allem ankam: »Bei allem Herausnehmen der Juden aus dem Wirtschaftsleben bleibt das Grundproblem letzten Endes doch immer, dass der Jude aus Deutschland herauskommt. ... Wir haben in Wien auf Weisung des Reichskommissars eine Judenauswanderungszentrale eingerichtet, mit der wir in Österreich immerhin 50 000 Juden herausgebracht haben, während im Altreich in der gleichen Zeit nur 19 000 Juden herausgebracht werden konnten.« Heydrichs Vorschlägen, eine ähnliche Auswandererzentrale auch im »Altreich« aufzubauen, die Juden zu ghettoisieren und zum Tragen eines Abzeichens zu zwingen, stimmte die Runde einhellig zu. Das jüdische »Gesellschaftsproletariat«, betonte Finanzminister Schwerin von Krosigk, könne man nicht hier behalten. »Infolgedessen muss das Ziel sein, was Heydrich gesagt hat: heraus, was herausgebracht werden kann!«

Wie sich Heydrich die »Lösung des Problems« im Detail vorstellte, verrät ein Blick in die SS-Postille *Schwarzes Korps*, herausgegeben von Gunter d'Alquen, einem Mitglied von Heydrichs SD. Ende November 1938 vertiefte ein Text das Szenario, das Heydrich in der Besprechung vom 12. November skizziert hatte: »Die Juden müssen daher aus unseren Wohnhäusern und Wohnvierteln verjagt und in Straßenzügen oder Häuserblocks untergebracht werden, wo sie unter sich sind und mit Deutschen so wenig wie möglich in Berührung kommen. ... Das in jeder Beziehung auf sich beschränkte Parasitenvolk wird aber in dieser Isolierung, da es zu eigener Arbeit weder willens noch fähig ist, verarmen. ... Dann möge aber niemand glauben, dass wir dieser Entwicklung ruhig zusehen können. Das deutsche Volk hat nicht die geringste Lust, in seinem Bereich Hunderttausende von Verbrechern zu dulden, die durch Verbrechen nicht nur ihr Dasein sichern, sondern auch noch Rache üben wollen! ... Am wenigsten haben wir Lust, in diesen hunderttausenden verelendeten Juden eine Brutstätte des Bolschewismus und eine Auffangorganisation für das politisch-kriminelle Untermenschentum zu sehen. ... Im Stadium einer solchen Entwicklung ständen wir daher vor der harten Notwendigkeit, die jüdische Unterwelt genau so auszurotten, wie wir in unserem Ordnungsstaat Verbrecher eben auszurotten pflegen: mit Feuer und Schwert. Das Ergebnis wäre das tatsächliche und endgültige Ende des Judentums in Deutschland, seine restlose Vernichtung.« Seit 1939 war Heydrich befugt, alle Ministerien und Dienststellen zu koordinieren, die an der »Lösung des Problems« arbeiteten und die Auswanderung beschleunigen wollten. Der Druck auf die deutschen Juden erhöhte sich.

Die Juden Berlins wurden gezwungen, täglich eine Liste von 70 auswanderungsbereiten Familien vorzulegen. Die Reichszentrale konnte bald einen »Rekord« vermelden: Die Auswanderungszahlen wurden für das »Altreich« von 40 000 für 1938 auf 78 000 für 1939 fast verdoppelt. Zusätzlich brachte Eichmann in Prag an die 30 000 Juden »nach draußen«. Heydrich verhandelte sogar mit der jüdischen Widerstandsarmee Haganah, um den Massenexodus zu forcieren.

Doch alle Vertreibungsfantasien rückten in den Hintergrund, als der Rundfunk am Abend des 31. August 1939 um 22 Uhr sein Programm für eine historische Meldung unterbrach: »Gegen 20 Uhr wurde der Sender Gleiwitz durch einen Trupp polnischer Aufständischer überfallen und vorübergehend besetzt. Die Polen drangen mit Gewalt in den Senderaum ein. Es gelang ihnen, einen Aufruf in polnischer und zum Teil in deutscher Sprache zu verlesen, doch wurden die Eindringlinge schon nach wenigen Minuten von der Polizei überwältigt.« Die Nachricht war Teil einer seit langem geplanten Aktion, organisiert von Reinhard Heydrich, der gegenüber SS-Sturmbannführer Alfred Naujocks offen erklärte: »Für die Auslandspresse und die deutsche Propaganda ist ein tatsächlicher Beweis für polnische Übergriffe nötig.« Ein SS-Kommando sollte in polnischen Uniformen den Angriff auf einen deutschen Sender vortäuschen und Hitler einen Grund für den Einmarsch in Polen liefern. Hitlers Helfer Heydrich schreckte nicht davor zurück, Häftlinge aus dem KZ Sachsenhausen in polnische Uniformen zu stecken und am Tatort des angeblichen Überfalls erschießen zu lassen. Die Propaganda schlachtete Heydrichs bestellte Provokation entsprechend aus. »Unerhörter Banditenüberfall auf den Sender Gleiwitz«, titelte der *Völkische Beobachter*. Die deutsche Wehrmacht überschritt die Grenze nach Polen. Der Krieg hatte ohne Kriegserklärung begonnen. Jetzt standen nicht mehr nur die deutschen Juden in Heydrichs Visier, sondern es ging auch um das Schicksal der drei Millionen polnischen Juden.

Vier Stunden vor Kriegsbeginn setzte Heydrich seine Frau in einem Abschiedsbrief als Alleinerbin ein, falls ihm etwas passiere, und gab ihr mit auf den Weg: »Erziehe unsere Kinder im Glauben an den Führer und Deutschland, in der Treue zur Idee der Bewegung, zur Härte in der Einhaltung der Grundgesetze der Schutzstaffel, zur Härte gegen sich selbst, zur Güte, zur Großzügigkeit gegen die Menschen des eigenen Volkes, zur Härte gegen alle Feinde in Inland und Ausland.« Härte, Härte, Härte – Heydrichs Credo. Was Härte gegenüber Feinden des Reiches hieß, exerzierten Heydrichs SD-Einsatzgruppen in Polen vor. Schon in den ersten drei Kriegstagen meldeten Heydrichs Männer zahlreiche Verhaftungen an die Zentrale nach Berlin. Als aber beim so genannten »Bromberger Blutsonntag« am 3. September »Volksdeutsche« von Polen umgebracht wurden, verschärfte sich das Vorgehen der Einsatzgruppen in Polen. Jetzt war in den Befehlen von »radikaler Niederwerfung des aufflammenden Polenaufstands« auch mit Exekutionen die Rede. Zwei Tage später, am 5. September, wurden etwa 50 Polen im Rathaus von Bromberg erschossen. Am 7. September fanden die ersten öffentlichen Geiselerschießungen mit 400 Opfern statt. Auf Beschwerden der Wehrmacht über willkürliche Erschießungen reagierte Heydrich mit der Bemerkung, ihm gehe »alles viel zu langsam«. 200 Exekutionen täglich seien »unzureichend«, sagte er. »Die kleinen Leute wollen wir schonen, der Adel, die Popen und Juden müssen aber umgebracht werden.« Der Krieg sollte als Deckmantel für die Mordaktionen dienen. »Die führende Bevölkerungsschicht in Polen«, erklärte Heydrich laut Protokoll seinen Amtsleitern in der Berliner Zentrale der Gestapo, »soll so gut wie möglich unschädlich gemacht werden. Die restliche verbleibende niedrige Bevölkerung wird keine besonderen Schulen erhalten, sondern in irgendeiner Form heruntergedrückt werden.« Die Führungsschicht sollte in deutsche Konzentrationslager gebracht werden. Juden seien in städtischen Gebieten in Ghettos zu konzentrieren, da sie so besser kontrolliert und später deportiert werden könnten. Heydrich schien in seinem Element zu sein: Er war nun Herr über Leben und Tod.

Vor Ort in Polen machte sich Heydrich selbst ein Bild vom Mordwerk seiner Einsatzgruppen, von der »völkischen Flurbereinigung«, die Hitler für Polen gefordert hatte, die Vertreibung aller Juden, die Germanisierung des Landes. Hitler hatte die grobe Richtung vorgegeben. Himmler und Heydrich vollstreckten die Details. Im Wochentakt kam Heydrich aus Polen nach Berlin, erstattete Bericht, drängte auf immer höhere Exekutionszahlen und informierte seine Amtschefs über das gigantische Vertreibungsprogramm, das für Polen vorgesehen war. Vorerst sollten die Juden aus den ehemaligen polnischen Westgebieten möglichst sofort vertrieben und im »polnischen Reststaat« in wenigen, verkehrsgünstig gelegenen Städten in Ghettos konzentriert werden, bis die streng geheim zu haltenden »geplanten Gesamtmaßnahmen (also das Endziel)« in Gang gebracht

»Musterghetto« als Durchgangslager für die Todesfabriken: Häftlinge schleppen sich durch das Tor des KZ Theresienstadt, 1942.

werden konnten. Überall im polnischen Reststaat, der bald »Generalgouvernement« hieß, entstanden Ghettos. Einsatzgruppen und Behörden der Sicherheitspolizei und des SD begannen mit den Vertreibungen. Doch in den Aufnahmegebieten war weder für Unterkünfte noch für Verpflegung gesorgt.

Gesteuert wurde Heydrichs Terror seit Kriegsbeginn von einer neuen Superbehörde, dem Reichssicherheitshauptamt (RSHA) in der Berliner Prinz-Albrecht-Straße 8. Heydrichs Schöpfung fasste Geheime Staatspolizei (Gestapo), Kriminalpolizei (Kripo) und den parteiamtlichen Sicherheitsdienst (SD) zu einer zentralen Institution zusammen, bündelte Kompetenzen und nutzte Synergieeffekte, um Überwachung und Verfolgung noch effektiver zu machen. Insbesondere das Amt IV, in dem Eichmanns »Judenreferat« angesiedelt war, erlangte einen fürchterlichen Ruf als »Zentrale des Terrors«, die Heimstatt der Schreibtischtäter. Heydrich, den obersten Vernichtungsbürokraten, hielt es im Krieg kaum noch in seinem Büro. Der Chef des RSHA wollte selbst

> »Werkzeug Heydrichs« war ich selbstverständlich, ich war ja sein Untergebener.
>
> Adolf Eichmann, 1959

167

ins Kampfgeschehen eingreifen und flog im Polenfeldzug Einsätze als MG-Schütze in einer Flugzeugkanzel, später sogar als Jagdpilot. Fliegen war neben Fechten seine größte Leidenschaft. Seit die Polizei 1936 unter Himmlers zentrale Führung gestellt worden war und sich Heydrichs Befehlsgewalt über das gesamte Reichsgebiet erstreckte, stand ihm für Dienstreisen ein viersitziges Flugzeug zur Verfügung. Jeden Tag vor Dienstbeginn nahm er bei seinem Piloten »Flugunterricht«, lernte im Doppeldecker Kapriolen, Loopings und Rollen. Auch am Steuerknüppel war Heydrich ein Draufgänger, der an die Grenzen ging. Als ihm die Schulmaschine zu klein wurde, übte er auf dem Militärflughafen in Staaken bei Berlin heimlich mit größeren Flugzeugen. »Und eines Tages«, erinnerte sich Lina Heydrich, »landete er in Werneuchen, einem Fliegerhorst für Jagdflieger. Immer mehr um die Verheimlichung seiner Tätigkeit bemüht, mussten Akten nach dort geschleppt werden. Sitzungen wurden in primitiven Unterständen anberaumt.« Mit wachsender Besorgnis blickte die Familie auf Heydrichs riskantes Hobby. Auch Himmler hegte verstärkt Bedenken, seit ein Adjutant Hitlers im Flugzeug tödlich verunglückt war. Im Mai 1937 verbot Himmler Heydrich schriftlich, »während der aktiven Dienstzeit ein Flugzeug zu steuern«. Denn »Fliegen erfordert ständige Übung, die jedoch nicht vorhanden ist, wenn nur nach längeren Pausen geflogen wird«. Das Verbot musste Heydrich schwer getroffen haben, aber es hielt ihn nicht davon ab, weiter zu fliegen und sogar den Flugschein für die Luftwaffe zu machen.

Der Bürokrat Heydrich suchte den direkten Feindkontakt an der Front am Himmel. Bei der Eroberung Norwegens steuerte er eine Me109. Zur gleichen Zeit, als Hitlers Stellvertreter Rudolf Heß seine rätselhafte England-Mission unternahm, nahm Heydrich an Aufklärungsflügen über dem Vereinigten Königreich teil. Beim Überfall auf Frankreich geriet er über Belgien und den Niederlanden mit Piloten der Royal Air Force aneinander. Todesmutig hielt sich Heydrich auch in der Kanzel eines Flugzeugs für unverwundbar. »Bitte glauben Sie, dass Unkraut nicht so schnell vergeht!«, schrieb er am 5. Mai 1940 in einer Postkarte an Himmler und unterschrieb: »Ihr getreuer und dankbarer Heydrich.«

Immer wieder stürzte sich der mächtige Chef des Sicherheitsdienstes und der Gestapo in hochriskante Flugabenteuer, stetig auf der Suche nach Selbstbestätigung und in der Hoffnung, als er-

Reichsführer! Darf ich meinen Dienstantritt bei meinem Fronttruppenteil melden. Natürlich brauche ich fliegerisch noch einige Zeit, doch hoffe ich, dass ich in acht Tagen schon meinen Platz als »Rottenknecht« zur Zufriedenheit meiner Vorgesetzten ausfüllen werde. ...
Reinhard Heydrich in einer Postkarte an Heinrich Himmler, 5. Mai 1940

folgreicher Jagdpilot mit Orden dekoriert zu werden. Militärische Aus-
zeichnungen hatten hohen Wert in der SS-Kriegsgesellschaft. Heydrich,
so erklärte sich Himmlers Masseur, Felix Kersten, dieses Verhalten, sitze
»fortgesetzt am Schreibtisch, während die anderen draußen kämpfen«. Er
müsse »Entscheidungen über Leben und Tod treffen«, müsse daher selbst
»dem Tod ins Auge gesehen und seinen Mut bewiesen haben«. Nur
Schreibtischtäter wollte Heydrich nie sein. Er verstand sich als Kämpfer
an vorderster Front und schien wie Hitler das Gefühl zu lieben, in Ab-
gründe zu blicken und das Vabanque-Spiel auf die Spitze zu treiben. Auch
beim Überfall auf die Sowjetunion packte ihn regelrechtes Frontfieber. Am
Boden mordeten seine Einsatzgruppen täglich Zigtausende; am Himmel
stürzte sich Heydrich auf gegnerische Maschinen. Einmal aber schien er
sein Glück überreizt zu haben: Östlich der Beresina wurde seine Maschine
getroffen, und er musste notlanden. Zwei Tage lang war Heydrich verschollen. War Himmlers engster Mitarbeiter der Roten Armee in die
Hände gefallen? Reinhard Heydrich in sowjetischer Gefangenschaft –
»was wäre das für ein Fressen für die Russen gewesen«, formulierte es Lina
Heydrich.

Heydrich hatte sich in einer Höhle versteckt und gewartet, bis ihn ein
Sturmtrupp seines Sicherheitsdienstes herausholte. Nach diesem Aben-
teuer verbot ihm auch Hitler das Fliegen. Heydrich wurde für andere Aufgaben gebraucht. Das Morden in größten Dimensionen hatte gerade erst
begonnen.

Schon im September 1939 hatte Heydrich begriffen, dass für Hitler die
militärische Eroberung des Ostens und die Vernichtung der Juden untrennbar miteinander verbundene Ziele waren. Fortan sah er seine Aufgabe darin, Hitler und Himmler Wege aufzuzeigen, wie dies zu erreichen
war. Er hatte früh erkannt, wohin Himmlers und Hitlers Judenverfolgung
führen musste. Als im Januar 1941 die Planungen für einen Überfall auf die

> *An zweien dieser Zusammenkünfte [mit Hitler] haben wir als Ehepaar Heydrich teil-*
> *genommen. Beim ersten Male geschah es in der Reichskanzlei. Hitler stand im Vesti-*
> *bül. Wir gingen auf ihn zu. Er reichte uns beide Hände und sagte spontan: »Welch*
> *ein schönes Paar. Ich bin sehr beeindruckt!« Reinhard schmunzelte. Dann wurden*
> *wir uns selbst überlassen.*
> Lina Heydrich, Ehefrau, in ihren Memoiren

Das Judentum ist in den Städten im Ghetto zusammenzufassen, um eine bessere Kontroll- und spätere Abschubmöglichkeit zu haben.

Reinhard Heydrich am 20. September 1939 an die Spitze der Polizei und die Chefs der Einsatzgruppen

Sowjetunion in ihr entscheidendes Stadium traten, wusste Heydrich, dass eine neue Dimension des Mordens unmittelbar bevorstand. Ein »Sonderauftrag« war zu erfüllen. Den Führern der Sonderkommandos, die hinter den Linien der vorstürmenden Wehrmacht morden sollten, teilte Heydrich nur in kleinen Portionen mit, was ihm von Hitler befohlen worden war. Als er im April 1941 erstmals die Amtschefs des RSHA in dieser Sache zusammenrief, sprach Heydrich lediglich von einem »harten Auftrag«. Es gelte, den russischen Raum »zu sichern und zu befrieden«. Nachdem der SD-Chef etwas deutlicher geworden war, meldete sich bis auf Heinrich Müller, den berüchtigten Chef der Gestapo, keiner der SS-Oberen freiwillig zu diesem blutigen Sonderauftrag. Erst unter Heydrichs Druck kam die Führungsriege der Todesschwadrone zusammen. Kaum weniger schwierig war es, die Mannschaften für die Einsatzgruppen zu werben. Ein Lockmittel, das immer zog, war Geld. Wilhelm Höttl, damals Mitarbeiter im Amt VI des Reichssicherheitshauptamts, erinnert sich, dass bei der Rekrutierung der Truppen von Mord noch nicht die Rede war. »Es wurde von der Ausschaltung der Juden gesprochen, was dann aber physische Vernichtung hieß. Man konnte sich für diese Aufgabe freiwillig melden, und als da viel zu wenige waren, musste jeder Abschnitt von SD, Gestapo oder Kripo ein gewisses Kontingent stellen, und auch von der Ordnungspolizei wurden Mannschaftsgruppen abkommandiert.« Damals, sagt Höttl, sei es den Deutschen wirtschaftlich nicht sonderlich gut gegangen. »Deshalb waren die hohen Tagegelder, die man bei einem Einsatzkommando kassierte, schon verlockend. Man hat sich gesagt, du brauchst dich ja nur melden, kommst nach Bialystok oder sonst wohin und bekommst dein Geld. Und die paar Reichsmark, das war für den Kleinverdiener damals schon eine ganze Menge.« Bald wurde offenkundig, an wen und wofür sich die solchermaßen Rekrutierten verkauft hatten. Geld war aber sicherlich nicht die einzige Antriebsfeder, sich einer Mordtruppe anzuschließen. Viele waren überzeugt, das Richtige zu tun – auch für ihre Karriere.

Mit Druck und Geld brachte Heydrich seine Truppen zusammen. Im Mai 1941 standen 3000 Mann bereit. Aus Beamten der Gestapo, Fahndern der Kripo, Männern des SD und von der Ordnungspolizei, Soldaten der Waffen-SS und ausländischen Hilfspolizisten wurden vier Einsatzgruppen formiert. Die Einsatzgruppe A unter Führung Dr. Walter Stahleckers sollte der Heeresgruppe Nord bis nach Leningrad, die Einsatzgruppe B unter

> *Im Allgemeinen waren die Deutschen, die ins Ghetto kamen, sehr brutal. Man hatte vor jedem Angst. Man musste den Hut vor jeder deutschen Uniform ziehen. Manche fragten:* »*Warum ziehst du deinen Hut, wo ich dich doch gar nicht kenne?*«, *andere schlugen, wenn man nicht den Hut zog. Jeder Jude versuchte, einen Uniformierten zu meiden. Dennoch gab es Fälle, dass uniformierte Deutsche, wenn sie allein waren, sich menschlich verhielten und manchmal den Juden ein Stück Brot gaben. Sie erzählten, dass sie aus Hamburg seien und Mitglieder von Gewerkschaften oder einer sozialistischen Partei waren. Sie wollten den Eindruck vermitteln, dass sie nicht allem zustimmten. Aber das geschah nur dann, wenn sie allein waren. Wenn sie einen anderen Soldaten sich nähern sahen, änderten sie nicht nur ihren Ton, sondern auch ihr ganzes Verhalten.*
> Professor Israel Gutman, polnischer Jude, damals im Ghetto Warschau

Kripo-Chef Arthur Nebe hinter der Heeresgruppe Mitte bis kurz vor Moskau folgen. Die Gruppen C und D unter SS-Brigadeführer Dr. Dr. Otto Rasch und Standartenführer Otto Ohlendorf sollten durch das riesige Gebiet der Heeresgruppe Süd von den Pripjetsümpfen bis zum Schwarzen Meer ausschwärmen.

Heydrich selbst stimmte die Einsatzgruppenleiter nur mündlich auf ihren blutigen Auftrag ein. Walter Blume, Chef des Sonderkommandos 7a, erinnerte sich, Heydrich habe dabei die Vernichtung des Ostjudentums als »Befehl der Obersten Staatsführung« bezeichnet. »Dieser Befehl ist derart eindeutig gegeben worden, dass kein Zweifel darüber bestehen konnte, was uns in Russland erwartete.«

Wie konkret wurde Heydrich vor den Führern der Mordkommandos? »Ich kann mich lediglich daran erinnern«, sagte der ehemalige Leiter des Einsatzkommandos 3, Karl Jäger, nach dem Krieg, »dass Heydrich in einer Ansprache erklärte, dass im Falle eines Krieges mit Russland die Juden im Osten alle erschossen werden müssten. ... Ich vermag mich noch zu erinnern, dass einer der Stapoleiter daraufhin etwa wörtlich fragte: ›Wir sollen die Juden erschießen?‹, worauf Heydrich in etwa antwortete, dass dies doch wohl selbstverständlich sei.«

»Ich sah diese Äußerung Heydrichs«, gab Jäger an, »als bindenden Befehl dafür an, dass bei Aufnahme meiner Tätigkeit im Osten die Juden zu erschießen seien. Ich habe deshalb gegen diese Erschießungen nichts unternommen.«

In den ersten Wochen des Einsatzes waren die Anweisungen Heydrichs noch interpretierbar. Der Mordauftrag richtete sich gegen Juden in Partei- und Staatsstellung. In erster Linie sollten Männer im wehrfähigen Alter betroffen sein. Es blieb der Initiative der einzelnen Kommandos überlassen, wie sie diese Zielgruppe genauer definierten. Ein eindeutiger Befehl von pauschalem Charakter zur Ermordung der gesamten jüdischen Bevölkerung in der Sowjetunion war vor Beginn des Angriffs auf Stalins Reich nicht an die Einsatzgruppen ausgegeben worden – noch nicht.

Das Heer, das am 22. Juni 1941 über die Sowjetunion herfiel, war die größte für einen einzigen Feldzug zusammengezogene Streitmacht der Geschichte: knapp 3,2 Millionen Soldaten, eingeteilt in sieben Armeen, vier Panzergruppen mit 3580 Panzern, 7184 Geschützen, drei Luftflotten mit mehr als 2000 Flugzeugen. Nur wenige Tage später hatte Hitlers Wehrmacht den westlichen Rand des roten Riesenreiches überrollt, unzählige Menschen waren plötzlich mit einer deutschen Besatzung konfrontiert, die sie noch nicht einschätzen konnten, doch schon bald von ihrer schlimmsten Seite kennen lernen sollten. Für Hitler hatte an diesem 22. Juni der Krieg begonnen, den er schon immer gewollt hatte – ein Vernichtungskrieg im Osten für die alten Ziele: Eroberung von »Lebensraum«, Ausrottung des Kommunismus, Auslöschung des Judentums. Bereits Anfang März hatte er gegenüber den Oberbefehlshabern der drei Wehrmachtsteile und weiteren Truppenkommandeuren betont: »Ein Krieg wie gegen Russland kann nicht ritterlich geführt werden. Es handelt sich um einen Kampf der Weltanschauungen und rassischen Gegensätze und ist daher mit nie da gewesener erbarmungsloser Härte zu führen.«

Die Aufgaben der »Einsatzgruppen« waren eindeutig definiert: »Bekämpfung aller reichs- und deutschfeindlichen Elemente im Feindesland rückwärts der fechtenden Truppe«. Konkret hieß dies: Sie sollten im Windschatten der Wehrmacht vorrücken, systematisch die bereits besetzten Gebiete nach ideologischen und rassischen Feinden des Hitler-Reiches durchkämmen und diese ermorden. Auch Zigeuner und andere »asoziale Elemente« sollten exekutiert werden.

Ein SS-Mann erschießt Zivilisten. Unter den Zeugen der Tat befinden sich auch Wehrmachtsangehörige.

Das war also der Krieg, den Hitler in der Sowjetunion führen wollte: frei von jeder Rücksichtnahme auf die Bindungen der Zivilisation. In diesem, seinem, Krieg sollten keine Regeln gelten, die ein Mindestmaß an Humanität hätten gewährleisten können.

Vom ersten Tag des Russlandfeldzugs an ermordeten die Einsatzgruppen Kommunisten, Intellektuelle und, gemäß Heydrichs Befehl, vor allem »Juden in Partei- und Staatsstellung« als potenzielle »Unruhestifter«. Dass die Grenzen zwischen den Gruppen der Opfer fließend waren und bewusst verwischt wurden, zeigen exemplarisch die ersten Morde der Einsatzkommandos im lettischen Liepaja, das die Deutschen damals Libau nannten. Geiselerschießungen gehörten dort schon im Juli 1941 zur Tagesordnung. Seit dem 29. Juni war die Stadt mit ihrem Kriegshafen in deutscher Hand – eine Woche hatte es nach dem Überfall der Wehrmacht auf die Sowjetunion gedauert, bis die Verteidiger der Stadt, sowjetische Marinesoldaten und Arbeitermilizionäre der Torsmare-Werft, niedergekämpft waren. Aber noch immer kam es zu Schusswechseln zwischen deutschen Besatzern und versprengten Verteidigern – Grund genug für die Männer des Einsatzkommandos 2, die Stadt Libau zu »befrieden«: mit »rücksichtslosestem Vorgehen«. So war es ihnen befohlen worden. Angefordert hatte ihre Hilfe der Ortskommandant, ein Korvettenkapitän der deutschen Kriegsmarine. Er war es auch, der drakonische Vergeltungsmaßnahmen angekündigt hatte: »Für jeden einzelnen Versuch eines Überfalls, Sabotageaktes oder Plünderung sollen zehn in deutscher Hand sich befindende Geiseln erschossen werden.« Die ersten »Geiseln« wurden in den Dünen bei Liepaja am 4. Juli mithilfe des SS-Teilkommandos der Einsatzgruppe 2 erschossen – 47 Juden und fünf lettische Kommunisten. Drei Tage später erhöhte der Ortskommandant die Zahl der als Repressalie zu erschießenden Geiseln auf 100 für einen verwundeten deutschen Soldaten. Die deutschen Einsatzkommandos – Hitlers willige Vollstrecker im Kampf gegen den »jüdisch-bolschewistischen Weltfeind« – wussten genau, wer bevorzugt als Geisel infrage kam: die Juden der gerade eroberten Stadt. Noch waren ihre Opfer die »wehrfähigen« jüdischen Männer – so hatte man es ihnen befohlen. Noch wurden Frauen, Kinder und Alte geschont.

Auf der Suche nach Geiseln durchkämmten Greifkommandos die Häuser, ohne Vorwarnung wurden junge jüdische Männer auf offener Straße abgefangen. Sie waren eine leichte Beute für die Häscher, denn seit dem

Die Deutschen sind sehr systematisch vorgegangen. Sie hatten genaue Informationen, haben genau gewusst, wo wie viele Juden leben. Erstens mal mussten wir dann mit dem Stern gehen. Dann musste man alle Musikinstrumente und Radios abgeben. Wir durften natürlich nicht mehr ins Kino gehen. In der Straßenbahn durften wir nur im hinteren Abteil fahren. Der einzige Platz, wohin wir noch als Kinder, als Jugendliche konnten, das war in Prag der Hagibauplatz, ein Fußballplatz mit einem kleinen Park daneben. Das war der einzige Platz, wo wir noch irgendwie Natur genießen konnten. Man hat uns natürlich aus der Schule, aus dem Gymnasium hinausgeworfen. Ich habe dann eine Lehre als Elektriker gemacht. Das hat auch nur drei, vier Monate geklappt, dann war das auch verboten.
Chanan Bachrich, tschechischer Jude

5. Juli hatten die Juden auf Anordnung des Ortskommandanten gelbe Tuchflecken auf Brust und Rücken zu tragen. In diesen Tagen verlor auch die damals 16-jährige Gymnasiastin Fanny Segal ihren Vater. Er hatte geahnt, dass sich die Juden in Libau auf Schlimmes gefasst machen mussten: »Eines Tages ist er nach Hause gekommen und hat meiner Mutter erzählt, dass sie am Meer Gräber graben. ›Ich glaube, die Gräber sind für uns‹, sagte er.« Seine Befürchtung wurde am 8. Juli wahr, erinnert sich Fanny Segal: »Wir haben in einem Militärlager hinter Libau gearbeitet. Um fünf Uhr haben uns die Deutschen nach Libau zurück in die Stadt gebracht, und wir mussten uns anmelden, um eine Arbeitsbescheinigung zu bekommen. Wir gingen ins Zentrum der Stadt. Dort war ein großer Saal in einem großen Haus. Wir waren ein paar hundert Leute, und plötzlich ist ein Befehl gekommen: ›Alle Männer raus!‹ Mein Vater hat zu weinen begonnen, er hat mich geküsst, hat mir seine Uhr gegeben. Er hat gewusst, das ist das Ende.« Insgesamt 1000 jüdische Männer wurden in Libau im ersten Monat der deutschen Besatzung von Einsatzgruppen und lettischem »Selbstschutz« exekutiert.

Libau war überall hinter der deutschen Front in diesem Sommer 1941. Doch es gab Faktoren, die es Hitler möglich machten, jene Brutalisierung des Krieges, die er selbst betrieb, propagandistisch den Sowjets anzulasten. Massenmorde – ob systematisch oder im Blutrausch – fanden in den ersten Wochen des Krieges in Russland nicht nur auf deutscher Seite statt. Auch Stalins Geheimpolizei, der NKWD, verstand sich darauf, blutige Arbeit zu leisten – mit dem Ziel, alle oppositionellen Kräfte wie Politiker,

Intellektuelle, Beamte, Lehrer, ukrainische und polnische Nationalisten zu eliminieren. In Orten wie Tschortkow, Tarnopol, Riga, Zloczow trafen die deutschen Soldaten in den ersten Wochen auf Spuren grausamer Massaker. In den drei Gefängnissen von Lemberg (Lwow) waren vor dem deutschen Einmarsch 5000 Gefangene eingekerkert. Nach dem Überfall der Wehrmacht, in den Tagen vom 24. bis zum 28. Juni, kam es auch hier zum Exzess: Stalins politische Polizei mordete ebenfalls mit System – der sowjetische Geheimdienstchef Berija hatte befohlen, alle »Klassenfeinde« und »konterrevolutionären Elemente« zu erschießen. Tausende von Häftlingen wurden in ihren Zellen durch Genickschuss getötet, anderen Gefangenen mit Vorschlaghämmern der Schädel zertrümmert. Als es im Chaos vor dem deutschen Einmarsch zum Versuch einer Massenflucht kam, schossen die sowjetischen Aufseher mit Maschinengewehren auf die Häftlinge, schließlich warfen sie Granaten in die immer noch überfüllten Zellen.

Am 29. Juni standen die deutschen Truppen vor Lemberg, und die Sowjets zogen sich aus der Stadt zurück. Die Lemberger machten sich daran, in den verwesenden Leichenbergen, die von den Sowjets zurückgelassen worden waren, nach Angehörigen und Freunden zu suchen. Und sie sannen darauf, Rache zu nehmen. Die wahren Täter waren geflohen, schnell fand man Sündenböcke. Die eilig aufgestellte ukrainische Miliz begann, Juden aus der ganzen Stadt zusammenzutreiben. Die deutschen Soldaten hatten nicht die Absicht, sie daran zu hindern – die anwesenden Männer der Einsatzgruppen erst recht nicht: Zu ihrem Auftrag zählte, dass Pogrome möglichst »unauffällig« anzufachen seien. Die Polin Jaroslawa Woloszanska sah als 22-Jährige, was in Lemberg, dessen Einwohnerschaft von 340 000 Menschen fast zu einem Drittel aus Juden bestand, geschah: »Es gab ein schreckliches Judenpogrom. Sie kamen in der Morgendämmerung, zerrten die Menschen aus den Häusern. Das Schlimmste war, dass sie auch Kinder töteten. Alles war ganz furchtbar! In der ganzen Stadt roch es nach Tod und Verwesung.«

Angehörige der Einsatzgruppen sahen dem mörderischen Treiben zu – und manche beteiligten sich auf eigene Faust daran. All das passte in ihr verqueres Weltbild. SS-Hauptscharführer Felix Landau leistete dem Befehl Heydrichs, »antijüdischem Selbstreinigungsbestreben« nicht im Weg zu stehen, willig Folge. In seinem Tagebuch beschrieb er das Geschehen in Lemberg: »Hunderte von Juden mit blutüberströmten Gesichtern, Löchern in den Köpfen, gebrochenen Händen und heraushängenden Augen laufen die Straßen entlang. Einige blutüberströmte Juden tragen andere, die zusammengebrochen sind.«

4000 Juden wurden binnen drei Tagen auf offener Straße erschlagen – von der einheimischen Miliz, von Teilen der Sonderkommandos, von der Bevölkerung. Und Lemberg war kein Einzelfall. In einem Bericht des Chefs der Einsatzgruppe A, SS-Brigadeführer Dr. Franz Stahlecker, vom Oktober 1941 heißt es: »Schon in den ersten Stunden nach dem Einmarsch wurden, wenn auch unter erheblichen Schwierigkeiten, einheimische antisemitische Kräfte zu Pogromen gegen die Juden veranlasst. Befehlsgemäß war die Sicherheitspolizei entschlossen, die Judenfrage mit allen Mitteln und aller Entschiedenheit zu lösen. … Es musste nach außen gezeigt werden, dass die einheimische Bevölkerung selbst als natürliche Reaktion gegen jahrzehntelange Unterdrückung durch die Juden und gegen den Terror durch die Kommunisten in den vorangegangenen Zeiten die ersten Maßnahmen von sich aus getroffen hat.« Die Pogrome, welche die Einsatzgruppen auf Anordnung Heydrichs »spurenlos« auslösen sollten, waren schon deshalb willkommen, weil man hoffte, dass Exzesse von Einheimischen die Skrupel und Widerstände in den eigenen Reihen und in der Wehrmacht verringern würden. Pogrome der Bevölkerung lieferten den SS-Kommandos zudem eine willkommene Relativierung der eigenen brutalen Untaten.

Den ganzen Juli 1941 berichtete die »Wochenschau« über die vermeintlichen, von Juden verübten Massaker und gab die ideologische Richtung an: »Keine Gnade mit den Urhebern, den Juden«. Die entsprechend kommentierten Filmaufnahmen erfüllten im Reich ihren Zweck. Im Stimmungsbericht des Sicherheitsdienstes vom 7. Juli hieß es, bei den Kinobesuchern sei »überwiegend die Überzeugung zum Ausdruck gekommen, dass gerade solche Bilder vom wahren Wesen des Bolschewismus und des Judentums in ihrer realistischen Furchtbarkeit heute immer wieder gezeigt werden müssten«.

Solche Propaganda gab dem Wüten der SS den ideologischen Rückhalt. Von Mitte August an überschritten die Einsatzgruppen überall im besetzten Ostgebiet die Grenzen eines selektiven Terrors, der sich bis dahin vornehmlich gegen jüdische Männer im wehrfähigen Alter und schließlich gegen Frauen gerichtet hatte. Jetzt wurde die gesamte jüdische Bevölkerung ohne Unterschied ermordet. Auch die Kinder mussten sterben. Der Holokaust hatte begonnen.

Der Name einer Stadt wurde dafür zum Symbol: Bjelaja Zerkow, 70 Kilometer südlich von Kiew. In die ukrainische Kleinstadt rückten Mitte August die Männer der 295. Infanteriedivision ein – »zur Auffrischung«, wie es hieß, denn sie hatten wochenlange schwere Kämpfe hinter sich. Die erschöpften Infanteristen wünschten sich nur eines: »Ruhe«. Doch davon

Das Schulhaus von Bjelaja Zerkow. Hier waren 90 jüdische Kinder eine Woche lang eingesperrt, ehe sie von Helfern der SS erschossen wurden.

konnte in Bjelaja Zerkow keine Rede sein. In dem jüdisch besiedelten Ort hörten die Soldaten Schüsse. Franz Kohler, ein Funker der Division, wollte persönlich überprüfen, was in dem nahe gelegenen Wald vor sich ging. Als er zum Schießplatz der örtlichen Kaserne kam, wollte er seinen Augen nicht trauen: »Stehen da eine Reihe von Leuten und machen gleichzeitig einen Purzelbaum. Was soll das, hab ich gedacht. Ich bin näher gegangen, bis ich gesehen habe, dass die alle erschossen werden. Die sind alle in die Grube gefallen.« Ein Teil des Sonderkommandos 4a, ein Zug der Waffen-SS und die ukrainische Miliz waren dabei, mehrere hundert jüdische Männer und Frauen zu ermorden. Kohler sah Entsetzliches: »Da waren ein älterer Mann und zwei Frauen, es müssen seine Töchter gewesen sein, das waren die letzten drei. Der hat die Frauen in den Arm genommen, dann kam ein SS-Mann und hat sie mit der Pistole erschossen, mit Genickschuss.« Auf die erschütterte Frage von Franz Kohler, was denn mit den Kindern dieser Menschen geschehe, antwortete einer der Schützen: »Das geht uns nichts an. Wir erschießen nur von 14 bis zum Opa. Mit den Kindern haben wir nichts zu tun.«

178

Die Tragödie von Bjelaja Zerkow war noch nicht zu Ende. Nach einer Woche holten Lastwagen auch die Kinder zur Erschießung ab. Soldaten informierten Wehrmachtspfarrer. Es kam zum Protest. Die Aktion wurde kurzzeitig gestoppt. 90 Kinder blieben in einem Haus am Stadtrand eingesperrt, allein – ohne Wasser und Brot. Ihr Wimmern und Weinen war unüberhörbar. Nochmaliger Protest konnte sie nicht retten. Feldmarschall von Reichenau, ein Karrierist des »Dritten Reiches«, wiederholte seinen schon zuvor erteilten Befehl, die Kinder zu erschießen: »Grundsätzlich habe ich entschieden, dass die einmal begonnene Aktion in zweckmäßiger Weise durchzuführen ist.« So viel zur Moral des Feldmarschalls von Reichenau. Der damalige Oberbefehlshaber der Sechsten Armee billigte und befahl die Tötung jüdischer Kinder – und machte sich zum Mittäter der Mordaktionen Heydrichs.

August Häfner, SS-Obersturmführer des Sonderkommandos 4a, schilderte vor dem Nürnberger Gerichtshof, wie seinerzeit der Streit entbrannte, wer die Kinder erschießen sollte. Es habe einen Wortwechsel mit seinem Vorgesetzten gegeben, dem für seine Effizienz berüchtigten SS-Standartenführer Paul Blobel: »Er gab mir den Befehl, die Erschießung der Kinder durchzuführen. Ich fragte ihn: ›Durch wen soll die Erschießung durchgeführt werden?‹ Er antwortete: ›Durch die Waffen-SS.‹ Ich erhob Einspruch: ›Das sind doch alles junge Männer; wie sollen wir es vor denen verantworten, wenn sie kleine Kinder erschießen?‹ Daraufhin sagte er (Blobel): ›Dann nehmen Sie doch Ihre Männer.‹ Auch jetzt sagte ich wieder: ›Wie sollen die das tun, die haben doch auch kleine Kinder.‹ Dieses Tauziehen hat etwa zehn Minuten gedauert. … Ich habe vorgeschlagen, dass die ukrainische Miliz des Feldkommandanten die Kinder erschießen solle. Es wurde von keiner Seite gegen diesen Vorschlag Einspruch erhoben.«

Das Morden anderen zu überlassen, geriet mehr und mehr zur Methode der SS und anderer Beteiligter. Tatsächlich tendierten Einsatzgruppenführer immer stärker dazu, das »schmutzige Handwerk«, die Erschießungen, jenen Hilfstruppen zu übertragen, die sich aus der einheimischen Bevölkerung rekrutierten. Die Deutschen begnügten

Den intellektuellen Großstadtjuden ist es in weitem Maße gelungen, vor den deutschen Armeen nach Osten zu flüchten. … Infolgedessen ist es z. Zt. kaum möglich, die Liquidierungsziffer auf der bisherigen Höhe zu halten, eben weil das jüdische Element dabei in nicht unwesentlichem Maße ausfällt.

SS-Brigadeführer Arthur Nebe, Kommandeur der Einsatzgruppe B, am 4. September an das RSHA

Die Lösung der Judenfrage wurde insbesondere im Raum ostwärts des Dnjepr seitens der Einsatzgruppe … energisch in Angriff genommen.

Bericht Nr. 6 der Einsatzgruppen für die Zeit vom 1. bis zum 31. Oktober 1941

In der Villa Am Großen Wannsee 56/58 in Berlin trafen sich am 20. Januar 1942 die Spitzen der Staatsbürokratie, um die so genannte »Endlösung« zu koordinieren.

sich in solchen Fällen lediglich mit Absperrdiensten – und manche wähnten tatsächlich, dass sie sich auf diese Weise nicht persönlich am Töten schuldig machen würden, schuldig seien nur die einheimischen Kollaborateure gewesen. Die Anzahl »fremdvölkischer Hiwis« stieg rapide, sie würde sich im Verlauf des Krieges von etwa 30 000 auf 300 000 Mann verzehnfachen. Dies sollte nicht nur der Weg sein, die deutschen Täter zu entlasten, sondern auch die Effizienz des Mordens zu steigern. Die Kollaborateure wurden instrumentalisiert und zeigten sich oft nur allzu gern bereit, ihre antisemitischen Ressentiments, die in einigen eroberten Gebieten verbreitet waren, an Unschuldigen auszulassen.

Die lettische Jüdin Rozèle Goldenstein erlebte die Brutalität der Erschießungskommandos am eigenen Leib: »Sie trieben uns Kinder zusammen, um uns zu erschießen. Einige haben versucht zu fliehen. Aber die wurden auf der Stelle erschossen.« Rozèle sah die vermeintlich letzten Augenblicke ihres Lebens kommen, für sie war der Gang zur Grube fast schon eine Erlösung nach Tagen und Wochen des ungewissen Wartens und Alleinseins: »Sie hatten meine Mutter erschossen, ich wollte auch tot sein, und jetzt war es endlich so weit. Ich wusste, ich würde meine Mutter wiedersehen.« Wie durch ein Wunder überlebte Rozèle den Massenmord. Bei den ersten Schüssen ließ sie sich in die Grube fallen, Leichen stürzten über sie und bedeckten das regungslos liegende Mädchen. Rozèle glaubte fest daran, dass nun auch ihr Ende gekommen war. Erst nach einigen Minuten begriff das Kind, dass es noch lebte. Als es hörte, dass die Mörder »laut singend und betrunken« den Platz am Waldrand verließen, kroch es aus der Grube und versteckte sich.

Viele Überlebende berichten, dass Täter während der Erschießungen, vor allem aber danach, betrunken waren. Den Vollstreckern Alkohol zuzuteilen hatte Methode. Petras Zelionka, 1941 litauischer Hilfspolizist, berichtet: »Jeder hat so viel gebechert, wie er lustig war. Man hat uns zu trinken gegeben, so viel das Herz begehrte. Als dieser Schnaps dann wirkte, hatten alle Mut, mit der Operation zu beginnen.« Zu diesem Thema sagte der Schutzpolizist Tögel, Angehöriger des Einsatzkommandos 10a, aus: Von einer »Exekution weiß ich noch genau, dass die SD-Leute hinterher besoffen waren und daher eine Sonderzuteilung an Schnaps bekommen haben mussten. Wir Schutzpolizisten haben nichts bekommen, und ich weiß noch, dass wir uns darüber sehr aufgeregt haben.« Nicht der Mord gab Anlass zur Beschwerde, sondern die mangelnde Unterstützung, ihn zu verdrängen.

Der Urheber all dieser Ereignisse, Adolf Hitler, war über die massenhaften Exekutionen bestens informiert. Seit dem 1. August galt der Befehl: »Dem Führer sollen laufend Berichte über die Arbeit der Einsatzgruppen im Osten vorgelegt werden.« Der Anweisung des Gestapo-Chefs Heinrich Müller wurde getreulich Folge geleistet. Es war ein absurdes Unterfangen, bedenkt man, dass einerseits die Durchführung dieser barbarischen Aktionen absolute Geheimhaltung erforderte, auf der anderen Seite aber der Drang dominierte, das Verbrechen bis ins kleinste Detail zu dokumentieren.

Im Reichssicherheitshauptamt wurde auch Heydrich ständig auf dem Laufenden gehalten. Unablässig gingen die »Ereignismeldungen« seiner Einsatzgruppen in der Berliner Zentrale ein, während die Mordkommandos Russlands Judentum erbarmungslos vernichteten. Täglich las er Berichte wie jenen der Einsatzgruppe B vom 19. Dezember 1941: »Bei unter Hinzuziehung von Ordnungspolizei durchgeführten Kontrollen der Ausfallstraßen von Mogilew wurden insgesamt 135 Personen, zum größten Teil Juden, ergriffen. 127 Personen wurden erschossen.« Ein nahe gelegenes Durchgangslager für sowjetische Kriegsgefangene wurde, so der Bericht, »nach Juden und Funktionären überholt. 126 Personen wurden überstellt und erschossen.« Außerdem sei in Paritschi nahe Bobruisk »eine Sonderaktion« durchgeführt worden, »in deren Verlauf 1013 Juden und Jüdinnen erschossen wurden«. Die Zahlen stiegen stetig an, addierten sich zu Hunderttausenden von Opfern, über die im Reichssicherheitshauptamt genau Buch geführt wurde.

Trotz der Massenmorde hinter der Ostfront galt auch jetzt noch offiziell als Maxime der NS-Rassenpolitik, die Juden aus Europa herauszuschaffen, wie auch immer. »Die Juden sind die Geißel der Menschheit«, erklärte Hitler am 21. Juli 1941 dem kroatischen Marschall Kvaternik. Wohin man sie schicke, nach Sibirien oder nach Madagaskar, sei gleichgültig. Wie eine solche »Endlösung« im Detail vonstatten gehen sollte, blieb noch immer offen. Viele Möglichkeiten wurden ausgelotet. Doch mit jedem Tag wurde eine Entscheidung dringlicher. Die Lage in den Ghettos im »Generalgouvernement« spitzte sich dramatisch zu. »Es besteht in diesem Winter die Gefahr, dass die Juden nicht mehr sämtlich ernährt werden können«, schrieb SS-Sturmbannführer Rolf-Heinz Höppner, Leiter des SD-Abschnitts Posen, am 16. Juli 1941 dem »Judenreferenten« im Reichssicherheitshauptamt, Adolf Eichmann. Gemeint war das Ghetto Lodz, das inzwischen auf Reichsgebiet lag. »Es ist ernsthaft zu erwägen, ob es nicht die humanste Lösung ist, die Juden, so weit sie nicht arbeitseinsatzfähig sind, durch irgendein schnell wirkendes Mittel zu erledigen. Auf jeden Fall wäre dies angenehmer, als sie verhungern zu lassen.« Neue Ghettos in Polen zu errichten, lehnte »Generalgouverneur« Hans Frank entschieden ab, »da nach einer ausdrücklichen Erklärung des Führers vom 19. Juni des Jahres die Juden in absehbarer Zeit aus dem Generalgouvernement entfernt würden und das Generalgouvernement nur noch gewissermaßen Durchgangslager sein soll« – auf dem Weg in die beschworenen »Reservate jenseits des Ural«.

Während der Massenmord im Rücken der Front im vollen Gange war, fand Heydrich Zeit und Muße, Sport zu treiben. Im August 1941 nahm er an den deutschen Fechtmeisterschaften in der Reichssonderklasse der besten Zwölf teil, und im Dezember 1941, als die Wehrmacht vor Moskau im russischen Winter festsaß, focht Heydrich bei einem Länderwettkampf gegen Ungarn – und wurde bester Deutscher. Er pflegte morgens zu trainieren, zwischen vier und sechs Uhr.

Schon seit Anfang 1941 arbeitete Reinhard Heydrich an einem umfas-

Oben: Er wollte überall »der Beste« sein. Heydrich bei der Siegerehrung der SS-Fechtmeister-
schaften 1936.
Unten: Sport als Kriegsvorbereitung: Heydrich gratuliert einem Teilnehmer der Polizei-Skimeis-
terschaft 1938.

senden Programm für die Deportation aller Juden Europas nach dem Osten. Jetzt, da der Sieg scheinbar unmittelbar bevorstand, rückte auch der Tag näher, an dem Hitler die letzte, die radikalste Phase der »Endlösung« einleiten sollte. Auf diesen Moment, auf die laut Hitler »zweifellos kommende Endlösung der Judenfrage«, wollte Heydrich vorbereitet sein. Im Zenit trügerischer Siegesgewissheit ließ er sich von seinem Untergebenen, dem »Judenreferenten« im Reichssicherheitshauptamt, Adolf Eichmann, ein Schreiben aufsetzen, das Hermann Göring am 31. Juli 1941 unterzeichnete. Damit ermächtigte Göring, der 1938 mit der »Gesamtlösung der Judenfrage« beauftragt worden war, Heydrich dazu, »alle erforderlichen Vorbereitungen für eine Gesamtlösung der Judenfrage im deutschen Einflussbereich in Europa zu treffen«. Der Holokaust, der mit den Morden der Einsatzgruppen im Osten seinen Anfang genommen hatte, sollte auch auf Westeuropa und sogar auf das französische Nordafrika übergreifen. Mit dieser »Vollmacht« hatte sich Heydrich abgesichert. Sie »beförderte« ihn zum obersten »Judenkommissar« für ganz Europa – verantwortlich für eines der zentralen Anliegen Hitlers. Sie habe ihren Mann »immer wieder« gebeten, seinen »Beruf« aufzugeben, behauptete Lina Heydrich nach dem Krieg. Aber er soll zu ihr nur gesagt haben: »Das verstehst du nicht. Ich muss es tun. Nur ich kann es. Die anderen können es nicht.«

»Judenreferent« Adolf Eichmann wurde nach eigenem Bekunden von Heydrich selbst über die weit reichenden Pläne informiert. Im Spätsommer 1941, so Eichmann, habe Heydrich ihn nach Berlin befohlen. Sein Vorgesetzter wirkte, wie sich Eichmann nach dem Krieg beim Verhör in Israel zu erinnern glaubte, ungewöhnlich unruhig, schien sich geradezu unwohl zu fühlen. »Der Führer, ja also, die Emigration...«, soll Heydrich etwas stotternd erklärt haben. »›Der Führer hat die physische Vernichtung der Juden befohlen.‹ Und als ob er die Wirkung seiner Worte prüfen wollte«, so Eichmann weiter, »machte er, ganz gegen seine Gewohnheit, eine lange Pause. Ich weiß es noch heute. Ich hatte im ersten Augenblick gar nicht zu ermessen vermocht, die Tragweite, weil er seine Worte so sehr wählte. Doch dann wusste ich Bescheid und habe nichts darauf gesagt, weil ich dazu nichts mehr sagen konnte.« Eichmann wurde von Heydrich informiert, weil er die Transporte organisieren sollte. Den Vollstreckern des Holokaust wurde immer gerade so viel mitgeteilt, dass sie wussten, was sie zu tun hatten.

Ich kann heute feststellen, dass das Ziel, das Judenproblem für Litauen zu lösen, vom EK [Einsatzkommando] 3 erreicht worden ist. In Litauen gibt es keine Juden mehr, außer den Arbeitsjuden inkl. ihrer Familien.

Bericht des Befehlshabers der SIPO und des SD, Einsatzkommando 3, vom 1. Dezember 1941

Reinhard Heydrich traute sich die Härte zu, die »Endlösung« zu vollenden. Am 20. Januar 1942 versammelten sich unter seinem Vorsitz die Spitzen der Staatsbürokratie in einer Villa mit der Hausnummer Großer Wannsee 56/58. Thema der Sitzung war die Frage, wie sich der Massenmord organisieren ließ. Die Konferenz war ursprünglich auf den 9. Dezember 1941 angesetzt gewesen, aber nach dem japanischen Überfall auf Pearl Harbor und der anschließenden Kriegserklärung Deutschlands an die USA musste das Treffen verschoben werden. Heydrich berief die Konferenz nicht ein, um grundsätzliche neue Entscheidungen über die »Endlösung« zu treffen. Der Massenmord an den Juden in den eroberten Gebieten der Sowjetunion hatte längst begonnen, neue Vernichtungslager waren in Vorbereitung. Es ging vor allem darum, die hohe Ministerialbürokratie in die Planung einzubinden.

Das Protokoll der Sitzung führte Eichmann. Von ihm stammten Fakten und Zahlen für Heydrichs Eröffnungsreferat, in dem der SD-Chef bestätigte, wozu ihn Göring ermächtigt hatte. Heydrich, hieß es in der Vollmacht, sollte »alle erforderlichen Vorbereitungen für eine Gesamtlösung der Judenfrage im deutschen Einflussbereich in Europa« treffen. »Im Zuge dieser Endlösung der europäischen Judenfrage«, erklärte Heydrich in der Wannsee-Villa, »kommen rund elf Millionen Juden in Betracht.« Sie würden »im Osten zum Arbeitseinsatz kommen«, wobei »zweifellos ein Großteil durch die natürliche Verminderung ausfallen wird«.

»Was ist unter ›natürlicher Verminderung‹ zu verstehen?«, fragte der israelische Hauptmann Avner Less Heydrichs Helfer Eichmann 20 Jahre später im Polizeiverhör in Israel.

Eichmann: »Das ist ein völlig normales Sterben. Also ein Herzschlag oder eine Lungenentzündung. Wenn ich in diesem Moment sterben würde, so ist das eine natürliche Verminderung.«

»Der allfällig endlich verbleibende Restbestand«, klärte Heydrich die Herrschaften am Konferenztisch auf, »wird, da es sich bei diesem zweifellos um den widerstandsfähigeren Teil handelt, entsprechend behandelt werden müssen, da dieser, eine natürliche Auslese darstellend, bei Freilassung als Keimzelle eines neuen jüdischen Aufbaues anzusprechen ist.«

Avner Less zu Adolf Eichmann: »Was bedeutet ›entsprechend behandelt‹?«

Eichmann, stotternd: »Das ist ... das ist ... diese Sache stammt von Himmler. Natürliche Auslese ... das ist ... das ist sein Steckenpferd gewesen.«

»Ja, aber was bedeutet es hier?«

»Getötet, getötet! Sicherlich!«

Im Protokoll der Wannsee-Konferenz fehlen solche Worte. Protokollführer Eichmann »übersetzte«, was am Konferenztisch offen ausgesprochen wurde, in die Tarnsprache der Mörder. In der Niederschrift findet sich kein Hinweis darauf, dass die Teilnehmer tatsächlich, wie Eichmann vor Gericht bestätigte, »in sehr unverblümten Worten die Sache genannt [haben]. ...Tatsächlich aber wurde von Töten und Eliminieren und Vernichten gesprochen.« Heydrich, die acht Staatssekretäre, die sechs Polizei- und Sicherheitsexperten und der eine Ministerialdirektor am Tisch der Wannsee-Villa redeten Klartext.

Nach dem Treffen zogen sich Heydrich, Eichmann und Gestapo-Chef Heinrich Müller an den offenen Kamin in der Wannsee-Villa zurück. Ordonnanzen schenkten Cognac aus. Die Stimmung kam in Schwung. »Ich habe Heydrich noch nie so entspannt gesehen«, erinnerte sich Eichmann. Die Weichen zum Massenmord waren endgültig gestellt. Von März 1942 an trafen aus ganz Europa Transporte in den Vernichtungslagern ein. Zuständig für die zentrale Lenkung der Deportationen war Heydrichs Handlanger Eichmann.

Hitlers starker Mann für Prag: Heydrich diktiert dem Präsidenten des »Protektorats Böhmen und Mähren«, Emil Hacha, seine Politik.

Was geht vor in einem Menschen, der einen millionenfachen Mord plant? Nach außen wirkte Heydrich – getreu dem Klischee vom gestählten, gefühlsfreien SS-Mann – kühl und hart, bestimmt von unerbittlicher Konsequenz. Doch es gibt Hinweise darauf, dass ihn seine Rolle mehr mit Selbsthass denn mit Stolz erfüllte. Amtschef Streckenbach meinte, schon der Tötungsauftrag an die Einsatzgruppen sei für Heydrich »der schlimmste Auftrag in seinem Leben gewesen«. Der Auftrag, den er jetzt zu erledigen hatte, übertraf alles Vorherige.

Vor sich selbst rechtfertigte er sein Werk mit der »Pflicht zur Härte«. Er sei immer davon ausgegangen, beschrieb Lina Heydrich ihren Mann, »dass er alle Aufgaben bis zur letzten Konsequenz erfüllen« müsse. Das änderte aber nichts daran, dass er diese »Aufgaben« mehr und mehr »als negativ« empfunden habe. Brutalität sei ihm zumindest kein inneres Bedürfnis gewesen. Nachts habe er keine Ruhe finden können, sagte die Witwe. »Er wälzte sich oft unruhig von einer Seite auf die andere und konnte keinen Schlaf finden. Eine Erklärung, warum, gab er nicht.« Seit

> *Zu seiner Einführung hielt Heydrich nun im Hotel Majestic, dem Sitz unserer Militärverwaltung, vor höheren Chargen des Militärbefehlshabers einen Exklusivvortrag. Darin hat er die Zusammenarbeit zwischen Militärbefehlshaber und dem neuen Höheren SS- und Polizeiführer gefordert, aber gleichzeitig – quasi als Gastgeschenk – einige Geheimnisse der »Wannsee-Konferenz« herausgelassen, darunter auch den Versuch, in speziell hergerichteten LKWs deportierte Juden während der Fahrt durch eindringendes Gas zu töten.*
>
> Walter Bargatzky, ehemaliger Wehrmachtsmajor und Jurist in der Kommandantur Paris

dem Sommer 1941, seit die Einsatzgruppen auch in seinem Namen mordeten, suchte er nach einem neuen Betätigungsfeld, nach einer neuen Aufstiegschance.

Die Chance kam, als der tschechische Widerstand im »Reichsprotektorat Böhmen und Mähren« überhand zu nehmen drohte und der »Protektor« Konstantin von Neurath bei Hitler in Ungnade fiel. Massendemonstrationen, Sabotageakte und Streiks hatten im »Protektorat«, wo das Herz der Rüstungsindustrien außerhalb des eigentlichen Reichsgebiets schlug, für die Besatzer beunruhigende Ausmaße angenommen. »Die Dinge in Prag sind ziemlich krisenhaft geworden«, schrieb Joseph Goebbels am 24. September 1941 in sein Tagebuch, »und der Führer hat jetzt den Entschluss gefasst, energisch durchzugreifen. [Er ist] entschlossen, zur Bereinigung der dortigen Verhältnisse Heydrich abzudelegieren. ... In solchen kritischen Situationen müssen starke Männer ans Ruder. Diese starken Männer müssen im Besitz einer festen und unbeirrbaren Hand sein; sie dürfen sich nicht durch Sentimentalitäten vom eigentlichen Ziel abbringen lassen.« Neurath wurde entmachtet und ihm mit Heydrich ein Mann zur Seite gestellt, der mit eiserner Faust jeden Widerstand im Keim ersticken sollte. Heydrich war glücklich über diese neue Aufgabe. Seiner Frau, die sich anfangs gegen die Versetzung sträubte, sagte er: »Es ist dort vieles Gutes zu tun. Wenn man ein Land regieren will, muss man erst einmal streng zupacken und alle Widersacher ›besiegen‹. Dann kann man viel, viel leichter und erfreulicher regieren.« Endlich habe er eine »positive Aufgabe«. »Reinhard«, so Lina Heydrich, »war überzeugt, in Prag eine ›Sendung‹ erfüllen zu müssen.«

Mit den Kindern Klaus, Heider und Silke machte sich Lina Heydrich Ende September 1941 im Salonwagen auf den Weg von Berlin nach Prag.

Endziel »Germanisierung«: Heydrich empfängt im Januar 1942 Mitglieder der Protektorats-regierung auf der Prager Burg.

Der Empfang war einer Herrscherin würdig. »Vom Hauptbahnhof fahren wir in einer Autokolonne zur Prager Burg. Absperrung, am Wegrand Polizei. Zur Besinnung komme ich erst wieder, als ich an einem Fenster der Burg stehe und auf das gold-gelb schimmernde Prag hinabschaue. Erhabene Gefühle beherrschen mich: Ich bin kein Mensch mehr, empfinde ich. Ich bin eine Prinzessin und lebe in einem märchenhaften Land. Es gibt keinen Krieg, keine Feinde, keine Unterschiede. Ich stehe mitten in Gottes Garten und darf erleben, erschauen, genießen. Dann denke ich an die Geschichte dieser Schicksalsstadt, in der für mich alle politischen, nationalen und gefühlsmäßigen Fäden zusammenlaufen: Prag ist für mich nun Europa.«

Prag war jetzt vor allem eines: Bühne für Heydrichs Terror. Die Amtszeit begann mit einem Paukenschlag. Schon am Tag seiner Ankunft verhängte der neue Herrscher auf dem Hradschin für 22 Uhr den Ausnahmezustand, verfügte Versammlungsverbot und das Standrecht, als stünde eine Revolte ins Haus. Die Zahl der Todesurteile in den ersten 20 Tagen stieg auf über 400. Sein Ziel, ließ er Journalisten in Prag wissen, sei, »dass dieser Raum sein wehrwirtschaftliches Potenzial voll ausschöpft. Was dieses Ziel beeinträchtigt, werde ich unterdrücken, gleichgültig, aus welcher Ecke es kommt.« Tatsächlich wollte Heydrich noch mehr. »Er fragte sich«, berichtete Lina Heydrich, »wie er dieses Land nun ganz und gar in die ›Welt‹ Adolf Hitlers eingliedern kann.« Konkret hieß das: »Restlose Germanisierung von Raum und Menschen«, »Umvolkung der rassisch geeigneten Tschechen« und »Aussiedlung von rassisch unverdaulichen Tschechen und der reichsfeindlichen Intelligenzschicht«. Zum ersten Mal war Heydrich unumschränkter Herrscher über ein Land. Hier, in Böhmen und Mähren, wollte er seine Vision vom SS-Staat verwirklichen. Das »Protektorat« sollte zum Modell für alle von Nazi-Deutschland okkupierten Länder werden. Zunächst aber musste er den Widerstand der Menschen brechen. In Theresienstadt ließ er ein »Mustergehetto für alte Leute« errichten, das zum Durchgangslager zu den Todesfabriken im Osten wurde. Kurz nach Heydrichs Ankunft begannen die Deportationen.

Wie sich der neue Tyrann die Zukunft seines neuen Reiches vorstellte, bekam eine Schar handverlesener Zuhörer wenige Tage nach seinem Eintreffen im Prager Czernin-Palais, dem Sitz der »Protektoratsverwaltung«, zu hören. Jeder im Saal wurde zu strengstem Stillschweigen verpflichtet. Dennoch sprach es sich wie ein Lauffeuer in Prag herum, was Hitlers Mann in Prag im Schilde führte. Was Heydrich vor den Vollstreckern aussprach, glich einer Kriegserklärung. Es gebe eine »kriegsmäßige Nahaufgabe« und eine »weitsichtige Endaufgabe«. Zunächst, solange Krieg herrsche, »brauche ich Ruhe im Raum, damit der Arbeiter, der tschechische Arbeiter, für die deutsche Kriegsleistung hier vollgültig seine Arbeitskraft einsetzt. ... Dazu gehört, dass man den tschechischen Arbeitern natürlich das an Fressen geben muss – wenn ich es so deutlich sagen darf –, dass er seine Arbeit erfüllen kann.« In der von Hass gegen »das Tschechengesindel« geprägten Rede räumte Heydrich offen ein, die Symphathien der Bevölkerung erst gar nicht gewinnen zu wollen. Es würde ohnehin nicht gelingen. Dennoch glaubte er, die Tschechen müssten seine Herrschaft schätzen, die doch zumindest der Arbeiterschaft Vergünstigungen in Form von höheren Lebensmittel-Zuteilungen brachte. Welchen Hass seine Todesurteile schürten, kam ihm nicht in den Sinn. Wo er sich auch blicken ließ – der »Henker von Prag« fühlte sich unverwundbar und sicher. »Warum sollten denn meine Tschechen auf mich schießen?«, ließ er Albert Speer wissen, der sich wunderte, wie leichtsinnig Heydrich im Kabriolett durch Prag fuhr. Er glaubte fest, das Land mit Zuckerbrot und Peitsche »befriedet« zu haben. Den »Sekretär des Führers«, Martin Bormann, informierte er am 16. November 1941 über die Lage im »Protektorat«: »Widerstandskräfte zum größten Teil lahmgelegt bis auf einzelne wenige, nach denen gefahndet wird, da sie maßgeblich in der Lage sind, den zerschlagenen Widerstandsapparat neu zu organisieren. Die Intelligenz ist unverbesserlich feindlich bis zum Hass, äußerlich devot und über die Maßen höflich. Die Jugend in der Hand der Lehrerschaft ist völlig im Banne chauvinistischer Gedanken. Der Arbeiter blieb unpolitisch und unabhängig von seinen Lohn- und Lebensverhältnissen. Die regierenden Kräfte sind ängstlich, devot und doch in dem Bestreben, durch unendliche Freundlichkeit und Entgegenkommen in allen kleinen Sachen Schlimmeres zu verhüten und damit auf weite Sicht so viel für das Tschechentum zu erhalten, dass daraus sich doch noch einmal etwas Selbstständiges entwickeln lässt. Auf gleicher Ebene liegen gesellschaftliche und menschliche Anbiederungsversuche.«

Das historische, goldene Prag, das für Heydrich »deutscher noch als Nürnberg« war, nährte sein Interesse für Geschichte. Er war fasziniert vom

Feldherrn Albrecht von Wallenstein (1583–1634), der mit seinen Kürassieren den Aufstand in Böhmen blutig niederwarf. Wallenstein erschien ihm als Symbol für die untrennbare Verflechtung Prags mit dem Reich. Ähnlichkeiten mit seiner Person waren rein zufällig.

Heydrich glaubte an die »naturgegebene Verbundenheit Böhmens und Mährens mit dem Reich«. Den legendären König Wenzel (903–935) – wie Wallenstein das Opfer eines Mordanschlags – machte er zum Teil der Reichstradition. Überheblich wie ein Imperator ließ er sich in der Wenzelskapelle des Prager Veitsdoms, am heiligen Ort des Tschechentums, vom Staatspräsidenten Emil Hacha die sieben Schlüssel zum Kronschatz, zur Krone des heiligen Wenzel, überreichen, um dann in einer demütigenden Geste drei Schlüssel in die Obhut des Präsidenten zurückzugeben: »Sehen Sie darin Vertrauen und Verpflichtung zugleich.« Er glaubte tatsächlich, wer so handle, mache sich beliebt. In der Haarnadelkurve im Prager Vorort Liben sollte er vom Gegenteil überzeugt werden – am 27. Mai 1942.

Die Spannung vor Ort war unerträglich. Ungeduldig warteten die Attentäter Josef Gabčik und Jan Kubis auf Heydrichs Wagen. Er hätte schon ge-

Der zerstörte Wagen Heydrichs nach dem Attentat vom 27. Mai 1942.

gen 9.30 Uhr in die Kurve biegen sollen. Jetzt war es zehn Uhr, und der dunkelgrüne Dienstmercedes ließ noch immer auf sich warten. Was war geschehen? Die Agenten ahnten nicht, dass sich Heydrich an diesem Tag länger als üblich von seiner Familie verabschieden wollte. Eine halbe Stunde später, um 10.29 Uhr, gab Josef Valcik, der 200 Meter bergaufwärts als Melder postiert war, mit einem Taschenspiegel das lang ersehnte Signal: Heydrich kommt.

Jetzt zählte jede Sekunde. Der Wagen bog in die Kurve. Gabčik warf den Mantel weg, der die Waffe verbarg, betätigte den Abzug. Nichts geschah. Die Maschinenpistole blockierte. Fahrer Klein bremste. Heydrich sprang auf, wollte das Feuer eröffnen. In diesem Moment warf Jan Kubis die Granate mit dem hochexplosiven Sprengstoff. Sie traf nur das rechte Hinterrad. Doch die Wucht der Explosion war so gewaltig, dass Splitter den Sitz durchschlugen und Heydrich in den Rücken trafen.

Schwer verletzt kam Heydrich ins Krankenhaus Bulovka, nur wenige Meter vom Tatort entfernt. Die Operationen begannen. Noch am selben Tag fasste Professor Walter Dick in einem Blitzfernschreiben an Himmler Heydrichs Zustand zusammen: »Risswunde links von der Lendenwirbelsäule ohne Verletzung des Rückenmarkes. Das Projektil, ein Metallblechstück, hat die elfte Rippe zertrümmert, die Brusthöhle eröffnet, das Zwerchfell durchschlagen und ist in der Milz stecken geblieben. Der Wundkanal enthält zahlreiche Borsten und Haare, offenbar Polstermaterial. Gefahr: Rippenfelleiterung, Bauchfellentzündung. Bei der Operation wurde die Milz entfernt.« Aus Berlin trafen die Leibärzte von Hitler und Himmler ein. Tschechische Ärzte, die Heydrich anfangs behandelt hatten, durften fortan nicht mehr in dessen Nähe. Sogar Professor Dick wurde der Zutritt verwehrt. Er war nur Prager Deutscher, kein Reichsdeutscher. Der SS-Rassenwahn machte selbst vor dem Operationssaal nicht Halt.

In Hitlers Hauptquartier saß der Schock über die Nachricht aus Prag tief. Hitler selbst war außer sich. In einem Blitzgespräch ordnete er an, als

Belohnung für die Ergreifung des Attentäters eine Million Reichsmark auszuloben. »Wer den Tätern irgendwelche Hilfe gewährt oder ihren Aufenthaltsort kennt und dies nicht der Polizei meldet, wird mit seiner ganzen Familie erschossen«, hieß es in einem persönlichen Befehl Hitlers. Außerdem: »Als Sühnemaßnahme sind 10 000 verdächtige Tschechen oder solche, die politisch etwas auf dem Kerbholz haben, zu ergreifen bzw., soweit sie bereits in Haft sind, in den Konzentrationslagern zu erschießen.«

Eine Großfahndung lief an. Im gesamten »Protektorat« galt der Ausnahmezustand, Ausgehverbot von 21.00 Uhr abends bis 6.00 Uhr früh. Der Zugverkehr ruhte, wie auch alle öffentlichen Verkehrsmittel stilllagen. Kinos und Theater, Restaurants und Kaffeehäuser waren geschlossen. In den Straßen der Städte herrschte gespenstische Leere. Nur bewaffnete Wehrmachts- und Polizeistreifen waren zu sehen. Dann, gegen 22 Uhr, begann die vielleicht größte Fahndung in der europäischen Geschichte. Uniformierte durchkämmten Haus für Haus, suchten die sprichwörtliche Nadel im Heuhaufen – und fanden nichts.

Eine Woche lang kämpfte Heydrich gegen seine schweren Verletzungen. Am 4. Juni 1942 starb der stellvertretende »Reichsprotektor«, der Chef der SIPO und des SD, der Beauftragte für die »Endlösung« an »Wundinfektion«, wie es im Krankenhausregister hieß. Als Himmler ihn am Sterbebett besuchte, hatte Heydrich einen Vers aus der Oper seines Vaters »Das Leierkind« parat: »Ja, die Welt ist nur ein Leierkasten, den unser Herrgott selber dreht, und jeder muss nach dem Liede tanzen, das grad' auf der Walze steht.« Über sein eigenes Leben – dies musste auch er einsehen – konnte er trotz aller Macht nicht selbst entscheiden. Der Herr über Leben und Tod Hunderttausender von Menschen, der zeit seines Lebens gegen »Volksschädlinge« kämpfte, ging zugrunde an »Bakterien bzw. Giften …, die zugleich mit den Splittern in den Körper eindrangen und sich vor allem im Brustfell, im Zwerchfell und in der Umgebung der Milz festsetzten, anhäuften und Vermehrung fanden«.

Hitler verglich Heydrichs Tod mit einer »verlorenen Schlacht«. Tagebuchschreiber Goebbels notierte am Todestag: »Der Verlust Heydrichs ist unersetzlich. Er war der radikalste und erfolgreichste Bekämpfer der Staatsfeinde.« Eichmann

Oben: »Ein unersetzlicher Verlust« – Hitler am Sarg von Reinhard Heydrich, 9. Juni 1942.
Unten: Nach der Trauerfeier im Mosaiksaal der Berliner Reichskanzlei – Hitler mit den Söhnen Heydrichs.

erfuhr vom Tod seines Vorgesetzten beim Kegeln in Pressburg, reagierte nach eigenem Bekunden fassungslos, stand da »wie betäubt«.

Mit einem pompösen Staatsbegräbnis am 9. Juni 1942 in Berlin huldigte Hitlers Reich einem zum Idol verklärten Nationalsozialisten. »Ich habe diesem Toten nur wenige Worte zu widmen«, sagte Hitler vor dem aufgebahrten Leichnam. »Er war einer der besten Nationalsozialisten, einer der stärksten Verteidiger des deutschen Reichsgedankens, einer der größten Gegner aller Feinde dieses Reiches. Er ist als Blutzeuge gefallen für die Erhaltung und Sicherung des Reiches.« Admiral Canaris sprach mit Tremolo in der Stimme von »einem Freund«, den er verloren habe. Hingegen stand SS-Obergruppenführer Sepp Dietrich, Kommandeur der »Leibstandarte Adolf Hitler«, stellvertretend für alle Gegner Heydrichs, die dem toten »Oberverdachtschöpfer« keine Träne nachweinten: »Gott sei Dank, jetzt ist die Sau verreckt!«

Hitler, noch lange aufgebracht über Heydrichs Tod, spielte anfangs mit dem Gedanken, Obergruppenführer Erich von dem Bach-Zelewski, den späteren Chef der deutschen »Bandenkampfverbände«, der sich in Russland einen Ruf als besonders rücksichtsloser Vollstrecker erworben hatte, zu Heydrichs Nachfolger zu bestimmen. Von dem Bach-Zelewski biete »die Gewähr, dass er noch schärfer und brutaler als Heydrich durchgreifen und ohne jede Hemmung durch ein Meer von Blut waten« könne. Die Tschechen sollten merken: »Wenn sie einen abschießen, so kommt sofort immer wieder ein noch viel schlimmerer.« Aber Hitler übte auch Kritik an Heydrichs Verhalten: »Heroische Gesten«, wie im offenen, ungepanzer-

> *Das Verhör war sehr unangenehm. Ich wurde aufs Gesäß geschlagen. Ich zählte 187 Schläge, weil ich mich darauf konzentrieren musste, nicht zu schreien. Dann schleppten sie mich in das benachbarte Bad, einer stieg in die Wanne, und ich musste mich wieder vorbeugen. Einer hatte einen Ochsenziemer, und ein zweiter hatte einen Stock. Damit wechselten sie sich beim Schlagen ab. Schließlich hörten sie auf. Sie schickten mich in die Filiale am Karlsplatz. Dort kam ich gegen zehn Uhr abends an. In der Zelle waren wir zu acht, und die anderen fragten mich, weswegen ich hier sei. Ich zeigte ihnen mein Gesäß, und sie sagten, dass sie so etwas noch nie gesehen hätten.*
> Pavel Machaček, damals Prag, nach dem Attentat auf Heydrich von der Gestapo verhaftet

Oben: Die Krypta der Karl-Borromäus-Kirche in Prag. Hier versteckten sich die Attentäter nach dem Anschlag auf Heydrich (Nachkriegsaufnahme).
Unten: Die Leichen der Heydrich-Attentäter werden am 18. Juni 1942 identifiziert.

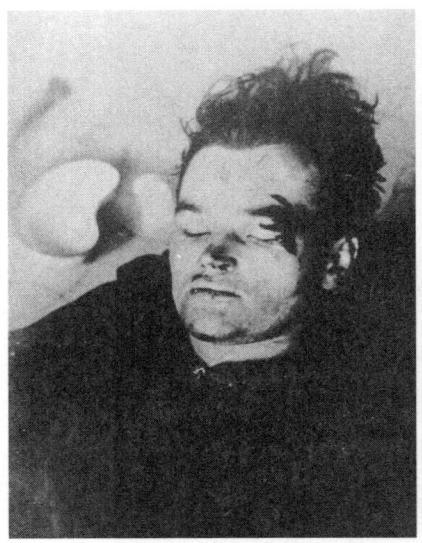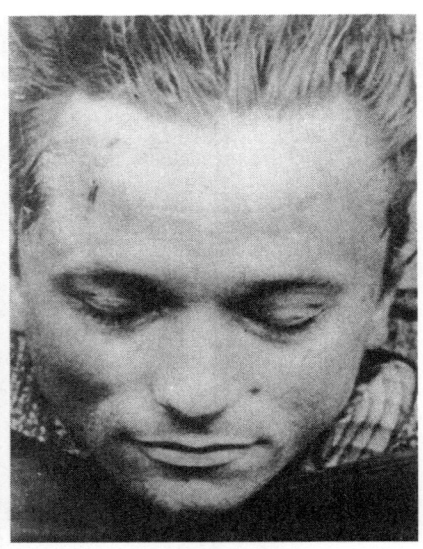

Die Attentäter Josef Gabčik (links) und Jan Kubis (rechts) nach ihrer Erschießung am 18. Juni 1942.

ten Wagen zu fahren oder in Prag ohne Sicherung zu Fuß durch die Straßen zu gehen, seien »Blödsinn«, welcher der Nation nichts nütze. Wo es nicht unbedingt sein müsse, dass sich ein »so unersetzbarer Mann« wie Heydrich der Gefahr aussetze, könne er das nur als »Dummheit oder reinen Stumpfsinn« verurteilen. Männer vom »politischen Format Heydrichs« müssten sich darüber im Klaren sein, dass ihnen wie »einem Wild aufgelauert« werde.

> Die Zeit nach dem Attentat war schrecklich. ... Es genügte, wenn jemand sagte: Das geschieht Heydrich ganz recht, oder Ähnliches. Der kam sofort in Haft, ins KZ oder wurde hingerichtet.
>
> Pavel Machaček, damals in Prag, nach dem Attentat verhaftet

> Mich bedrückte die Tatsache, dass ausgerechnet Tschechen Reinhard auf eine solche Weise aus dem Wege geräumt hatten. Ich begriff das nicht.
>
> Lina Heydrich, Ehefrau, in ihren Memoiren

Jetzt war das »Raubtier« erlegt. Der Terror aber ging weiter – und steigerte sich noch. »Die Zeit nach dem Attentat war schrecklich«, erinnert sich der Prager Pavel Machaček. »Täglich wurden Listen mit den Namen der Leute, die an diesem Tag standrechtlich erschossen werden sollten, auf rotem Papier veröffentlicht. Es genügte, wenn jemand sagte, es geschehe Heydrich ganz recht. Wer so sprach, kam sofort in Haft, ins KZ oder wurde hingerichtet.« Die Rache des Regimes war fürchterlich. Berlin wollte ein Exempel statuieren. Die Attentäter wurden mit weiteren 120 Angehörigen des tschechischen Widerstands von der SS getötet. Im »Protektorat« ließen die Besatzer

Grausame Rache: Polizeiangehörige lassen sich »nach getaner Arbeit« in Lidice fotografieren, 10. Juni 1942.

1331 Tschechen hinrichten, darunter 201 Frauen. Traurige Berühmtheit als Symbol für die sinnlose Vergeltung an Unschuldigen sollte der Name eines kleinen Ortes erlangen: Lidice. Die Bewohner hätten angeblich die Attentäter unterstützt, hieß es. In den frühen Morgenstunden des 9. Juni umstellten Sicherheitspolizisten die Häuser. Den Einwohnern wurde gesagt, sie sollten zu Verhören in die Schule gehen, und es werde ihnen nichts passieren. Auf dem Weg zur Schule wurden die 172 Männer des Dorfes »ausgesondert« und anschließend erschossen. Die 195 Frauen des Ortes verschleppte die SS in das KZ Ravensbrück. Kaum eine von ihnen überlebte. Ihr Dorf wurde nach dem Massaker dem Erdboden gleichgemacht.

Es war merkwürdig, wie mich meine Eltern getröstet haben. Die haben gesagt: Pavel, dir kann nichts passieren, du bist erst in drei Monaten 14. Und es wird erst ab 14 erschossen. Wodurch sie mir indirekt mitgeteilt haben, dass sie beide natürlich sehr bedroht waren.

Pavel Kohout,
tschechischer Schriftsteller

Für uns Kinder war es das Schlimmste, was in diesem Alter passieren kann. Wir haben das Liebste verloren: die Heimat und die Eltern.

Marie Zupikova, als Kind von der Gestapo aus Lidice verschleppt

Wenn die Nazi-Herrschaft länger gedauert hätte, dann wäre Reinhard Heydrich der kommende Mann gewesen – gar keine Frage. Er war der Prototyp dessen, was Hitler sich gewünscht hat. Er war der Unmensch in Person.

Ralph Giordano

Was wäre geschehen, wenn Heydrich das Attentat überlebt hätte? Heydrich war wie ein Vorgeschmack, eine Ahnung davon, was aus Hitlers »neuem Europa« geworden wäre. Hätte das »Dritte Reich« gesiegt, so wären nach den vorliegenden Plänen 90 Millionen Slawen in der Gewalt der Nazis gewesen. 14 Millionen wurden als Arbeitssklaven gebraucht, etwa 30 Millionen sollten umgebracht und die übrigen über den Ural in die Steppen von Sibirien vertrieben werden. Reinhard Heydrich als kommender Mann, vielleicht auch an der Spitze der SS, hätte nicht gezögert, diese Vision des Schreckens wahr zu machen. Als Prototyp der Generation des Unbedingten war er dazu prädestiniert.

Bei den Nürnberger Kriegsverbrecherprozessen fehlte »der Henker von Prag« auf der Bank der Angeklagten. Er wäre zweifellos zum Tode verurteilt worden.

Totenkopf

Im März 1942 hatte eine Gruppe junger Menschen in der Justus-Liebig-Oberrealschule Darmstadt ihren besonderen Tag. Vorbei an der Büste des Namensgebers der Lehranstalt schritten sie durch das historische Sandsteinportal in den Klassenraum. Dort fand ihre Reifeprüfung statt. Zu den Kandidaten gehörte auch der 20-jährige Hans Stark, Sohn eines Polizeimeisters. Seit Dezember 1941 war er beurlaubt, um sich auf den Schulabschluss vorzubereiten. Stark war gut präpariert, weil er kundige Nachhilfelehrer hatte, die an seinem Arbeitsplatz im Osten in der Freizeit mit ihm gepaukt hatten. Eine Disziplin beim Abitur war der Aufsatz. Prüfling Stark wählte ein Thema, das dem Geist der Zeit entsprach: »Die Befreiung Deutschlands von den Ketten des Versailler Vertrages durch Adolf Hitler«. Die Formulierungen, die aus seiner Feder flossen, klangen so gestanzt, als gründeten sie auf Textbausteinen aus dem Propagandaministerium: »Deutschland hat sich durch sein geniales Staatsoberhaupt seinen Platz in der Welt zurückerobert. Noch steht unser Volk im Existenzkampf, über dessen Ausgang keine Zweifel herrschen. ... Durch den Vertrag von Versailles wurde das deutsche Volk wehrlos gemacht, aber man hat hier die Drachensaat für eine blutige Ernte gesät.«

Hans Stark unterschied sich schon äußerlich von den anderen Schülern. Er trug bei der Prüfung eine Ausgehuniform der SS-Totenkopfverbände. In den Konzentrationslagern dienten sie als Wächter, Peiniger und Mörder. Stark war einer von ihnen, machte nun während seines Lagerdienstes Abitur. Nachhilfe für die Prüfung hatten ihm Juden in Auschwitz gegeben, indem sie mit ihm Mathematik, Geschichte und Deutsch büffelten. »Woher kennt ihr denn Goethe?«, habe der Nachhilfeschüler seine abgehärmten Lehrer voller Erstaunen gefragt. Kasimir Smolen, einer von ihnen, erinnert sich noch heute an die Verwunderung des jungen Stark. Er hatte die

Nicht Hitler, Göring, Goebbels, Himmler und wie sie alle hießen haben mich verschleppt und geschlagen. Nein, es war der Schuster, der Nachbar, der Milchmann. Und dann haben sie eine Uniform bekommen, eine Binde bekommen und eine Haube, und dann waren sie die Herrenrasse.

Karl Stojka, Wiener Zigeuner, 1943 nach Auschwitz deportiert

antisemitische Hetze vom jüdischen »Untermenschen« offenbar verinnerlicht. Nach dem Abitur würde der Absolvent zurückkehren und sein mörderisches Handwerk noch eine Weile verrichten.

1962 wurde er dafür vor Gericht gestellt. Ein Zeuge sagte aus, wie sich der reifegeprüfte Hans Stark verhielt, wie er sich zu sadistischer Brutalität hinreißen ließ, zu Vergehen, die keine Vorschrift von ihm forderte. Ein erschütternder Bericht floss in das Urteil gegen ihn ein: »Bei weiteren Vergasungen jüdischer Menschen im Mai 1942 nahm Stark häufig... jüdische Frauen beiseite. Wenn dann die anderen jüdischen Menschen in den Gaskammern waren, stellte er die Frauen im Hof des kleinen Krematoriums an die Wand. Dann schoss er einer oder zwei Frauen in die Brust und in die Füße. Wenn dann die anderen Frauen zitterten, auf die Knie fielen und ...Stark anflehten, sie am Leben zu lassen, schrie er sie an: ›Sarah, Sarah, los, steh!‹ Dann erschoss er sie alle nacheinander.« Der Zeuge der Tat hatte den Anblick des Täters nie vergessen können: »Ich sehe mein ganzes Leben Stark, mein ganzes Leben, wohin ich auch gehe, ich sehe ihn, es ist furchtbar.«

Hans Stark starb 1991. Sein sieben Jahre jüngerer Bruder lebt heute in Wiesbaden: Günther, von Beruf Fotograf, hat die Geschichte von Hans nie losgelassen. Immer wieder hat er sich gefragt: »Wie konnte er so werden?« Hans sei in seiner Jugend nicht sehr auffällig gewesen, »ein zartes, liebes Bübchen, das von seiner Mutter morgens, wenn es zur Schule ging, ein paar Pfennige bekam, um sich ein Stück Fleischwurst zu kaufen«. Das sei ihm das Liebste gewesen, »was ihm auf der Welt geschehen konnte, ein Stück Fleischwurst zu essen«. Ein bisschen geltungssüchtig sei er gewesen, manchmal habe er den Clown gemacht. Auch sei er vom Vater manchmal so fürchterlich mit dem Riemen geschlagen worden, dass es ihn buchstäblich die Wände hochtrieb; die Mutter habe ihn umso mehr in ihr Herz geschlossen. Nicht wenige Lebensläufe junger Menschen haben damals so ähnlich ausgesehen.

Im Jahr 1937 nahm das Leben des Hans Stark eine entscheidende Wende. Eigentlich wollte er sich freiwillig zur Wehrmacht melden. Dort sagte man ihm, er sei zu jung, er solle doch in die SS gehen, die würden einen wie ihn schon nehmen. So wurde Hans Stark Rekrut bei der Totenkopfstandarte »Brandenburg«. Sein Vater gab dafür die Zustimmung. Der Polizeimeister war ein überzeugter Nationalsozialist, schon vor der »Machtergreifung«. Er sah wie viele Zeitgenossen in Hitler den »Retter«, der allein in der Lage schien, die »Schmach von Versailles« zu tilgen. 1933 trat Vater Stark der NSDAP bei. Die Mutter nähte emsig eine Haken-

»Wie konnte er so werden?«
Hans Stark 1964 während
des »Auschwitz-Prozesses«
in Frankfurt am Main.

kreuzfahne für den »Führer«-Besuch in Darmstadt; das Kreuz stand allerdings verkehrt herum, was den Vater fürchterlich aufbrachte. Der alte
Stark war ein Choleriker, der sich später das Leben nehmen sollte.

In der SS-Kaserne des Lagers Sachsenhausen erfuhr Stark den üblichen
Drill der Totenkopfstandarten – man kann es auch Abrichtung nennen: Erziehung zu kompromissloser Härte, sich selbst und anderen gegenüber;
Demütigungen durch Vorgesetzte, was gefügig und zu unbedingtem Gehorsam bereit machen sollte. Jede »Schwäche«, so das große Wort, galt es
abzutöten. Zu einer solchen Abhärtung diente auch ein grausames Ritual
auf dem Appellplatz. Gefangene wurden vor den Augen der Rekruten geprügelt, bis sie blutüberströmt waren. Die Auszubildenden durften keine
Miene verziehen. Dann waren sie selbst an der Reihe, mussten immer wieder schlagen.

Natürlich sollte ihr Tun auch einen »Sinn« haben. Dazu dienten die üblichen Plattitüden des NS-Wahns. Die Welt wurde eingeteilt in Schwarz
und Weiß, Freund und Feind, in »wertes« und »unwertes« Leben. Die

ganze Existenz sei ein Kriegszustand, ein Kampf der Völker und Rassen, nicht nur außerhalb des Reiches lauerten die Feinde, nein, auch im Innern. Und schließlich hieß es, entweder sterben »die« oder »wir« – ganz im Sinn der Worte Himmlers aus dem Jahr 1933: »Ihr seid das schwarze Korps, das treueste Instrument des Führers und der Bewegung, der gefürchtetste Feind aller Gegner. Wir sind Soldaten, und als Soldaten wissen wir, dass nur der Gegner nicht mehr schadet, der tot und der vernichtet ist.« Man entband die Rekruten von jeglicher Verantwortung für die Tat. Die meisten nahmen Angebot und Feindbild an. Man prügle und quäle ja nicht wirklich Menschen, hieß es. Es handle sich schließlich nur um »Verbrecher, Asoziale, Staatsfeinde, Faulenzer, politisch Unzuverlässige, Diebe und Juden«. Vor allem die Juden wurden als »Schädlinge« apostrophiert, die es »auszusondern«, zu »vertilgen« galt. Deshalb seien die Totenkopfverbände so wichtig, weil sie es eben mit den schlimmsten Feinden von Volk und Staat zu tun hätten. Die Sprache der SS war befallen von solchen wahnhaften Gedanken, der Nachwuchs aber sollte es selbstverständlich finden und danach handeln – waren sie doch die Vollstrecker des so genannten »Führerwillens«. »Ich schwöre dir, Adolf Hitler, Gehorsam bis in den Tod« – diesen Eid leistete auch Hans Stark.

Für die Unterwerfung, die man ihnen abverlangte, wurden die Rekruten »belohnt«. Schon als er das erste Mal auf dem Wachturm eines KZ stand, empfand der junge Stark nach eigenem Bekunden ein Gefühl von Macht, von Herrschaft. Der Überlebende Kasimir Smolen bestätigt, Stark habe es genossen, »so viel Gewalt innezuhaben«, die er im bürgerlichen Leben nie erlangt hätte. Manchmal habe er sich wie ein Oberlehrer aufgespielt: »Wir mussten 200-mal schreiben: ›Ich muss pünktlich zur Arbeit kommen.‹«

Sein Bruder sagt: »Seit Hans bei der SS war«, sei er »viel selbstsicherer aufgetreten«, habe er nicht mehr den Alleinunterhalter gespielt. »Wenn er dann in der schicken Uniform nach Darmstadt kam, war ich sehr stolz auf ihn, und meine Mitschüler haben gefragt: ›Ja, wer ist denn das?‹ Und ich sagte: ›Das ist mein Bruder!‹« Die ganze Wahrheit erfuhr Günther Stark nie. Als er einmal fragte: »Was ist ein Konzentrationslager?«, bekam er vom Bruder zur Antwort: »Du kannst doch Latein. Man bringt die Leute zusammen und macht einen Zaun drum, das ist ein Konzentrationslager.«

Hans Stark machte rasch Karriere, typisch für einen, der sich fraglos in das System unter dem Totenkopf einpasste. Die Stationen seiner Laufbahn umfassten eine ganze Reihe jener Mordstätten, die es zu grausiger Berühmtheit bringen sollten: Sachsenhausen, Buchenwald, Dachau – und später Auschwitz.

Der Junge aus Darmstadt war einer von vielen im Totenreich der SS. Das System der Konzentrations-, später auch Vernichtungslager erforderte den Einsatz einer großen Zahl von Menschen. Mehrere zehntausend taten dort ihren Dienst, unterstützt von Helfern außen. Wie war es möglich, dass so viele dabei mitwirkten, Millionen Menschen zu ermorden? Wie musste das System beschaffen sein, das dorthin führte?

> Es ist gut, wenn uns der Schrecken vorangeht, dass wir das Judentum ausrotten.
>
> Adolf Hitler am 25. Oktober 1941 im »Führer«-Hauptquartier

> »Führer befiel, wir folgen dir« – das kann auch nach Auschwitz führen. »Befiel, was du willst, wir folgen dir blind« – dabei kannte ich SS-Leute, die gar nicht gern mitgewirkt haben. Aber die dachten: »Der Führer hat's befohlen, der weiß schon, was er macht.«
>
> Hermann Langbein, Häftling in Auschwitz

Es gibt viele Erklärungsversuche: Leben in der Diktatur, Brutalisierung durch Krise oder Krieg, totalitäre Indoktrination mit Informationsmonopol, Feindbild-Projektionen, staatlich sanktionierte Gewalt, Befehlsnotstand, gezielte Täterrekrutierung, aber auch Karrieresucht, blinder Gehorsam, Autoritätshörigkeit, Anpassung, Rassismus. Schon Sigmund Freud schrieb einmal, dass allein der Krieg genüge, um Menschen ihre niedrigsten, gemeinsten Triebregungen ausleben zu lassen. Mit dem staatlich aufgehobenen Tötungsverbot höre auch die »Unterdrückung der bösen Gelüste auf, und die Menschen begehen Taten von Grausamkeit, Tücke, Verrat und Rohheit, deren Möglichkeit man mit ihrem kulturellen Niveau für unvereinbar gehalten hätte«. Wenn wir verstehen wollen, warum Hunderttausende sich so verhielten, müssen wir den Blick auf Einzelne richten – auf ihre ganz persönliche Geschichte und Verantwortung.

Der Auschwitz-Überlebende Hermann Langbein schilderte uns im letzten Interview vor seinem Tod symptomatische Facetten des mörderischen Apparats, wie er sie selbst erlebt hatte: Wie das Regime ein Klima der Feindseligkeit schuf, wie es Vernichtungswillen gegen tatsächliche oder imaginäre Gegner schürte, wie an der Stelle des eigenen Gewissens das »Führerprinzip« rückte, wie der Wahn von »höher- und minderwertigen Rassen« Früchte trug. Wie dann die bürokratische und verwaltungstechnische Dimension des Mordapparats hinzukam, das arbeitsteilige Verbre-

Die jüdischen Menschen wurden
von der SS terrorisiert. Die SS-
Leute waren wie Roboter. Jeder
Jude nahm sich vor der SS in
Acht, denn von denen war keiner
gut.

Morris Venezia, griechischer Jude
in Auschwitz

Das sind Schlachten, die unsere
kommenden Generationen nicht
mehr zu schlagen haben.

Heinrich Himmler, 1942 während
eines Besuchs in Auschwitz

chen, das Unpersönliche des Mordens – wie all das zu jener fürchterlichen Effizienz in den Vernichtungslagern beitrug.

Am Anfang aber habe der Abschied vom eigenen Gewissen gestanden, die Unterwerfung der eigenen Person unter den so genannten »Führerwillen«. »›Führer befiehl, wir folgen dir – Führer befiehl, wir folgen dir blind!‹, das führte nach Auschwitz«, und zwar auch bei solchen, die nicht dafür prädestiniert schienen: »Ich kannte SS-Leute, die gar nicht gern mitgewirkt haben. Da wurden die Befehle gegeben, und die Befehle wurden exekutiert, und es wurde kontrolliert, wie sie durchgeführt wurden. Befehl ist Befehl – da hat man ›Jawohl‹ zu sagen und ihn durchzuführen und keine Verantwortung dafür zu tragen. Dieses Klima herrschte in Auschwitz.«

Doch immer habe es auch Täter gegeben, die der Kontrolle nicht bedurften, die sich freiwillig und mit großem Eifer einbrachten: »Die allermeisten waren sehr jung, auch die SS-Führer, die einfach was werden wollten. In Auschwitz konnte man rasch hinaufkommen. Wer das wollte, hat gewusst, was man von ihm erwartete. Der brauchte keine Befehle, der hat Eigeninitiative entwickelt. Ja, man konnte Karriere machen in Auschwitz, wenn man vorauseilenden Gehorsam ausgeübt hat. Damals redete man vom ›Tausendjährigen Reich‹, und oben sein, das war schön. Das galt nicht für jeden, aber für viele.«

Der ehemalige SS-Lagerarzt Dr. Hans Münch meint zu der geistigen Verfassung des Lagerpersonals: »Die meisten waren ganz gewöhnliche Männer, Sadisten oder frühere Verbrecher waren in der Minderzahl. Wenn sie sich aber doch in einem unterschieden, dann vor allem dadurch, dass es viel mehr Opportunisten gab, als man sie sonst im alltäglichen Leben sieht: die also gesehen haben, wenn ich bei der Partei bin, habe ich Vorteile. Wenn ich bei der SS bin, habe ich noch mehr Vorteile. Wenn ich bei einem ganz besonderen Haufen der SS bin, von dem nämlich Himmler sagte: ›Ihr habt die schwierigsten Arbeiten zu machen‹, bin ich der König, da bin ich ganz vorn dran. Das war ein Zustand, in dem sich viele elitär fühlten, auch wenn die meisten wussten, dass es natürlich Schmutzarbeit war, die sie machten. Aber das sagte ja keiner.«

Doch auch wer nicht aufstieg, habe Macht über Menschen ausgeübt, über Leben und Tod; das sei für viele verlockend gewesen: »Du bist ein

Eine seltene Aufnahme aus dem Lager: Ein SS-Wachmann kontrolliert Häftlinge des KZ Auschwitz beim Verlassen des Lagergeländes.

Das »Stammlager« Auschwitz I wurde 1940 in ehemaligen polnischen Kasernen eingerichtet.

Herrenmensch, du kannst davon profitieren. Du kannst selber, in einem kleinen Kreis zumindest, ein kleiner Führer sein. Dies hat gewirkt. Das ist etwas, was bestimmte Menschen dazu führen kann, in Auschwitz tätig zu sein, ohne dass man zum Sadisten oder Verbrecher geboren sein musste«, so Münch.

Das Lagersystem der SS machte Menschen zum Teil einer Maschinerie für verbrecherische Zwecke. Zum Herrschaftssystem des Lagers gehörte eine strikte Hierarchie mit arbeitsteiligen, zum Teil konkurrierenden Ebenen. So gab es fünf Abteilungen, zusammengefasst in der Kommandantur als oberster Instanz für alle Lager- und Dienstangelegenheiten, wobei der Kommandant gleichzeitig Befehlshaber des gesamten SS-Personals war. Abteilung I war die Adjutantur. Dann folgte die berüchtigte Abteilung II der Lager-Gestapo, die relativ selbstständig agieren konnte. Sie entschied über Einweisung und Entlassung, Bestrafung und Exekution von Häftlingen. Die Abteilung III, die so genannte »Schutzhaftlagerführung«, bildete das eigentliche Machtzentrum, dessen Leiter auch als stellvertretender Kommandant fungierte, dem Rapport-, Block- sowie Kommandoführer unterstanden. Diese wiederum hatten nicht nur Befehlsgewalt über die Häftlinge, sondern waren auch für die Formen alltäglichen Terrors zuständig: ob in den Lagern oder außerhalb, bei der Zwangsarbeit. Der Abteilung IV oblagen Verwaltungsangelegenheiten. Sie bestimmte über die Versorgung der Gefangenen mit Kleidung und Lebensmitteln, war somit für die »Lebensbedingungen« der Gefangenen mitverantwortlich. Zudem verwaltete sie das beschlagnahmte Eigentum der Häftlinge.

Der für das »Sanitätswesen« eingerichteten Abteilung V gehörten Ärzte und Pfleger des Krankenreviers an. Ihre Aufgabe lag vor allem in der Wiederherstellung arbeitsunfähiger Häftlinge und der Seuchenbekämpfung. Doch was sich tatsächlich abspielte, nahm solche Auswüchse an, dass Häftlinge die Einweisung ins Revier oft als ein Todesurteil empfanden. Tödliche Phenol-Injektionen und makabre Menschenversuche waren in späteren Jahren in vielen Lagern an der Tagesordnung.

Das Kalkül von Hierarchie, Konkurrenz und Arbeitsteilung erfasste auch die Lagerinsassen. Ganz bewusst übertrug die SS einigen Häftlingen Aufgaben bei der Überwachung und Verwaltung im KZ. Gemäß dem Prinzip »Absolute Macht ist gestaffelte Macht« entstand ein ausgeklügeltes System, das auf Kollaboration setzte. Dabei sollten auch Opfer zu Tätern werden. Manche der so genannten »Funktionshäftlinge« standen den SS-Schergen in ihrer Brutalität nicht nach, andere versuchten, im Rahmen ihrer Möglichkeiten den Terror zu mildern und Mitgefangene zu schützen.

An der Spitze der Häftlingshierarchie stand der Lagerälteste. Diesem untergeordnet waren die Blockältesten, gefolgt von den Stubenältesten. Daneben gab es Oberkapos und Kapos, die den Arbeitseinsatz beaufsichtigten, ob im Steinbruch, beim Baukommando, in den Magazinen, in den Küchen oder in den Werkstätten. Der KZ-Überlebende Eugen Kogon schrieb dazu: »Das Lagersystem verdankte seine Stabilität nicht zuletzt einer Hilfstruppe von Kapos, die den Alltagsbetrieb aufrecht erhielten und das SS-Personal entlasteten. Dadurch wurde absolute Macht allgegenwärtig. Ohne die Delegation der Macht hätte sich das System der Disziplin und Überwachung umgehend aufgelöst. Dabei war die Rivalität um die Aufsichts-, Verwaltungs- und Versorgungsposten für die SS nur eine willkommene Gelegenheit, um die Fraktionen der Häftlingselite gegeneinander auszuspielen und sie in Abhängigkeit zu halten. Der normale Gefangene war jedoch einer doppelten Obrigkeit ausgeliefert, der SS, die häufig kaum mehr im Lager erschien, und den Funktionshäftlingen, die immerzu da waren.«

Entscheidend für die »Effektivität« der Lagerwelt blieb freilich die Rekrutierung des SS-Personals. Hitler und Himmler hatten hierfür schon in frühen Jahren einen Mann bestellt, dessen Wirkung und Bedeutung lange unterschätzt wurde: Theodor Eicke baute maßgeblich mit am Fundament für das mörderische Programm der SS, er wollte die Musterstätten für das System von Terror und Vernichtung errichten. Sein Name steht für die so genannte »Dachauer Schule«. Eicke machte Dachau zum Vorbild für alle anderen Konzentrationslager, innerhalb und später außerhalb des Reiches.
Er war es, der dafür die geeignete »Elite« schuf und dabei grausigen Erfolg erzielte: Er wollte seine »Totenkopf«-Männer zu bedingungslos gehorsamen Vollstreckern des Systems formen. Eicke rekrutierte sie nicht nur selbst, sondern drillte, indoktrinierte, richtete seine Männer auch regelrecht ab – für die hemmungslose Anwendung von Gewalt. Er selbst besuchte Auschwitz nie. Doch seine Schüler herrschten später über die Lager, in denen sie bestrebt waren, sich gegenseitig zu übertreffen.
Eicke, Jahrgang 1892, war Sohn eines Bahnhofsvorstehers. Aufgrund schwacher Noten brach er die Schule ab, um 1909, als 17-Jähriger, in das kaiserliche Heer einzutreten. Als Zahlmeister an der Westfront brachte er es im Ersten Weltkrieg zum EK II. Wie bei vielen ehemaligen Soldaten folgte auch bei ihm auf den Krieg der soziale Absturz. Wie die meisten seiner Zeitgenossen sah er die Niederlage als nationale Demütigung und das Weimarer System als Ausgeburt fremder Ideen, vor allem aber als Aus-

Er machte Männer der KZ-Wachmannschaften zu Vollstreckern
des Systems: Theodor Eicke.

löser für seine ganz persönliche Misere. Zwischenzeitlich arbeitete er für
die Polizei als Informant, wurde jedoch wegen regierungsfeindlicher Äußerungen wieder entlassen. Der erstrebte reguläre Polizeidienst blieb ihm
verwehrt. So suchte er Anschluss bei jenen, die seinen Hass auf die neuen
Verhältnisse teilten. 1928 trat er in die NSDAP ein. Als »Sicherheitskom-
missar« bei I.G. Farben erwarb er sich ein Auskommen, das seiner Familie
die Existenz ermöglichte. 1932 wurde er Mitglied der SS. Das bescherte
ihm ein weiteres Mal das berufliche Aus: Sein allzu gewalttätiges politisches »Engagement« war seinem Arbeitgeber nicht verborgen geblieben.
Doch Himmler suchte nach Helfern, um die »Schutzstaffeln« zur Elitetruppe und einem willfährigen Herrschaftsinstrument Hitlers zu schmieden. In Eicke fand er den geeigneten Mann. Der bewährte sich durch den
rasanten Ausbau erster Bataillone, ragte aber auch erneut durch sein ag-
gressives Verhalten heraus. Wegen der Beteiligung an einer Reihe von politischen Mordanschlägen und illegalen Besitzes von Sprengstoff angeklagt, wurde er 1932 zu einer zweijährigen Haftstrafe verurteilt – auf
Geheiß Himmlers floh er nach Norditalien. Nach Hitlers Machtantritt zu-
rückgekehrt, trug er eine persönliche Fehde mit dem weitaus mächtigeren
NS-Gauleiter Bürckel aus. Der hatte nicht viel Mühe, Eicke zur Überwachung seines Geisteszustands in die Würzburger Psychiatrie einweisen zu

lassen. Dessen intrigantes, mitunter unkontrolliertes und rücksichtsloses Vorgehen war selbst für SS-Maßstäbe außergewöhnlich.

Dies aber zählte nicht mehr, als der »Reichsführer SS« einen heiklen Posten zu besetzen hatte. In Dachau, einem der ersten SS-Lager für politische Häftlinge des neuen NS-Regimes, herrschte aus der Sicht der Hitler-Helfer Chaos. Eicke erschien als der ideale Mann, um für Ordnung zu sorgen, einer fürs Grobe. Bei ihm verbanden sich mehrere Eigenschaften, die ihn für seine Position empfahlen: völliger Gehorsam gegenüber der Führung, großes Organisationstalent, die Fähigkeit, Menschen mitzureißen und unterzuordnen. Hinzu kamen eine fanatische nationalsozialistische Gesinnung und sein heftiger Hass gegen alles, was »undeutsch« und anders war – es waren unabdingbare Voraussetzungen für den Geist der Inhumanität.

Nachdem Eicke mit der Ermordung Röhms am 1. Juli 1934 seine skrupellose Loyalität bewiesen hatte, folgte die Belohnung auf dem Fuße. Wenige Tage danach wurde er befördert: Er erhielt den neu geschaffenen Posten eines Inspekteurs der Konzentrationslager und Führers der SS-Wachverbände – Aufstieg als Lohn für die Teilhabe am Staatsverbrechen, auch wenn der Titel bei damals etwa 2000 Häftlingen kaum »schmeichelte«.

Eicke baute Dachau in fünf Jahren zum Zentrum für das Spinnennetz der Lager aus – ein Apparat zur Zermürbung und Vernichtung der »Feinde des Nationalsozialismus«, durch Zwangsarbeit, Hunger, Krankheit, Folter und Mord. Er war der Architekt der Lagerwelt – und er rekrutierte die Täter.

Nach eigenem Ermessen wählte der Chef der Totenkopfverbände die SS-Offiziere und -Wachmänner für den Dienst in den Lagern aus. Wer als SS-Wachmann Mitleid erkennen ließ, galt als Schwächling, schien nicht tauglich. Wer sich zu sehr den Häftlingen näherte, gehörte – so Eicke – selbst ins KZ. Bei Prügelstrafen dabei sein, sie selbst ausführen, ohne mit der Wimper zu zucken, auch wenn das Opfer noch so litt, das entsprach der Forderung des Totenkopfchefs. Er verfasste persönlich Anweisungen für die drakonische und brutale Behandlung von Häftlingen, erfand besondere Formen der Folter. Die gestreifte Kleidung, die Kennzeichnung – auch als Maßstab für alltägliche Misshandlungen – waren die Produkte seiner kriminellen Fantasie.

Eugen Kogon sah in den SS-Wachmännern eine Negativauslese von »Knüppel- und Revolveraktivisten, die jeden sozialen Halt unter den Füßen verloren hatten, Wanderburschen, verkrachten Fuhrleuten, Forst-

Das Konzentrationslager Dachau als Titelthema, Dezember 1936.

gehilfen, Friseuren, Handelsangestellten, Studenten, Gefängniswärtern«. Mit Blick auf das Führerkorps nennt er »Baltikum- und Freikorpskämpfer, Wehrmachts- und Polizeioffiziere, die nicht weitergekommen waren oder aus irgendwelchen Gründen ihren Dienst hatten aufgeben müssen«.

In dieser Aufzählung mischen sich die Eindrücke des KZ-Überlebenden mit ersten Nachkriegs-Erkenntnissen zu den Täterbiografien. Bis heute ist das Thema, mit Ausnahme weniger grundlegender Schriften, noch immer nicht hinreichend erforscht. Die Historikerin Karin Orth führt in ihrer Studie über das Führungspersonal der Konzentrationslager freilich aus, dass die Leistungsebene in sozialer Hinsicht eine recht homogene Gruppe ergibt, die keineswegs an den Rändern der Gesellschaft anzusiedeln war. Diese Führungskräfte stammten mehrheitlich aus Familien der unteren bis mittleren Angestellten- und Beamtenschicht, wuchsen im völkischen Milieu der Zwanzigerjahre heran, einem Dunstkreis, in dem ein Amalgam aus »Dolchstoßlegende«, Entrüstung über die »Versailler Schmach« und Fremdenhass das politische Bild prägte. Vielfach brachte die Weltwirtschaftskrise manche kleinbürgerlichen Karrieren zu Fall. Der Aufstieg des Nationalsozialismus schließlich schien gescheiterten Handwerkern und Händlern neue Perspektiven zu bieten. In den meisten Fällen erklommen sie rasch die Stufen der Karriereleiter innerhalb des NS-Systems: Auf Stationen in der SA folgten Beitritt und Einstieg in die allgemeine SS oder eben bei den »Totenköpfen«.

Eicke suggerierte denen, die mehr sein wollten, als sie waren, dass sie zum »Orden der Allerbesten« gehörten – als »Männer der Tat« mit »wahrem Charakter« und »klaren Wertvorstellungen«. Sie seien zum »Träger der nationalsozialistischen Revolution« auserkoren, sollten »Retter des deutschen Volkes« sein. Er forderte Härte, aber gab den Rekruten auch das Gefühl, einer eingeschworenen Gemeinschaft anzugehören. »Papa Eicke« vermittelte Korpsgeist.

Mit Eifer ging der Lager-»Inspekteur« daran, das System zu zentralisieren. Die KZ Dachau, Buchenwald, Flossenbürg, Mauthausen, Ravensbrück und Sachsenhausen wandelten sich zu Brennpunkten des Terrors, daneben gab es weitere KZ und später auch Nebenlager. In der Öffentlichkeit suchte SS-Chef Himmler deren Funktion zu verheimlichen. Was hier geleistet werde, sei »harte, neue Werte schaffende Arbeit, eine strenge, gerechte Behandlung. Die Anleitung, Arbeit wieder zu erlernen und Fähigkeiten handwerklicher Art zu gewinnen, sind die Methoden der Erziehung. Die Devise, die über diesen Lagern steht, lautet: Es gibt einen Weg in die Freiheit. Seine Meilensteine heißen Gehorsam, Fleiß, Ehrlich-

Eicke hält im Dezember 1933 eine Rede vor Häftlingen, die aus dem KZ Dachau entlassen werden sollen.

keit, Ordnung, Sauberkeit, Nüchternheit, Wahrhaftigkeit, Opfersinn und Liebe zum Vaterland.« Arbeit und Disziplin seien notwendige Mittel, um die verlorenen Töchter und Söhne der Nation in die nationalsozialistische Gemeinschaft zurückzuführen – so der zynische Befund des »Reichsführers SS«.

Stetig stieg die Zahl des KZ-Personals. Eine Lagerstärkeliste vom 15. Januar 1945 wies unter der Rubrik SS-Wachmannschaften aus: 37 674 Männer und 3508 Frauen, was auf einen Sachverhalt hindeutet, der lange in den Betrachtungen zu kurz kam.

Der Dienst im KZ galt allgemein als Männerdomäne. Doch gingen hier auch Tausende von Frauen verschiedenen Tätigkeiten nach – mit mehr oder weniger Nähe zum Verbrechen. Ob als Aufseherin, Ärztin, Laborantin oder Stenotypistin – die Bandbreite war vielseitig, nur ein Teil gehörte der SS an. Während die weiblichen Zivilangestellten – zum Beispiel Sekretärinnen oder Fernschreiberinnen – gewissermaßen Zuschauerinnen des Elends blieben, trugen SS-Aufseherinnen wesentlich mit dazu bei. Zu ihnen zählten mitunter auch die Ehefrauen von SS-Männern, wie ein Brief der Kommandantur des KZ Lublin vom 1. März 1943 andeutet: »Auf Anordnung des Chefs des SS-WVHA sollen die Frauen von SS-Angehörigen ohne Kinder als Aufseherinnen in einem Frauen-Konzentrationslager eingesetzt werden.« Es ist jedoch nicht bekannt, wie viele Ehefrauen dieser Aufforderung nachkamen.

Der weibliche Nachwuchs durchlief nach gründlicher Vorauswahl einen »Lehrgang für SS-Aufseherinnen«. Auch hier gab es Fächer wie »Weltanschauliche und nationalpolitische Ausrichtung«, »Dienstkunde und Bewährung im Einsatz« oder »Persönliche Haltung und Führung«. Gefangene berichten, dass die meist jungen SS-Schülerinnen während ihrer Ausbildung zu hemmungsloser Rücksichtslosigkeit und offener Gewaltausübung angehalten wurden.

Zwischen 1942 und 1945 wurden mehr als 3000 Frauen in die SS aufgenommen und nach Vorstellung ihres »Reichsführers« zu einem »wirklich gläubigen, von der nationalsozialistischen Weltanschauung und vom Geiste der SS durchdrungenen weiblichen SS-Korps« erzogen. Brutales Verhalten war auch hier der Schlüssel zum Aufstieg. Nanda Herbermann, Überlebende des Frauenlagers Ravensbrück, sagt: »Die ›Bewährtesten‹, das waren meist die brutalsten von ihnen.« Beispiele solcher »Karrierefrauen« waren Maria Mandel und Else Erich. Erstere diente von Oktober 1942 bis zur Evakuierung im Januar 1945 als Oberaufseherin im KZ Auschwitz-Birkenau, Letztere verrichtete die gleiche Tätigkeit seit Oktober 1942 im KZ Lublin-Majdanek. Beide wurden nach dem Krieg wegen besonderer Grausamkeit verurteilt und hingerichtet. Hertha Bothe, berüchtigte SS-Aufseherin in Bergen-Belsen, antwortete mehr als 50 Jahre nach dem Krieg auf die Frage, ob sie glaube, »Fehler« begangen zu haben: »Hab' ich einen Fehler gemacht? Nee. Der Fehler war, dass es KZ gab. Aber ich musste ja rein, sonst wäre ich selber reingekommen. Das war mein Fehler.« Die Selbstlüge war noch Jahrzehnte später wirksam.

In den Konzentrationslagern entstand ein eigenes Wirtschaftssystem, gekennzeichnet von Sklaverei und Raub, insbesondere jüdischen Eigentums. Das SS-Lagerwesen war auf »Selbstversorgung« angewiesen. Zuschüsse aus dem Vermögen der allgemeinen SS gab es nur, wenn unbedingt nötig.

Doch mit der Arbeitskraft der Häftlinge konnte die Lager-SS Aktivitäten von enormem Ausmaß entfalten. Hunderte von KZ-Außenlagern wurden im Laufe des Krieges errichtet. Die Deutsche Erd- und Steinwerke GmbH (DESt) zum Beispiel war ein SS-eigener Betrieb, der sich in den folgenden Jahren zu einem weit verzweigten Unternehmen entwickelte. Eine der 14 Betriebsstätten war das Ziegel-, Kies- und Baustoffwerk in Berlstedt. Häftlinge aus dem KZ Buchenwald wurden hier zur Zwangsarbeit gepresst. Allein im August 1943 leisteten sie dort 46 200 Arbeitsstunden.

Vielfach hatte schon die Entscheidung für einen KZ-Standort wirtschaftliche Hintergründe, etwa beim Lager Flossenbürg. Hier schrieb die Deutsche Erd- und Steinwerke GmbH bald schwarze Zahlen. Das im dortigen Granitsteinbruch abgebaute Material wurde gewinnbringend an das Deutsche Reich verkauft. Ab 1942/43 wurden Flossenbürg-Häftlinge auch zur Kriegsproduktion in den Fabriken der Flugzeugfirma Messerschmitt sowie in den Industriebetrieben von Flick, Siemens, Osram und Junkers eingesetzt. Die Außenlager erstreckten sich über Bayern, Böhmen und Sachsen. Waren es 1938 nur wenige SS-Männer, welche die ersten Häftlinge bei der Errichtung des Lagers bewachten, so zählten im Jahr 1945 über 4000 Männer und mehr als 500 Frauen zum Wachverband Flossenbürg.

Zu entsetzlicher Berühmtheit geriet eine Zusammenarbeit, auf die sich die SS mit der I.G. Farbenindustrie Aktiengesellschaft, kurz I.G. Farben, einigte. Nicht nur, weil sie das Mordmittel Zyklon B produzierte, auch weil der Pakt das Schicksal Zigtausender Zwangsarbeiter besiegelte. Die I.G. Farben erhielt als eines von ganz wenigen deutschen Privatunternehmen schon 1941 die Erlaubnis, KZ-Häftlinge als Arbeitskräfte zu beschäftigen. Der Konzern entschloss sich zum Bau eines Werkes nahe dem oberschlesischen Monowitz. In der unweit vom Konzentrationslager Auschwitz anzusiedelnden Produktionsstätte sollte einerseits »Buna«, künstlicher Kautschuk, zum anderen synthetischer Treibstoff mithilfe von KZ-Häftlingen hergestellt werden.

Grundlage des »Freundschaftsschlusses« zwischen dem I.G.-Farben-Management und der SS-Führung in Auschwitz war ein Tauschgeschäft: Die I.G.-Vertreter sicherten dem Kommandanten des KZ Auschwitz, Rudolf Höß, dringend benötigtes Baumaterial zur Erweiterung des Lagers zu. Im Gegenzug erklärte sich die Auschwitz-SS bereit, KZ-Häftlinge als Arbeitskräfte für den Bau des I.G.-Farben-Werkes zur Verfügung zu stellen. Bei Verhandlungen im März 1941 wurde die Produktivitätsquote der Häftlinge auf 75 Prozent der Leistung deutscher Arbeiter festgelegt. Der Arbeitstag sollte im Sommer zehn bis elf Stunden und im Winter etwa neun Stunden dauern.

Die zynische Rechnung ging nicht auf. I.G.-Farben-Manager und SS-Führer verkalkulierten sich. Angesichts der mörderischen Arbeitsverhältnisse wurde »nur« eine Produktivität von 30 bis 40 Prozent erreicht. Die

Ganz normale Deutsche: Weihnachtsfeier der SS-Wachmannschaften (mit Ehefrauen)
im KZ Neuengamme, 25. Dezember 1943.

völlig entkräfteten Häftlinge mussten den Weg zur Arbeit – mehr als sechs
Kilometer – bei jedem Wetter zu Fuß zurücklegen, unter den Schlägen
ihrer Wächter. Als Soldaten der Roten Armee im Januar 1945 Auschwitz
erreichten, fanden sie ein nahezu produktionsbereites I.G.-Farben-Werk
vor, doch hatte sein Aufbau allein 25 000 Menschenleben gefordert. Abgesehen von der Barbarei – selbst als der ökonomische Widersinn des Pak-
tes offenbar wurde, ließen der Konzern und die SS nicht von der Verein-
barung ab. So wirkte das deutsche Unternehmen mit an der »Vernichtung
durch Arbeit«.

Auch in anderer Hinsicht war die Lagerwelt nicht so hermetisch abge-
schirmt wie lange angenommen. Das zeigte sich auch im personellen Bereich. Die Wachtruppen und das Führungspersonal bildeten keineswegs
einen völlig isolierten Verband. Zwar hatte Himmler schon 1934 Eickes
Wunsch stattgegeben, die KZ-Wachmannschaften aus der allgemeinen SS
auszugliedern, um sie ihm, dem »Inspekteur der Konzentrationslager«,
direkt zu unterstellen, doch mit Hitlers Kriegsplänen ergaben sich rasch

neue Aufgaben, auch außerhalb des Stacheldrahts. Im Oktober 1939 bewilligte der Kriegsherr die Aufstellung von Felddivisionen der SS (später »Waffen-SS«). Damit weitete sich auch der Radius der »Totenköpfe« aus. Bald stellten sie eine eigene Division. Schon beim Überfall auf Polen 1939 hatte Eicke drei SS-Totenkopfstandarten formiert, die an der Front ihren eigenen brutalen Krieg führten und hinter den Linien neben anderen »Einsatzgruppen« der SS daran mitwirkten, Juden und Angehörige der polnischen Intelligenz zu ermorden. Dafür rückten ältere SS-Angehörige in die Lager-Wachtruppen nach.

1940 wurden die im Rahmen des Heeres eingesetzten militärischen Kampfverbände der SS unter der Bezeichnung »Waffen-SS« zusammengefasst. Integriert wurde ebenfalls die »Totenkopf«-Division; durch die Zuordnung zum SS-Führungshauptamt zählte nun auch das KZ-Personal formal zur Waffen-SS. Eickes Division sollte nicht nur deren Kampfkraft verstärken, es ging schon auch darum, dass sich die KZ-Wachen »draußen« bewährten, die neue Dimension von Gewalt kennen lernten, um – solchermaßen »geschult« – an die »innere Front« zurückzukehren. Es kam, wie der Autor Miroslav Kárný herausstellt, zu einer regelrechten Rotation zwischen SS-Totenkopfverbänden und den Kampfeinheiten der SS, sodass wohl über 60 000 Angehörige der Waffen-SS auch in den Lagern Dienst taten.

Seit Mitte 1944 wurden überdies auch ältere oder verwundete Wehrmachtsangehörige zu den SS-Wachtruppen versetzt. Die hohe Verlustrate bei den Totenkopfverbänden, die durch besonders rücksichtslose Kampfführung und Dilettantismus auffielen, zog Personalnot in den Lagern nach sich, sodass neben älteren Angehörigen der allgemeinen SS sogar Kräfte von Polizeiverbänden und aus der öffentlichen Verwaltung herangezogen wurden, zudem immer mehr Volksdeutsche und zuletzt eine stetig wachsende Zahl ausländischer Freiwilliger und Kollaborateure.

Neben den Konzentrationslagern, in denen ein Großteil der Häftlinge durch Verelendung, Zwangsarbeit, Exekution oder Giftinjektion starb, errichtete die SS während des Krieges im besetzten Polen regelrechte »Todesfabriken«. Deren einziger Zweck war industrieller Mord, so in Belzec, Sobibor, Treblinka und Kulmhof (Chelmno). Die Täter vor Ort waren Männer, die zuvor am Euthanasie-Verbrechen, der »Aktion T4«, mitgewirkt hatten – nicht alle besaßen das Mitgliedsbuch der SS. Majdanek und Auschwitz fungierten sowohl als Konzentrationslager als auch als Vernichtungszentren, blieben aber Domäne der Totenkopf-SS. Beide letztgenannten Mordfabriken bezogen ihr Personal aus einem Kern von

300 Mann aus den Lagerkommandanturen – die eigentlichen Mordvollstrecker. Anders als die SS-Wachmannschaften war diese Gruppe nach außen weithin abgeschlossen. Die »industrielle« Ausrottung von Millionen Menschen sollte im Verborgenen geschehen. Das KZ Auschwitz-Birkenau wurde zum Synonym für den industriellen Holokaust.

Auch hinter den Fronten des »Unternehmens Barbarossa«, wo der systematische Mord durch Erschießungen – der so genannte »wilde Holokaust« – begonnen hatte, wüteten keineswegs nur SS-Männer. In den »Einsatzgruppen«, die losgeschickt wurden, um zigtausende Menschen, vor allem Juden, zu exekutieren, stellte Himmlers »Orden« nur einen Teil der Vollstrecker. So schien es keiner SS-»Elite«-Rekrutierung zu bedürfen, um die Bereitschaft zum Massenmord zu wecken. Denn zu den Komman-

Ein Hinrichtungskommando exekutiert Zivilisten, die als »Partisanen« festgenommen wurden. Wjasma, Oktober 1941.

dos zählten auch Einheiten, die sich deutlich von der SS unterschieden. Es handelte sich dabei um Bataillone der so genannten Ordnungspolizei (Orpo). Zu den 500 Ordnungspolizisten, die den Einsatzgruppen zunächst angehörten, kamen nach dem Angriff auf die Sowjetunion noch weitere 5500 hinzu. Diese Einheiten der kasernierten Bereitschaftspolizei bestanden zum Teil aus Männern älterer Jahrgänge, die nicht mehr zum Dienst in der Wehrmacht eingezogen werden konnten, zum Teil aber auch aus 1939 angeworbenen Freiwilligen, die sich angesichts des drohenden Krieges zur Polizei gemeldet hatten, um dem Militärdienst zu entgehen. Die Offiziere und Unterführer waren erfahrene Orpo-Beamte. Viele dieser Polizisten waren »ganz normale Männer«, wie sie der US-Historiker Christopher Browning in dem Standardwerk mit gleichem Titel nennt, und für ihre neuen Aufgaben in der Sowjetunion lediglich durch eine zweimonatige Spezialausbildung vorbereitet worden. Als sie sich zur Polizeilaufbahn entschlossen, konnte keiner von ihnen ahnen, dass sie eines Tages zu Vollstreckern einer mörderischen Besatzungspolitik werden würden. Dennoch fügten sie sich ein in das System der planmäßigen Liquidierung von »Staatsfeinden«.

Um das »Zusammenspiel« von SS und den Polizeieinheiten zu koordinieren, hatten Himmler und Heydrich den Posten des »Höheren SS- und Polizeiführers« (HSSPF) eingerichtet. Diesen »Spitzenkräften« unterstanden auch die Einsatzgruppenführer. Einer von ihnen war der Chef der deutschen Kripo, Arthur Nebe. Er hatte zwar einen SS-Rang, war aber von Haus aus Polizist. Überhaupt war es eine merkwürdig zusammengesetzte Gruppe von Liquidatoren, die sich an der Spitze der Einsatzgruppen sammelten: Manche waren gar nicht, viele auf verschlungenen Wegen zur SS gelangt. Wer sich die Liste vor Augen führt, findet dort Akademiker, manche mit doppelten Doktorgraden, Ministerialbeamte, einen protestantischen Geistlichen, einen Opernsänger.

Der passionierte Polizist Nebe hing schon in den Weimarer Jahren einer fixen Idee an, das Verbrechen nicht nur zu bekämpfen, sondern auch vollends auszurotten. Als frustrierter Wachtmeister hatte er nicht viel für bürgerliche Freiheitsrechte übrig. Nationalsozialist im ideologischen Sinne war er eigentlich nicht. In einem wesentlichen Teilbereich teilte er aber die Dogmen der Partei: Er verstieg sich in dem Wahn, dass das Verbrechen »biologisch beseitigt« werden könne, dass dem Kriminellen nicht erlaubt werden dürfe, »sein schlechtes Erbgut in das Volk hineinzutra-

> Führer der jüdischen Intelligenz (insbesondere Lehrer, Rechtsanwälte, Sowjetbeamte) wurden liquidiert.
>
> SS-Brigadeführer Arthur Nebe, in einem Bericht vom 5. Juli 1941

Gewissenloses Handeln, gepaart mit Unschuldsbewusstsein – so schätzten die Ankläger Otto Ohlendorf beim Einsatzgruppenprozess 1945 in Nürnberg ein.

gen und ungehindert Verbrecher zu erzeugen«. Tötung »unerwünschten Lebens« war für Nebe nicht nur zulässig, sondern auch sinnvoll. Als Chef des Reichskriminalpolizeiamts leistete er »technische« Hilfe bei der Ermordung von Behinderten. Er stellte die chemischen Mittel zur Vergiftung und Vergasung zur Verfügung.

Weshalb Nebe sich freiwillig für die Leitung der Einsatzgruppe B meldete, ist nicht aktenkundig. Hoffte er darauf, Heydrich zu beeindrucken? Ihm wird ein »geradezu krankhafter Ehrgeiz« bescheinigt. Innerhalb der vier Monate, in denen Nebe seine Einsatzgruppe B leitete, ermordete diese mehr als 45 000 Menschen.

Die »Tätigkeits- und Lageberichte der Einsatzgruppen« wurden ab August 1941 tagtäglich von den Einsatzgruppenführern nach Berlin gefunkt. In den so genannten »Ereignismeldungen« wurde detailliert über die »Arbeitsleistung« der Sonder- und Einsatzkommandos berichtet.

Demnach hatte die Einsatzgruppe A bis zum 15. Oktober 1941 bereits 118 430 Juden und 3387 »Kommunisten« umgebracht. Weitere 5500 Juden waren den in Lettland und Litauen initiierten Pogromen zum Opfer gefallen. Auch der Befehlshaber des Einsatzkommandos 3, SS-Standartenführer Karl Jäger, meldete seine Bilanz, die aufgrund der akribischen Auflistung als »Jäger-Report« in die Annalen des Holokaust einging. In seinem Bericht vom 1. Dezember 1941 sprach er von 137 346 liquidierten Juden. Im August stiegen die Zahlen sprunghaft an. Sogar die Anzahl der bei den verschiedenen Exekutionen ermordeten Kinder wurde nun gesondert ausgewiesen. So heißt es etwa für den 19. August 1941 in seinem Bericht: »In Ukmerge: 298 Juden, 255 Jüdinnen, 88 Judenkinder«. Am 2. September: »Janova: 112 Juden, 1200 Jüdinnen, 244 J.-Kinder«; unter dem 9. Oktober steht: »Svenciany 1169 Juden, 1840 Jüdinnen 717 J.-Kinder«.

Die Liste ließe sich endlos fortsetzen. Jäger schrieb zum Abschluss: »Ich kann heute feststellen, dass das Ziel, das Judenproblem für Litauen zu lösen, vom EK 3 erreicht worden ist. In Litauen gibt es keine Juden mehr, außer den Arbeitsjuden incl. ihrer Familien. Diese Arbeitsjuden incl. ihrer Familien wollte ich ebenfalls umlegen, was mir jedoch scharfe Kampfansage der Zivilverwaltung (dem Reichskommissar) und der Wehrmacht eintrug...«

Auch aus anderen Regionen liefen Berichte der Todesschwadrone ein. Die Einsatzgruppe B meldete bis zum 31. Oktober 45 467 Erschießungen.

Im Aktionsbereich der Einsatzgruppe D starben bis Dezember 1941 insgesamt 54 696 Menschen, 90 Prozent der Opfer waren Juden. Der Leiter dieser Einsatzgruppe (D) konnte auf eine besonders »bewegte« Karriere

---

Die zum Tode bestimmten Personen wurden, nachdem ihnen Geld- und Wertsachen und zum Teil auch Kleidung abgenommen worden waren, in den Gaswagen eingeladen. Der Gaswagen fasste ungefähr 50 bis 60 Leute. Das Fahrzeug fuhr dann zu einem Ort außerhalb der Stadt, wo Mitglieder des Kommandos bereits ein Massengrab geschaufelt hatten. Ich selbst habe das Ausladen der Leichen gesehen, ihre Gesichter waren nicht verzerrt. Der Tod dieser Leute war ohne Krampferscheinungen eingetreten.

Eidesstattliche Erklärung von Ernst Emil Heinrich Biberstein, Chef des Einsatzkommandos 6, Nürnberg 1945

> *Die dazu ausersehene Einheit pflegte in ein Dorf oder in eine Stadt zu kommen und den führenden jüdischen Einwohnern den Befehl zu erteilen, alle Juden zwecks Umsiedlung zusammenzurufen. Sie wurden aufgefordert, ihre Wertgegenstände den Führern der Einheit zu übergeben und kurz vor der Hinrichtung ihre Oberkleidung auszuhändigen. Die Männer, Frauen und Kinder wurden danach zu einem Hinrichtungsort geführt, der sich meist neben einem vertieften Panzerabwehrgraben befand. Dann wurden sie erschossen, kniend oder stehend, und die Leichen wurden in den Graben geworfen.*
>
> Eidesstattliche Erklärung von Otto Ohlendorf, Chef der Einsatzgruppe D, Nürnberg 1945

verweisen. Er wiederum zählte zu den altgedienten SS-Leuten: Otto Ohlendorf. Er wurde nach dem Krieg in Nürnberg vor Gericht gestellt – und hinterließ bei den Richtern ein zwiespältiges Bild wie kaum ein anderer. Das Erschreckende, so der Eindruck vieler Beobachter, war, dass Ohlendorf so ungemein »normal« erschien. Frappierend sei für die Anwesenden die Art und Weise gewesen, »wie er beides verkörperte, den gütigen Mitmenschen und den kaltblütigen Befehlshaber, gewissenloses Handeln und Unschuldsbewusstsein«, resümiert Jason Weber. Benjamin Ferencz, sein Ankläger, erinnert sich: »Er machte den Eindruck von einem eiskalt ehrlichen Mann, intelligent, studiert, gut aussehend, Vater von fünf Kindern. Und dann gab er unumwunden zu, dass unter seinem Befehl 90 000, ja, 90 000 unschuldige Männer, Frauen und Kinder ermordet wurden.« Im Urteil steht: »Wenn der Menschenfreund und Einsatzführer in einer Person verschmolzen, könnte man annehmen, dass wir es mit einem Charakter zu tun haben, der dem von … ›Dr. Jekyll and Mr. Hyde‹ gleicht.«

Otto Ohlendorf – wer war dieser scheinbar »ganz normale Mann«, der zu einem Vollstrecker des Massenmords wurde? Er sei von Haus aus kein Opportunist gewesen, wurde ihm bescheinigt, kein dezidierter Antisemit, kein menschenverachtender Außenseiter, der seine plötzliche Machtfülle gegen die Mitmenschen richtete. Otto Ohlendorf war ein gebildeter Nachwuchswissenschaftler und Wirtschaftsexperte. 500 Seiten eidesstattlicher Erklärungen brachte die Verteidigung während des Verfahrens zusammen, die Ohlendorfs Integrität bescheinigen sollten. Im Prozess war er der Einzige, der seine Taten offen eingestand.

Ohlendorfs Elternhaus war protestantisch, bürgerlich, konservativ.

1925, noch als Schüler, wurde er Mitglied von NSDAP und SA – ein Nazi der ersten Stunde. Schon zwei Jahre später durfte er sich zu den »Intellektuellen« der Partei zählen: Die SA überstellte ihn an die SS. Ohlendorf war engagiert, gebildet und intelligent. Wie für einen jungen Akademiker empfehlenswert, ging er 1931 nach seinem Examen für ein Jahr ins Ausland – ins faschistische Italien.

Die Demokratie von Weimar lehnte Ohlendorf – wie viele seiner Altersgenossen – ab. Die NS-Ideologie erschien ihm verlockend, deren Auffassung vom Leben als Kampf plausibel. Ohlendorf zählte, so der Historiker Ulrich Herbert, zu einer »Generation der Sachlichkeit«. Er schien ganz dem von Hitler und Himmler projektierten »unbeugsamen deutschen Herrenmenschen« zu entsprechen, der Vorbild auch für die SS-Jugend sein sollte.

Unmittelbar nachdem Ohlendorf 1941 in der Ukraine das Kommando über die Einsatzgruppe D übernommen hatte, perfektionierte er das Mordhandwerk, wurde vom Schreibtischtäter zum Exekutor vor Ort. Er war nicht bloß ein gleichgültiger Vollzieher von Befehlen, sondern auch vom Ehrgeiz beseelt, seine Sache besonders gut zu machen. Die Opfer waren ihm gleichgültig, im Vordergrund stand seine Sorge um das Wohl der Täter. So wollte er die psychische Belastung der Erschießungskommandos verringern, indem er je zwei Schützen auf ein Opfer schießen ließ. Ohlendorf schien nicht nur an die Notwendigkeit seiner Aufgabe zu glauben, sondern erledigte sie überdies mit innerer Befriedigung. Seiner Frau schrieb er, er leiste durch seine »bevölkerungspolitische Tätigkeit« mehr für den Nationalsozialismus als in der »Reichsgruppe Handel«. Den Massenmord galt es für ihn genauso effektiv zu vollziehen wie notwendige Maßnahmen zur Wirtschaftspolitik.

Natürlich wurde Ohlendorf zum Tode verurteilt. Doch bis zu seiner Hinrichtung zeigte er weder Schuldbewusstsein noch Reue. »Im Gegenteil«, sagt uns sein Ankläger in Nürnberg, Ferencz, »alle seine Argumente liefen darauf hinaus, sogar den Mord an Kindern zu rechtfertigen.« Er erinnert sich, wie er den Angeklagten nach dem Urteilsspruch aufsuchte:

Als die deutsche Armee in Russland einmarschierte, war ich Führer der Einsatzgruppe D im südlichen Sektor, und im Laufe des Jahres, während dessen ich Führer der Einsatzgruppe D war, liquidierte sie ungefähr 90 000 Männer, Frauen und Kinder.

Eidesstattliche Erklärung von Otto Ohlendorf, Chef der Einsatzgruppe D, Nürnberg 1945

Eine reichlich unangenehme Sache war das, zu der sie uns gebracht haben. Aber man hat uns zu trinken gegeben, so viel das Herz begehrte. Und danach, als dieser Schnaps schon wirkte, dann hatten alle Mut, an der Aktion teilzunehmen. Als die Letzten herangeführt wurden, habe ich auch geschossen.

Petras Zelionka, ehemaliger litauischer Hilfspolizist

»Ich habe ihn gefragt: ›Herr Ohlendorf, kann ich für Sie noch etwas tun? Soll ich Ihrer Familie etwas mitteilen, wollen Sie etwas sagen, schreiben, kann ich Ihnen einen Gefallen tun?‹ Da sah er mich entgeistert an und sagte: ›Die Juden in Amerika werden leiden. Sie werden sehen, was Sie getan haben.‹« Selbst nach dem Todesurteil war mit Einsicht nicht zu rechnen.

Die Zahl der sowjetischen Juden, die in den ersten fünf Monaten des »Unternehmens Barbarossa« von den Einsatzgruppen ermordet wurden, überstieg eine halbe Million. Auch private Aufzeichnungen sind erschütternde Belege für den mörderischen Wahn, der allgemein grassierte. So vertraute beispielsweise der SS-Hauptscharführer Felix Landau im Juli 1941 seinem Tagebuch an: »Eigentümlich, in mir rührt sich gar nichts. Kein Mitleid, nichts. Es ist eben so, und damit ist alles erledigt.« Und an einer anderen Stelle dies: »Bei einer wahnsinnig sinnlichen Musik schreib ich nun meinen ersten Brief an meine Trude. Während ich den Brief schreibe, heißt es auch schon, fertig machen, Einsatzkommando mit Stahlhelm und Karabiner, 30 Schuss Munition. …Eben kehren wir zurück. 500 Juden standen zum Erschießen angetreten.«

Mord als lästiges Tagesgeschäft nach sinnlicher Musik, »es ist eben so«, nicht schön, aber muss sein – so klingt es heraus. Der Eintrag ist nicht Ausdruck von Befehlsnotstand und Gruppenzwang, er ist Indiz für zynische Routine.

Ob SS-Leute Verbrechen begingen oder abgestellte Polizisten – die Taten waren identisch. Mitunter kam es zu Exzessen. Pipo Schneider, Zugführer der 3. Kompanie des Polizeibataillons 309, rollte mit seiner motorisierten Kolonne am 27. Juni 1941 auf Bialystok zu. Als er und einige seiner Männer in der Stadt Wodkaläden entdeckten, zögerten sie nicht lange – sie plünderten die Vorräte und bedienten sich reichlich. Dann wandten sie sich wieder pflichtschuldigst ihrer Aufgabe zu. Der Kommandeur des Bataillons, Major Ernst Weis, befahl ihnen an diesem Tag, die 80 000-Einwohner-Stadt zu durchkämmen und alle jüdischen Männer zusammenzutreiben – nicht mehr und nicht weniger. Den Rest überließ er der Initiative seiner Kompanieführer. Pipo Schneider hatte eine klare Vorstellung von

> *Im Neunten Fort in Kaunas waren Juden – 300 oder 400 – eingesperrt. Es wurden Erdlöcher ausgehoben – Gräben dort, wo man sie brauchte. Wir sind dann zu diesem Neunten Fort gebracht worden. Dort gab es etliche Deutsche, SS-Truppen. Sie hatten dort Maschinengewehre aufgestellt und haben uns gebraucht, um die Juden jeweils zu 20 oder zu 30 an diesen Graben zu führen. Abgezählt, und dann hieß es: »Los – vorwärts.« Direkt in den Graben. Und dort mussten sie sich hinlegen, und diese SS-Leute haben die Liegenden erschossen.*
> Petras Zelionka, ehemaliger litauischer Hilfspolizist

dem, was er zu tun hatte. Unter seinen Leuten war er als »Rassenfanatiker« bekannt, sah »schon rot, wenn auch nur von einem Juden die Rede war« – so hieß es allgemein. Sein Antisemitismus verband sich mit der Wirkung des Alkohols und steigerte sich zu mörderischer Wut. Bei der Hetzjagd auf jüdische Männer erschoss er mindestens fünf Juden auf seinem Weg durch die Stadt, andere Angehörige des Bataillons taten es ihm nach. Was als Pogrom begann, endete in systematischen Erschießungen. In einem Park wurden die Juden gruppenweise liquidiert, bis in die Nacht hinein dröhnten die Gewehrsalven durch die Straßen. Die Überlebenden wurden von den Polizisten in die Hauptsynagoge von Bialystok getrieben – mit Gewehrkolben wurden so viele Menschen hineingeprügelt, bis niemand mehr hineinpasste. Die verängstigten Juden begannen laut zu singen und zu beten. Dann leitete Pipo Schneider eines der brutalsten Massaker in jenen Wochen ein: Er ließ das mit über 700 Menschen voll gepackte Gotteshaus von Posten umstellen und abriegeln. Mit Benzin wurde das Gebäude in Brand gesetzt. Handgranaten flogen durch die Fenster, um die Wirkung des Feuers zu verstärken. Die wenigen, die – bereits vom Feuer erfasst – versuchten, aus der Synagoge zu fliehen, wurden mit Maschinengewehren niedergemäht.

Die »Aktion« in Bialystok, bei der mindestens 700 Juden in der Synagoge verbrannten und insgesamt etwa 2000 Menschen starben, war nicht das Resultat eindeutiger Befehle, sondern entwickelte sich aus der Eigeninitiative einiger fanatisierter Ordnungspolizisten. Die übrigen Männer dieses Polizeibataillons ließen sich mitreißen oder erfüllten »instinktiv« die Erwartungen, die an sie gestellt wurden. Ihr Kommandeur, Major Weis, wurde von empörten Wehrmachtssoldaten der 221. Sicherungsdivision betrunken angetroffen. Zur Rede gestellt, behauptete er, von den Geschehnissen nichts gewusst zu haben.

Die Beamten des Polizeibataillons 309, die vorwiegend aus dem rheinisch-bergischen Gebiet stammten, waren in vorauseilendem Gehorsam zu Mördern geworden. Nicht alle waren fanatische Antisemiten wie Pipo Schneider oder schießwütige Sadisten. Viele Polizisten handelten – wie auch zahlreiche SS-Angehörige – unter dem Druck der Gruppe. Ihnen war das eigene Ansehen bei den Kameraden wichtiger als ein Gefühl menschlicher Verbundenheit mit den Opfern. Die Juden standen für sie außerhalb des Kreises, in dem man mitmenschliche Verpflichtung und Verantwortung empfand. Das galt selbst für sehr heterogene Einheiten wie das Hamburger Reserve-Polizeibataillon 101. Christopher Browning zeigte auf, wie wenige der Männer Möglichkeiten nutzten, sich bei bestimmten Einsätzen dem Morden zu entziehen.

Bei der SS war der Zwang, sich in der eingeschworenen Truppe »solidarisch« zu verhalten, gewiss noch größer. So brachte etwa der SS-Scharführer Schwenker es nicht fertig, um Entbindung vom Erschießungskommando zu bitten, weil er angeblich befürchtete, dass er in den Augen der »anderen als Schlappschwanz angesehen würde. Ich hatte Bedenken, dass es mir in der Zukunft irgendwie schaden könne, wenn ich mich als zu weich hinstellen würde«, und dass »andere den Eindruck hätten, ich sei nicht so hart, wie ein SS-Mann hätte sein müssen«. So habe er mit anderen Mitteln versucht, sich bei den Mordkommandos im Hintergrund zu halten.

Mit zunehmender Dauer des Einsatzes gegen wehrlose Zivilisten stellte sich oft eine Art von Gewöhnungseffekt ein. Christopher Browning schreibt: »Der Holokaust hat sich letzten Endes deshalb ereignet, weil auf einfacher Ebene gesehen einzelne Menschen über einen längeren Zeit-

Man konnte während des Krieges zumindest versuchen, von einer Einsatzgruppe versetzt zu werden. Ich selbst habe das mit Erfolg versucht. ... Ich wurde anlässlich meiner Rückversetzung nicht degradiert und hatte keine Nachteile außer dem, dass ich mit Heydrich bis zu seinem Tode in einem persönlichen Zerwürfnis lebte. Es hat sicher Fälle gegeben, bei denen die Wegversetzung von einer Einsatzgruppe Nachteile mit sich brachte. Ich kann mich aber an einzelne Fälle jetzt nicht erinnern. Auf jeden Fall wurde niemand deshalb erschossen, soweit mir bekannt ist. Es bestand auch die Möglichkeit vom Reichssicherheitshauptamt, sich zur Front zu melden oder für einen anderen Bereich freigegeben zu werden.
Franz Six, SS-Oberführer, Einsatzgruppe B, in einer Aussage vor Gericht

raum hinweg andere Menschen zu Abertausenden umgebracht haben. Die ausführenden Täter wurden zu ›berufsmäßigen‹ Mördern.« Viele von ihnen betäubten sich nach ihren Einsätzen mit Alkohol. Nur wenige entzogen sich dem Gruppendruck und weigerten sich, persönlich Erschießungen vorzunehmen. Mögen sie von ihren »Kameraden« auch verspottet worden sein, so ist jedoch kein Fall belegt, in dem eine solche Weigerung zu einer ernsthaften disziplinarischen Bestrafung geführt hätte. Mitunter wurde die Teilnahme an den Erschießungen auch freigestellt. SS-Sturmbannführer Ernst Ehlers reagierte nach eigenen Aussagen so auf die Ankündigung des Mordbefehls: »Diese Eröffnung traf mich wie ein Keulenschlag, und ich konnte es gar nicht fassen, dass eine solche Anordnung erteilt worden sein sollte. Ich habe mir furchtbare Gedanken gemacht, wie ich mich diesem Einsatz entziehen könnte, und kam zu dem Entschluss, meinen vorgesetzten Einsatzgruppenchef Nebe darum zu bitten, mich als Führer des Einsatzkommandos 8 abzulösen. Nebe hat meinem diesbezüglichen Wunsch Rechnung getragen und hat mich nunmehr zu seinem Gruppenstab genommen.« Das Argument des Befehlsnotstands ist nicht völlig von der Hand zu weisen, doch haben – wie der ehemalige Nürnberger Ankläger Ferencz dazu feststellt – viele Täter das Morden mit solcher Akribie und selbst die Jagd auf flüchtige Opfer mit solchem Eifer verfolgt, dass dieses Argument in vielen Fällen völlig unglaubwürdig war.

Wie wurde das Geschehen außerhalb dieses engeren Kreises wahrgenommen? Wie standen Soldaten der Wehrmacht zu den Mordaktionen? Vielerorts wurden sie Zeugen von Repressionen gegen die jüdische Zivilbevölkerung, sahen die Exekutionen in der Nähe von Dörfern, beobachteten Morde, die von uniformierten Deutschen an Unschuldigen begangen wurden. Ihnen entging aber auch nicht, dass die Täter Uniformen und Abzeichen trugen, die sich von denen der Wehrmacht unterschieden. »Das waren nicht Wehrmachtsangehörige, sondern Spezialeinheiten der SS«, erinnert sich der damalige Offizier Peter von der Osten-Sacken an seine erste Begegnung mit den Todesschwadronen der Einsatzgruppen. »Kurz nach der Besetzung eines Ortes durch die Wehrmacht wurden dann Juden zusammengetrieben, zum Marktplatz hin. Ein schauerliches Bild. Und viele Landser, die das so mitbeobachtet haben, die haben das nicht verstanden. Die sagten: Was soll das eigentlich, was sind das für Maßnahmen? Da können wir doch nicht dahinter stecken! Diese Opposition merkte man damals sogar bei den Landsern. Aber natürlich nicht bei allen. Viele waren gleichgültig.« Karl-Heinz Drossel, damals Gefreiter des Infanterie-

Ich glaube, die erste Gewissheit über den Massenmord an Juden erhielt ich im Dezember 1941, als ein in die Militärverwaltung versetzter Offizier, der aus dem Osten gekommen war, uns detaillierte Berichte über die Massentötung von Juden nördlich von Kiew – in dem späteren, heute berüchtigten Babi Yar – gab.
Walter Bargatzky, ehemaliger Wehrmachtsmajor und Jurist in der Kommandantur Paris

regiments 415, wurde das Erlebnis einer SS-Exekution in Dagda, Litauen, zum Trauma: »Ich sah da einen Jungen, vielleicht sechs Jahre, und der griff immer nach rechts. Ich nehme an, dass da sein Vater stand. Und da nahm der Mann hinter ihm die Pistole und gab ihm einen Genickschuss und einen Fußtritt und beförderte ihn damit in die Grube. Da war die Grenze bei mir erreicht. Der kleine Junge begleitet mich heute noch.« Drossel zog die Konsequenz: Er rettete später jüdische Mitbürger vor dem Zugriff der Gestapo in Berlin.

Vielerorts wurden Soldaten der Wehrmacht als »logistisches Hilfspersonal« der Massenerschießungen herangezogen. Sie wurden Zeugen – und mehr. Schuldig machten sich nicht alle und nicht viele, aber allzu viele – vor allem in den Städten. Manche reagierten mit Entsetzen, andere mit Ekel. Nur wenige protestierten. Kaum einer hat nach den Gründen gefragt. Nicht wenige haben nie etwas von den Verbrechen erfahren, sondern waren stets mit dem eigenen Überleben beschäftigt. Und es gab wiederum andere, die dem mörderischen Treiben der Einsatzgruppen Beifall zollten, die Täter anfeuerten und die Opfer noch im Augenblick ihres Todes demütigten. Und mitunter mordeten Soldaten auch selbst – oft, aber nicht immer auf Befehl. In den Briefen an die Angehörigen daheim findet sich verhältnismäßig wenig über diese erste Phase des Judenmords. Doch wenn die Soldaten auf Urlaub nach Hause kamen, berichteten sie, häufig hinter vorgehaltener Hand. So sickerte auch die Nachricht von Massenerschießungen im Osten allmählich durch.

Das Morden der Einsatzgruppen nahm indessen gigantische Ausmaße an. In der Ereignismeldung der Heeresgruppe C hieß es: »Mehrere Vergeltungsmaßnahmen wurden im Rahmen von Großaktionen durchgeführt. Die größte fand unmittelbar nach der Einnahme von Kiew statt; es wurden hierzu ausschließlich Juden mit ihrer ganzen Familie verwandt.« Was hier auf Bürokratendeutsch verbrämt wurde, war ein Massenmord ohnegleichen. Am 29. und 30. September 1941 wurden in der Schlucht von Babi Yar bei Kiew 33 771 Juden durch das Einsatzkommando 4a der Einsatzgruppe C erschossen.

Am 29. September 1941, unmittelbar nach der Eroberung Kiews durch die deutschen Truppen, bewegte sich eine lange Menschenschlange in Richtung dieser Schlucht. Mütter mit ihren Babys, ältere Männer und Frauen, Jugendliche und Kinder – mehr als 30 000 Menschen zogen in einer endlos anmutenden Prozession aus der Stadt. Sie folgten einem Aufruf, den die Eroberer am Vortag in einer Plakataktion überall in Kiew angebracht hatten. Wer dem Aufruf nicht nachkam, dem drohte die sofortige Erschießung. Was diejenigen erwartete, die dem Befehl folgten, ahnte keiner der Juden, die sich am angegebenen Ort, neben dem Friedhof, einfanden. Evakuierung? Internierung? Warum mussten sie dann ihre Kleider ablegen? Fürchterliche Ängste stiegen in den Menschen auf, als sie durch eine aus Polizisten gebildete Gasse gehen mussten und Knüppelschläge auf sie herunterprasselten. Doch das war erst der Anfang. Als sie nach der Prügeltortur die Schlucht erreichten, mussten sie sich, aufgeteilt in kleine Gruppen, reihenweise auf den Boden legen. Dann trat das Erschießungskommando in Aktion. Eine MG-Salve, ein paar Schaufeln mit Erde, welche die Leichen nur notdürftig bedeckte, dann wurde die

> Der Wohnungsmangel, der besonders in Kiew durch die umfangreichen Brände und Sprengungen fühlbar war, konnte nach Liquidierung der Juden durch Einweisung in die frei gewordenen Judenwohnungen behoben werden.
>
> Lagebericht der Einsatzgruppen vom 31. Oktober 1941

> Mir ist heute noch in Erinnerung, in welches Entsetzen die Juden kamen, die oben am Grubenrand auf die Leichen in der Grube hinunterblicken konnten. … Man kann sich gar nicht vorstellen, welche Nervenkraft es kostete, da unten diese schmutzige Tätigkeit auszuführen. Es war grauenhaft.
>
> Kurt Werner, Mitglied des Sonderkommandos 4a, in einer Aussage vor Gericht über das Massaker von Babi Yar am 29./30. September 1941

> Dort waren unzählige Juden versammelt, und dort war auch eine Stelle eingerichtet, wo die Juden ihre Kleidung und ihr Gepäck ablegen mussten. Nach einem Kilometer sah ich eine große, natürliche Schlucht. Es war sandiges Gelände. Die Schlucht war ca. zehn Meter tief, etwa 400 Meter lang, oben etwa 80 Meter breit und unten etwa zehn Meter breit. Gleich nach meiner Ankunft im Exekutionsgelände musste ich mich zusammen mit anderen Kameraden nach unten in diese Mulde begeben. Es dauerte nicht lange, und es wurden uns schon die ersten Juden über die Schlucht zugeführt.
> Kurt Werner, Mitglied des Sonderkommandos 4a, in einer Aussage vor Gericht über das Massaker von Babi Yar am 29./30. September 1941

nächste Gruppe in die Schlucht getrieben. Die grausame Prozedur begann erneut, wiederholte sich, Stunde für Stunde. Erschöpft vom Massenmord, mussten die deutschen Tötungskommandos im Schichtwechsel arbeiten, eine Stunde Morden, eine Stunde Pause – so ging es bis zum Einbruch der Dunkelheit. Ein Ende war nicht abzusehen. Die Nacht verbrachten die noch Lebenden zusammengepfercht in leeren Hallen, manche glaubten noch immer an ihre »Umsiedlung« – bis zum nächsten Morgen, als sie widerstandslos von den ausgeruhten Sondereinheiten abgeschlachtet wurden.

Eine der wenigen Überlebenden, Ludmilla Sheila Polischtschuk, erinnert sich: »Mutter und ich wurden zu einem Sammelplatz gefahren. Ich fing an zu schreien. Mutter fasste mich bei den Händen und sagte: ›Töchterchen, schrei nicht, sonst bringen sie uns um. Wenn du schweigst, überleben wir vielleicht.‹

Dann baute sich ein Schießkommando auf. Mutter wartete aber nicht auf das Kommando, sondern warf sich mit mir in die Grube und fiel auf mich. Die Sondereinheiten begannen, uns mit Leichen zuzudecken. Danach erschossen sie eine weitere Gruppe. Mutter fühlte, dass ich unter ihr erstickte, und legte mir zwei Fäuste unter den Hals, damit ich nicht im Blut ertrank. Dann hörte ich, wie die Soldaten kamen und nach Überlebenden suchten. Glücklicherweise stellte sich ein Soldat auf Mutter und erstach den neben ihr liegenden Verwundeten. Als sie dann weitergingen, zog Mutter mich bewusstlos heraus und trug mich weg. In Podol, einem Ortsteil von Kiew, gab es eine Ziegelfabrik. Dort brachte sie mich in einen Keller. Wir versteckten uns dort vier Tage und vier Nächte.«

36 Stunden dauerte das Massaker, dann versuchten die SS-Männer ihre Spuren zu verwischen: Sie sprengten die Schlucht mit Dynamit. Die Mörder hatten mit Gründlichkeit Buch geführt. 33771 Opfer, 150 Täter – Babi Yar wurde von nun an in der ganzen Sowjetunion zum Symbol deutscher Grausamkeit. Schätzungen zufolge wurden allein im Raum Kiew fast 200 000 Menschen hingerichtet, erschossen, erschlagen, vergast.

Als wir nach den Erschießungen an der Schlucht vorbeikamen, bewegte sich die Erde wie Wellen auf einem See. Ich vermute, es waren noch nicht alle Opfer tot. Diesen Anblick werde ich nie vergessen.

Walter Gehrke, als Wehrmachtssoldat in Babi Yar

Für das Massaker vor Ort verantwortlich war Einsatzgruppenleiter Paul Blobel, der auch in Bjelaja Zerkow die Erschießungen organisiert hatte. Sein Vater war ein kleiner Handwerker im Bergischen Land gewesen, er selbst hatte das Maurer- und Zimmermannhandwerk gelernt. Sein Ehrgeiz und seine Zielstrebigkeit verhalfen ihm, auch ohne Abitur, zu einer Architekturausbildung und –

als Freiwilliger im Ersten Weltkrieg – zum Eisernen Kreuz 1. Klasse. 1920 reüssierte er in einem renommierten Architekturbüro, dann heiratete er eine Tochter aus gutem Hause. 1926, im Alter von 32 Jahren, sah sich Paul Blobel am Ziel seiner Wünsche: Er war freiberuflicher Architekt in gutbürgerlicher Familie – Eigenheim inklusive.

1929 kam die Weltwirtschaftskrise. Blobel erhielt keine Aufträge mehr, empfing Arbeitslosenhilfe, stand vor dem Nichts. Auf der Suche nach politischem Halt wurde er im Oktober 1931 Mitglied der SA – und trat seltsamerweise gleichzeitig in die SPD ein. Anfang 1932 schien er seine Bestimmung gefunden zu haben: Er zählte zu den ersten Mitgliedern des Sicherheitsdienstes der SS. Damit verbunden war die Ausspionierung von Sozialdemokraten und Kommunisten. Es war die zweite Chance für den ehrgeizigen Blobel. Skrupellosigkeit, Loyalität und unbedingte Treue zur rassistischen Nazi-Ideologie – diese Eigenschaften waren wichtige Voraussetzung für den Aufstieg im SD. Paul Blobel brachte aber noch andere Eigenschaften mit, die ihn für seine späteren mörderischen Aufgaben qualifizierten: Er war intelligent, aber nicht intellektuell. Anfang 1941 diente er schon als Standartenführer – im Rang eines Oberst. Blobel schien wie geschaffen für »Sonderaufgaben im Osten«, denn er war, so wurde er beurteilt, eine »energische Persönlichkeit« mit »ausgezeichneten Führereigenschaften«.

Unter seinem Befehl ermordete das Sonderkommando 4a der Einsatzgruppe C etwa 60 000 Menschen, Männer, Frauen, Kinder. »Und er mordete mit Überzeugung«, sagte der Mann, der ihn später anklagte, Benjamin Ferencz: »Seine stete Berufung auf höhere Befehle geriet zur Farce.« Anfang 1942 wurde Blobel allerdings zurück ins Reich beordert – höchstwahrscheinlich wegen Alkoholproblemen, weil er die Verbrechen seelisch und körperlich nicht mehr zu verkraften schien. Nur fünf Monate später schickte ihn das Reichssicherheitshauptamt (RSHA) auf eine neue »Mission«: »Aktion 1005« sollte sämtliche Spuren der Massaker beseitigen. Der offenkundig wieder »stabilisierte« SS-Mann erfüllte auch diese Aufgabe mit Bravour. Er ließ die Massengräber öffnen, die Leichen auf ölgetränkten Eisenrosten verbrennen, die Knochenreste in Spezialmühlen zerhacken.

Die genaue Zahl der hingerichteten Personen ist mir nicht mehr erinnerlich. Einer oberflächlichen Schätzung nach, für deren Richtigkeit ich keine Gewähr geben kann, vermute ich, dass sich die Zahl der Hingerichteten, woran das Sonderkommando 4a beteiligt war, zwischen 10 000 und 15 000 bewegt.

Eidesstattliche Erklärung von Paul Blobel, Sonderkommandoführer, Nürnberg 1945

Ich habe in der Gruppe D das Erschießen durch Einzelpersonen nie genehmigt, sondern befohlen, dass mehrere Leute gleichzeitig schießen sollten, um direkte, persönliche Verantwortung zu vermeiden.

Eidesstattliche Erklärung von Otto Ohlendorf, Chef der Einsatzgruppe D, Nürnberg 1945

Nach dem Krieg zeigte der in Nürnberg angeklagte Blobel keine Reue. Er glaubte nach wie vor an seine Überlegenheit als Herrenmensch, bedauerte – wie Ohlendorf – statt der Opfer lieber die Täter, die nach seinem Empfinden »mehr mit den Nerven runter waren als diejenigen, die dort erschossen werden mussten«. Die Schlussworte des wegen »Verbrechen gegen die Menschlichkeit« Hingerichteten lauteten: »Disziplin und Treue habe ich als Soldat gehalten. ... Nun haben mich Disziplin und Treue an den Galgen gebracht. Ich weiß auch heute nicht, wie ich anders hätte handeln sollen.« Eine größere Pervertierung von soldatischem Verständnis ist kaum vorstellbar.

Blobel zählte zu jenen, die aus Überzeugung mordeten, aber psychische Folgen davontrugen. Viele litten unter den selbstverübten Verbrechen. Es kam zu Nervenzusammenbrüchen, Trunkenheit, Magengeschwüren und psychosomatischen Erkrankungen. Andere wiederum ergingen sich in hemmungslosem Sadismus, prügelten wahllos auf die Opfer ein, mordeten willkürlich. Gustav Fix, Angehöriger des Sonderkommandos 6, sagte später im Einsatzgruppenprozess aus: »Bemerken möchte ich noch, dass durch die erhebliche seelische Belastung bei solchen Exekutionen es zahlreiche Männer gab, die nicht mehr in der Lage waren, Erschießungen durchzuführen, und deshalb ausgetauscht werden mussten. Andere Personen konnten jedoch nicht oft genug daran teilnehmen und meldeten sich häufig freiwillig zu diesen Exekutionen.« Boris von Drachenfels gehörte 1941 der Ordnungspolizei an: »Es marschierten täglich mehr als 30 Leute, manchmal sogar 50, 60, die sich krank melden wollten. Aber in der Regel wurde nur ein Teil krank gemeldet. Die kriegten dann irgendwelche Tabletten verabreicht, und es gab Nervenzusammenbrüche, wie erzählt wurde. Es gab Selbstmorde, und es gab Verschickungen in Narrenheim-

Ein deutscher Polizeioffizier erschießt jüdische Frauen, die nach der »Liquidation« des Ghettos im ukrainischen Mizocz noch Lebenszeichen von sich geben.

anstalten.« Bezeichnend ist, wie Täter diese Phänomene später beim Prozess in Nürnberg schilderten: Das Mitgefühl galt generell den Mordenden, nicht ihren Opfern. Eine Aussage von Kurt Werner, Mitglied des Sonderkommandos 4a, war bezeichnend: »Die Schützen standen jeweils hinter den Juden und haben diese mit Genickschüssen getötet. … Man kann sich gar nicht vorstellen, welche Nervenkraft es kostete, da unten diese schmutzige Tätigkeit auszuführen. Es war grauenhaft. … Ich musste den ganzen Vormittag über unten in der Schlucht bleiben. Dort musste ich eine Zeit lang immer wieder schießen…«

Die Täter waren SS-Männer, überzeugte Nationalsozialisten und Rassenfanatiker, jedoch ebenso Angehörige von Polizeibataillonen, die kaum dafür prädestiniert schienen, zu Mördern zu werden. Ihre Führer verlangten Schreckliches von ihnen, das wusste auch ihr Dienstherr, der »Reichsführer SS«, Heinrich Himmler. Er machte sich Sorgen um seine Vollstrecker. Und so wies er

> In eingehenden Besprechungen mit dem SS-Brigadeführer Zenner und dem hervorragend tüchtigen Leiter des SD, SS-Obersturmbannführer Dr. jur. Strauch, haben wir in Weißruthenien in den letzten zehn Wochen rund 55 000 Juden liquidiert. Im Gebiet Minsk-Land ist das Judentum völlig ausgemerzt…
>
> Wilhelm Kube, Generalkommissar für Weißruthenien, in einem Bericht vom 31. Juli 1942

235

in einem Befehl vom 12. Dezember 1941 an die »Höheren SS- und Polizeiführer« auf die »Fürsorgepflicht« der Vorgesetzten für ihre Männer hin: »Heilige Pflicht der höheren Führer und Kommandeure ist es, persönlich dafür zu sorgen, dass keiner unserer Männer, der diese schwere Pflicht zu erfüllen hat, jemals verroht oder an Gemüt und Charakter Schäden erleidet. Diese Aufgabe wird erfüllt durch schärfste Disziplin bei den dienstlichen Obliegenheiten, durch kameradschaftliches Beisammensein am Abend eines Tages, der eine solche schwere Aufgabe mit sich gebracht hat. Das kameradschaftliche Beisammensein darf aber niemals mit Alkoholmissbrauch endigen. Es soll ein Abend sein, an dem – den Möglichkeiten entsprechend – in bester deutscher häuslicher Form zu Tisch gesessen und gegessen wird und an dem Musik, Vorträge und das Hineinführen unserer Männer in die schönen Gebiete deutschen Geistes- und Gemütslebens die Stunden auszufüllen haben.« Eine gespenstische Verschränkung von »Normalität« und Massenmord – das sollte es sein.

Himmler war daran gelegen, dass »anständig« gemordet wurde, dass die Form stimmte, dass keine »niederen Regungen« wie Sadismus oder Bereicherung an den Opfern durch Diebstahl um sich griffen. In seinem kruden Weltbild waren das verwerfliche Motive, nicht aber das Abschlachten Hunderttausender. Solche »Unterscheidungen« spukten freilich nicht nur in den Köpfen der SS-Prominenz. SS-Mann Ernst Göbel berichtete später über einen Rottenführer: »Es war brutal, wie [er] die Kinder tötete. Einige fasste er an den Haaren an, hob sie vom Erdboden ab, schoss ihnen in den Hinterkopf und warf sie dann in die Grube. Ich konnte dies schließlich nicht mehr mit ansehen und sagte ihm, er solle das sein lassen. ... Er solle sie anständiger töten.«

Unablässig versuchte Himmler seinen Männern zu suggerieren, sie seien berufen zu einer großen, ja idealistischen Tat, die zwar hart und grausam sei, dem eigenen Volk aber letztlich das Überleben sichere. Niemand in der SS- oder Polizeihierarchie widersprach – schon gar nicht bei jener berüchtigten Rede des »Reichsführers« vor SS- und Polizeioffizieren am 6. Oktober 1943 in Posen:

»Von euch werden die meisten wissen, was es heißt, wenn 100 Leichen beisammen liegen, wenn 500 daliegen. Dies durchgehalten zu haben und dabei – abgesehen von menschlichen Ausnahmeschwächen – anständig geblieben zu sein, das hat uns hart gemacht. Dies ist ein niemals geschriebenes und niemals zu schreibendes Ruhmesblatt unserer Geschichte.«

Von Anfang an sorgte sich Himmler um die Moral der Mörder. Mehrmals machte er sich vor Ort ein eigenes Bild von deren Taten. Dem »Höheren SS- und Polizeiführer« Erich von dem Bach-Zelewski war daran gelegen, Himmler zu demonstrieren, was das mörderische Handwerk für seine Männer bedeutete. »Sehen Sie sich die Augen der Leute an«, soll er gesagt haben, »diese Leute haben für den Rest ihres Lebens keine Nerven mehr. Wir ziehen hier Neurotiker und Wilde groß!«

Himmler zeigte zwar »Verständnis«, dennoch redete er den Schützen zu, ihre Aufgabe sei eben notwendig, sie sollten sich von moralischen Bedenken lösen, er und Hitler trügen die Verantwortung. Schlachten seien zu schlagen, die kommenden Generationen erspart blieben. Dennoch suchten Himmler und seine Führungskräfte nach Wegen, das Morden weniger »störanfällig« zu gestalten. Simon Wiesenthal, der nach dem Krieg nicht nur Ermittlungen gegen Täter anstellte, sondern auch die Genesis des Holokaust zu ergründen suchte, beschreibt es einfach: »Manche Mörder brachten sich um, weil sie die Morde nicht mehr aushalten konnten. Wenn einer zu Hause drei Kinder hatte und selber Kinder umbrachte, der war nicht mehr derselbe. Also hat

Der Ort der Exekution befindet sich aber meistens 10 bis15 Kilometer abseits der Verkehrswege und ist durch seine Lage schon schwer zugänglich, bei feuchtem oder nassem Wetter überhaupt nicht. Fährt oder führt man die zu Exekutierenden an diesen Ort, so merken sie sofort, was los ist, und werden unruhig, was nach Möglichkeit vermieden werden soll.

SS-Untersturmführer Dr. Becker an SS-Obersturmbannführer Rauff über den Gebrauch von Gaswagen

Verschiedene Kommandos lassen nach der Vergasung durch die eigenen Männer ausladen. Die Kommandeure der betreffenden S. K. habe ich darauf aufmerksam gemacht, welch ungeheure seelische und gesundheitliche Schädigungen diese Arbeit auf die Männer, wenn auch nicht sofort, so doch später haben kann.

SS-Untersturmführer Dr. Becker an SS-Obersturmbannführer Rauff über den Einsatz von Gaswagen

---

Mit den Dieselauspuffgasen sollen die Menschen zu Tode gebracht werden. Aber der Diesel funktioniert nicht! Der Hauptmann Wirth kommt. Man sieht, es ist ihm peinlich, dass das gerade heute passieren muss, wo ich hier bin. ... Die Menschen warten in ihren Gaskammern. Vergeblich. Man hört sie weinen, schluchzen. ... Nach 2 Stunden 49 Minuten – die Stoppuhr hat alles wohl registriert – springt der Diesel an. Bis zu diesem Augenblick lebten die Menschen in diesen vier Kammern, viermal 750 Menschen in viermal 45 Kubikmetern! Von neuem verstreichen 25 Minuten. Richtig, viele sind jetzt tot. Man sieht das durch das kleine Fensterchen, in dem das elektrische Licht die Kammer einen Augenblick beleuchtet. Nach 28 Minuten leben nur noch wenige. Endlich, nach 32 Minuten ist alles tot!
Kurt Gerstein, SS-»Hygieniker«, in seinem in Gefangenschaft verfassten Bericht

man nach unpersönlicheren Mitteln des Tötens gesucht. So ist man aufs Gas gekommen.«

In zu Gaswagen umgebauten LKWs begann der Mord mit dem unsichtbaren Gift – Kohlenmonoxid. SS-Standartenführer Walter Rauff sagte später aus: »Ob ich damals Bedenken gegen den Einsatz der Gaswagen hatte, kann ich nicht sagen. Für mich stand damals im Vordergrund, dass die Erschießungen für die Männer, die damit befasst waren, eine erhebliche Belastung darstellten und dass diese Belastung durch den Einsatz der Gaswagen entfiel.« Es war nur der Anfang. Bald galt es nicht nur, die Täter zu schonen, sondern auch, dem Massenmord eine neue Dimension zu verleihen – millionenfach, mechanisch, gründlich.

So schlug die Stunde der Eicke-»Schüler«. Sie waren nicht nur geprägt durch Nazi-Wahn und Judenhass, sondern auch durch die brachialen Methoden der Lagerherrschaft. Rudolf Höß wurde Kommandant von Auschwitz, Max Kögel Kommandant von Majdanek. Adolf Eichmann, der unter Eicke in Dachau gedient hatte, wurde im RSHA zum Organisator des Holokaust.

Als das Konzentrationslager Auschwitz 1940 errichtet wurde, hatten selbst die obersten Henker noch keine Vorstellung von dem Ausmaß des Verbrechens, das sie hier schon bald verüben würden. Als SS-Hauptsturmführer Rudolf Höß dort Ende April 1940 eintraf, war er, nach eigenem Bekunden, voller Tatendrang. Er hatte den Auftrag, die Artilleriekaserne in ein »ordentliches Konzentrationslager« umzuwandeln.

In Erinnerung an die »guten alten Zeiten« ließ er den zynischen Spruch »Arbeit macht frei« über dem Lagertor anbringen. Das war in Dachau genauso gewesen. Doch ansonsten wollte der frisch gekürte Kommandant mit dem Alten nichts mehr zu tun haben: »Von vornherein war mir klar, dass aus Auschwitz nur etwas Brauchbares werden könne durch unermüdliche zähe Arbeit aller, vom Kommandanten bis zum letzten Häftling. Um

> *Bereits im Frühjahr 1942 gab es im Warschauer Ghetto Gerüchte, dass die Deutschen mit Gas experimentieren, mit Abgasen von Autos, dass Menschen in irgendeinen Schuppen getrieben wurden, und da hat man das Gas hineingeleitet, und sie wurden auf diese Weise ermordet. … Ich gehörte zu den vielen damals, die daran nicht geglaubt haben.*
> Marcel Reich-Ranicki, damals im Warschauer Ghetto

Eine Handbewegung entscheidet über Leben und Tod: »Selektion« an der Rampe von Auschwitz.

aber alle für diese Aufgabe einspannen zu können, musste ich mit allem Herkömmlichen, mit allen zur Tradition gewordenen Bräuchen am KL brechen«, formulierte er später. Eicke hatte in den Häftlingen vor allem die konkreten Staats- und Volksfeinde gesehen. Höß definierte die Gegnerschaft neu und eliminatorisch: Die Zukunft des deutschen Volkes hänge davon ab, wie es sich von »schädlichen Elementen« reinige. Der skrupellose Ehrgeizling Höß sollte sich als effizienter Kommandant von Auschwitz erweisen.

Sein früher Lebenslauf war zeittypisch gewesen. Als Kind war er die starke Hand seines Vaters, eines badischen Kaufmanns, gewöhnt. Katholischer Priester wollte er werden. Doch noch während seiner Schulzeit geriet das feste Weltbild aus den Fugen: Ein Pfarrer verletzte sein Beichtgeheimnis.

Der Erste Weltkrieg gab ihm eine neue Perspektive – wie so vielen anderen späteren SS-Männern: Von Anfang verstärkte sie den Hang zum Militärischen, zur Uniform, zur Ordnung. Obwohl nicht einmal 16 Jahre alt, gelang es Höß,

> Höß führte ein vorbildliches Familienleben und war die Bescheidenheit in Person, pünktlich, genau.
>
> Adolf Eichmann

ins Heer aufgenommen zu werden. Die Angst vor dem Töten verlor der Rekrut, wie zahlreiche andere, in den Schützengräben des erbarmungslosen Stellungskriegs. Und wie so zahlreiche andere war auch er nach dem verlorenen Weltkrieg orientierungslos, schloss sich den Freikorps an, wurde wegen politischer Gewalttaten zu zehn Jahren Zuchthaus verurteilt. Die klaren Regeln des Zuchthauslebens imponierten Höß: Er wollte ein vorbildlicher Gefangener sein, auch hier hatte er wieder ein klares Gefüge, in dem er sich einrichtete. Die Belohnung: Nach nicht einmal sechs Jahren Haft wurde er entlassen.

Aus der geistigen Unruhe der ersten deutschen Republik flüchtete er sich in das romantische Ideal vom genügsamen Leben eines Bauern. Doch als Heinrich Himmler 1934 neue SS-Männer rekrutieren ließ, entschied sich Höß für den schwarzen Orden und geriet in die Mühlen des Eickeschen Abhärtungsprogramms. Er war ein gelehriger Schüler: Bedingungsloser Gehorsam, höchste Disziplin im Sinne der vorgegebenen Sache waren nach eigenen Angaben für ihn selbstverständlich. Bürgerliche Wertvorstellungen? In seinen Augen galten sie natürlich nicht für Menschen, die das Regime zum Feind gestempelt hatte. Charakteristisch für ihn war sein Eifer: Als der Stacheldraht beim Lageraufbau nicht mehr reichte, ließ er welchen stehlen. Der Zweck wurde zum alles bestimmenden Maßstab. Den legten andere fest – redete er sich immer wieder ein. Höß zählte zu den Menschen, die immer einen Vorgesetzten brauchten. Die Verantwortung für seine Taten wies er nach dem Krieg von sich: Er habe nur Befehle befolgt.

Die ersten Häftlinge, die nach Auschwitz transportiert wurden, waren 30 »bewährte Kräfte« aus dem KZ Sachsenhausen. Ihre Aufgabe sollte darin bestehen, als Kapos, Lager-, Block- und Stubenälteste die Häftlinge

---

Globocnik sagte: »Diese ganze Angelegenheit ist eine der geheimsten Sachen, die es zurzeit überhaupt gibt, wenn nicht die geheimste. Wer darüber spricht, wird sofort erschossen.« Erst gestern seien zwei Schwätzer erschossen worden. ... »Es ist Ihre Aufgabe, insbesondere die Desinfektion des sehr umfangreichen Textilgutes durchzuführen. ... Ihre andere, noch weit wichtigere Aufgabe ist die Umstellung unserer Gaskammern, die jetzt mit Dieselauspuffgasen arbeiten, auf eine bessere und schnellere Sache. Ich denke da vor allem an Blausäure.«
Kurt Gerstein, SS-»Hygieniker«, in seinem in Gefangenschaft verfassten Bericht

im Lager zu beaufsichtigen. Körperlich arbeiten mussten sie selbst nicht. Sie bekamen besseres Essen, trugen hohe Lederstiefel und maßgeschneiderte Häftlingskluften. »Divide et impera« – »Teile und herrsche« –, schrieb Höß in seinen Aufzeichnungen hochtrabend, sei hierbei das Motto gewesen. Die abgestufte Machtzuteilung wies jedem seinen Platz in der Lagerhierarchie zu, machte ihn zum Teil des Systems, machte auch Opfer zu Tätern. Es war das kennzeichnende Merkmal der Lagerwelt.

Unter Schlägen, Fußtritten und lautem Gebrüll wurden die ersten polnischen Gefangenen von den Kapos – drei Wochen nach deren Ankunft – in die Baracken der Kaserne getrieben. Es waren Untergrundkämpfer, Politiker, Vertreter der polnischen Intelligenz, Geistliche und Juden. Der Erste Schutzhaftlagerführer Karl Fritzsch, die rechte Hand des Lagerkommandanten, begrüßte die Ankömmlinge mit einer Ansprache, die jegliche Hoffnung, diesen Ort wieder lebend zu verlassen, mit einem Schlag auslöschte: »Ihr seid hier nicht in ein Sanatorium gekommen, sondern in ein deutsches Konzentrationslager, aus dem es nur einen Ausweg gibt – durch den Schornstein. Wem das nicht gefällt, der kann gleich in den Draht gehen. Falls sich in dem Transport Juden befinden, so haben sie kein Recht, länger zu leben als zwei Wochen. Falls es Geistliche gibt, können sie einen Monat leben; alle anderen drei Monate.«

Nach dem Überfall auf die Sowjetunion füllte sich das Lager mit russischen Kriegsgefangenen. Unter Berufung auf den schon Monate zuvor erteilten »Kommissarbefehl« gab der Chef des RSHA, Reinhard Heydrich, die Order, alle Funktionäre, vor allem »Berufsrevolutionäre und Volkskommissare«, auszusondern und zu beseitigen. Zeugen dieser Mordaktionen durfte es nicht geben, also wurden die Konzentrationslager zum Tatort bestimmt.

Erstmals mordete die SS in Auschwitz am 5. September 1941 mit dem Blausäurepräparat Zyklon B. Der Test war »erfolgreich«, die Vollstrecker zeigten sich zufrieden: Fast 600 sowjetische Soldaten und etwa 300 kranke Häftlinge hatten im Gas den Tod gefunden. Das Mittel zum Massenmord in Auschwitz war entdeckt. Der »Vorteil« von Zyklon B gegenüber den

> Sie öffneten die Türen und empfingen uns mit Schlägen. Schläge, damit wir schneller aus den Waggons ausstiegen. In den Waggons blieben alte Leute zurück und Kinder, die erdrückt worden oder sonstwie ums Leben gekommen waren.
>
> Shlomo Dragon, polnischer Jude

> An der Ecke steht ein starker SS-Mann, der mit pastoraler Stimme zu den Armen sagt: Es passiert euch nicht das Geringste. Ihr müsst nur in den Kammern tief Atem holen, das weitet die Lungen, diese Inhalation ist notwendig wegen der Krankheiten und Seuchen.
>
> Kurt Gerstein, SS-»Hygieniker«, in seinem in Gefangenschaft verfassten Bericht

zur gleichen Zeit im Lager schon vollzogenen Massenerschießungen schien offenkundig: Es tötete nicht nur schneller und kostengünstiger, es war auch »humaner« – für die Täter, nicht für die Opfer. Lagerkommandant Rudolf Höß erinnerte sich später: »Ich muss offen sagen, auf mich wirkte die Vergasung beruhigend, da ja in absehbarer Zeit mit der Massenvernichtung der Juden begonnen werden musste. Mir graute immer vor den Erschießungen. Nun war ich doch beruhigt, dass uns allen diese Blutbäder erspart bleiben sollten.«

Und doch blieben die Häftlinge keineswegs von persönlich verübter Grausamkeit verschont. Die Prügelstrafe gehörte zur Tagesordnung. Es gab unendlich viele Varianten, denn die sadistische Fantasie der Peiniger kannte keine Grenzen. Bei Verhören im Stammlager besonders berüchtigt war die »Schaukel«. Der Häftling musste vor den angezogenen Knien seine Hände falten. Mit Handschellen wurden ihm dann die Handgelenke vor den Beinen zusammengeschlossen. Anschließend schob man eine massive Eisenstange zwischen Ellbogen und Knie des Opfers. Die Stange wurde von den Peinigern auf zwei Holzböcke gelegt, sodass der Häftling mit dem Kopf nach unten hing. Mit einer Ochsenpeitsche schlugen ihm die Wachen auf Gesäß, Geschlechtsteile und die nackten Fußsohlen. Die Schläge waren so heftig, dass der Gefolterte ganze Umdrehungen ausführte. Wenn die Schreie zu laut wurden, setzte man ihm eine Gasmaske auf. Viele starben in Birkenau nicht, weil sie sich eines banalen »Vergehens« schuldig gemacht hatten, sondern einfach nur zum Amüsement des Lagerpersonals. Mitunter suchten sich die Verantwortlichen völlig willkürlich ein Opfer aus. Dann zwangen sie den Unglücklichen, sich bäuchlings auf dem Boden auszustrecken, legten ihm einen Knüppel in den Nacken, sprangen mit aller Kraft darauf und brachen ihm so das Genick. Es kam zu apokalyptischen Bildern: »Kapos mit wilden Augen zogen ihren

Grenzenloser Sadismus: Im Konzentrationslager Buchenwald werden 1941 Häftlinge durch »Baumhängen« bestraft.

blutbesudelten Weg durch Scharen von Häftlingen, während SS-Männer, wie Cowboys im Fernsehen, die versehentlich in einen grotesken, endlosen Gräuelfilm geraten sind, aus der Hüfte heraus schossen«, erinnert sich der Häftling Rudolf Vrba, der den Horror überlebte. Auf der Flucht Erschossene wurden zur Abschreckung auf dem Appellplatz ausgestellt. SS-Männer hängten ihnen Schilder mit Aufschriften wie »Hurra, hurra, wir sind wieder da« um den Hals. Die noch lebenden Geflohenen wurden vor den Augen der Gefangenen aufgehängt.

Um den Tätern ihr Handwerk zu erleichtern, bemühte sich die Lagerleitung um »Ausgleich in der Freizeit«. Mancher SS-Mann in Auschwitz vertrieb sich seine freien Stunden in der Saunaanlage, im Fußballstadion oder im Bordell. Im KZ Buchenwald gab es einen eigens für Hermann Göring angelegten Falkenhof und eine Reithalle, die für die Frau des Lagerkommandanten Koch errichtet worden war.

Höhere SS-Chargen wurden mit ihren Familien in der Regel in Ein- bis Zweifamilienhäusern untergebracht. Die Doppel- oder Reihenhäuser hatten kleine Gärten und waren wie ein Kranz um die übrigen Lagerbereiche angesiedelt. Wie wichtig Rudolf Höß die gepflegte Umgebung war, zeigt ein Befehl: »Die neu angelegten gärtnerischen Anlagen bilden ein Schmuckstück des Lagers. Es sollte eine Selbstverständlichkeit für jeden SS-Mann sein, diese Anlagen zu schonen und nicht durch Betreten der Beete Schaden anzurichten.« Darüber hinaus wurden die SS-Männer von ihrem Kommandanten dazu aufgefordert, ihre Gärten selbst zu bearbeiten: »Die verheirateten SS-Führer, Unterführer und Männer dürfen nur so viel Gartenland um ihre Wohnung einzäunen, als sie selbst bearbeiten können. Häftlinge können für Gartenarbeit nicht abgestellt werden, da die Posten für dringendere Arbeiten gebraucht werden« – gemeint war Zwangsarbeit in der SS-Industrie.

Stets war Höß bestrebt, den Zusammenhalt der KZ-Wächter zu fördern. Ob Kameradschaftsfest oder Sportwettkampf – es galt, den SS-Korpsgeist zu pflegen. Die breite Palette von Kommandanturbefehlen ermöglicht Einblicke in das gesellschaftliche Leben, beispielsweise ein Aufruf zu einem Kameradschaftsabend im KZ Auschwitz: »Am 16. August 1940 findet für alle SS-Angehörigen des KL Auschwitz in dem hinter dem Schutzhaftlager liegenden Theatergebäude ein Kameradschaftsabend statt. Beginn 19.00 Uhr. Die Plätze müssen bis 18.50 Uhr eingenommen sein. Der Führer des Schutzhaftlagers hat zu veranlassen, dass die Kommandos so rechtzeitig einrücken, dass die SS-Männer spätestens 18.15 Uhr frei sind. Die Frauen und Bräute von SS-Männern, die sich zurzeit in Auschwitz befinden, sind zu dem Kameradschaftsabend eingeladen.«

Auch Sportveranstaltungen dienten der Kurzweil. Einen Tag vor dem Überfall auf die Sowjetunion erging in Auschwitz folgender Befehl: »Anlässlich der Sommersonnenwende am 21. Juni 1941 werden auf dem Sportplatz der SS-Sportgemeinschaft leichtathletische Sportwettkämpfe durchgeführt. An diesem Tage rücken nur die Arbeitskommandos der lebenswichtigen Betriebe aus, sodass den Kompanien die Möglichkeit gegeben ist, an diesem Sportfest zahlreich teilzunehmen. Eine Beurlaubung an diesem Tage kann nicht erfolgen.« Und knapp drei Wochen, nachdem Hitler den Vernichtungskrieg im Osten entfesselt hatte: »Am Sonntag, dem 13. Juli 1941, finden auf dem hiesigen Sportplatz drei Wettspiele für Handball und Fußball statt. Es werden folgende Spiele ausgetragen: 14.00 bis 15.30 Uhr: Fußballmannschaft SS-Totenköpfe gegen Sportverein Altberun. 16.00 bis 17.30 Uhr: Handballmannschaft SS gegen Spielvereinigung Birkental. 17.00 bis 18.30 Uhr: Fußballmannschaft SS gegen Spielvereinigung Birkental. Der Eintritt zu diesen Spielen kostet RM –,10.«

Der letzte Schritt des historischen Verbrechens stand zu dieser Zeit noch bevor. Nur wenige Monate nach den ersten Vergasungen begann in Auschwitz die fabrikmäßige Tötung. Block 11, in dem die erste Gruppe der Opfer mit Zyklon B ermordet wurde, erwies sich dafür jedoch als ungeeignet. Tagelang hatte hier allein das Entlüften des Raumes gedauert. Das schien zu lange für die »effektive« Art des Tötens, die man anstrebte. Die zweite Vergasung wurde deshalb bald darauf in das Krematorium verlegt, dessen Leichenhalle über eine Be- und Entlüftung verfügte. In die Decke wurden mehrere Einwurflöcher gebrochen – für das Zyklon B, das den Tod aus der Luft bringen sollte. LKW-Motoren wurden angeworfen, um die Schreie der Sterbenden zu übertönen. Die erste Gaskammer in Auschwitz hatte ihren Betrieb aufgenommen – aber noch nicht für Juden.

Dafür bedurfte es einer Entscheidung. Sie fiel vor dem Hintergrund des Hitlerschen Vernichtungskriegs, der ins Stocken geraten war. Im Herbst 1941 kam Hitler immer öfter auf die »Judenfrage« zu sprechen. Der Diktator hatte Stalins Reich sträflich unterschätzt. Für diesen Fehler machte er freilich nicht sich selbst verantwortlich. Der Krieg sei ein Produkt internationaler Verschwörung. Und die vermeintlichen Drahtzieher sollten dafür büßen. Die Juden sollten nun die Zeche für den deutschen Blutzoll an der Front zahlen. Was der Diktator in seinem Wahn entschied, erfuhr Auschwitz-Kommandant Rudolf Höß in Berlin von SS-Chef Himmler selbst. Schon die Umstände zeigten, dass es sich um ein ganz besonderes Treffen handelte. Denn entgegen seiner sonstigen Gewohnheit empfing der »Reichsführer SS« den Gast ohne Beisein eines Adjutanten. Der »Führer« habe die »Endlösung der Judenfrage« befohlen, teilte Himmler dem Lagerkommandanten mit. Laut Höß' Erinnerungen ließ er keine Zweifel darüber offen, was unter »Endlösung« zu verstehen sei: »Die Juden sind die ewigen Feinde des deutschen Volkes und müssen ausgerottet werden. Alle für uns erreichbaren Juden sind jetzt während des Krieges ohne Ausnahme zu vernichten. Gelingt es uns nicht, die biologischen Grundlagen des Judentums zu zerstören, so werden einst die Juden das deutsche Volk vernichten.« Auschwitz habe er, so führte Himmler weiter aus, wegen seiner verkehrstechnisch günstigen Verbindungen und der isolierten Lage ausgesucht. Höß war sich der Ungeheuerlichkeit dieses Befehls bewusst. Doch als fanatischer Nationalsozialist folgte er dem Befehl seines Führers blind. Zudem fühlte er sich auch geschmeichelt, dass man gerade ihn mit der Lösung einer so entscheidenden Frage beauftragte. Dieses Vertrauens

wollte er sich als würdig erweisen: »Es galt für
mich nur noch eines: vorwärts kommen, vorwärts
treiben... um die befohlenen Maßnahmen durch-
führen zu können.« Doch vorerst hieß es abwarten. Genaue Anleitungen, wie diese »Endlösung«
durchzuführen sei, hatte Himmler nicht gegeben.
Nur das Ziel stand fest – die totale Vernichtung
der Juden Europas.

Auf der »Wannsee-Konferenz« am 20. Januar
1942 wurden die Weichen gestellt. In der idyl-
lisch gelegenen Villa, weit weg von Auschwitz
und seinem täglichen Grauen, wurde die Logistik
des Jahrhundertmords verabschiedet. Schon am
26. März 1942 traf in Auschwitz der erste durch
Eichmann organisierte Zug ein, voll geladen mit
slowakischen Jüdinnen. Sie wurden in die ehemaligen Baracken der Russen einquartiert. Von den
ursprünglich 10 000 ins Lager verbrachten sowjetischen Soldaten lebten zu dieser Zeit nicht einmal mehr 1000.

Seit September 1941 wurde aus Kapazitätsgründen ein neues Lager errichtet. Kommandant Höß trieb die Bauarbeiten mit gnadenloser Härte
voran. Gefangene Russen und Polen mussten die Häuser des nahe Auschwitz gelegenen Dörfchens Birkenau abreißen. Hier entstanden nun primitive Pferdebaracken. Ursprünglich geplant als Kriegsgefangenenlager,

*Dicht bei dem kleinen zweigleisigen Bahnhof war eine kleine Baracke, die so genannte
Garderobe, mit einem großen Wertsachenschalter. ... Dann eine kleine Allee im Freien
unter Birken, rechts und links von doppeltem Stacheldraht umsäumt, mit Inschriften:
»Zu den Inhalier- und Baderäumen!« Vor uns eine Art Badehaus mit Geranien, dann
ein Treppchen, und dann rechts und links je 3 Räume: 5 × 5 Meter, 1,90 Meter hoch,
mit Türen wie Garagen. An der Rückwand, in der Dunkelheit nicht recht sichtbar,
große hölzerne Rampentüren. Auf dem Dach als »sinniger kleiner Scherz« der
Davidstern!!*
Kurt Gerstein, SS-»Hygieniker«, in seinem in Gefangenschaft verfassten
Bericht

wurde Birkenau dazu bestimmt, Zentrum für den Massenmord zu werden – Todesfabrik für die Juden Europas.

Außerhalb des neuen Lagergeländes, am Rande eines Wäldchens, standen zwei hübsche und saubere Bauernhäuser. Umringt von Obstbäumen und mit ihren strohgedeckten Dächern schienen diese Häuser perfekt getarnt für das, was sich in ihrem Innern abspielen sollte. Sie wirkten harmlos genug, um die Opfer bis zuletzt zu täuschen. An den Türen befestigten die Mörder Schilder mit der Aufschrift: »Zur Desinfektion« und »Zum Waschraum«. Als Entkleidungsraum hatte man neben Bunker I und II, wie die Häuser von nun an genannt wurden, drei Baracken gebaut. Ende Juni 1942 waren beide Bunker »betriebsbereit«.

Als er im Juli 1942 Auschwitz besuchte, sagte Himmler: »Eichmanns Programm geht weiter und wird von Monat zu Monat gesteigert. Sehen Sie zu, dass Sie mit dem Ausbau von Birkenau vorwärts kommen. Ebenso rücksichtslos vernichten Sie die arbeitsunfähigen Juden.« Am selben Abend saß der oberste SS-Mann in geselliger Runde mit seinen Mordkomplizen. Himmler war »bester, strahlender Laune«, erinnerte sich Höß. Er trank sogar ein Glas Rotwein und »rauchte, was er gewöhnlich nicht tat«.

Aus Himmlers Weisung wurde mörderische Wirklichkeit: Chelmno, Belzec, Sobibor, Treblinka, Majdanek und Auschwitz – sechs Vernichtungslager entstanden, in denen Juden systematisch vergast wurden. Alle liefen bereits auf Hochtouren. Mit gnadenloser Konsequenz dirigierte Adolf Eichmann von seinem Schreibtisch aus die Züge in den Tod. Am 8. November 1942 verkündete Hitler im Münchner Löwenbräukeller vor ausgewähltem Publikum: »Sie werden sich noch erinnern an die Reichstagssitzung, in der ich erklärte, wenn das Judentum sich etwa einbildet, einen internationalen Weltkrieg zur Ausrottung der europäischen Rassen herbeiführen zu können, dann wird das Ergebnis nicht die Ausrottung der europäischen Rassen, sondern die Ausrottung des Judentums in Europa sein.«

Deportationszüge waren derweil in Auschwitz zur Routine geworden. Tausende Menschen aus ganz Europa trafen täglich an der Rampe ein. Aus

Wenn ich mir alles noch einmal überlege, dann fühle ich mich schuldig, weil wir damals ein Unrecht begangen haben. Die ganze Judengeschichte war ein Verbrechen. Ich bedaure es und bereue, dass ich daran mitgewirkt habe.

Karl Frenzel, SS-Oberscharführer in Sobibor, 1966 in Hagen wegen Mittäterschaft am Tod von mindestens 150 000 Menschen zu lebenslanger Haft verurteilt

Er war ein Sadist und brutaler Mörder, der kein Gewissen hatte. Sein Einsatz in Sobibor erschöpft sich nicht in der Teilnahme an Massenvergasungen; er hat vielmehr zahlreiche nicht befohlene Morde und Verbrechen begangen.

Herschel Cuckierman, polnischer Sobibor-Überlebender, über Karl Frenzel

ihren Wohnungen vertrieben und ihres Besitzes beraubt, wurden sie in Züge gepfercht und auf die Reise in ihr Verderben geschickt. Frauen, Männer und Kinder, Alte und Kranke wurden dicht gedrängt in Viehwaggons verladen. Viele Deportierte verdursteten schon während der Todesreise oder starben an Entkräftung. Die meisten von ihnen hatten keine Vorstellung von dem Grauen.

Nach einer qualvollen Zugfahrt ging auf der Bahnrampe des Konzentrationslagers plötzlich alles ganz schnell: Die Türen wurden aufgerissen, die entkräfteten Opfer hinausgezerrt, vom lauten Gebrüll und vom Bellen der scharfen SS-Hunde zur Eile angetrieben. Wer nicht schnell genug war, wurde vorwärts getreten und geschlagen. Das Chaos war beabsichtigt, ein perfektes System der Einschüchterung. Die orientierungslosen und vom Elend der Fahrt demoralisierten Menschen gehorchten den Befehlen. Nachdem alle aus dem Waggon getrieben waren, wurden die Gepäckstücke beschlagnahmt und die Leichen aus dem Zug geworfen – Menschen, welche die Höllenfahrt nach Auschwitz nicht überlebt hatten. Diese Arbeit mussten Häftlinge übernehmen, die Totenkopfschergen wollten sich die Hände nicht schmutzig machen. An der Rampe entschied sich das Schicksal der Deportierten. Frauen wurden von ihren Kindern getrennt, Männer von ihren Frauen, Familien in wenigen Sekunden auseinander gerissen. Für den Abschied ließen die SS-Männer keine Zeit. So war der Moment der Selektion bei vielen Überlebenden mit traumatischen Erinnerungen verbunden. Nachdem man die neuen Häftlinge nach Geschlecht und Alter sortiert hatte, mussten sie sich in Fünferreihen aufstellen. Dann ging es am Lagerarzt vorbei. Stumm wies

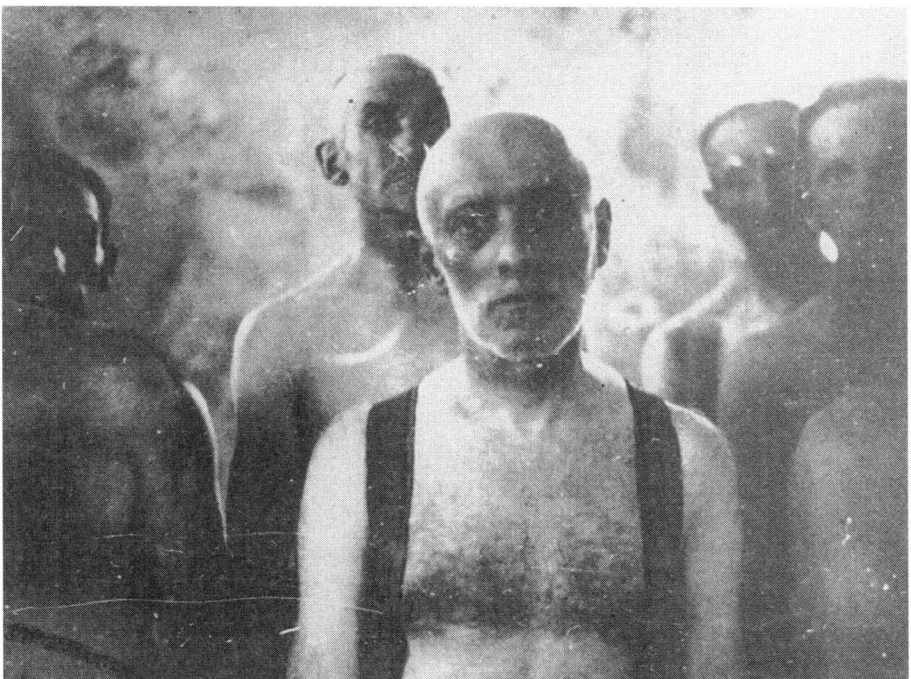

Täter und Opfer: SS-Wachmänner vor dem Haus des KZ-Kommandanten in Belzec (oben).
Eine Gruppe jüdischer Männer kurz vor ihrer Ermordung in einem Vergasungswagen,
Chelmno 1942 (unten).

dieser mit einer Handbewegung nach links oder rechts. Es waren nur wenige Schritte, die in Sekunden über Leben und Tod entschieden. Nach rechts dirigierte der Lagerarzt die »Arbeitsfähigen«, nach links wies er Alte, Schwache und Kranke. Dauerte die Selektion zu lange und wurden die Täter müde, so gab es für die restlichen Opfer nur noch eine Richtung: nach links, in den Tod.

Was ging in diesen Ärzten vor? Ein leichter Wink ihrer Hand entschied an der Rampe über Tausende von Leben. Einige tranken sich Mut an oder nahmen Aufputschmittel, so ließ es sich leichter Richter spielen. Der bekannteste der Auschwitz-Ärzte allerdings hatte freilich offenkundig einen klaren Kopf: Dr. Josef Mengele selektierte, Berichten zufolge, immer ganz gleichmäßig und ruhig. Nach rechts, nach links, nach rechts, nach links… Überlebende Zeitzeugen berichten, dass er mitunter eine Operetten- oder Walzermelodie vor sich hin pfiff, während seine Hand Todesurteile fällte.

Auch nach der »Selektion« straften die SS-Ärzte ihre Berufsbezeichnungen Lügen. Kranke, die unter normalen Bedingungen gesund geworden wären, wurden von den Tätern in Weiß »ausgesondert«. Vor allem Typhusinfizierte bekamen statt Medikamenten in der Regel eine »Spülung«. Gemeint war damit eine tödliche Phenol-Injektion ins Herz. Die Wiener Ärztin Dr. Ella Lingens, die als Häftling im Krankenrevier Dienst zu leisten hatte, stellte einmal den SS-Arzt Dr. Klein zur Rede, wie er seine Mordtaten mit dem hippokratischen Eid verbinden könne. Kleins Antwort: »Weil ich den hippokratischen Eid geschworen habe, schneide ich einen Blinddarm aus dem Körper eines Menschen heraus, und die Juden sind der eitrige Blinddarm im Körper der Welt, darum müssen sie herausgeschnitten werden.« Diese menschenverachtende Einstellung legitimierte in den Augen mancher Ärzte nicht nur Tötungen, sondern auch diverse pseudomedizinische Versuche. SS-Lagerarzt Josef Mengele suchte seine Opfer meist schon an der Rampe aus – vorzugsweise Zwillinge. »Mein Zwillingsbruder und ich waren mit unse-

Das Wesen eines Sadisten ist, dass er am Schmerz seines Opfers Freude hat. Bei Mengele hatte man das Gefühl, dass er diesen Schmerz gar nicht bemerkte. Der fiel ihm gar nicht auf, sondern die Häftlinge waren für ihn Meerschweinchen, Ratten, mit deren Seelenleben und Leiden man sich überhaupt nicht beschäftigt.
Dr. Ella Lingens, Häftling und Ärztin in Auschwitz

rer Mutter auf dem Weg zu den Gaskammern, da sagte sie plötzlich: ›Kinder, lauft zurück, da, wo sie Zwillinge suchen‹«, erinnert sich Yitzhak Traub. Zusammen mit seinem Bruder Zerah kam er auf die Versuchsstation des Dr. Mengele. »Meine Meerschweinchen«, nannte der Todesarzt die Kinder spöttisch. Er wollte sich mit einer eigenen Zwillingstheorie in den Lehrbüchern der Medizin verewigen. Im Dienste seiner »Forschung« spritzte er den Kindern Chemikalien in die Augen, um zu prüfen, ob sich braune Augen dauerhaft blau färben ließen. Andere tötete er mit Evipan- oder Phenol-Spritzen und entnahm ihnen Organe. Der Name Josef Mengele steht heute stellvertretend für die menschenverachtenden medizinischen Versuche von Auschwitz. Doch der Mann aus Günzburg war bei weitem nicht der einzige Arzt, der sich vorbehaltlos in den Dienst der Mörder stellte.

Auch bei den Frauen der SS taten sich Ärztinnen und Krankenschwestern durch skrupelloses Verhalten hervor. Kranken und Verletzten wurde jede Hilfe verweigert, es sei denn zur Aufrechterhaltung der Arbeitskraft. Der Ankläger im ersten Ravensbrück-Prozess erklärte, dass man »häufig Häftlinge stehenden Fußes sterben oder beim Appell tot zusammenbrechen sah, weil sie nicht ins Revier gehen wollten«. Sie wussten, was ihnen dort bevorstand. Dr. Herta Oberheuser ist die wohl bekannteste NS-Lagerärztin. Sie wurde als einzige Frau im Nürnberger Ärzteprozess wegen Verbrechen gegen die Menschlichkeit angeklagt und verurteilt. Seit 1935 »Blockführerin« im BDM und seit 1937 Mitglied der NSDAP, hatte sie sich 1940 freiwillig zum Dienst als SS-Ärztin im KZ Ravensbrück gemeldet. Dort war sie bei der Planung von Menschenversuchen an inhaf-

Wenn wir auf Mengeles Experimentiertisch geschnallt wurden, wussten wir nie, was als Nächstes mit uns geschehen würde. Wir fühlten eine kalte Hand auf dem Rücken, ein Stethoskop und dann eine Spritze, die furchtbar wehtat. Wir hatten entsetzliche Angst.
Kalman Braun, Zwilling in Auschwitz und Mengele-Opfer

Ich sah an diesem (ersten) Tag keine Toten, nur der Geruch der ganzen Gegend im heißen August war pestilenzartig, und Millionen von Fliegen waren überall zugegen.
Kurt Gerstein, SS-»Hygieniker«, in seinem in Gefangenschaft verfassten Bericht

tierten polnischen Frauen beteiligt. Bei der Urteilsverkündung führten die Richter an: »Oberheuser war über Wesen und Zweck des Versuchs wohl unterrichtet. Sie half in der Auswahl der Versuchspersonen, untersuchte sie ärztlich und bereitete sie auch sonst für die Operationen vor. Sie war bei den Operationen im Operationssaal anwesend und assistierte dabei. Gehorsam arbeitete sie mit Gebhardt und Fischer nach Beendigung jeder Operation dadurch zusammen, dass sie die Patienten absichtlich vernachlässigte, damit die den Versuchspersonen zugefügten Wunden den Höchstgrad an Infektion erreichen sollten.«

Es gab jedoch auch SS-Frauen, die den Häftlingen halfen. Eine der wenigen war Maria Stromberger, seit 1942 Krankenschwester im SS-Revier des KZ Auschwitz. Ein überlebender Häftling berichtet über ihre Arbeit: »Eines Tages ist etwas Überraschendes geschehen. Es war schon Abend. Wir rückten nicht ins Lager ein, weil wir ›kommandiert‹ waren. In der Küche waren nur wir zwei: Schwester Maria und ich. Ich spülte das Geschirr. Auf einmal hörte ich einen Knall im Lager, und zwar nicht weit von unserem Küchenfenster. Ich wusste schon, was das bedeutete. Damals gingen Häftlinge sehr oft ›in den Draht‹. Gleichzeitig hörte ich hinter mir, wo Schwester Maria beim Fenster stand, einen leisen Aufschrei. Ich drehte mich um und sah, dass die Schwester ganz bleich geworden ist und kraftlos auf einen Stuhl sank. Sie ist beinahe ohnmächtig geworden. Ich erschrak und rief Schwester Margarete. Nach ein paar Minuten war schon wieder alles in Ordnung, aber Maria ging sofort nach Hause.« Nach diesem Zwischenfall informierte sich Maria Stromberger über die tödlichen Vorgänge im Lager Auschwitz. So erfuhr sie von den Vergasungen, von den Leichenverbrennungen im gegenüberliegenden Krematorium, von den sonstigen willkürlichen Ermordungen und den täglichen Quälereien. Von diesem Zeitpunkt an verschrieb sie sich dem Schicksal der Gefangenen. Sie half, wo sie nur konnte. Sie besorgte Lebensmittel, verschaffte Arzneien und schloss sich schließlich der Widerstandsbewegung im Lager an, für die sie die Aufgabe einer Meldegängerin übernahm. Als Gerüchte über ihre Hilfe für die Häftlinge laut wurden, wurde sie schon gegen Kriegsende vom Standortarzt Dr. Eduard Wirths in eine Entwöhnungsklinik für Morphinisten eingeliefert. Unmittelbar nach der deutschen Kapitulation wurde Maria Stromberger verhaftet und in ein polnisches Gefängnis überstellt. In einem Brief aus dem Gefängnis schrieb sie an überlebende Häftlinge: »Gegenwärtig befinde ich mich in einem Internierungslager! Ich stehe im Verdacht, während meiner Tätigkeit in Auschwitz Häftlinge mit Phenol behandelt zu haben. Wissen Sie, ich bin hier mitten unter Nazis, SS, Gestapo! Ich als ihr größter Feind! Und muss ihre Klagen über die ›Ungerechtigkeit‹ anhören, was die Menschen jetzt mit ihnen tun. Dann stehen vor meinen Augen die Erlebnisse von Auschwitz! Ich sehe den Feuerschein der Scheiterhaufen. Ich verspüre den Geruch verbrannten Fleisches, ich sehe die Elendszüge der einrückenden Kommandos mit den Toten hinterher, ich verspüre die würgende Angst, welche ich jeden Morgen um euch gehabt habe, ehe ich euch wieder gesund vor mir sah, und ich könnte diesen hier ins Gesicht schreien und blind auf sie losgehen.« Durch Intervention ehemaliger KZ-Häftlinge wurde Maria Stromberger aus der polnischen Haft entlassen.

Doch Menschen wie sie waren in der Lagerwelt der SS eine absolute Seltenheit. Ein Berufsstand, der zur Rettung von Leben entstanden war, verkam im KZ zu Vollstreckern mörderischer Pläne – oft reichte eine Handbewegung. Jene Todeskandidaten, die der Wink der Ärzte auf die linke Seite verwiesen hatte, wurden gleich zur Gaskammer getrieben. Wer nicht mehr gehen konnte, wurde auf Lastwagen transportiert. Alles musste schnell gehen, die Mörder wollten keine Zeit verlieren. Bis zuletzt versuchten sie, ihre Opfer in Sicherheit zu wiegen: Die LKWs trugen das Rettung verheißende Zeichen des Roten Kreuzes. Noch bei den Auskleideräumen kurz vor der Gaskammer wurde die tödliche Täuschung fortgesetzt. Sie würden geduscht und desinfiziert, log man den Ahnungslosen vor und mahnte zur Eile: »Macht schnell, Essen und Kaffee werden kalt.« In der Regel funktionierte die Beschwichtigung. Machte sich mitunter dennoch Unruhe bemerkbar, so wurden die »Störer« unauffällig hinter das Haus geführt und dort mit einem Kleinkalibergewehr getötet. Die anderen bekamen von alledem nichts mit. Gehorsam merkten sie sich die Nummer der Haken, an dem sie ihre Kleider aufgehängt hatten, »um nach der Desinfektion auch schnell alles wiederzufinden«, wie ihnen die SS-Männer weismachten.

Die Opfer gingen nackt in die Gaskammer. Der Raum war sauber weiß gestrichen. An der Decke schienen Duschköpfe zu hängen, die an eine Wasserleitung angeschlossen waren. Nichts Außergewöhnliches, alles ganz normal. Doch von hinten drängten immer mehr Menschen in den vermeintlichen Duschraum, die Wachleute schoben Gruppe um Gruppe durch die Tür. In der Enge ertönten die ersten Schreie, jetzt begriffen es auch die noch draußen Stehenden. Doch es gab keinen Ausweg mehr. Nun begann die Arbeit der »ausgebildeten Desinfektoren«, wie Höß die Sanitäter der SS nannte. Sie waren die Henker. Eilig holten sie aus den Rotkreuzlastwagen Blechdosen mit den giftigen blau-grünen Kristallen.

Durch Luken wurde das Zyklon B dann in die Kammer geschüttet. Von einem kleinen Sichtfenster aus konnten die Mörder den Todeskampf ihrer Opfer verfolgen.

»Shema Israel« – »Höre, Israel!«: Das Glaubensbekenntnis der Juden war oftmals das Letzte, das die wenigen Zeugen draußen von den Todgeweihten hörten. Die SS-Männer spotteten über die Gebete der Sterbenden und riefen: »Schmeiß rein, schmeiß rein!« Wenn nach etwa 20 Minuten wieder Ruhe eingekehrt war, verkündete ein SS-Arzt: »Es ist fertig.« Die Menschen waren tot, die Arbeit der Sanitäter und Ärzte war getan. In ihrem Rotkreuzwagen verließen die Mörder den Ort ihrer Tat. Dann begann die eigentliche Arbeit der so genannten Sonderkommandos, jüdischer Häftlinge, die gezwungen wurden, nach der Mordprozedur die Todeskammern zu räumen: »Manchmal hörten wir beim Eintritt in die Gaskammer noch Stöhnen, besonders wenn wir begannen, die Leichen an den Händen aus der Kammer zu zerren. Einmal fanden wir einen lebenden Säugling, der in ein Kissen eingewickelt war. Auch der Kopf des Babys steckte in dem Kissen. Nachdem wir das Kissen entfernt hatten, schlug das Baby die Augen auf. Es war also noch am Leben. Wir brachten das Bündel zum SS-Oberscharführer Moll mit der Meldung, das Kind lebe. Moll legte es auf die Erde, trat ihm auf den Hals und warf es in das Feuer. Ich habe mit eigenen Augen gesehen, wie er das Kind getreten hat. Es bewegte seine Ärmchen«, erinnert sich Shlomo Dragon vom Sonderkommando – Szenen, die fassungslos machen. Es handelte sich um Totenkopfmänner, die abends nach Hause gingen, um dort in aller Ruhe ihren Feierabend zu verbringen. Manche von ihnen hatten Frau und Kinder.

Auch hier hatte die SS-Führung vorgedacht. Ganz bewusst sollten die Familien von SS-Männern auf dem Gelände der Konzentrationslager oder in deren Nähe leben. Indem den Tätern ein scheinbar gewöhnliches Familienleben am Ort des Verbrechens gewährt wurde, wollte man der beruflichen »Tätigkeit« den Anschein von Normalität verleihen. Zu den zentralen Pflichten der in den Lagern lebenden Ehefrauen zählte deshalb die »Pflege des gesellschaftlichen Lebens«. Nach der »Arbeit« sollten die SS-Familien einander besuchen, gemeinsam essen, ausgehen oder sonstige Freizeitaktivitäten gestalten. Gudrun Schwarz unterstreicht in ihrer Studie über die Frauen im Konzentrationslager: »Der stabile häusliche Rahmen als Ort, an dem sich der SS-Mann auf sein privates Selbst besinnen konnte, und sein Eingebundensein in gesellschaftliche Pflichten sollten die seelische Balance der SS-Männer und ihre Karriere im Vernichtungsapparat der SS sichern.«

Oben: An seine Untaten erinnerte der Spielfilm »Schindlers Liste«: Amon Goeth,
KZ-Kommandant von Plaszow.
Unten: Unmenschliche Routine – vor den angetretenen Gefangenen erhalten SS-Wachen
in Sachsenhausen ihre Befehle.

Vor allem in Auschwitz suchte die Lagerleitung den Vollstreckern zu suggerieren, ihr Handeln vollziehe sich im Rahmen von Gesetz und Ordnung. Während der Dienstzeit war es weder erlaubt zu trinken noch zu rauchen. Ebenso wurde peinlichst auf die Einhaltung der Polizeistunde geachtet. Höß forderte sein Personal dazu auf, immer für ein makelloses Äußeres zu sorgen: »Ich mache darauf aufmerksam, dass für alle Männer der SS und Polizei, insbesondere aber für die in der Heimat befindlichen Männer, das Rasieren zum Dienstanzug gehört. Ein ungepflegtes Aussehen darf von keinem Vorgesetzten geduldet werden.«

Auch bewusste Härte gegenüber dem SS-Personal schien das Trugbild aufrecht zu erhalten, alles bewege sich in geregelten Bahnen: »Der Reichsführer SS hat einen SS-Mann wegen Überschreitung der vom Führer befohlenen Geschwindigkeitsbegrenzung für Kraftfahrzeuge mit vier Wochen geschärftem Arrest bestraft. Außerdem hat der Reichsführer SS die Bestrafung des für diese Fahrt verantwortlichen SS-Führers mit drei Tagen Stubenarrest befohlen, weil dieser sich nicht gegenüber dem Fahrer durchzusetzen verstand«, notierte Höß. Selbst unzulänglich ausgestattete Fahrräder boten Anlass zu Ahndungen: »Jeder SS-Angehörige, der ein eigenes Fahrrad besitzt, hat selbst dafür zu sorgen, dass dieses vorschriftsmäßig ausgerüstet ist (Glocke, Vorderradbremse, rotes Rücklicht usw.); widrigenfalls hat der Betroffene mit schlimmster Bestrafung zu rechnen.« Pedantische Hervorhebungen von Bagatellsachen zählten eben auch zur Wirklichkeit des Mordalltags.

Kommandant Höß selbst erging sich nach dem Krieg in Selbstmitleid: »Ich war in Auschwitz seit Beginn der Massenvernichtung nicht mehr glücklich«, schreibt er in seinen Erinnerungen. Wenn ihn seine Untaten gar zu sehr mitnahmen, habe er sich aufs Pferd gesetzt »und so die schaurigen Bilder weggetobt«. Als die Mordmaschinerie seines Vernichtungslagers auf Hochtouren lief, überließ Höß die tägliche Arbeit seinem Stellvertreter und flüchtete sich in die Planung von Erweiterungsprojekten. Das Grauen nicht an sich heranlassen, auf diese Weise erleichterten sich manche SS-Führer das Leben. Auch das gehörte zum System Auschwitz: »Viele SS-Führer haben in der Regel die Gefangenen nicht angerührt. Höß zum Beispiel, der hat durch sie durchgeschaut. Die waren für ihn keine Menschen«, sagt Auschwitz-Überlebender Hermann Langbein.

Wie beneide ich meine Kameraden, die einen ehrlichen Soldatentod sterben durften. Ich war unbewusst ein Rad in der Vernichtungsmaschinerie des Dritten Reiches geworden. Die Maschine ist zerschlagen, der Motor untergegangen, und ich muss mit.
Die Welt verlangt es.

Rudolf Höß, 1940–1943
Kommandant von Auschwitz,
in seinen Aufzeichnungen

Etliche ließen Grausamkeiten durch andere verüben: »Manche haben nie jemanden geschlagen, aber sie haben die Kleinen befördert, wenn sie brav geprügelt haben. Sie haben ihnen Sonderurlaub gegeben, wenn sie das getan haben, was man von ihnen erwartete. Das ist der böse Mechanismus gewesen«, fährt Langbein fort.

Und zahlreiche Täter behalfen sich damit, das Morden schlicht als etwas zu begreifen, das in die Dienstzeit gehörte und sonst das Gemüt nicht zu bewegen hatte: »Da gab es diesen einen SS-Mann. Er war der Beste von allen. Er hat uns nie geschlagen. Manchmal gab er uns sogar eine Zigarette, manchmal gaben wir ihm eine. Wir unterhielten uns, wir lachten zusammen. … Er war wirklich der beste SS-Mann, den wir dort kannten. Ein wirklich feiner Kerl. Aber wenn sie die Kranken brachten, das waren oft 200 oder 300, die erschossen werden sollten – da war es ihm ein Vergnügen, in den Keller zu gehen und den Abzug zu bedienen, um sie zu töten«, erinnert sich Morris Venezia, ein Jude aus Thessaloniki. Viele Häftlinge, die höheren SS-Chargen zu dienen hatten und auf diese Weise mehr Einblick in deren Sphäre gewannen, machten ähnliche Erfahrungen – etwa dass sie mit der Kleidung auch ihr Wesen wechselten: »Wenn ich Schwarzhuber seine Stiefel und seine Jacke ausgezogen habe, um sie zu putzen, und er stand in seinem Unterhemd da, da hat er wie nix ausgesehen. Wenn sie ihre Uniformen nicht hatten, waren sie alle nichts. Und sowie ich ihm die Jacke angezogen habe und er hat seine Stiefel angetan und seine Mütze, da war er auf einmal wie ein Monster«, beschreibt Häftling Helmuth Szprycer einen SS-Untersturmführer.

Auch das Selbstwertgefühl des jungen Darmstädters Hans Stark hatte mit dem Anlegen der Totenkopfuniform einen Sprung vollzogen. Unter Höß machte er in Auschwitz Karriere, zunächst als Blockführer, 1941 in leitender Position in der »Politischen Abteilung«. Er stieg zum jüngsten Kommandoführer des Lagers auf. Über seinem Schreibtisch hing ein Schild: »Mitleid ist Schwäche.« Der Auschwitz-Überlebende Kasimir Smolen, später lange Jahre der Direktor der Gedenkstätte Auschwitz, erinnert sich, dass Hans Stark mehr tat, als er tun musste: »Er hat schon deshalb mehr gemacht als ein gewöhnlicher SS-Mann, weil er zur politischen Abteilung gehörte, wo die schlimmen Dinge geschahen, Exekutionen, Vergasung, Rampendienst. Allerdings brauchte er die Häftlinge nicht zu schlagen. Doch er hat sie geschlagen.« Stark sei wirklich ein Judenhasser gewesen, sagt Smolen: »Wenn in der Aufnahme ein Jude erschien, der Stark hieß ohne ›ck‹, hat er auf ihn eingeprügelt.«

Sowohl bei Erschießungen als auch beim Mord durch Gas war Stark beteiligt. Sechs Monate nach seinem Abitur wurden auch Darmstädter Juden nach Auschwitz geschickt. Sein Gymnasium diente inzwischen als Sammellager für Deportationen. Einmal musste Stark am Mord durch Gas mitwirken: »Ebenfalls ... erhielt ich ... den Befehl, Zyklon B in die Öffnung zu schütten«, sagte er später vor Gericht aus. »Es handelte sich bei dieser Vergasung wiederum um einen Transport von 200 bis 500 Juden, und zwar wiederum Männer, Frauen und Kinder. Da dieses Zyklon B ... körnerförmig war, rieselte dieses beim Hineinschütten auf die Menschen. Sie fingen dann furchtbar an zu schreien, denn sie wussten nun, was mit ihnen geschieht.«

Hatte er danach Gewissensbisse? Völlig verdrängen konnte Stark die Verbrechen offenbar nicht. Wenn er von der Exekution kam, wusch er sich intensiv die Hände, eine jüdische Hilfskraft musste ihm die Schuhe blank putzen, dann setzte er sich an seinen Schreibtisch und brütete einige Stunden vor sich hin. Er habe später heftige Albträume gehabt, berichtet sein Bruder.

21 Jahre nach der Tat fragte der Richter Hans Stark: »Welche Gefühle hatten Sie?« Darauf Stark: »Nie wieder!« Der Richter: »Warum – hielten Sie es für Unrecht?« Der Angeklagte: »Nein, durchaus nicht. Aber wenn einer erschossen wurde, war das etwas ganz anderes, aber die Anwendung von Gas war eben unmännlich und feige.« Auch er nahm höchstens Anstoß an der Art des Tötens, nicht aber an der Tatsache. Hans Stark wäre nie auf die Idee gekommen, einen Befehl zu verweigern.

Seine Taten gab er zu. Dass es sich dabei um ein Verbrechen gehandelt haben soll, sah er nicht ein. Weil er zur Tatzeit noch nicht 21 Jahre alt war, wurde er 1963 nach Jugendstrafrecht zu zehn Jahren Haft verurteilt.

Die meisten derer, die sich im Frankfurter Auschwitz-Prozess zu verantworten hatten, leugneten ihren Anteil am Mord. Ralph Giordano beobachtete das Geschehen als Opfer und als Journalist: »Die Überlebenden hatten nichts vergessen. Die Täter alles. Wie der Massenmörder Oswald Kaduk, wie Robert Mulka und Karl Höcker, beide Adjutanten des 1947 in Polen hingerichteten Lagerkommandanten Rudolf Höß, wie Dr. Capesius, der an der Rampe selektiert hatte. Keiner von ihnen hatte Schuld eingestanden, keiner ein Wort der Reue oder der Einsicht gefunden. Immer schon wollten sie jene harmlosen Mitbürger gewesen sein, als die sie bei ihrer Verhaftung vorgefunden wurden – Familienväter, Angestellte, Lehrer, Ärzte, Apotheker. ›Papa Kaduk!‹, hatten die Patienten der Klinik, wo er als Pfleger arbeitete, den ›Schrecken von Auschwitz‹ gerufen.«

Oben: Keine Reue – Josef Kramer, der KZ-Kommandant von Bergen-Belsen, nach seiner Verhaftung durch britische Truppen im April 1945.
Unten: Er konnte nicht entkommen – Auschwitz-Kommandant Rudolf Höß wird im Mai 1946 an Polen ausgeliefert und später hingerichtet.

> *Es gab den Befehl, alle zum Todesmarsch in den Süden aufmarschieren zu lassen. Und die SS ist in die Baracken reingegangen und wollte mit Pistolen die Leute heraustreiben. Aber die deutschen und die ausländischen Häftlinge, die dafür ausersehen waren, die haben um die SS-Leute einen Ring gebildet. Die SS-Leute haben gemerkt, die Kraft der Häftlinge ist jetzt so stark, dass sie nicht mehr durchkommen, und sie sind dann abgezogen. Es sind in den letzten zwei Tagen keine Transporte zusammengestellt worden.*
>
> Hans Gasparitsch, deutscher Kommunist, inhaftiert im KZ Buchenwald

Tatsächlich hatten sich die meisten der Männer unter dem Totenkopf, die den Krieg überlebten, unauffällig in die Nachkriegsgesellschaft eingefügt – in eine Gesellschaft, die nach vorn, aber nicht zurückblicken wollte. Doch nicht nur deshalb wurden zahlreiche Täter »übersehen«. Etliche von ihnen waren unscheinbare Zeitgenossen, verstanden es, sich anzupassen, unterzuordnen, sich einzufügen in die neue Ordnung, als sei nichts gewesen.

Die Frage, was die Täter zu ihrem Handeln letztlich bewog, ist seitdem virulent. Waren es ganz bestimmte Täter, die auch unter »normalen Umständen« Verbrechen begangen hätten? Zwei Jahre nach dem Holocaust charakterisierte Eugen Kogon die Männer im KZ-Dienst noch als »Tiefunzufriedene, Nichterfolgreiche, ... Zurückgesetzte, Minderbegabte aller Art und häufig genug sozial gescheiterte Existenzen«.

Heute wissen wir, dass dies nur einen Teil der Wirklichkeit beschreibt. Denn die Zahl der Täter, die aus der »Mitte der Gesellschaft« kamen, ist größer als vermutet. Die in der Öffentlichkeit lang gehegte Vorstellung, in der Mordmaschinerie der Vernichtungslager und bei den Einsatzgruppen hätten vor allem Sadisten, Kriminelle, radikale Antisemiten oder sonstiger Abschaum der Gesellschaft gewütet; die subkutane Hoffnung, dass »normale Männer« doch nicht in der Lage seien, unschuldige Frauen und Kinder selbst zu ermorden oder Morde hinzunehmen, entpuppte sich als Illusion.

Der Theologe Richard L. Rubenstein schrieb:

Ich hab von den Gasöfen damals nichts gewusst. Aber dass in KZs Juden verhungerten, dass die Juden umgebracht wurden, dass die Polen umgebracht wurden, das wusste ich. Ich hab auch von der Euthanasie gewusst, dass Deutsche umgebracht wurden. Kurz und gut, dass das Gesamte verbrecherisch war.

Philipp Freiherr von Boeselager, Mitverschwörer des 20. Juli 1944

Am selben Nachmittag werden die SS-Offiziere hingerichtet. In der Nacht erleiden die Soldaten das gleiche Schicksal.

Arthur Haulot, belgischer KZ-Häftling, über die Befreiung Dachaus durch US-Soldaten

»Es ist verlockend, die Nationalsozialisten als besessene oder perverse Menschen darzustellen, denn eine solche Betrachtung bewahrt die Illusion, die wir über uns selbst haben. Wenn wir die Nationalsozialisten als mehr oder weniger normale Menschen betrachten, bedeutet das nicht, dass wir ihre Taten entschuldigen oder die von ihnen ausgehende Gefahr verharmlosen. Im Gegenteil – es bedeutet, dass wir erkennen, wie schwach die Bande der Sitte und des Anstandes sind, die eine menschliche Gemeinschaft vor dem völligen Zusammenbruch bewahren.«

Die Waffen-SS

6. Juni 1944 – die Alliierten landen in der Normandie, stoßen das Tor zur »Festung Europa« auf, treten an, Hitlers Reich endgültig in die Knie zu zwingen. Briten und Kanadier können die deutsche Verteidigung rasch überrennen, stoßen ins Landesinnere vor. Voreilig wird schon der Fall der Stadt Caen gemeldet – da treffen die Kanadier in dem unübersichtlichen Busch- und Heckengelände bald auf einen unerbittlichen Gegner: Blutjunge Soldaten, keine 18 Jahre alt, kämpfen verbissen um jeden Fußbreit Boden, greifen immer wieder wie besessen an, überrennen gar die vorderste kanadische Linie. An ihren Tarnuniformen sind sie leicht zu erkennen: Es handelt sich um die Jungen der SS-Division »Hitlerjugend«. Sie stoppen den Vormarsch auf Caen, verteidigen die Stadt sechs Wochen lang gegen eine gewaltige Übermacht. Geführt von Ostfrontveteranen der Waffen-SS und mit NS-Parolen indoktriniert, leisten sie erbitterten, aber oft auch gnadenlosen Widerstand. Doug Barrie, der als Offizier der 3. kanadischen Infanteriedivision die Landung in der Normandie mitgemacht hatte, erinnert sich: »Die meisten, die wir gefangen nahmen, waren sehr jung. Ihre Offiziere und Unteroffiziere waren erfahrene Soldaten, die meist schon in Russland gekämpft hatten. Die jungen Burschen hatten keine Kampferfahrung – es war ihr erster Einsatz, ebenso wie es unser erster großer Kampfeinsatz war. Aber sie waren Kämpfer. Viele von ihnen kämpften bis zum bitteren Ende, sie wollten nicht aufgeben.« Ihrerseits machten die SS-Jungen nicht immer Gefangene: In einigen Fällen wurden kanadische Soldaten, die von Deutschen umzingelt worden waren, umgebracht.

Der Kampf der SS-Division »Hitlerjugend« ist bezeichnend für die ganze Waffen-SS. War sie Elitetruppe oder Verbrecherbande? Waren ihre Männer Soldaten wie andere auch oder ein Haufen gut gedrillter Mörder? Die Meinungen könnten unterschiedlicher nicht sein. Seit dem Zweiten

> Den Tod geben und den Tod nehmen – dieser Satz schildert das Verhalten der Waffen-SS sehr gut. Selbst zu töten und irgendwann getötet zu werden, dieses Denken war für sie selbstverständlich.
> Philipp Freiherr von Boeselager, Offizier der Wehrmacht

Weltkrieg ist die Diskussion um diese Truppe nicht mehr abgebrochen, stehen sich die Aussagen unversöhnlich gegenüber. War die Waffen-SS die Elite der Nazi-Raufbolde und -Schlächter, junge Männer, die bedachtsam und sorgfältig brutalisiert wurden, sodass sie eifrig und willens waren, alles und jeden niederzuschlagen? Also im Grunde gar keine Soldaten, sondern eine bewaffnete Polizeitruppe, die gegen die inneren und äußeren Feinde des NS-Staates gleichermaßen kämpfte? Oder war die Waffen-SS Inbegriff soldatischer Tapferkeit und Angriffslust? Kämpfte hier eine Kriegerkaste, die von keiner anderen Truppe erreicht oder gar übertroffen worden ist, wie manche meinen?

Die Waffen-SS war ein äußerst heterogenes Gebilde — vor allem aber ein Produkt der Endphase des Nazi-Reichs. Möglicherweise erklärt sich auch deshalb die Faszination, die sie auf manche Publizisten ausstrahlt. Ende 1944 umfasste sie über 900 000 Mann, 1938 waren es gerade mal 7000. Ihr Charakter wird am besten durch Betrachtung ihrer Wurzeln aufgedeckt. Diese waren

– die »Leibstandarte Adolf Hitler«, eine 1933 als Prätorianergarde gebildete, auf Hitler verpflichtete Leibwache;

– die SS-Verfügungstruppe, die 1934 aus den »politischen Bereitschaften« der SS-Oberabschnitte entstand;

– die SS-Totenkopfverbände, zuständig für die KZ-Bewachung.

Alle drei Verbände sind im Herbst 1939 zur Waffen-SS verschmolzen worden, zu diesem Zeitpunkt tauchte diese Bezeichnung erstmals in den Dokumenten auf. Was war ihr Auftrag in den Augen ihres Dienstherrn, Heinrich Himmler? Der »Reichsführer SS« wollte seine Schutzstaffel zu einem

Das »schwarze Korps«: Die »Leibstandarte Adolf Hitler« ist auf dem Reichsparteitag 1933 angetreten.

umfassenden Staatsschutzkorps ausbauen. Die Männer sollten gleichsam in allen denkbaren Funktionen, sei es als Geheimdienstspitzel, im KZ oder an der Front, die Feinde des NS-Staates bekämpfen. Entsprechend gab es in der SS eine einheitliche »Führerausbildung« an den SS-Junkerschulen in Bad Tölz und Braunschweig. Hier wurden die jungen Männer militärisch und ideologisch geschult und danach eben nicht nur an die Front entsandt, sondern auch in die Konzentrationslager, den SD oder in den Verwaltungsapparat der SS. Die Waffen-SS war als Teil der SS der *bewaffnete* Arm der NSDAP. Man kann sie weder auf den politischen noch auf den militärischen Bereich reduzieren. Die Angehörigen der Waffen-SS waren sehr wohl Soldaten, aber eben keine »Soldaten wie andere auch«. Himmler hat sich scharf gegen die Betrachtung der Waffen-SS im Sinne von »Nurmilitärs« gewandt, die dann lediglich »rein zufällig schwarz angezogene Divisionen des Heeres wären«. Sie sollten die *politischen* Soldaten des Nationalsozialismus sein, die unter dem Leitspruch »Meine Ehre heißt

Treue« nicht gegen einen fest definierten äußeren Feind kämpften wie die Soldaten der Wehrmacht, sondern im Kampf für eine politische Bewegung gleichsam gegen einen inneren und äußeren Feind antraten, wobei die militärischen Funktionen deutlich im Vordergrund standen.

Der Aufstieg bewaffneter SS-Einheiten zu einer Konkurrenzorganisation des Heeres war 1933 noch nicht absehbar. Die im März 1933 auf direkten Befehl Hitlers gebildete »Leibstandarte Adolf Hitler« war lediglich eine Leibwache von gut 100 Mann. Sie bestand vor allem aus ehemaligen SA-Männern, wurde von der preußischen Landespolizei besoldet und erhielt vom elitären Reichswehrregiment Nr. 9 eine militärische Ausbildung. Diese Zwittertruppe, für die es keinen Präzedenzfall gab, konnte schon aufgrund ihrer Größe bei der Reichswehrführung keinen Argwohn erwecken.

Auch die SS-Verfügungstruppe war zunächst als innenpolitischer Eingreifverband der Partei gedacht, die militärische Verwendung stand vorläufig im Hintergrund. Und die SS-Totenkopfverbände stellten schon nach der Definition ihres Kommandeurs, Theodor Eicke, keine militärische Einheit dar.

Himmler war jedoch fest entschlossen, aus seinen SS-Verbänden peu à peu vollwertige militärische Verbände zu formen – und forderte Unterstützung bei Reichswehrminister Werner von Blomberg, der am 24. September 1934 die Aufstellung einer SS-Verfügungstruppe in Stärke von drei Regimentern samt Nachrichtenabteilung genehmigte. Damit war das Monopol der Reichswehr, einziger Waffenträger der Nation zu sein, durchbrochen – kurz nachdem die SA im Juni 1934 als unliebsamer Konkurrent ausgeschaltet worden war.

Die Heeresführung, die Blombergs Schritt nicht gebilligt hatte, versteifte sich in der Folgezeit darauf, sich einem weiteren Ausbau der bewaffneten SS zu widersetzen und ihr insbesondere den Zugang zu schweren Waffen zu verwehren. Im Jahr 1938 wurde ihr jedoch das Genick gebrochen. Hitler übernahm die Nachfolge von Reichswehrminister Blomberg und entließ den Oberbefehlshaber des Heeres, der Generalstabschef trat zurück. Diese »militärische Machtergreifung« beseitigte alle Hürden. Der »Führer«-Erlass vom 17. August 1938 legte fest, dass nunmehr auch schwere Waffen in die Hände der SS gelangen sollten und die

Verfügungstruppe zu einer vollwertigen Division auszubauen war. Der hinter verschlossenen Türen längst geplante Fronteinsatz im Kriegsfall wurde nun offiziell festgelegt.

Entsprechend erging am 19. August 1939 an die rund 18 000 Mann der Verfügungstruppe und die über 8000 Angehörigen der Totenkopfverbände der Mobilmachungsbefehl. Sie wurden dem Oberkommando des Heeres unterstellt und nahmen seit dem 1. September am Angriff auf Polen teil, allerdings noch nicht in einem eigenen Großverband. Die diversen Regimenter der SS-Verfügungstruppe – dazu zählte auch die »Leibstandarte« – wurden auf verschiedene Heeresdivisionen verteilt, die Totenkopfstandarten »Oberbayern«, »Thüringen« und »Brandenburg« kamen hinter der Front bei so genannten »Befriedungs-« und »Säuberungsaktionen« zum Einsatz.

Die an die Front beorderten Verbände gingen in der Vielzahl der Heeressoldaten praktisch unter. General Blaskowitz meinte über das motorisierte Regiment »Leibstandarte Adolf Hitler«: »Eine durchschnittliche Einheit, noch unerfahren, nichts Außergewöhnliches.« Ein Heeresgeneral beschwerte sich allerdings, dass die Soldaten der »Leibstandarte« ziellos herumschossen und auf dem Vormarsch polnische Dörfer »routinemäßig« in Brand steckten. Die Einheit stand unter dem Kommando von Sepp Dietrich, einem SS-Mann der ersten Stunde. Er war der Inbegriff des Landsknechts, als ehemaliger Feldwebel des Ersten Weltkriegs hatte er niemals eine Offiziersausbildung durchlaufen, stieg im Laufe des Krieges aber bis zum Generaloberst der Waffen-SS auf. Für Hitler stellte er den Idealtypus des SS-Führers dar – doch im Heer wurde Dietrich aufgrund seiner geringen Bildung, seiner ungehobelten Manieren und nicht zuletzt seiner Brutalität oft verspottet, ja verachtet. Hubertus von Humboldt, Wehrmachtsoffizier im Stab Mansteins, berichtet von einer Begegnung: »Manstein war skeptisch, weil er wusste, dass die Führungsqualitäten dieser SS-Leute nicht so waren, dass sie mit unseren genau übereinstimmten. Wir hatten im Hauptquartier eine Besprechung mit Dietrich. Manstein hat sich gewundert über die Vorstellung Dietrichs, der sagte: ›Meine Männer machen das.‹« Von seinen Soldaten hingegen wurde Dietrich abgöttisch verehrt. »Wir nannten ihn nur ›unseren Papa‹«, erinnert sich Horst Krüger, damals Soldat der »Leibstandarte«. Wenn es eines Symbols für die Janusköpfigkeit des Regimes bedurfte – Sepp Dietrich verkörperte es mit Leib und Seele.

Die Waffen-SS sei die radikalste Truppe, die überhaupt keine Gefangenen mache, sondern jeden Gegner restlos vernichte.

Aus einem SD-Bericht über die deutsche Volksmeinung, 1942

Professioneller Militär für Himmlers »politische Soldaten«: Paul Hausser (2. von rechts).

Dass die Verfügungstruppe Krieg zu führen imstande war, lag vor allem an Paul Hausser. Der war 1932 als Generalleutnant der Reichswehr in den Ruhestand gegangen, 1934 aber in die SS eingetreten, um die sich bietende Karrierechance zu nutzen. Als professioneller Militär sollte er Himmlers Männern eine fundierte Ausbildung vermitteln. Zweifellos hatte er damit gewissen Erfolg. Trotz erheblicher Widerstände auf Seiten des Heeres war die militärische Schulung der SS-Männer 1939 gleichwohl so weit gediehen, dass sie mit den Heeresdivisionen eingesetzt werden konnten.

Während die SS-Verfügungstruppe in Polen an der Front eingesetzt wurde, war es Aufgabe der drei Totenkopfregimenter, den »Feind« hinter der Truppe zu bekämpfen. Dafür schienen diese Einheiten besonders »geeignet«: Theodor Eicke hatte seit 1933 das Konzentrationslager Dachau als »Musterlager« aufgebaut und war rasch zum Chef des gesamten KZ-Wesens aufgestiegen. Aus den Wachmannschaften, den so genannten »Totenkopfverbänden«, formte er eine auf ihn eingeschworene Einheit. Die Männer waren den vermeintlichen Staatsfeinden gegenüber zu jeder

Grausamkeit fähig. KZ-Scherge Eicke hatte in der Röhm-Affäre eine prominente Rolle gespielt, als er in der Nacht zum 1. Juli 1934 höchstpersönlich den SA-Chef Röhm erschoss.

> Wir tragen keine Waffen, um dem Heere ähnlich zu sehen, sondern um sie zu gebrauchen, wenn Führer und Bewegung in Gefahr sind.
>
> Theodor Eicke, Führer der Totenkopfverbände, 1936

In Polen machten sich die Totenkopfverbände zusammen mit nichtmilitärischen SS-Einheiten daran, alle diejenigen umzubringen, die Hitler als »Staatsfeinde« definiert hatte: vor allem Juden, aber auch Angehörige der polnischen Intelligenz. Tausende Menschen fielen Eickes Männern zum Opfer. Die Exzesse nahmen derartige Ausmaße an, dass Generaloberst Blaskowitz in einem Protestschreiben festhielt: »Die Einstellung der Truppe zur SS und Polizei schwankt zwischen Abscheu und Hass. Jeder Soldat fühlt sich angewidert und abgestoßen durch diese Verbrechen, die in Polen begangen werden.«

Gleichwohl war der »Polenfeldzug« das Signal für die personelle Ausdehnung der Waffen-SS: Einige zehntausend Männer aus der allgemeinen SS und den Polizeiverstärkungen wurden eingezogen. Ende 1939 umfasste die Waffen-SS bereits 56 000 Mann (ohne die Totenkopfverbände). Die »Leibstandarte« wurde zu einem motorisierten Infanterieregiment erhoben, die SS-Verfügungstruppe zu einer motorisierten Infanteriedivision ausgebaut. Aus Angehörigen der Ordnungspolizei und Abstellungen des Heeres bildete sich eine eigene SS-Polizeidivision. Eicke stellte aus Teilen der auf über 18 000 Mann angeschwollenen Totenkopfverbände ebenfalls eine motorisierte Infanteriedivision auf, deren Kommando er selbst übernahm, obgleich er keine militärische Ausbildung besaß. Die restlichen Totenkopfverbände wurden erst im April 1941 endgültig in die Struktur der

Wenn heute jemand von der SS sagt: »Wenn ich das nicht getan hätte, wäre ich erschossen worden«, sage ich: Das stimmt nicht, oder er hat einen Vorgesetzten gehabt, der nicht menschlich und nicht kameradschaftlich war. Ich bin zum Beispiel im Oktober 1942 in Stralsund zur Exekution eines Rottenführers der SS beordert worden. Ich ging zu meinem Vorgesetzten und sagte: »Ich hab mich freiwillig gemeldet, um als Soldat an der Front zu kämpfen, ich möchte niemanden erschießen.« Er fragte: »Willst du etwa einen Befehl verweigern?« Aber er hat mich gehen lassen. 20 andere haben sich gemeldet, weil sie eine Flasche Wein bekommen haben und am Tag danach in Stralsund spazieren gehen konnten.
Wolfgang Filor, Soldat der SS-Division »Das Reich«

Waffen-SS eingegliedert und im Rahmen verschiedener SS-Verbände an und hinter der Front eingesetzt.

Zu Beginn des »Frankreichfeldzugs« verfügte Himmler somit über eine ansehnliche militärische Streitmacht von dreieinhalb Divisionen sowie eine Anzahl Sonderverbände, die noch nicht frontverwendungsfähig waren. Gewiss fielen diese Einheiten angesichts der 157 Heeresdivisionen militärisch nicht ins Gewicht. Immerhin waren sie – mit Ausnahme der Polizeidivision – motorisiert. Aufgrund des großen Mangels an Kraftfahrzeugen lief der gemeine Soldat des Heeres zu dieser Zeit nach wie vor zu Fuß, die Geschütze wurden von Pferden gezogen. Voll motorisiert waren lediglich 16 Großverbände – vor allem die zehn Panzerdivisionen, die für den gesamten Westfeldzug schlachtentscheidend werden sollten. Die neuesten Waffen – etwa Sturmgeschütze – erhielt zu diesem Zeitpunkt nicht die SS, sondern das Regiment »Großdeutschland«, eine Eliteeinheit des Heeres.

Ganz anders sah es im Personalbereich aus. Gemäß seinem Ordensgedanken, der die SS als »gesellschaftliche«, später dann als »germanische Elite« Europas definierte, hatte Himmler strenge Auswahlkriterien für die Aufnahme in die SS aufgestellt. Dies galt auch für die Waffen-SS. Die Musterungskommissionen achteten vor allem auf die vermeintliche »Rassequalität«. Generell sollte gewährleistet sein, dass nur große, rassisch hervorragende, möglichst in voller Jugendkraft stehende Freiwillige vom SS-Personalamt akzeptiert wurden. Um dies sicherzustellen, mussten sich die Bewerber einer umfangreichen ärztlichen Untersuchung unterziehen, wobei ihre »Rassequalität« nach einer Fünf-Punkte-Skala bewertet wurde. In die Verfügungstruppe wurde zudem nur aufgenommen, wer das Höchstalter von 23 Jahren nicht überschritt, mindestens 1,74 Meter groß und kein Brillenträger war. Ein »Ariernachweis« war bis zum Jahr 1800 erforderlich. Umfangreiche sportliche Tests schlossen sich an. Das Bildungsniveau spielte praktisch keine Rolle. Es fand lediglich ein zwanzigminütiger »Intelligenztest« mit einem Drei-Zeilen-Diktat, einer kleinen Verstandesaufgabe und drei eher anspruchslosen Rechenaufgaben statt. Vor allem wurde bedingungsloses Eintreten für den nationalsozialistischen Staat verlangt.

Die strengen physischen Auswahlkriterien konnten allerdings nicht lange aufrecht erhalten werden. Schon Ende 1938 ordnete Himmler an, dass »in den nächsten fünf Jahren für alle Teile der SS bei solchen Fehlern, die nicht erbgesundheitlich oder rassisch bedingt sind, geringere Anforderungen zu stellen sind«. Trotz dieser Anweisung verfügte die Waffen-SS

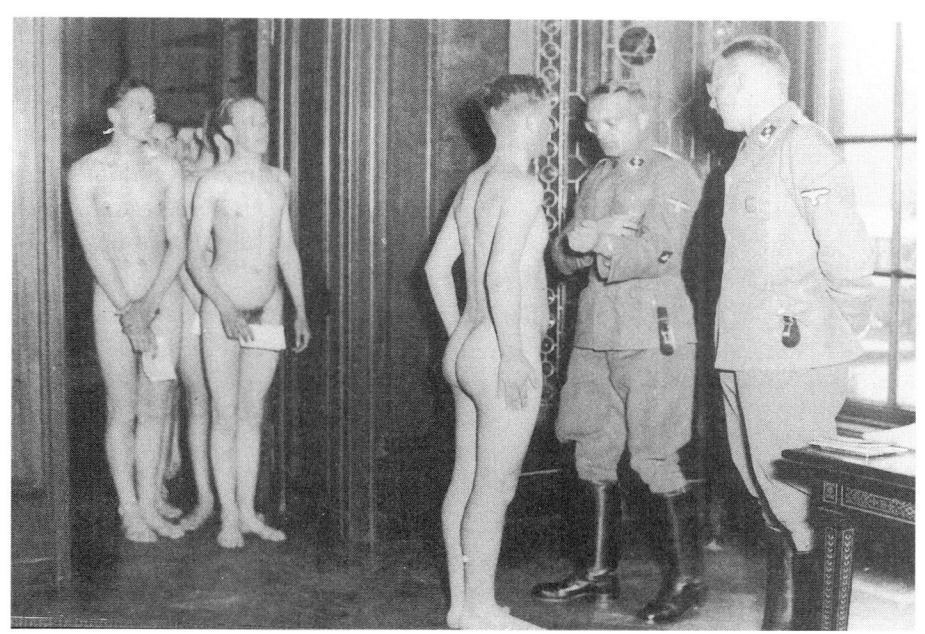

Oben: Musterung der ersten Rekruten für die SS-Verfügungstruppe nach dem »Anschluss« Österreichs, März 1938 in Wien.
Unten: »Militärathleten« – Sport spielte in der Ausbildung der Waffen-SS eine große Rolle.

kurz vor dem Einmarsch in Frankreich zumindest über körperlich besonders leistungsfähige Soldaten. So zeigte sich Generaloberst Weichs nach einer Übung der SS-Totenkopfdivision »höchst zufrieden mit der hervorragenden körperlichen Kondition der SS-Truppen, die nach anstrengendem dreistündigen Einsatz keinerlei Anzeichen von Ermüdung zeigten«.

Allerdings gab es gerade bei der SS-Totenkopfdivision erhebliche Probleme, die militärisch kaum vorgebildeten Männer zu einem kampfstarken Verband zu formen. Dies galt besonders für die der Division eingegliederten 6500 Mann KZ-Bewachungspersonal. Theodor Eicke hatte selber überhaupt keine militärische Vorbildung. Ihm fehlte jegliches Verständnis für komplizierte militärische Manöver, deren Anforderungen er mit aggressivem Schwung glaubte meistern zu können. Er war zudem höchst eigensinnig und ließ sich in die internen Angelegenheiten seiner Division nicht hineinreden. »Die Gefechtsausbildung der Unterführer und Mannschaften der SS«, schrieb Generaloberst Bock am 19. April 1940 nach einer Besichtigung, »ist ungenügend. Das wird viel Blut kosten! Schade um das prachtvolle Menschenmaterial!«

In den frühen Morgenstunden des 10. Mai 1940 begann der Angriff der Wehrmacht auf die Beneluxländer und Frankreich. In einer gewagten Operation – von Churchill später »Sichelschnitt« genannt – durchquerten deutsche Panzerverbände die Ardennen, stießen überraschend zur Kanalküste vor und rissen die alliierte Verteidigung ein. Am 25. Juni schwiegen die Waffen – binnen sechs Wochen war es der Wehrmacht gelungen, den größten Sieg der preußisch-deutschen Militärgeschichte zu erringen.

Angesichts ihrer geringen Zahl spielten die SS-Verbände bei diesen Ereignissen keine herausragende Rolle. An *feldzugentscheidenden* Waffengängen waren sie nicht beteiligt. Bei der Totenkopfdivision stellten sich bald erhebliche Ausbildungsmängel gerade der Offiziere heraus. Zeitweise herrschte Chaos innerhalb der Division, nachdem einige der wenigen erfahrenen Führer ausgefallen waren. General Hoepner geriet mit Eicke heftig über dessen dilettantische Truppenführung aneinander. Als sich

Eicke mit den Worten »Verluste spielen keine Rolle« zu rechtfertigen suchte, war Hoepner so erregt, dass er ihn einen »Schlächter« nannte. Er hatte mehr Recht, als er damals ahnen konnte.

Die SS-Divisionen erlitten in Frankreich zum Teil schwere Verluste. Einzigartig waren hingegen ihre Kriegsverbrechen. Am 27. Mai 1940 ergaben sich rund 100 britische Soldaten einer Einheit der Totenkopfdivision, nachdem ihnen die Munition ausgegangen war. Obersturmführer Fritz Knöchlein stellte die Männer vor eine Scheunenwand und ließ sie mit Maschinengewehren niedermähen. Knöchlein überlebte den Krieg und wurde von einem britischen Militärgericht zum Tode verurteilt und gehängt. Männer der »Leibstandarte« begingen nur einen Tag später bei Wormhoudt ein ähnliches Verbrechen. »Es war ein Albtraum«, so Charlie Daley, einer der Überlebenden. 100 britische Gefangene, darunter zahlreiche Verwundete, wurden in eine Scheune getrieben. Als ein britischer Offizier gegen die unwürdige Behandlung protestierte, pöbelte einer der SS-Männer zurück: »Wo ihr hingehen werdet, ist genug Platz für alle.« Augenzeuge Richard Parry erinnert sich: »Dann flogen plötzlich Handgranaten in die Scheune, fünf insgesamt. Ich wurde durch einen Spalt der Hütte nach draußen geschleudert.« Die überlebenden Briten wurden nach draußen getrieben. Dort eröffneten die SS-Männer das Feuer. Über 80 gefangene britische Soldaten wurden kaltblütig ermordet.

Hitler freilich zeigte sich mit den »Leistungen« seiner SS-Einheiten voll zufrieden und hob sie in seiner Rede zur Siegesparade lobend hervor. Für ihn war klar, dass die Waffen-SS weiter ausgebaut werden musste. Er kannte allerdings die Vorbehalte innerhalb des Heeres gegen den militärischen Einsatz der Waffen-SS. Zur Beruhigung der

Die Totenkopfdivision machte, was ihre Disziplin und soldatische Haltung anbetraf, zweifellos einen guten Eindruck. Sie hat auch immer mit großem Schneid angegriffen und in der Verteidigung ihre Standhaftigkeit bewiesen. Die Truppe hatte aber überhohe Verluste, weil sie und ihre Führer erst im Kampf lernen mussten, was die Regimenter des Heeres seit langem beherrschten.

Generalfeldmarschall Erich von Manstein

Truppen wie die SS müssen eine höhere Blutrechnung bezahlen als alle anderen.

Adolf Hitler

Die sich gerade in letzter Zeit anhäufenden Gewalttaten zeigen einen ganz unbegreiflichen Mangel menschlichen und sittlichen Empfindens, sodass man geradezu von Vertierung sprechen kann.

General Wilhelm Ulex am 2. Februar 1940 über die Verbrechen der SS-Totenkopfverbände in Polen

Sie sperrten uns in eine Scheune. Dann riefen sie fünf heraus und erschossen sie. Sie riefen noch fünf heraus – auch die wurden erschossen. Als wir drinnen unruhig wurden, sah ich, wie ein Deutscher sich niederbeugte, eine Stielhandgranate aus dem Stiefelschaft zog und sie zu uns hereinwarf.

Alfred Tombs, britischer Soldat, überlebte das Massaker von Wormhoudt

Generalität versuchte er daher am 6. August in einem Erlass die zukünftigen Aufgaben der Waffen-SS zu »verharmlosen«, indem er sie auf »interne Angelegenheiten« reduzierte: »Das Großdeutsche Reich wird in seiner endgültigen Gestalt mit seinen Grenzen nicht ausschließlich Volkskörper umspannen, die von vornherein dem Reich wohlwollend gegenüberstehen.« Daher sei es notwendig, eine Staatstruppen-Polizei zu unterhalten, die in jeder Situation befähigt sei, die Autorität des Reiches im Inneren zu vertreten und durchzusetzen. Diese »Staatspolizei« werde nur dann die nötige Autorität aufbringen können, wenn sie soldatisch ausgerichtet sei und sich an der Front bewährt habe. Es müsse also eine Truppe geschaffen werden, die eine zweite Novemberrevolution verhindere, die aber auch Aufstände nichtdeutscher Völker im zukünftigen »Großgermanischen Reich« mit militärischen Mitteln niederzuschlagen in der Lage sei.

Soldaten der Division »Totenkopf« gehen am 25. Mai 1940 bei Bethune vor. Zwei Tage später erschossen sie bei Le Paradis britische Gefangene – ein eindeutiges Kriegsverbrechen.

274

Und weiter: Es solle sich immer um eine Elite handeln, die Verbände sollten fünf bis zehn Prozent der Friedensstärke des Heeres nicht überschreiten.

Dieser Erlass ist oft unkritisch übernommen und in seinem eigentlichen Gehalt verkannt worden. Wenn es wirklich nur darum gegangen wäre, einer Staatspolizei die Frontbewährung zu ermöglichen, hätten ein bis zwei Prestigedivisionen hierfür vollauf genügt. Der Rest der allgemeinen SS hätte ohne weiteres in der Wehrmacht kämpfen können. Aber Hitler wollte mehr. Er wollte eine Stärkung und Ausdehnung der militärischen Kompetenzen der Waffen-SS und damit die Heranbildung einer nationalsozialistisch ausgerichteten Kerntruppe, die eine klare Alternative zum Heer darstellte, dieses aber nicht ersetzen sollte.

Die Waffen-SS wurde folglich weiter ausgebaut. Die »Leibstandarte« erhielt so viele Verstärkungen, dass sie bis auf Divisionsgröße gebracht werden konnte. Überdies wurde eine neue SS-Division aufgestellt, die zunächst den Namen »Germania« erhielt, Ende 1940 dann in »Wiking« umbenannt wurde. Schon im November 1938 hatte Himmler verkündet, »germanisches Blut in der ganzen Welt zu holen, zu rauben und zu steh-

»Kreuzzug gegen den Bolschewismus«: Der belgische SS-Führer Leon Degrelle zeichnet Männer der SS-Sturmbrigade »Wallonie« aus.

len«. So plante er schon vor dem Krieg, möglichst bald »germanische« Freiwillige für die Waffen-SS zu werben. Nach der Besetzung Nord- und Westeuropas ging Himmler sogleich an diese Aufgabe und ließ mit Freiwilligen aus Dänemark und Norwegen eine Standarte »Nordland« sowie mit niederländischen und flämischen Soldaten eine Standarte »Westland« bilden. Dies entsprach Himmlers Plänen für Europa: Holland, Flandern, Dänemark und Norwegen sollten ja nach dem Krieg im »Großgermanischen Reich« aufgehen, die zukünftige »Staatspolizei« eben auch aus ihren Reihen zusammengesetzt werden. Die hochgesteckten Hoffnungen auf nennenswerte Zahlen von Freiwilligen wurden allerdings bald enttäuscht, nicht zuletzt, weil sie in ihrer Heimat oftmals als Verräter angesehen wurden. »Mein Vater hat sehr wenig für meine politischen Anschauungen übrig«, schrieb Leo Larsen, ein norwegischer SS-Freiwilliger, in einem Brief. »So wenig, dass er mich, als ich ihn am Heiligabend besuchen wollte – ich hatte ihn sieben oder acht Monate nicht gesehen und befand mich auf Urlaub –, hinauswarf.« Zu Beginn des »Unternehmens Barbarossa« Ende Juni 1941 gab es gerade mal 1143 Ausländer in der Division »Wiking«: 631 Niederländer, 294 Norweger, 216 Dänen, einen Schweden und einen Schweizer. Ungeachtet ihres Namens bestand die Division »Wiking« somit zu über 90 Prozent aus Deutschen.

Die Werbung für den Dienst in der Waffen-SS wurde seit dem deutschen Angriff auf die Sowjetunion deutlich einfacher. Die Propagandaformel des »Kreuzzugs gegen den Bolschewismus« vermochte etliche junge Männer in den besetzten Gebieten zu begeistern. So schrieb der Generalstabschef des Heeres, Franz Halder, Anfang Juli 1941 euphorisch: »Alle Staaten Europas, selbst die Franzosen, senden ihre Legionen nach dem Osten. Europa schließt sich gegen Asien zusammen und findet zu der Einigkeit, die der geschichtliche Sinn dieses Krieges ist.« Solche Worte hatten mit der Realität freilich wenig zu tun. Gewiss, die Freiwilligenmeldungen wurden nun zahlreicher. Zu einem Massenansturm kam es aber auch jetzt nicht. Ende 1941 kämpften 12 000 »germanische Freiwillige nichtdeutschen Volkstums« – so die offizielle Bezeichnung – in der Waffen-SS, darunter auch 1180 Finnen, die nun alles andere als »Germanen« waren. Rund 24 000 Franzosen, Kroaten, Spanier und Wallonen waren hingegen

Ich fühlte mich viel besser mit diesen jungen Leuten als zu Hause. SS, das war die Elite.

Ingemar Somberg,
schwedischer SS-Mann

Für mich war das keine fremde Uniform, weil ich mich mit Deutschland immer volksverbunden gefühlt habe.

Remy Schrijnen,
flämischer SS-Freiwilliger

der Wehrmacht eingegliedert worden. Als »Nichtgermanen« wollte sie Himmler nicht in der SS sehen – vorerst.

Die Vision einer »pangermanischen« Armee wurde durch die politischen Vorstellungen der faschistischen Bewegungen in den jeweiligen Ländern freilich ziemlich erschwert. Die SS-Führung hatte zunächst gehofft, über die Bildung national homogener Legionen, die nicht der SS angehörten, »das betreffende Volk gewinnen zu können«. Bald stellte sich jedoch heraus, dass diese Einheiten zum »Schoßkind« der jeweiligen NS-Bewegung wurden, also eine politische Funktion erhielten. Aufgrund erheblicher Widerstände konnten die Einheiten zunächst gar nicht in die SS integriert werden. Die Freiwilligen kämpften nämlich für die Rolle des eigenen Staates in einem von Deutschland dominierten Nachkriegseuropa und gewiss auch gegen den Bolschewismus, aber eben nicht primär für die Deutschen. Mit den SS-Ideen vermochten sie sich daher weithin überhaupt nicht anzufreunden. Bis 1943 gab es somit eine Zweiteilung der europäischen Freiwilligen: Die einen, die sich zum Dienst in der »pangermanischen« Waffen-SS gemeldet hatten, kämpften in der Division »Wiking«, die anderen, eher national gesinnten Männer waren in ihren Legionen im Einsatz. Erst 1943 wurde dieses Nebeneinander beseitigt, als die Legionen »Flandern«, »Norge« und »Danmark« in multinationale Verbände der Waffen-SS überführt wurden, wobei es freilich zu erheblichen Widerständen und Verweigerungen kam. Im Übrigen hatte Himmler zu diesem Zeitpunkt nichts mehr dagegen, auch die zunächst verschmähten »Romanen« in seinen Orden aufzunehmen. Die Legion »Wallonien« wurde nun ebenso Teil der Waffen-SS wie ein aus Franzosen gebildeter Verband. Henri-Joseph Fenet, einer dieser französischen Freiwilligen, erklärt: »Die Niederlage 1940 war für manchen Franzosen eine furchtbare Demütigung gewesen, und der Einsatz an der Ostfront in den Reihen einer Elitetruppe war für uns die Gelegenheit, diese Demütigung zu verwischen.«

Ich habe 1941 mit Himmler eine Reise machen müssen. Mein persönlicher Eindruck von ihm war grauenhaft, aber der Eindruck der Leute in der Waffen-SS, die ihn näher kannten, war noch schlimmer. Er war wohl der bestgehasste Mann in der qualifizierten Führung der Waffen-SS. Sepp Dietrich ließ sich von ihm nicht einmal die Hand geben. Wenn Himmler seinen Besuch bei der »Leibstandarte« ansagte, verreiste er.
Robert Krötz, SS-Kriegsberichter

Obwohl es Himmler niemals gelang, seine Vorstellungen bezüglich einer »pangermanischen« Armee wirklich umzusetzen, sind die Zahlen »germanischer« Freiwilliger in der Waffen-SS für die gesamte Kriegsdauer doch erheblich: Sie werden auf 123 000 bis 166 000 Mann geschätzt, wobei die Masse freilich erst 1944 rekrutiert wurde, als eine Vielzahl von Kollaborateuren sich den zurückflutenden deutschen Truppen anschloss. Zahlreiche Freiwillige der ersten Jahre hatten sich indes tief enttäuscht von den Deutschen abgewandt. So musste etwa bis September 1942 ein Viertel aller Niederländer wieder entlassen werden. Die Krise in der Anwerbung »germanischer Freiwilliger« konnte auch in den folgenden Monaten nicht überwunden werden. Es war die Konsequenz der Kriegslage, die sich nach Stalingrad gegen Hitlers Reich gerichtet hatte. Bis zum 30. Juni 1943 quittierten nicht weniger als 5883 Freiwillige ihren Dienst, das waren immerhin 21,5 Prozent aller in Flandern, Holland, Dänemark und Norwegen angeworbener Männer. »Wir sind nun in den germanischen Ländern mit unserem Latein am Ende«, schrieb SS-Brigadeführer Gottlob Berger frustriert. Neben den Schikanen ihrer deutschen Ausbilder, die sich oft dünkelhaft arrogant verhielten, dürfte den »Freiwilligen« allmählich klar geworden sein, was Hitler schon Mitte Juli 1941 gesagt hatte: Die Propagandathese des »gesamteuropäischen Freiheitskrieges« dürfe nicht so verstanden werden, als ob Deutschland für Europa Krieg führe. Die Nutznießer dieses Krieges sollten »allein die Deutschen sein«.

Kurz vor dem Überfall auf die Sowjetunion hatte Himmler genügend Macht angehäuft, um den Begriff »Waffen-SS« auch nach außen hin erheblich auszudehnen. Im April 1941 legte er fest, dass hierzu nicht nur die Fronttruppen der SS zu zählen seien, sondern außerdem weitere 179 (!) Einheiten und Dienststellen. Darunter befanden sich seit August 1940 auch die Konzentrationslager samt deren Wachmannschaften. Diese Männer trugen somit die gleichen Uniformen und hatten die gleichen Soldbücher wie die Fronttruppen, obwohl sie 1942 dem SS-Wirtschafts-Verwaltungshauptamt unterstellt wurden, also von der Waffen-SS formal getrennt waren. Nach Himmlers Auffassung von einem Staatsschutzkorps war die Ausweitung der Waffen-SS über die reine Fronttruppe hinaus nur konsequent. Obgleich sich eine Zweiteilung der Aufgaben herausbildete – Frontverbände einerseits, Polizeiverbände andererseits –, kann man doch nicht von zwei vollkommen separaten Körpern sprechen. Dazu waren die ideologische Ausrichtung und die Ausbildung zu einheitlich, die personelle Vernetzung zu eng.

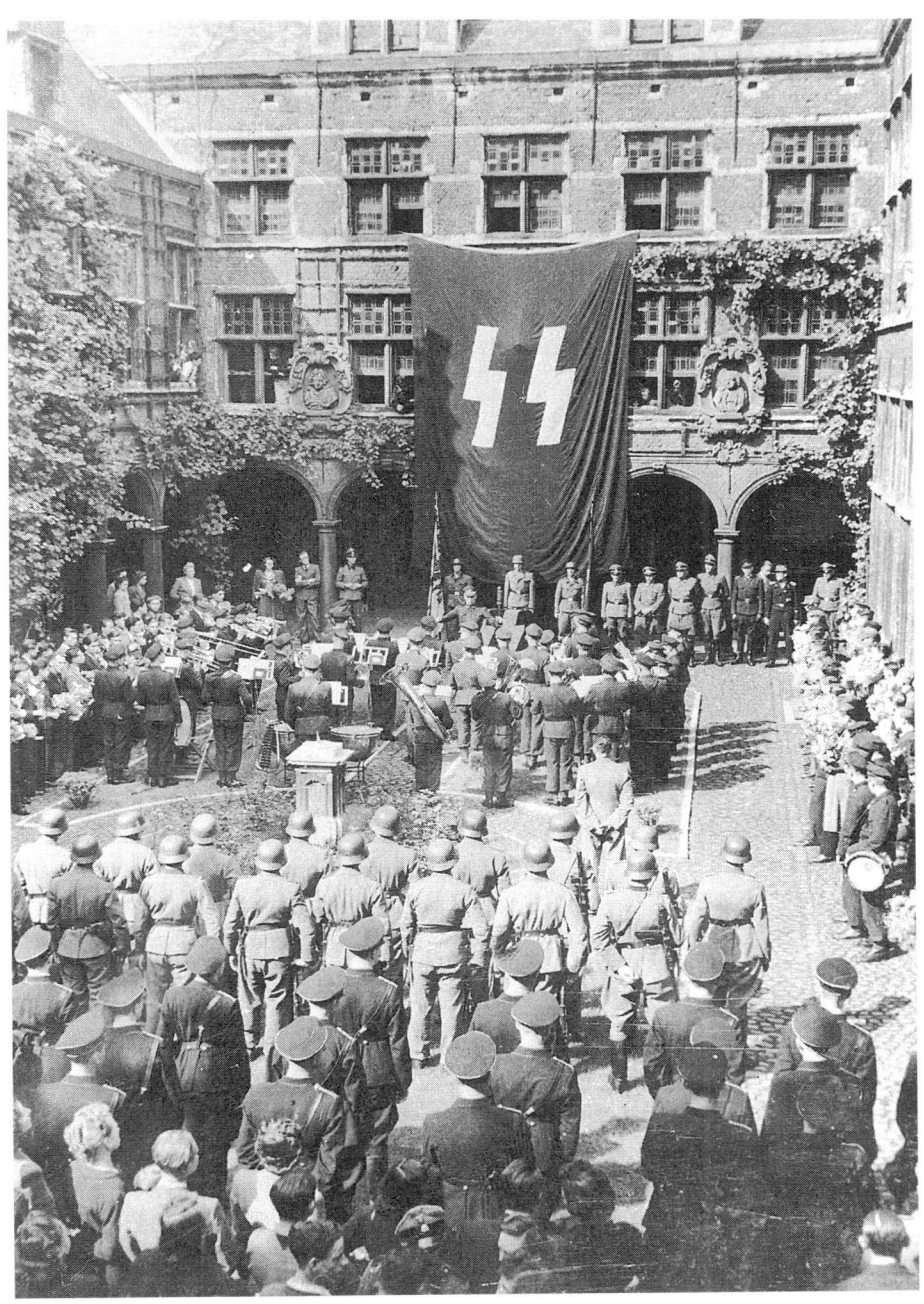

»Germanisches« Kanonenfutter für die Ostfront: Ein Kontingent flämischer SS-Freiwilliger wird in Antwerpen verabschiedet, Juli 1944.

Am 22. Juni 1941 begann Hitler mit dem Angriff auf die Sowjetunion jenen Krieg, den er schon immer führen wollte – den Vernichtungskampf im Osten für die alten Ziele: Ausrottung des Kommunismus, Auslöschung des Judentums, Eroberung von »Lebensraum«. Mit dabei waren auch die fünf SS-Divisionen, durchwegs voll motorisierte Verbände, was sie von den meisten Truppenteilen des Heeres abhob. Über Panzer verfügte die Waffen-SS allerdings noch nicht.

Die fünf Divisionen kämpften an den Fronten aller drei Heeresgruppen: am Ilmensee, vor Moskau, in Rostow. Noch immer machte sich die mangelnde »Erfahrung« da und dort bemerkbar: In Finnland wurde im September 1941 die aus zwei Totenkopfregimentern gegründete, noch ungenügend ausgebildete SS-Kampfgruppe »Nord« eingesetzt, die völlig »versagte«, wie ein Wehrmachtsoffizier süffisant festhielt, und bei einem sowjetischen Angriff davonlief. Auch bei der Totenkopfdivision wurden Ausbildungs- und Führungsschwächen spürbar; die Folge waren hohe Verluste. Die Integration der Totenkopfverbände in die Waffen-SS bereitete noch immer Schwierigkeiten, da Eicke zäh an einem verbandsspezifischen Selbstverständnis festhielt. Im Gegensatz zur militärischen Professionalisierung der aus der Verfügungstruppe Haussers hervorgegangenen Einheiten fühlten sich die Totenkopfverbände als die wahren Träger der »nationalsozialistischen Revolution«, waren antibürgerlich und antimilitärisch eingestellt. Eicke hat bewusst den Personalaustausch mit der Verfügungstruppe unterbunden. So hatte die Totenkopfdivision in Russland erhebliche Verluste zu verkraften. Mit ihnen ging auch der spezifische »Korpsgeist« von Eickes Division allmählich verloren. Die Einheit, die mit gut 17 000 Mann Ende Juni 1941 nach Russland in Marsch gesetzt worden war, verlor bis März 1942 über 12 000 Mann, erhielt aber nur 5000 Mann Ersatz. Sie blieb bis Oktober 1942 im Einsatz und wurde fast vollständig aufgerieben. Was ab Sommer 1942 als neue »Totenkopfdivision« in Frankreich aufgestellt wurde, hatte mit dem, was ein Jahr zuvor gen Russland gezogen war, kaum noch etwas gemein. Von den Männern der KZ-Bewachungsmannschaften waren die meisten umgekommen. Zwar gab es noch immer einen regen Personalaustausch zwischen der Totenkopfdivision und den Wachmannschaften der KZ, doch diese wurden im Sinne einer einheitlichen SS-Struktur auch in andere Divisionen abkommandiert. So gab es nun in den meisten Waffen-SS-Divisionen Männer, die zuvor mehr oder weniger lang als KZ-Lagerwachen eingesetzt waren.

Generell gab es für Männer der Waffen-SS vielfältige Berührungspunkte

»Ein Bolschewist blieb übrig«, lautet die zynische Originalunterschrift unter diesem Foto eines
SS-Kriegsberichters. Es zeigt das brutale Vorgehen der SS.

mit der SS-Lagerwelt. Wolfgang Filor kam 1943 nach einer Verwundung zur Genesungskompanie der Panzerersatzabteilung der SS-Division »Das Reich« – diese befand sich in Buchenwald. »Da habe ich einmal abends einen unserer Arrestanten zum Arrestlokal gebracht. Als ich ihn gerade im Arrestlokal neben dem KZ abgegeben hatte, da kamen zwei KZler – also Wachleute – heraus und schleppten einen Häftling, sie schleiften ihn mit den Knien auf der Erde. Als Frontsoldat hab ich das gesehen und gesagt: ›Mensch, hört mal, hebt doch den Kameraden hoch, der kann doch nicht so laufen.‹ Da hat mir ein KZler gesagt: ›Gehen Sie weiter, Sie scheinen noch nicht lange hier zu sein. Der kommt ins Revier, kriegt eine Spritze, dann ist er weg.‹«

Betrachtet man allein die militärischen Leistungen der Waffen-SS an der Ostfront 1941/42, so ergibt sich ein ganz ähnliches Bild wie beim Heer: Es gab erfolgreiche und weniger erfolgreiche Verbände. Manchmal mögen sie die Heeresdivisionen übertrumpft haben – ein generelles Merkmal war dies aber nicht. Gewiss galten die SS-Einheiten als besonders hart und aggressiv. So lobte General Mackensen in einem Brief an Himmler »die innere Disziplin, das frische Draufgängertum, die fröhliche Unternehmungslust und die durch nichts zu erschütternde Krisenfestigkeit« der »Leibstandarte«. Vom Fanatismus, den so mancher Autor generell auszumachen glaubt, waren sicherlich nicht alle SS-Einheiten beseelt, etliche aber gewiss. Die Verluste unterschieden sich *nicht* signifikant von denen der Heereseinheiten. Das haben neueste Forschungen unlängst bewiesen.

Sie waren ausdrücklich gefragt worden, ob sie Augenbinden haben wollten. Ich war damals 16 Jahre alt und stand in der vordersten Reihe des Erschießungskommandos. Das waren nur zehn Meter, und ich war froh, dass ich den beiden Männern nicht mehr in die Augen schauen musste. Die beiden Unterscharführer traten noch einmal an die beiden Todeskandidaten heran und rissen ihnen die Hemden über der Brust auf, damit wir Schützen auch ganz genau wussten, wohin wir zu zielen und zu schießen hatten.
Siegfried Schütze, Soldat der SS-Kavalleriedivision »Florian Geyer«

Oben: Von der Bevölkerung in der Ukraine und Weißrussland wurden auch die SS-Soldaten zunächst herzlich aufgenommen. Das sollte sich bald ändern.
Unten: »Wo wir sind, da ist immer vorne« – Soldaten der SS-Division »Totenkopf« bei Smolensk, September 1941.

Doch offenkundig ist, dass sich die Waffen-SS durch besondere Brutalität in Russland hervorgetan hat. Zahlreiche Hinweise auf schwere Kriegsverbrechen liegen vor: So hat die Division »Wiking« in der Ukraine 600 galizische Juden ermordet, die Division »Das Reich« hat der Einsatzgruppe B bei der Ermordung von Juden im Raum Minsk »geholfen«, die »Leibstandarte Adolf Hitler« brachte im April 1942 unbestätigten Berichten zufolge 4000 russische Gefangene um. Doch die Zahl der nachträglich bekannt gewordenen Fälle ist gering. Die Dunkelziffer der nicht bekannten Gräueltaten dürfte weit höher sein. Das Erschießen von Kriegsgefangenen, das rücksichtslose Vorgehen gegen die »slawische« Zivilbevölkerung war bei der Waffen-SS eher die Regel als die Ausnahme. Besondere Scheußlichkeiten hat sich die SS-Kavalleriebrigade unter dem Kommando von Hermann Fegelein zuschulden kommen lassen. Sie hatte im Sommer 1941 den Auftrag, die unwegsamen Pripjetsümpfe zu durchkämmen. Reichsführer SS Heinrich Himmler stimmte die Männer mit »Richtlinien für die Durchkämmung und Durchstreifung von Sumpfgebieten« ein: »Ist die Bevölkerung, national gesehen, feindlich, rassisch und menschlich minderwertig oder gar, wie es in Sumpfgebieten sehr oft der Fall sein wird, aus angesiedelten Verbrechern zusammengesetzt, so sind alle, die der Unterstützung der Partisanen verdächtig sind, zu erschießen. Weiber und Kinder sind abzutransportieren, Vieh und Lebensmittel zu beschlagnahmen und in Sicherheit zu bringen. Die Dörfer sind bis auf den Boden niederzubrennen.« Am 27. Juli gab SS-Standartenführer Hermann Fegelein einen entscheidenden Befehl Himmlers an seine Einheiten weiter: »Juden sind zum größten Teil als Plünderer zu behandeln.« Ohne zu zögern, setzten die Verantwortlichen Partisanen mit Juden gleich – die Bekämpfung von potenziellen Guerillakämpfern war für sie gleichbedeutend mit der Ermordung der Juden, die man in den Dörfern vorfand.

Am 30. Juli brachen morgens um sieben Uhr die reitenden Abteilungen der beiden SS-Kavallerieregimenter zu einer ersten »Säuberungsaktion« in den Sümpfen auf. Einen Tag später verschärfte Himmler bei einem persönlichen Gespräch mit dem verantwortlichen Kommandeur in dieser Region, dem »Höheren SS- und Polizeiführer« Erich von dem Bach-Zelewski, seinen Einsatzbefehl. In einem Funkspruch an die Abteilungen hieß es: »Ausdrücklicher Befehl des RFSS. Sämtliche Juden müssen erschossen werden. Judenweiber sind in die Sümpfe zu treiben.«

Die SS-Reiter des 1. Kavallerieregiments gin-

Wo der Partisan ist, ist der Jude, und wo der Jude ist, ist der Partisan.

Losung eines Lehrgangs
zur Partisanenbekämpfung
Ende September 1941

Oben: SS-Standartenführer Hermann Fegelein (links), Kommandeur der 1. SS-Kavalleriebrigade, und SS-Brigadeführer Wilhelm Bittrich. Fegelein war maßgeblich an den Verbrechen der SS in den Pripjetsümpfen beteiligt.
Unten: Diesen »russischen Flintenweibern« (O-Ton) steht nach ihrer Gefangennahme das Schlimmste bevor.

gen am radikalsten vor – sie töteten in den Ortschaften, die sie durchquerten, alle Juden, auch Frauen und Kinder. Und sie benutzten Maschinengewehre, um die Menschen schnell und wahllos niederzumähen.

Das 2. Regiment beschränkte sich darauf, Männer zwischen 18 und 60 Jahren zu erschießen. Jüdische Frauen und Kinder wurden befehlsgemäß in die Sümpfe gejagt. Doch enttäuscht meldeten Himmlers Vollstrecker: »Weiber und Kinder in die Sümpfe zu treiben hatte nicht den Erfolg, den es haben sollte, denn die Sümpfe waren nicht so tief, dass ein Einsinken erfolgen könnte. Nach einer Tiefe von einem Meter kam man in den meisten Fällen auf festen Boden, sodass ein Einsinken nicht möglich war.« Dennoch hatten die beiden SS-Kavallerieregimenter bis zum 13. August 1941 fast 14000 Menschen umgebracht.

Freilich töteten auch ganz »normale« Infanterie- und Panzerdivisionen zahllose russische Gefangene und ermordeten Zivilisten. Und manche der hinter der Front eingesetzten Sicherungsverbände der Wehrmacht unterschieden sich in ihrem brutalen Vorgehen nicht von der SS-Kavalleriebrigade. So erschoss die 707. Infanteriedivision innerhalb eines Monats in Weißrussland über 10 000 russische Zivilisten. Der Vernichtungskrieg im Osten kannte keine Unterschiede zwischen Waffengattungen.

Allenfalls die Skrupel mögen in den mitverstrick-
ten Einheiten der Wehrmacht häufiger gewesen
sein. Schuldig machten sich nicht alle und nicht
viele, aber allzu viele.

Das Ganze dort ist im Wesentlichen eine Frage der Führung.
Die aber halte ich für unzureichend.
Erich von Manstein,
8. Februar 1943, über die
Führung des SS-Panzerkorps

1942 wurden die Divisionen »Leibstandarte«,
»Das Reich«, »Totenkopf« und »Wiking« mit
modernstem Gerät zu Panzerverbänden umgerüstet. Sie waren nun »Elite-
truppen« innerhalb der Waffen-SS, prägten nach außen hin das Bild.
Daneben standen Einheiten, die an Nebenfronten (6. SS-Gebirgsdivision
»Nord«) oder überwiegend im Partisanenkampf eingesetzt wurden (4. SS-
Polizeidivision, 7. SS-Gebirgsdivision, 8. SS-Kavalleriedivision). Ein gutes
Beispiel hierfür war die 7. SS-Gebirgsdivision »Prinz Eugen«. 1942 aus Sie-
benbürger Sachsen und Banater Schwaben in Nordserbien aufgestellt, galt
diese Einheit lange Zeit als Stiefkind der Waffen-SS. Die Division war meist
nur mit Beutewaffen ausgerüstet, Abkommandierungen wurden oft als
Strafversetzungen empfunden. Der Partisanenkampf in Jugoslawien war
von Brutalitäten und Grausamkeiten gekennzeichnet, wobei hier nicht
nur den Deutschen das Alleinvertretungsrecht zukam – die Volksgruppen
massakrierten sich mit Vorliebe auch gegenseitig. Auch die Wehrmacht
war beteiligt: Schon bei der Niederschlagung des serbischen Aufstands im
Herbst 1941 kam es zu abscheulichen Exzessen durch Wehrmachtsein-
heiten, die in diesem Zeitraum fast alle serbischen Juden ermordeten.
Gleichwohl bleibt festzuhalten, dass die SS-Division »Prinz Eugen« von
Beginn an ungleich mehr zu Kriegsverbrechen neigte. Im Dezember 1942
wurde sie ganz offiziell zum zweiten Mal gerügt und angehalten, gegenüber der unbewaffneten Zivilbevölkerung »vermeidbare Härten« wie »Erschießungen von Frauen und Kindern, Abbrennen von Dörfern und Häusern« künftig zu unterlassen. Dies geschah zu einem Zeitpunkt, als die
Division noch gar nicht in wirklich ernsthafte Gefechte mit Partisanen
verwickelt war. Als der Kommandeur der Division im Juli 1943 gegenüber
einem kroatischen Minister ein Massaker seiner Einheit als »Versehen« zu
entschuldigen suchte, entgegnete SS-Oberführer Werner Fromm scharf:
»Seitdem ihr hier seid, passiert leider eine Panne nach der anderen.«
Solche »Pannen«, notierte SS-Sturmbannführer Reinholz, hätten sich
»zum Nachteil der deutschen Interessen in diesem Raum auszuwirken begonnen«. Vor allem die Ermordung von 2000 Kroaten am 28. März 1944
im Raum Knin (Dalmatien) sorgte für Empörung; heftige Proteste der
kroatischen Regierung waren die Folge.

In ähnlicher Weise sorgte die 4. SS-Polizeidivision für unrühmliches Aufsehen, als sie am 5. April 1944 im griechischen Klissura 223 Zivilisten umbrachte und am 10. Juni in Distomo nochmals über 300 Menschen tötete.

Wie sind diese Verbrechen zu bewerten? Waren es lediglich Taten einzelner Verbände? Oder sind sie repräsentativ für die gesamte Waffen-SS? Die ständige Vergrößerung und Umgliederung hatte die Divisionen personell derart vermischt, dass von einem spezifischen »Charakter« einzelner Einheiten kaum mehr gesprochen werden konnte. Im Partisanenkampf – oder was als solcher galt – tendierte die Waffen-SS ganz generell auf allen Kriegsschauplätzen zu Exzessen, die jene des Heeres überstiegen. Dies war nicht nur auf dem Balkan der Fall, sondern auch in Frankreich und in Italien, wo eine Einheit der SS-Division »Reichsführer SS« im August und September 1944 Hunderte von italienischen Zivilisten massakrierte. Solche blindwütige Mordlust hatte sich in dem Maße verstärkt, wie sich seit Stalingrad die Kriegslage gegen das NS-Regime gewendet hatte.

Inzwischen waren die »Kerndivisionen« der Waffen-SS zu Panzerdivisionen umgerüstet worden. Dies verschaffte dem Oberkommando des Heeres in der Stunde höchster Bedrängnis ein willkommenes Instrument zur Stabilisierung der Ostfront. Zur Erinnerung: Im November 1942 hatten die Sowjets die Sechste Armee in Stalingrad eingekesselt und waren im Dezember an der gesamten Südfront zur Großoffensive übergegangen. Die schlecht ausgerüsteten italienischen, ungarischen und rumänischen Verbände konnten dem Ansturm ebenso wenig standhalten wie die wenigen deutschen Divisionen. Unaufhaltsam stürmte die Rote Armee nach Westen, der ganze Südflügel der Ostfront stand vor dem Zusammenbruch. Nun wurden die drei SS-Panzerdivisionen »Leibstandarte Adolf Hitler«, »Das Reich« und »Totenkopf« in einem Korps unter dem Kommando von Paul Hausser in den Kampf geführt, um Stalingrad zu »entsetzen«. Winrich Behr, damals Offizier der Wehrmacht, erinnert sich an des »Führers« Lageeinschätzung: »Was Hitler über die Hilfe für Stalingrad sagte, war so offensichtlich unrealistisch, dass ich als damals 25-jähriger Frontsoldat, Frontoffizier und Panzeroffizier mir an den Knöpfen abzählen konnte, dass es nicht stimmte. Er berichtete über die SS-Panzerarmee, die Stalingrad entsetzen sollte. Ich wusste von Feldmarschall Manstein, dass diese Armee schon bei der Ausladung von russischen T-34 zusammengeschossen worden war. Und dann erzählte mir der ›Führer‹, dass diese Panzerarmee 400 Kilometer durch Schnee und Wind Stalingrad entsetzen sollte!

Oben: Das SS-Panzerkorps war entscheidend an der Rückeroberung Charkows im Frühjahr 1943 beteiligt. Panzerkampfwagen der SS mit aufgesessener Infanterie.
Unten: Die »Feuerwehr« der Ostfront – Sepp Dietrich zeichnet nach der Schlacht von Charkow einen Soldaten der Waffen-SS aus.

Das war offensichtlich Mumpitz.« Die Befreiung der Sechsten Armee aus dem Kessel von Stalingrad gelang zwar nicht, doch immerhin war das SS-Panzerkorps an der deutschen Gegenoffensive im Februar und März 1943 wesentlich beteiligt, welche die Front stabilisierte und zur Rückeroberung von Charkow, der viertgrößten sowjetischen Stadt, führte. Zuvor hatte sich Hausser geweigert, die prestigeträchtige Metropole in hoffnungsloser Lage zu verteidigen und sich entgegen ausdrücklichem »Führer«-Befehl zum Rückzug entschlossen. Offenkundig war der SS-General zu diesem Zeitpunkt nicht bereit, Kadavergehorsam zu leisten. Später war er es.

Bei der letzten deutschen Großoffensive an der Ostfront bei Kursk war das I. SS-Panzerkorps erneut im Zentrum der Schlacht eingesetzt, fungierte gleichsam als Rammbock. Wenngleich diese Operation scheiterte – die Zeit von Februar bis Juli 1943 hat doch wesentlich den propagierten Ruf der Waffen-SS als »Feuerwehr der Ostfront« begründet. Sie sei die Kerntruppe der Ostfront, hieß es, sie kämpfe da, wo die Gefahr am größten sei, sie stehe stets an der Spitze von Gegenangriffen. Dies bestätigt auch Horst Krüger, der im Frühjahr 1943 von der Luftwaffe zur SS-Division »Leibstandarte« versetzt wurde. »Wir waren ein fliegendes Kommando, wir mussten immer dorthin, wo es brenzlig wurde. Da wurde gar nicht lange gefragt.«

Wie in jedem Mythos steckte auch in diesem ein Korn Wahrheit. Die deutschen Offensiven im Frühjahr 1943 hätten ohne die SS-Panzerdivisionen wohl kaum durchgeführt werden können. Doch sie stürmten nicht allein auf weiter Flur dem Feind entgegen, sondern immer im Verband mit Heereseinheiten. Auch mit der viel zitierten exklusiven Ausrüstung der SS-Einheiten war es nicht weit her. Die modernsten Panzertypen, der »Panther« und der »Elefant«, wurden zuerst Heereseinheiten zugeteilt. Alle neuen »Panther« kamen beispielsweise zur Division »Großdeutschland«, die noch besser ausgerüstet war als Haussers SS-Divisionen. Diese hatten gewiss auch modernes Material erhalten – so verfügte jede Division beispielsweise über eine Kompanie der kampfstarken »Tiger«-Panzer. Es gab aber eben auch Heeresverbände, die sich auf einem ähnlichen Niveau bewegten. Die Division »Großdeutschland« wurde im August 1943 gar durch ein ganzes Bataillon »Tiger«-Panzer verstärkt.

Die Masse der »alten« SS-Divisionen kämpfte zum Jahreswechsel 1943/44 an den Brennpunkten der Ostfront. In Tscherkassy waren im Februar 1944 auch die SS-Division »Wiking« und die SS-Sturmbrigade »Wallonie« von der Roten Armee eingekesselt worden. Bei ihrem verlustreichen Ausbruch führten sie die deutschen Truppen an, an der Spitze der von außen vordringenden Entsatzverbände stand die »Leibstandarte Adolf Hitler«. In Kamenz-Poldosk hatten die Russen im April 1944 eine ganze Panzerarmee eingeschlossen. Das eilig aus Frankreich herangeführte, neu aufgestellte II. SS-Panzerkorps zerschlug den Einschließungsring und befreite die Heeresdivisionen und die eingeschlossene »Leibstandarte Adolf Hitler«.

Dies alles waren militärische Erfolge. Freilich kämpften gleichzeitig rund 20 andere Panzerdivisionen des Heeres, die alle ähnliche Einsätze erlebten, ähnliche Kampfleistungen erbrachten und zum Teil auch ähnlich ausgerüstet waren; einige, wie bereits erwähnt, sogar besser. Die vermeintlichen »Ruhmestaten« der Waffen-SS nehmen sich bei genauerer Betrachtung viel weniger spektakulär aus, als sie immer wieder dargestellt werden, und sind zu einem Gutteil das Produkt einer (auch englischsprachigen) Populärliteratur, die bis zum heutigen Tag in eine nur psychotherapeutisch zu erklärende Mystifizierung verfallen ist.

Die Zäsur des Kriegsverlaufs im Winter 1942/43 mit der verheerenden Niederlage bei Stalingrad markierte auch einen entscheidenden Einschnitt in der Geschichte der Waffen-SS. Von Dezember 1942 bis Januar 1944 wurden nicht weniger als zwölf weitere SS-Divisionen aufgestellt – eine Zunahme um 150 Prozent! Der Übergang zur Massenarmee war damit endgültig vollzogen. Umfasste die Waffen-SS Mitte 1940 noch 100 000 Mann, so waren es Ende 1941 bereits 220 000 Mann, im Herbst 1942 240 000 Mann (davon 140 000 Mann Feldtruppen), Ende 1943 500 000 Mann (davon 260 000 Mann Feldtruppen) und Ende 1944 gar 910 000 Mann.

Es liegt auf der Hand, dass ein derart großer personeller Ausbau den Charakter der Waffen-SS entscheidend verändern musste. Ein elitärer Orden war sie längst nicht mehr. Das Freiwilligenprinzip ist zwar offiziell nie durchbrochen worden, ließ sich de facto aber schon zu einem sehr frühen Zeitpunkt nicht mehr aufrecht erhalten. So wurden bereits 1940 Angehörige der allgemeinen SS unter Anwendung mehr oder minder intensiven Drucks in die Waffen-SS versetzt. Ab 1942 mussten die Pressionsmaßnahmen weiter ausgedehnt werden. Das Personal für die neu aufzustellenden SS-Panzerdivisionen »Hohenstaufen« und »Frundsberg« wurde zum Großteil aus den Lagern des Reichsarbeitsdienstes zwangsweise rekrutiert. Mit der SS-Ideologie hatten diese Männer meist herzlich wenig im Sinn. So berichtete eine Mitarbeiterin des Diplomaten Ulrich von Hassel 1943: »Der nationalsozialistische Geist der Waffen-SS wurde immer fragwürdiger. Sie fühlten sich eins mit der kämpfenden Wehrmachttruppe.« Immer öfter kam es nun vor, dass selbst hochrangige Waffen-SS-Führer auf Dis-

Ich wollte mich damals zur Waffen-SS melden, aber mein Vater war darüber sehr verärgert. Er hat gesagt: Du weißt nicht, in was du da reinkommst.

Manfred Rommel, damals in der HJ

Irgendetwas bestand da an innerer Abwehr gegen die Waffen-SS, irgendwie wusste man: Die machen Sachen, damit möchtest du nichts zu tun haben. Nicht, dass man von den später bekannt gewordenen Fakten etwas Genaues gewusst hatte – aber ein unbewusstes, ungutes Gefühl war doch in uns.

Günther Adrian, damals in der HJ

Ich war 15 Jahre alt, als mein ganz persönlicher Anteil an diesem Krieg begann. Im März 1944 erschien in der Schulkasse ein Offizier der Waffen-SS und fragte nach einem enthusiastischen Vortrag nach Freiwilligen für die Waffen-SS. Ich war der Erste, der die Hand oben hatte. Schließlich war ich im Nationalsozialismus aufgewachsen – ich kannte nichts anderes.

Siegfried Schütze, Soldat der SS-Kavalleriedivision »Florian Geyer«

tanz zu Himmler gingen. Insbesondere Felix Steiner war für seine beißende Kritik am »Reichsführer SS« bekannt. Als er seine Soldaten gar nur mit »Heil« statt dem vorgeschriebenen »Heil Hitler« begrüßte, wurde es Himmler zu bunt. Er ließ die Zuverlässigkeit Steiners erkunden, konnte ihn aber nicht seines Amtes entheben – hochrangige Verbündete in der SS schützten ihn.

Auf der Suche nach immer neuen Personalreserven einigten sich das SS-Führungshauptamt und das Reichsjugendamt im Februar 1943 darauf, aus Angehörigen der HJ-Jahrgänge 1925 und 1926 eine weitere SS-Division aufzustellen. Einer dieser Hitlerjungen war Bernhard Heisig. Er hatte sich eigentlich zur Panzertruppe gemeldet. Bei der Musterung sah er sich aber auf einmal einem SS-Offizier gegenüber: »Der hatte nur einen Arm – scheinbar eine Situation, die mich sehr beeindruckt hat – und sagte: ›Wollen Sie nicht zu uns kommen?‹ Sage ich: ›Ich habe mich ja schon gemeldet!‹ ›Ach‹, sagte er, ›wir haben viele Panzer – oder haben Sie was gegen uns?‹ Das war die Fangfrage. Ich hatte ja nichts gegen die. Daher sagte ich: ›Warum nicht?‹«

Ulrich Krüger, Sanitäter bei der HJ, berichtet von einer Gesundheitsprüfung, bei der die Jungen auf TBC getestet wurden: »Nachdem sie den Röntgenapparat passierten, traten sie an einen

Tisch heran und haben dort ein Formular gekriegt: ›Hiermit bestätige ich, dass ich an der Schirmbilduntersuchung und so weiter teilgenommen habe‹, Ort, Datum und Unterschrift. Doch unter einem Strich stand das Kleingedruckte: ›Hiermit erkläre ich, dass ich Freiwilliger der Waffen-SS werden will.‹ Da habe ich mir gedacht: Das kann doch wohl nicht wahr sein – also, dass man hier einfach Leute nolens volens zu etwas bringt, ohne sie darüber aufzuklären.«

Als größtes Problem stellte sich bald der Mangel an ausgebildeten Offizieren und Unteroffizieren heraus. Man versuchte, sich mit Improvisation zu behelfen. 50 Offiziere des Heeres, die zum Großteil ehemalige HJ-Führer waren, wurden zur Division abkommandiert, um die ärgsten Mängel zu beheben. Die Masse des Rahmenpersonals kam von der »Leibstandarte Adolf Hitler«, die durch diesen Aderlass nicht unerheblich geschwächt wurde. Als die HJ-Division im Juni 1944 in der Normandie in den Einsatz ging, fehlten noch immer 2000 Unteroffiziere – die Hälfte des Sollbestandes.

Das Problem, ausreichend Personal für die stetige Expansion der Waffen-SS zu beschaffen, war an sich nicht neu und bestand praktisch seit 1940. Das Oberkommando der Wehrmacht hatte der Waffen-SS eine feste Quote von Personalzuteilungen zugeordnet, die Himmlers weit reichenden Plänen allerdings nicht genügten. Der SS-Chef versuchte deshalb schon seit Kriegsbeginn, seine Truppen auch dort zu rekrutieren, wo die Wehrmacht nicht als Konkurrent auftreten konnte: außerhalb des Reiches. Von den westeuropäischen Freiwilligen war bereits die Rede. Zusätzlich wurden nun ab 1940 Deutschstämmige – so genannte Volksdeutsche – angeworben: in Ungarn, Jugoslawien und vor allem in Rumänien. Nachdem diese Männer zunächst illegal nach Deutschland gereist waren, wurde in Staatsverträgen mit Budapest und Bukarest vereinbart, dass sie ihre Wehrpflicht in der Waffen-SS ableisten konnten. So taten Ende 1941 schon 6200 »Volksdeutsche« in der SS-Division »Wiking« und der SS-Gebirgsdivision »Nord« Dienst. Ab dem Winter 1943 wurden diese Personalressourcen rigoros ausgeschöpft und alle »wehrfähigen volksdeutschen Männer« einfach eingezogen. Dies führte schließlich dazu, dass fast jeder vierte Waffen-SS-Mann ein »Volksdeutscher« aus der Balkanregion war, insgesamt über 200 000! Fast alle Neuaufstellungen der Jahre 1943/44 sind

vor allem mit »Volksdeutschen« aufgefüllt worden. In den schon erwähnten Panzerdivisionen
»Hohenstaufen« und »Frundsberg« waren es
rund 8000 Mann. Ironischerweise gab es selbst in
der SS-Division »Nordland« mehr Volksdeutsche
aus Rumänien als dänische und norwegische Söld-
ner. Allerdings verspürten viele dieser Männer
wenig Lust, ihr Leben für Deutschland einzusetzen. So bemerkte ein Haudrauf wie Eicke, selbst
nicht unbedingt ein intellektueller Kopf: »Unter
den Volksdeutschen befindet sich eine große Anzahl, die man als geistig minderwertig bezeichnen
kann. Viele können nicht Deutsch schreiben und
lesen. Sie verstehen die Kommandosprache nicht
und neigen zum Ungehorsam und zur Drücke-
bergerei.«

Nun wurde auch die Aufnahme »nichtgermanischer« Soldaten in großem
Stil betrieben: Noch im Mai 1942 hegte Himmler große Vorbehalte gegen deren Rekrutierung: »Die Aufstellung von Einheiten der Waffen-SS
aus Esten, Letten oder auch Litauern ist gewiss verlockend; aber [sie birgt]
sehr große Gefahren [in sich].« Der Deutsch-Balte Alfred Rosenberg,
Reichsminister für die besetzten Ostgebiete, formulierte schärfer: Die
Litauer seien »rassisch größtenteils minderwertig«, die Letten »erheblich
durch russische Bevölkerungsteile unterwandert«, die Esten hingegen die
»Elite der baltischen Völker«. Nachdem bereits Finnen in der Waffen-SS
dienten, änderte sich zunächst die Haltung gegenüber den Esten. Im Oktober 1942 genehmigte Hitler die Aufstellung einer estnischen SS-Legion,
weitere Einheiten folgten 1943, im Januar 1944 wurde dann eine estnische
SS-Division aufgestellt. Auch hinsichtlich der Letten traten die verquas-
ten pseudorassischen Argumente bald hinter pragmatischen zurück.
Schließlich wurden aus lettischen Soldaten sogar zwei Divisionen aufgestellt. Die Integration der Balten in die SS war vergleichsweise einfach: Sie
hofften, durch den Kampf auf deutscher Seite die staatliche Unabhängigkeit wiederzuerlangen. Es war ein Wunsch, den die deutsche Seite bewusst
schürte. Die eigenen Besatzungspläne wurden dabei mehr oder minder geschickt verborgen. Zudem gab es in Lettland einen weit verbreiteten Antisemitismus. Nicht wenige Letten – wie auch Litauer und Ukrainer – waren
an Judenerschießungen beteiligt oder wurden zu Wachdiensten in den Vernichtungslagern eingesetzt.

»Partisanenbekämpfung« war eine wichtige Aufgabe der Waffen-SS: Muslimische SS-Einheit auf dem Balkan.

Der Kampfwert der aus Osteuropäern zusammengesetzten militärischen Verbände war überaus unterschiedlich. Am schlechtesten wurden SS-intern die weißrussischen Einheiten beurteilt, die in Konfliktfällen zum Teil ihre deutschen Offiziere töteten und überliefen. Schlechte Erfahrungen machte man auch mit der ukrainischen Division, die bei ihrem ersten Fronteinsatz im Juli 1944 »vollständig versagt« habe. Esten und Letten hingegen leisteten bei der Verteidigung ihrer Heimat verbissene Gegenwehr. Lettische SS-Einheiten kämpften bis zur Kapitulation im Kessel von Kurland. Ihre Angehörigen gingen dann teilweise in den Untergrund und

Wir erwarten von euch nicht, dass ihr aus Opportunismus Deutsche werdet. Wir erwarten von euch, dass ihr euer nationales Ideal einem größeren rassischen und geschichtlichen Ideal unterordnet, dem Großgermanischen Reich.

Rede Himmlers in Charkow, April 1943

setzten oft noch jahrelang als Partisanen den Widerstand gegen die Rote Armee fort.

Mit der Neuaufstellungswelle des Jahres 1943 bestanden die Frontverbände der Waffen-SS somit aus drei Teilen: den überwiegend aus Reichsdeutschen zusammengesetzten Divisionen, den in der NS-Nomenklatur aus mehrheitlich »germanischen« und volksdeutschen Soldaten gebildeten so genannten Freiwilligendivisionen und den Einheiten mit »nichtgermanischen« Soldaten, den so genannten Waffen-Grenadierdivisionen der SS. Die Kampfkraft der Verbände war innerhalb dieser drei Gruppen höchst verschieden. Nur ein Kern der reichsdeutschen Divisionen konnte überhaupt als »Elitedivisionen« gelten. Aber auch hier wirkten sich die großen Verluste, der Mangel an ausgebildeten Offizieren und Unteroffizieren zunehmend negativ aus. So wurden 1943/44 verstärkt Elsässer in die SS-Division »Das Reich« eingezogen. Viele von ihnen desertierten an der Invasionsfront.

Ein entscheidendes Problem der Waffen-SS war die professionelle militärische Ausbildung der Offiziere. Die beiden Junkerschulen konnten angesichts der großen Verluste und der ständigen Neuaufstellung von Verbänden mit der Ausbildung des Offiziersnachwuchses nicht mehr Schritt halten. Eine Generalstabsausbildung gab es in der Waffen-SS überhaupt nicht, weshalb SS-Führer die entsprechenden Lehrgänge beim Heer besuchten. Um die immer noch vorhandenen Lücken zu füllen, wurden etliche Generalstabsoffiziere vom Heer zur Waffen-SS überstellt. Himmler stand diesem Procedere zunächst skeptisch gegenüber, weil er die Infiltration seiner SS fürchtete. Angesichts der personellen Notlage mussten solche Bedenken aber bald hintangestellt werden. Ein Allheilmittel war auch dies nicht, da die Versetzung zunächst nur mit Einwilligung der Betroffenen vorgenommen werden konnte – und viele Offiziere wollten eben nicht zur Waffen-SS. Letztlich blieb der Mangel an Generalstabsoffizieren bis Kriegsende bestehen, wobei es in den meisten Fällen immerhin gelang, die besonders wichtige Position des für die Operationsführung zuständigen Ersten Generalstabsoffiziers mit entsprechend ausgebildetem Personal zu besetzen.

Noch einschneidender war der Offiziersmangel bei den nichtdeutschen Einheiten. Die Masse der Volksdeutschen war zwangsweise ausgehoben worden, sodass diese Männer nur wenig Neigung verspürten, innerhalb der SS Offizier zu werden. Außerdem gelang es nicht, in nennenswerter

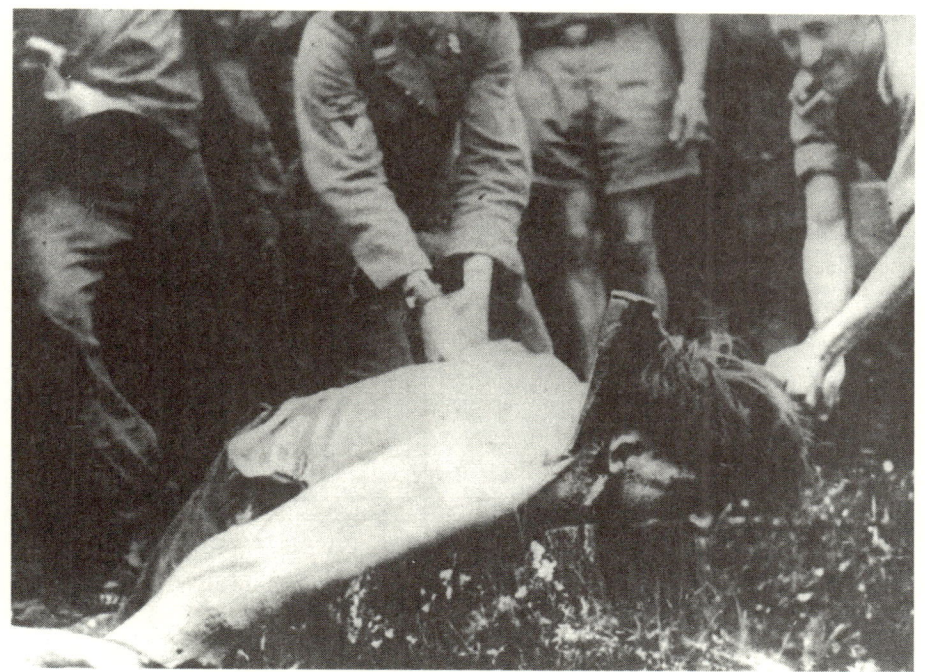

Besonders brutal wüteten die südosteuropäischen Freiwilligeneinheiten der SS auf dem Balkan. Hier wird ein Partisan enthauptet.

Zahl höhere Offiziere anderer Armeen zu gewinnen. Dies galt gleichermaßen für Südost- wie für Westeuropa. Eine prominente Ausnahme war der SS-Obergruppenführer Arthur Phleps, ehemals Offizier in der k.u.k. Armee, später Divisionsgeneral in den rumänischen Streitkräften.

Auf der Suche nach immer neuem »Menschenmaterial« legte Himmler einen Eifer an den Tag, der die SS-Ideologie vom germanischen Herrenmenschentum vollends ad absurdum führte. So wurde 1944 sogar eine weißrussische SS-Division gebildet. Kosakenverbände sowie eine Einheit aus sowjetischen Mohammedanern wurden ebenfalls der Waffen-SS unterstellt. Bereits im Frühjahr 1943 hatte Himmler mit der Zustimmung Hitlers eines seiner Lieblingsprojekte begonnen: Er wollte aus den Reihen der muslimischen Bevölkerung Bosniens eine SS-Division aufstellen. Der Gedanke war aus militärischer Sicht gar nicht so abwegig. In Bosnien-Herzegowina herrschte eine jahrhundertealte Feindschaft zwischen Christen und Muslimen, die man nun leicht für eigene Zwecke ausnutzen konnte. Zvonimir Bernwald, Soldat der später so genannten SS-Division »Handschar«, erläutert: »Die muslimischen Bosniaken sind in die Handschar eingetreten, weil sie hofften, Waffen zu bekommen, um in Bosnien gegen die serbischen Tschetniks kämpfen zu können. Die NS-Ideologie war ihnen dabei völlig egal.« Mitte 1943 wurden die Rekruten zur Ausbildung nach Frankreich verlegt. Obgleich der Division erhebliche Sonderrechte zugestanden worden waren – so gab es freie Religionsausübung, jedes Bataillon hatte daher seinen Iman, jedes Regiment seinen Mullah –, meuterten Teile der Mannschaften. Sie brachten Männer des deutschen Personals um, stahlen die Regimentskasse und verschwanden. Der Schirmherr der Division, der Großmufti von Jerusalem, musste eingeschaltet werden. Schließlich gelang es dann doch noch, einen militärisch brauchbaren Verband zu formen. Ein SS-Offizier urteilte später über die Einheiten: »Fantastisches Menschenmaterial – natürlich vom rassischen Standpunkt aus ungeeignet, aber immerhin alles kräftige, junge Kerle.« Ab Frühjahr 1944 wurde die SS-Division »Handschar« in den Norden Bosniens verlegt und kämpfte gegen Titos Partisanen. Allerdings verspürten die Bosniaken wenig Lust, außerhalb ihrer Heimat Krieg zu führen. Die meisten desertierten, als sich die Wehrmacht im Herbst 1944 aus Bosnien zurückzog. Der ganze Aufwand war somit überaus fraglich.

Noch kläglicher verliefen die Versuche, aus Albanern die SS-Division »Skanderberg« aufzustellen. Hier hatte man es gar nicht erst geschafft, die Männer zum Kampf gegen Partisanen zu bewegen.

Die hohe Anzahl fremdländischer Verbände der Waffen-SS unterstreicht einmal mehr ihre Heterogenität. Allerdings war im Rahmen der Waffen-SS nicht nur ein Sammelsurium der unterschiedlichsten *Front*verbände entstanden. Es gab auch Sonderformationen, die zumindest zeitweise nicht an der Front kämpften, sondern sich vor allem um den Kampf gegen die viel beschworenen »inneren Feinde« kümmerten. So hat das Waffen-SS-Bataillon z.b.V. 1941/42 vor allem durch Judenmassaker in Weißrussland traurigen Ruhm erlangt. Später ist diese Einheit auf verschiedene Frontverbände verteilt worden, so in die Totenkopfdivision und in die estnische SS-Division. Auch an die berüchtigten Einsatzgruppen der

Sicherheitspolizei und des SD gab die Waffen-SS etwa 1500 Mann ab – Männer, die nach den Mordaktionen wieder ihren Dienst bei den Fronttruppen versahen. Ersatzeinheiten halfen des weiteren bei Judendeportationen im Reichsgebiet, bei Exekutionen von Zivilisten in Böhmen und Mähren oder bei der berüchtigten Auslöschung des Warschauer Ghettos im April 1943.

Stefan Grayek, ein polnischer Jude, der damals zu den Aufständischen des Warschauer Ghettos gehörte, erinnert sich: »Als wir den Aufstand begannen, glaubte keiner von uns, dass er überleben würde. Die Absicht war nicht, am Leben zu bleiben – wir haben nur zufällig überlebt, weil die Deutschen es nicht schafften, alle zu erledigen. Die Absicht war eine andere: Nicht unser eigenes Leben zu retten, sondern auf das Morden zu reagieren und es ihnen heimzuzahlen. Das war die letzte Gelegenheit, sich an den SS-Leuten zu rächen für das Morden, das sie in den Jahren davor begangen hatten. Keiner dachte, dass er überleben würde. Aber ich wollte mich zumindest an denen rächen, die meine Familie, meine Freunde und mein Volk ermordet hatten.« Die jüdischen Kämpfer konnten sich nicht lange gegen die brutal vorgehenden SS-Einheiten wehren, und so meldete SS-Brigadeführer Stroop am

Sie schleuderten Gasbehälter in die Bunker – bis heute weiß ich nicht, welche Gassorten –, um die Leute zu zwingen herauszukommen. Kein Jude erwartete irgendein menschliches Verhalten in der Zeit, als das Ghetto aufgelöst wurde. Vielleicht gab es einige Gruppen von Arbeitern, die noch glaubten, dass sie zur Arbeit nach Lublin geschickt würden, aber das war eine kleine Minderheit. Die große Mehrheit der Juden schenkte den Deutschen keinen Glauben. Es gab nichts, was sie ihnen an Brutalität, an Schrecklichkeit nicht zugetraut hätten. Es ist traurig, das alles sagen zu müssen, aber so war es.
Professor Israel Gutman, polnischer Jude, über den Aufstand im Warschauer Ghetto

16. Mai 1943: »Das ehemalige jüdische Wohn-
viertel Warschau besteht nicht mehr. Mit der
Sprengung der Warschauer Synagoge wurde
die Großaktion um 20.15 Uhr beendet.« Seine
Männer hatten über 50 000 Menschen umgebracht.

Eine Einheit der Waffen-SS, die durch besondere Bestialitäten hinter der Front auffiel, war die
Brigade Dirlewanger. Dr. Oskar Dirlewanger, von
Beruf Zahnarzt, kam 1935 wegen Unzucht mit
einer Minderjährigen ins Zuchthaus, später zur
»Bewährung« in die Legion Condor, die im Spanischen Bürgerkrieg für Franco kämpfte. Dirlewanger erhielt 1940 die Erlaubnis, aus verurteilten
Wilddieben eine Sondereinheit in Kompanie-
stärke aufzustellen. Im Verlauf des Krieges kamen
aus den Gefängnissen des Reiches immer mehr
Verbrecher hinzu, die mit dem verklärten Mythos des »edlen Wilderers«
nichts mehr zu tun hatten. Dirlewangers Einheit gehörte zunächst nicht
zur Waffen-SS, wurde ihr trotz erheblicher interner Widerstände dann
im Herbst 1942 aber eingegliedert und bei der Partisanenbekämpfung in
Weißrussland eingesetzt. Hier tat sich die Einheit vor allem durch Massenmorde an der Zivilbevölkerung hervor. Besonderes Aufsehen erregte
Dirlewanger, der in einem rechtsfreien Raum ein brutales Regiment führte,
dann bei der Niederschlagung des Warschauer Aufstands im August und
September 1944. Im Straßenkampf gegen die polnische »Heimatarmee«
musste die Brigade Dirlewanger schwere Verluste hinnehmen. Als Ersatz
erhielt er Berufsverbrecher und so genannte »Asoziale« aus SS-Straf-
lagern, Wehrmachtsgefängnissen und Konzentrationslagern. Die Folge
war eine völlige Verwilderung der Truppe, die – angestachelt von Himmlers Befehl, keine Gefangenen zu machen – wahllos alles umbrachte, was
ihr vor die Flinte lief. In ihren Untaten wurde sie nur noch von der SS-Bri-
gade RONA (Russische Nationale Befreiungsarmee) übertroffen. Dieser
aus Russen und Ukrainern bestehende Verband war 1942 zur Partisanenbekämpfung aufgestellt worden – und hat sich dabei besonders »bewährt«. Die Einheit schloss sich den zurückflutenden deutschen Verbänden an und befand sich gerade in der Umbildung zur 29. Waffen-Grena-
dierdivision der SS, als Teile von ihr 1944 zur Bekämpfung des Warschauer
Aufstands abkommandiert wurden. Hier steigerten sie sich in einen wah-

ren Blutrausch hinein. Zunächst duldeten die deutschen Vorgesetzten das bei den russischen »Kampfgebräuchen übliche« ausgiebige Plündern der Truppe als »notwendiges Übel« und störten sich nicht weiter an Massenvergewaltigungen polnischer Frauen, Folterungen und Morden. Als in einem Krankenhaus dann aber auch deutsche Krankenschwestern vergewaltigt und umgebracht worden waren, wurde es sogar der SS zu viel. Selbst ein Massenmörder wie SS-Brigadeführer Fegelein, Himmlers Verbindungsmann bei Hitler, musste auf Nachfrage eingestehen: »Jawohl, mein Führer, das sind wirklich Strolche.« Ende August wurde die Einheit aus Warschau abgezogen.

Die Waffen-SS war 1943/44 schon zu einem Sammelsurium der skurrilsten Einheiten mutiert. Das Bild nach außen bestimmten jedoch nach wie vor die schlagkräftigen Panzerdivisionen, die den Kern der Fronttruppen der Waffen-SS bildeten und zu den leistungsfähigsten Kampfverbänden der gesamten Wehrmacht gehörten. Von den Schlachten an der Ostfront 1943/44 war bereits die Rede. Die Kämpfe in Russland gehörten 1944 aber nicht zum eigentlichen Hauptkriegsschauplatz der Waffen-SS, zumindest nicht für ihre Panzerdivisionen. Hitler war seit 1942 in steter Sorge, dass die Alliierten in Frankreich landen könnten, noch bevor der Krieg gegen Russland beendet wäre. Im November 1943 verlegte er in seiner Weisung Nr. 51, seiner letzten, die sich mit der strategischen Lage befasste, den Schwerpunkt der Kriegführung vom Osten in den Westen. Hier würde die entscheidende Schlacht des Krieges geschlagen werden, denn: Gelänge es, die Landungsversuche des Gegners zurückzuschlagen, könne man alle Kräfte in den Osten verlegen und den Vormarsch der Roten Armee aufhalten. Gelänge dies nicht, dann sei der Krieg verloren.

Somit war es nur konsequent, dass die Waffen-SS ihre »Eliteverbände« in Frankreich konzentrierte: Die »Leibstandarte Adolf Hitler« und die Division »Das Reich« standen hier ebenso wie die neu aufgestellte Panzerdivision »Hitlerjugend« und die Panzergrenadierdivision »Götz von Berlichingen«. Die Divisionen »Hohenstaufen« und »Frundsberg« hatte man im April 1944 kurzzeitig

Bis April 1943 habe ich noch an alles geglaubt. Aber als ich Buchenwald sah und als ich von dem Mord in Lidice hörte, habe ich nicht mehr geglaubt. Aber ich konnte trotzdem das Vaterland nicht im Stich lassen. Das Vaterland war heilig, trotz aller Widersprüche.

Wolfgang Filor, Soldat der SS-Division »Das Reich«

Ein junger Bursche, der in meinen Armen gestorben ist, hat zu mir gesagt: Obersturmführer, sagen Sie meinem Kompaniechef, er soll meiner Mutter schreiben, dass ich gestorben bin wie ein tapferer Soldat im Glauben an den Führer und an mein Vaterland.

Herbert Walther, Soldat der SS-Panzerdivision »Hitlerjugend«

an die Ostfront verlegen müssen. Sie kehrten Ende Juni 1944 in die Normandie zurück. Dort kämpften im Juli 1944 zehn Panzer- und Panzergrenadierdivisionen, sechs von ihnen gehörten zur Waffen-SS.

Man kann hier somit wirklich davon sprechen, dass auf diesem vermeintlich entscheidenden Kriegsschauplatz die Waffen-SS den Kern der Abwehrtruppen stellte. Korrekterweise gilt dies aber erst ab Ende Juni, weil unmittelbar nach der Landung alliierter Truppen nur die Division »Hitlerjugend« – zusammen mit Heerespanzerdivisionen – in den Kampf eingreifen konnte.

Gerade an der Beurteilung dieser Division scheiden sich die Geister: Sie wird oft als typisches Beispiel einer im vierten Kriegsjahr ausufernden Entprofessionalisierung innerhalb der Waffen-SS genannt. Die 17- und 18-jährigen Soldaten hatten keinerlei Kampferfahrung; überdies gab es viel zu wenige Offiziere und Unteroffiziere. Von diesen wiederum waren etliche nicht entsprechend qualifiziert. Mancher Offizier hatte es über einen Hauptschulabschluss nicht hinausgebracht. Insofern unterschied sich diese Einheit von Eliteverbänden des Heeres, etwa von der Panzer-Lehrdivision, die mit ihr in der Normandie kämpfte. Die Lage scheint eindeutig: eine überhastet zusammengestellte Division, in der Burschen, die noch nicht einmal volljährig waren, als Kanonenfutter in der Normandie verheizt wurden. Wolfgang Filor, Soldat bei der Waffen-SS-Panzerdivision »Das Reich«,

Oben: SS-Männer schlugen im April/Mai 1943 den Aufstand im Warschauer Ghetto nieder.
Geleitet wurde die Aktion von SS-Brigadeführer Jürgen Stroop (Mitte).
Unten: Das Ghetto brennt. Nur durch massiven Einsatz von Truppen und das Anzünden ganzer
Häuserblocks gelingt es den Deutschen, den Aufstand blutig zu ersticken.

stand damals Seite an Seite mit den Hitlerjungen: »Als wir sie kämpfen sahen, haben wir zuerst gedacht: Mein Gott, jetzt fangen sie mit Kindern an. Ich wollte zum Beispiel selber auf der Strecke von Saint-Lo einen amerikanischen Panzer ins Visier nehmen und abschießen, zu meinem Schreck hebt auf einmal ein deutscher Soldat die Panzerfaust, wir sollen nicht schießen. Der ist mit dem Panzer in die Luft geflogen, hat sein Leben gegeben, der hat den Panzer von unten mit der Panzerfaust durchbohrt. So waren die Jungs.« An Hinweisen, dass die Division praktisch vollständig aufgerieben worden sei, fehlt es nicht. Dies alles hört sich schlüssig an – die Wirklichkeit war gleichwohl eine andere: Die Division »Hitlerjugend« ist nicht – wie vielfach immer wieder behauptet – im Sommer 1944 zur Gänze vernichtet worden. Sie verlor bis September 1944 von ihren 20 000 Männern rund 8000, also etwa genauso viele wie die Panzer-Lehrdivision des Heeres! Dennoch: »Teilweise haben wir die Verluste als Beweis dafür gesehen, wie hart wir waren, wie hart wir eingesetzt werden konnten«, sagt Bernhard Heisig, der in der SS-Division »Hitlerjugend« in der Normandie kämpfte. »Das ist eine verdrehte Ideologie gewesen.«

Die Verbände stemmten sich gegen die alliierte Übermacht, waren nach sechs Wochen erbitterter Kämpfe am Ende ihrer Kraft und wurden schließlich überrollt. Dass die Waffen-SS – und hier insbesondere die Division »Hitlerjugend« – generell fanatischer gekämpft habe als alle anderen Verbände, ist ein gern benutztes Klischee, hält aber letzten Endes nicht der Überprüfung stand. Auch Ex-SS-Mann Wolfgang Filor sieht die Jungen nicht als die »glorreichen Helden«, als die sie heute noch von SS-Veteranenorganisationen verehrt und hochgejubelt werden, wenngleich er sagt: »Sie waren größere Helden als wir – mit ihrer Dummheit und Unerfahrenheit. Wenn Sie an der Front waren, sind verwundet worden, haben die Leichen gesehen, dann wissen Sie, was los ist. Ich bin fünfmal abgeschossen worden, das fünfte Mal wollte ich nicht mehr in den Panzer. Ich habe manchmal die Hosen nass gehabt. Durch diese Angst habe ich die Gefahren erkannt, das haben die meisten der HJ-Division nicht. Die sind mutig in den Tod gegangen, weil sie nicht überlegt haben, was ihnen passieren kann.«

Die nackten Zahlen sind das eine, die Erinnerungen der Augenzeugen beider Seiten sind das andere. Sie lassen die Unterschiede zwischen den einzelnen deutschen Verbänden oft verschwimmen. Im Hecken- und Buschgelände der Normandie kam es überall und immer wieder zu verbissenen Nahkämpfen um jeden Fußbreit Boden. Daran waren ganz

Oben: Nach der Landung der Alliierten in der Normandie – Panzer der SS-Division »Hitler-
jugend« rollen an die Front.
Unten: Angst oder Entschlossenheit? Junger MG-Schütze der SS-Division »Hitlerjugend« vor
Caen, 1944.

normale Infanteriedivisionen genauso beteiligt wie die Verbände der Waffen-SS.

Natürlich gab es einzelne SS-Männer, die mit ihren kriegerischen Taten zweifelhafte Berühmtheit erlangten. So etwa den Hauptsturmführer Michael Wittmann, der mit seinem »Tiger«-Panzer ganz allein eine Vorhut der 7. britischen Panzerdivision zusammengeschossen hat. Wittmann galt nach diesem Coup als der »erfolgreichste deutsche Panzerkommandant«. Ihm wurde die Vernichtung von 138 Panzern und 132 Panzerabwehrgeschützen zugesprochen. Dabei wird gern vergessen, dass es sich in der Hitze des Gefechts kaum zuverlässig hat ermitteln lassen, wer denn nun wie viele gegnerische Panzer abgeschossen hatte. Diese Zahlen sind mit Vorsicht zu genießen. Sie dienten vor allem der Propaganda.

Bei aller Ähnlichkeit von Heer und Waffen-SS im unmittelbaren Kampfgeschehen – in einem unterschieden sich beide Formationen doch: Wenngleich nur solche Kriegsverbrechen wirklich belegt sind, in denen es bei Massakern an Kriegsgefangenen Überlebende gegeben hat oder Leichen mit eindeutigen Verletzungen aufgefunden wurden – in diesen Fällen ragt die Waffen-SS deutlich heraus.

So gibt es Hinweise, dass die Division »Hitlerjugend« in den ersten Tagen nach der alliierten Landung offenkundig nach dem Befehl agiert hatte, keine Gefangenen zu machen. Die SS-Soldaten erschossen in neun Fällen 115 wehrlose Kriegsgefangene. Doug Barrie, der als kanadischer Offizier gegen die Deutschen kämpfte, mutmaßt: »Einige Offiziere bestanden darauf, dass kanadische Gefangene erschossen werden sollten. Das hatten sie wohl bei den Einsätzen in Russland so verinnerlicht – manche der Offiziere und Unteroffiziere, die an der Ostfront gedient hatten, dachten wohl noch immer so. Sie kommandierten die 12. SS-Panzerdivi-

Es war offensichtlich, dass sie von Jugend auf in der Hitlerjugend indoktriniert worden waren. Wir hielten viele von ihnen für Fanatiker, besonders auch die Unteroffiziere und Offiziere, die sie im Rücken hatten. Die einfachen Soldaten wussten, dass sie sich nicht zurückziehen oder aufgeben konnten – sonst wären sie erschossen worden. Uns haben Gefangene berichtet, dass, wenn sie weggelaufen wären, ihre Familien in Deutschland Ärger bekommen hätten. Außerdem hatten sie geschworen, bis zum Ende für Hitler zu kämpfen. Sie waren sehr entschlossene junge Männer.
Doug Barrie, als Offizier der 3. kanadischen Infanteriedivision in der Normandie

»Gefangene werden keine gemacht«: Was haben diese von SS-Soldaten bewachten Briten zu erwarten?

sion ›Hitlerjugend‹ und gaben dieses Denken weiter – Gefangene waren lästig, und so war es am besten, sie schnell loszuwerden.«

Erstaunlich ist allerdings, dass offenbar nur diese Division und einigen Indizien zufolge später auch die »Leibstandarte Adolf Hitler« in der Normandie in Kriegsverbrechen verwickelt gewesen sind, nicht jedoch die anderen SS-Divisionen. Warum der Befehl, keine Kriegsgefangenen zu machen, überhaupt gegeben wurde und warum er dann außer Kraft gesetzt worden ist, warum trotz solcher Anordnungen diesen Einheiten auch feindliche Soldaten in die Hände fielen, ohne ermordet zu werden – all dies konnte bisher nicht schlüssig beantwortet werden. Die Geschehnisse mögen im Detail immer umstritten bleiben – Tatsache ist, dass 115 Kanadier getötet wurden und dass von ähnlichen Fällen bei Heeresdivisionen nichts bekannt ist. Gefangenentötungen kamen bei den Alliierten zwar auch vor, aber nicht in dieser Dimension.

> Man muss zugeben, dass sie gut ausgebildet waren. Außerdem waren sie entschlossen zu tun, was sie konnten, und uns so große Verluste wie möglich beizufügen.
>
> Doug Barrie, als Offizier der 3. kanadischen Infanteriedivision in der Normandie

Zudem schreckte die Waffen-SS auch im Kampf gegen die französische Résistance vor Exzessen nicht zurück. Bereits am 2. April 1944 hatten Angehörige der Division »Hitlerjugend« bei Lille 86 Einwohner eines Dorfes erschossen, nachdem aus dieser Ortschaft angeblich Schüsse auf einen Transportzug der Division gefallen waren. Der scharfe Protest der Vichy-Regierung wurde vom Oberbefehlshaber West, Feldmarschall Gerd von Rundstedt, als »unberechtigt« zurückgewiesen.

Nach dem 6. Juni 1944 setzte in Frankreich schlagartig eine Welle von Anschlägen, Gleissprengungen und Überfällen ein. Die Aktionen der Résistance sollten das Heranführen deutscher Reserven an die Westfront verlangsamen. Auch die SS-Division »Das Reich« war davon betroffen. Sie war auf dem Weg an die Kanalküste, als sie in Südfrankreich in die Aufstandsbewegung hineingeriet. Empört über die »geradezu beschämende Hilflosigkeit« der örtlichen Wehrmachtsbehörden, verlangte die Divisionsführung ein rücksichtsloses Durchgreifen. Am 7. Juni wurden als Vergeltung für 40 Landesschützen, die in dem Örtchen Tulle ermordet worden waren, 99 Männer aufgehängt. Am 10. Juni begab sich Sturmbannführer Dieckmann mit einer SS-Kompanie auf der Suche nach einem entführten Kameraden nach Oradour-sur-Glane.

Jean-Marcel Darthout, der damals 20 Jahre alt war, schildert, was geschah: »Wir wurden auf den Dorfplatz von Oradour getrieben. Dort wurden dann die Frauen und Kinder von den Männern getrennt. Ich küsste meine Frau und meine Mutter und sah sie nie wieder. … Dann sah ich, wie man Frauen und Kinder in die Kirche brachte. Wir Männer wurden an

Das scheußlichste Kriegsverbrechen der Waffen-SS: Oradour-sur-Glane nach der Zerstörung.

einer Mauer aufgereiht, mit dem Gesicht zur Wand. Die Deutschen frag-
ten uns, wo wir die Waffen versteckt hielten. Wir hatten keine Waffen, wir
hatten aber auch keine Angst. Dann schleppten sie uns in eine große
Scheune und fingen an, alles zu durchsuchen. Dann plötzlich fingen die
Soldaten an, mit einem Besen den Boden zu kehren, damit sie sich mit
ihren Maschinengewehren bäuchlings auf die Erde legen konnten. Dann
ging alles sehr schnell. Immer wieder wurde geschossen – dann war To-
tenstille, eine entsetzliche Stille. Sie sprachen untereinander und kamen
näher; dann hörte ich, wie Gewehre geladen wurden: klack, klack. Ich
werde dieses Geräusch nie vergessen. Und wieder peitschten Schüsse
durch die Reihen – Gnadenschüsse. Ich spürte Füße auf meiner Schulter,
die zwischen den Körpern herausragte, und wieder ein Schuss. Er galt
Joseph, der über mir lag. Er hat mir das Leben gerettet.«

Dieckmann ließ rund 180 Männer erschießen, über 440 Frauen und
Kinder wurden in der Kirche des Ortes verbrannt. Das Verbrechen von
Oradour ist trotz einiger unaufgeklärter Umstände so eindeutig, dass

selbst eine Publikation des Veteranenverbands der Waffen-SS nach dem Krieg eingestehen musste, hier sei ein Kompanieführer einem Exzess verfallen. Dieckmann und die meisten seiner Männer sind kurze Zeit nach dem Massaker bei den Kämpfen in der Normandie umgekommen.

Auch Heeresverbände befolgten freilich die Anweisungen, »scharf durchzugreifen«, wobei die militärische Bekämpfung der Partisanen immer häufiger in Massaker an der unbeteiligten Zivilbevölkerung ausartete. So stellte der Kommandierende General des LVI. Reservekorps am 30. Juni 1944 fest: »Bei einem Bandenbekämpfungsunternehmen ist von der Truppe in unverantwortlicher Weise geplündert, geschändet und sinnlose Zerstörung angerichtet worden. Dieses schamlose Verhalten spricht dem alten Ruf des ehrlich und sauber kämpfenden deutschen Soldaten Hohn.« Das Massaker von Oradour ist somit gewiss kein Einzelfall, es sticht aber deutlich heraus.

Diese Feststellung ist repräsentativ für die Kriegsverbrechen der Waffen-SS: Sie stand mit ihrem brutalen Vorgehen nicht allein da, und der Unterschied zwischen Wehrmacht und Waffen-SS war sicherlich nicht so groß, wie er vielfach dargestellt wird. Dennoch haben die SS-Einheiten in ihren Exzessen Wehrmachtsverbände meist in den Schatten gestellt. Dies gilt für den Partisanenkampf ebenso wie für das Töten von Kriegsgefangenen.

An der Invasionsfront neigte sich der ungleiche Kampf mit den weit überlegenen alliierten Streitkräften um den 20. Juli herum dem Ende zu. In einer letzten Anstrengung hatten die SS-Divisionen »Leibstandarte Adolf Hitler« und »Hitlerjugend« den britischen Großangriff auf Caen wenige Tage zuvor abgewehrt. Nun waren auch sie – wie die Heeresdivisionen – am Ende ihrer Kraft. Die Befehlshaber vor Ort kannten die Lage nur zu gut. Sie wussten, dass angesichts der erdrückenden alliierten

Mein Glück war, dass ich als einer der Ersten zu Boden fiel. Die anderen fielen auf mich. Ich lag ganz unten, es war völlig dunkel. Sie bedeckten uns mit Stroh und Reisig. Nach einer Weile hörte ich jemanden sagen: »Sie sind weg!« Doch sie kamen zurück und legten Feuer, das schnell um sich griff. Meine Haare brannten, und so kroch ich aus dem Leichenhaufen. Ich war mir sicher, erschossen zu werden. Aber sie waren nicht mehr da. Für sie war das nur noch ein Haufen Toter. So haben wir zu fünft überlebt.
Jean-Marcel Darthout, Überlebender des Massakers von Oradour

Materialvorteile der Widerstand bald erlahmen musste. Resigniert hielt der Oberbefehlshaber der Heeresgruppe B in einem Schreiben an Hitler fest: »Es wird gehalten, und wenn kein Aushilfsmittel unsere Lage grundsätzlich verbessert, muss anständig gestorben werden.« Den Unsinn solcher Befehle erkannte nicht nur ein Kommandeur wie Rommel. Auch die hohen Generäle der Waffen-SS wussten, dass es so nicht weitergehen konnte. In der Nacht vom 15. auf den 16. Juli 1944 traf sich Rommel mit dem Befehlshaber des II. SS-Panzerkorps, Wilhelm Bittrich. Dieser war Himmler aufgrund seiner beißenden Kritik schon länger ein Dorn im Auge, galt aber als unent-

Die Ausfälle der Division sind erheblich. In dieser Lage lässt sich die Vernichtung der Division vorausberechnen.

Kurt Meyer, genannt »Panzer-Meyer«, Kommandeur der SS-Division »Hitlerjugend«, 16. Juni 1944

Teilweise haben wir die Verluste als Beweis dafür gesehen, wie hart wir waren, wie hart wir eingesetzt werden konnten. Das ist eine verdrehte Ideologie gewesen.

Bernhard Heisig, Soldat der SS-Division »Hitlerjugend«

behrlicher Truppenführer. Bittrich polterte: »Ich kenne nicht nur die Lage in der Normandie, Herr Feldmarschall. Ich weiß auch, wie schlecht es an der Ostfront steht. Von einer zielbewussten Führung kann dort nicht mehr

»Jetzt muss anständig gestorben werden«: Bis in die letzten Kriegstage kämpften die Soldaten der Waffen-SS weiter.

gesprochen werden. Was dort geschieht, ist primitivste Flickarbeit.« Und weiter: »Oben kennt man die Gefahr nicht, weil man keinen Einblick besitzt und die Lage deshalb auch nicht richtig beurteilen kann. Ich selbst sehe tagtäglich, wie die jungen Menschen nutzlos fallen müssen, weil sie von oben schlecht geführt werden. Deshalb werde ich zukünftig widersinnige Befehle nicht mehr ausführen und so handeln, wie es der Lage entspricht.« Auch Paul Hausser und selbst Sepp Dietrich, so glaubte Rommels Stabschef Speidel, seien zum Abfall von Hitler bereit gewesen. War die Waffen-SS also gar gewillt, den Verschwörerkreis des 20. Juli zu unterstützen? Nein, das war sie gewiss nicht. Bei allen Sondierungen Rommels und anderer ging es immer nur darum, sich unsinnigen Haltebefehlen Hitlers zu widersetzen, diesem womöglich die *militärische* Kommandogewalt zu nehmen. Niemals hatte man jedoch an einen Staatsstreich oder gar ein Attentat gedacht. So hat Hausser seinen zum Widerstandskreis zählenden Stabschef Gero von Gersdorff zwar nicht verraten, ihm aber begreiflich gemacht, dass er selbst als SS-Führer noch immer ein Treuegefühl gegenüber Hitler empfinde.

Trotz allen Murrens widersetzte sich die Waffen-SS auch den unmöglichsten »Weisungen« Hitlers nicht. So befahl der zum Oberbefehlshaber der Siebten Armee aufgestiegene Paul Hausser am 7. August einen widersinnigen Gegenangriff, der rasch im Feuer alliierter Jagdbomber liegen blieb und mit dazu führte, dass die Masse der deutschen Streitkräfte bei Falaise von den Alliierten eingekesselt werden konnte. Nach Aussage von General Eberbach flüchtete sich Hausser zu dieser Zeit bewusst in einen rücksichtslosen Gehorsam – alles andere sei ihm egal gewesen. Gleichsam in letzter Minute gelang es Bittrich mit der SS-Division »Hohenstaufen« noch, in den Kessel eine Bresche zu schlagen, sodass rund 40 000 Mann entkommen konnten.

Gleichwohl belegte schon die Tatsache, dass Hitler den SS-General Paul Hausser zum Befehlshaber einer Armee gemacht hatte, den gewachsenen Stellenwert der Waffen-SS. Sogar die Ernennung zum Nachfolger Rommels als Oberbefehlshaber der Heeresgruppe B war für Hausser vorgesehen, scheiterte jedoch am Veto Feldmarschall Kluges. Am 1. August beförderte Hitler schließlich seinen alten Haudegen Sepp Dietrich zum Oberstgruppenführer, das heißt zum Generaloberst, und übertrug ihm wenige Wochen später den Befehl über die neu aufzustellende Sechste SS-Panzerarmee. Je mehr der Krieg seinem Ende entgegenging, desto weniger traute er – vor allem nach dem Attentat vom 20. Juli – dem Heer, desto mehr baute er auf die vermeintlich zuverlässigeren SS-Verbände. Als Himmler nach dem Attentat auf Hitler zum Chef des Ersatzheeres ernannt wurde, waren die Rekrutierungsprobleme der Waffen-SS ohnehin beendet. Einige tausend Mann wurden von der Luftwaffe und Marine kurzerhand zur Waffen-SS versetzt und füllten die gelichteten Reihen jener Divisionen auf, die sich im September 1944 schwer mitgenommen zur

Ein Außenseiter in der SS war Sepp Dietrich, der als Einziger im Gegensatz zu Himmler stand, der aber wieder aufgrund seines alten Verhältnisses zu Adolf Hitler von Himmler nicht beseitigt werden konnte.

Albert Speer, Vernehmung durch Amerikaner, Mai 1945

Er scheint von den Operationen seiner eigenen Panzerarmee in den Ardennen keine Ahnung zu haben und war nicht in der Lage, ein zusammenhängendes Bild von den Ereignissen zu liefern, nicht einmal auf allgemeinster Ebene.

Robert E. Merriam, US-Vernehmungsoffizier, nach einem Verhör Sepp Dietrichs im August 1945

Reichsgrenze zurückziehen mussten. Vom 1945 einzuberufenden Jahrgang 1928 bekam die Waffen-SS sogar 17,3 Prozent zugewiesen – so viel wie nie zuvor.

Im September 1944 versuchte Feldmarschall Montgomery in einem gewagten Vorstoß durch Holland das Tor zum Reichsgebiet aufzustoßen. Drei alliierte Fallschirmjägerdivisionen sollten die Brücken über die Maas, den Waal und den Rhein sichern. Das II. SS-Panzerkorps unter der Führung von Gruppenführer Bittrich stellte sich dem Ansturm entgegen und vernichtete bei Arnheim den Großteil der 1. britischen Fallschirmjägerdivision. Dabei kam es zu einer selten gewordenen Geste der Menschlichkeit in einem brutalisierten Krieg: Der Divisionsarzt der Briten bat Bittrich noch vor Ende der Kämpfe, die 2200 britischen Verwundeten medizinisch zu behandeln. Bittrich entsprach dem Anliegen. In einer zweistündigen Waffenruhe wurden die Männer übergeben und anschließend vom Sanitätspersonal der SS-Division »Hohenstaufen« versorgt.

Trotz erbitterter Abwehrbemühungen standen die Alliierten nun überall an der Reichsgrenze. Hitler selbst hatte den Erfolg der alliierten Landung als kriegsentscheidend bezeichnet. Nun war diese Schlacht verloren, Deutschlands Niederlage nur zu offensichtlich, auch wenn es in einer letzten Anstrengung noch einmal gelungen war, den Vormarsch der Alliierten an den Reichsgrenzen zu stoppen. Selbst ein fanatischer SS-Veteran wie Kurt Meyer bekannte nach seiner Gefangennahme im September 1944, dass es nun Zeit sei, »Schluss zu machen«. Daran dachte Hitler freilich überhaupt nicht – im Gegenteil: Seit dem Rückzug aus Frankreich spielte er mit der Idee eines großen Gegenangriffs im Westen. Nachdem die Front endlich zum Stehen gekommen war, ging er verbissen an die Angriffsvorbereitungen, nahm alles selbst in die Hand. Die Oberbefehlshaber vor Ort hielten einen durchschlagenden Erfolg allein schon wegen der alliierten Luftüberlegenheit und des eigenen Treibstoffmangels für unmöglich. Aber der »größte Feldherr aller Zeiten« ließ sich nicht belehren. Er wollte den Erfolg der Westoffensive von 1940 wiederholen: Damals waren deutsche Panzerdivisionen überraschend durch die Ardennen vorgestoßen, hatten bei Sedan die Maas überquert und die gesamte alliierte Front zum Einsturz gebracht. Nun sollte der Coup ein zweites Mal gelingen: 22 Divisionen, darunter acht Panzerdivisionen, sollten durch die Ardennen überraschend nach Westen bis nach Antwerpen marschieren und die alliierten Streitkräfte in Südholland einkesseln. Hitler hoffte, dass das schlechte Winterwetter die alliierte Luftwaffe am Eingreifen hindern würde. Außerdem sollten die vorrückenden Truppen alliierte Treibstoffdepots erbeuten und so den eigenen Benzinmangel beheben.

Als Rammbock fungierte die Sechste SS-Panzerarmee, die mit ihren vier SS-Divisionen Antwerpen zuerst erreichen sollte. Hitler hatte alles zusammenkratzen lassen, was in seinem Reich an Waffen und Menschen noch vorhanden war: Die abgekämpften Einheiten bekamen neues Gerät und neue Männer zugeteilt, neue Volksgrenadierdivisionen wurden aufgestellt. Zum ersten Mal standen die riesigen »Königstiger« in größerer Stückzahl bereit, um den eigenen Verbänden den Weg freizuschießen. Die »Leibstandarte Adolf Hitler« hatte mehrere Kampfgruppen gebildet, die sich durch die engen Ardennenstraßen schlagen mussten. Die kampfkräftigste Einheit führte SS-Obersturmbannführer Joachim Peiper, einer der typischen jungen SS-Offiziere. Er hatte sich an der Ostfront einen Ruf als zäher, harter und rücksichtsloser Panzerführer erworben und war mehrfach ausgezeichnet worden.

Am Morgen des 16. Dezember 1944 begann die »Wacht am Rhein«, so der Deckname des Unternehmens. Die Amerikaner waren vollkommen überrascht, wähnten sie die Deutschen doch bereits geschlagen. Die vorderste Linie war bald überrollt. Bei Bullingen konnte Peipers Kampfgruppe ein amerikanisches Treibstofflager erbeuten. Jetzt wurde noch einmal randvoll getankt. Doch die Amerikaner hatten sich bald vom Schock

Letztes Aufbäumen: Soldaten der Waffen-SS während der Ardennenoffensive, Dezember 1944.

erholt und führten eilig Reserven heran. Bereits am 19. Dezember traf Peiper auf entschlossenen Widerstand. Außerdem ging der Sprit zur Neige, an ein Weiterkommen war nicht mehr zu denken. Der rasche Vorstoß zur Maas scheiterte. Peipers Kampfgruppe wurde in dem kleinen Ardennenörtchen La Gleize eingeschlossen, von herangeeilten amerikanischen Fallschirmjägern in heftige Nahkämpfe verwickelt und mit schwerem Artilleriefeuer belegt. Deutsche Flugzeuge warfen mehrmals Nachschub ab, doch die Fallschirmbehälter landeten fast alle bei den Amerikanern. Die Lage von Peipers SS-Männern war aussichtslos. Schließlich entschloss sich Peiper, sich mit den verbleibenden 800 Mann zu den eigenen Linien durchzuschlagen und alle schweren Waffen samt den Verwundeten zurückzulassen. In den frühen Morgenstunden des 24. Dezember brachen sie auf – Losungswort: »Frohe Weihnachten«. Nach acht Stunden erreichten die Männer völlig erschöpft eigenes Territorium.

Das Schicksal der Kampfgruppe Peiper, in die so große Hoffnungen gesetzt worden war, ist symptomatisch für die gesamte Ardennenoffensive. Amerikanische Reserven konnten den deutschen Vormarsch bald zum Stehen bringen und weit vorgepreschte Truppenteile vernichten. Die Fünfte Panzerarmee kam zwar schneller voran als die SS-Einheiten, aber auch sie erreichte die Maas nicht, geschweige denn Antwerpen. Am 26. Dezember gingen die Alliierten zum Gegenangriff über und drängten die Deutschen – bei nunmehr aufgeklartem Winterwetter durch die eigene Luftwaffe wirkungsvoll unterstützt – in die Ausgangsstellung zurück. Wie sehr hatte sich seit 1940 das Bild doch gewandelt: Die Alliierten begingen diesmal nicht einen Fehler nach dem anderen; sie waren den Deutschen im taktischen und operativen Kampfverhalten nicht mehr unterlegen. Die ganze Offensive war ein Vabanque-Spiel, das wohl nur Hitler hatte einfallen können.

Betrachtet man die Verschiedenheiten zwischen den Heerespanzerdivisionen und den SS-Einheiten, so ergibt sich ein ähnliches Bild wie in der Normandie: Bei den Kämpfen waren kaum Unterschiede festzustellen. Hingegen wurden die einzigen verbrieften Kriegsverbrechen wiederum von Einheiten der Waffen-SS begangen. So hat die »Leibstandarte Adolf Hitler« in mehreren Fällen amerikanische Gefangene und belgische Zivilisten getötet. Der aufsehenerregendste Vorfall ereignete sich am 17. Dezember 1944 an der Kreuzung von Baugnez in der Nähe von Malmedy. Einige nach dem Krieg angeklagte SS-Männer behaupteten, sie hätten »lediglich« auf amerikanische Gefangene, die zu fliehen versucht hätten, geschossen. William Merriken, Artilleriebeobachter im 285. Artilleriebataillon der US-Armee und einer der 43 Überlebenden des Massakers, zeichnet ein anderes Bild: »Wir standen in kleineren Gruppen herum und warteten, dass irgendwelche Fahrzeuge vorbeikommen würden, um uns aufzuladen und zu einem Gefangenenlager zu bringen«, erzählt er. »Auf der Straße standen ein Halbkettenfahrzeug und zwei Panzer, die uns zu bewachen schienen. Dann sah ich, wie ein Deutscher in dem Halbkettenfahrzeug aufstand und mit seiner Pistole zielte – er erschoss einen Amerikaner, dann noch einen, dann einen dritten. Die beiden Panzer bestrichen uns mit MG-Feuer; ich fiel, ohne getroffen worden zu sein, zu Boden. Sie feuerten noch eine Weile, und ich hörte, wie Kugeln in die Körper und in den Boden um mich herum einschlugen. Schließlich fuhren zwei Fahrzeugkolonnen vorbei, die ebenfalls auf uns schossen. Dann war es ruhig, bis ich zwei Deutsche hörte, die in meine Richtung kamen. Sie standen direkt über mir. Ein Körper lag quer auf meinen Beinen. Als er sich bewegte, erschoss ihn einer der beiden mit einer Pistole. Die Kugel tötete ihn und drang in mein Knie, aber ich bewegte mich nicht.« Kurze Zeit später versuchte er, in Richtung Waldrand zu fliehen. »Ich stand auf und humpelte über das Feld auf ein Haus zu. Als ich mich dem Zaun näherte, kam ein SS-Offizier die Straße hinunter. Er zielte mit der Pistole auf mich und drückte ab, aber es löste sich kein Schuss. Der Offizier rannte die Straße entlang, um andere Männer, die entkommen waren, aufzuhalten. Ich schaffte es, über den Zaun zu steigen, und fand in einem Holzschuppen Zuflucht.« Von den 72 Getöteten waren 40 durch Kopfschüsse aus nächster Nähe umgebracht worden.

Die Nachricht von diesem Massaker verbreitete sich in Windeseile bei den amerikanischen Truppen, die nun ihrerseits in den nächsten Tagen keine Gefangenen machten. Nach dem Krieg wurden 73 Angehörige der »Leibstandarte Adolf Hitler« in Dachau angeklagt und 43 von ihnen zum Tode verurteilt, 22 erhielten lebenslange Haftstrafen. Nachdem Zweifel

Die Leichen der am 17. Dezember 1944 bei Malmedy getöteten amerikanischen Soldaten nach der Rückeroberung des Gebietes durch die US-Armee.

an der Beweisführung aufgekommen waren, wurden alle Strafen mehrfach abgemildert. Keines der Todesurteile ist vollstreckt worden, als letzter Verurteilter wurde Joachim Peiper 1956 freigelassen.

Es ist viel darüber spekuliert worden, warum es zum Massaker bei Malmedy kam. Einige Autoren verwiesen darauf, dass die Soldaten der »Leibstandarte« nach einem Luftangriff auf Düren mitgeholfen haben, tote Zivilisten zu bergen – Ursache für Rachegefühle. Viel plausibler ist, dass wieder einmal Einzelne in einen Exzess verfielen und nach allen ihren Erfahrungen an der Ostfront und in der Normandie nichts Verwerfliches dabei fanden, wehrlose, verwundete Amerikaner zu töten. Zudem ist auffällig, dass dieser Vorfall wiederum von einer »Kerneinheit« der Waffen-SS begangen wurde – ein Indiz, das darauf schließen lässt, dass die in diesen Verbänden noch vorhandene Ideologisierung auf das fanatische Verhalten der Truppe zurückschlug.

Die Wehrmacht hatte bei der Ardennenoffensive ihre letzten Kräfte verbraucht und lediglich erreicht, dass der Großangriff der Amerikaner und Briten um sechs Wochen verschoben wurde. Die Verbände fehlten dringend an der Ostfront, wo die Rote Armee im Januar 1945 die geschwächten deutschen Linien überrollte und unaufhaltsam von der Weichsel nach Westen vorstieß. Am 31. Januar 1945 überwanden die ersten russischen Panzer die vereiste Oder. Berlin war nur noch 80 Kilometer entfernt.

Hitler beorderte im Januar 1945 die arg gebeutelten Verbände der Sechsten SS-Panzerarmee jedoch nicht an die Oderfront, um Berlin zu schützen, sondern nach Ungarn. Während in den Ardennen die Deutschen noch versuchten, die amerikanischen Linien zu durchbrechen, hatten die Sowjets am 26. Dezember 1944 Budapest eingeschlossen. SS-Obergruppenführer Karl Pfeffer von Wildenbruch verteidigte die Stadt sieben Wochen lang mit einem Sammelsurium verschiedener Einheiten, darunter auch zwei SS-Kavalleriedivisionen. Im Januar 1945 wurden nicht weniger als drei Entsatzangriffe gestartet – darunter von den SS-Divisionen »Totenkopf« und »Wiking«. Keine der Offensiven kam näher als 20 Kilometer an die ungarische Hauptstadt heran.

Anfang Februar 1945 erlahmten die Kräfte der Verteidiger. Bei den beiden SS-Divisionen hatten sich die ungarischen Volksdeutschen ohnehin nicht mit der gleichen Verbissenheit wie ihre reichsdeutschen Kameraden eingesetzt, die in panischer Angst buchstäblich um ihr Leben kämpften. 1941/42 hatten sie in der SS-Kavalleriebrigade hinter der Front entsetz-

»Mit der Straßenbahn an die Front«: Mit Panzerfäusten wurde versucht, die Rote Armee vor Budapest zum Stehen zu bringen, November 1944.

lich gewütet und Tausende russischer Zivilisten umgebracht. Nun fürchteten sie zu Recht die Rache der Sowjets.

Am 10. Februar 1945 stand der Zusammenbruch der geordneten Verteidigung kurz bevor. Pfeffer von Wildenbruch befahl den verbleibenden 24 000 Mann den Ausbruch. Es war ein Himmelfahrtskommando. Gegen die Übermacht der Roten Armee hatten sie keine Chance. Rasch brach der geordnete Ausbruch zusammen, in kleinen Gruppen versuchten die Männer weiterzukommen. Sie wurden bald umzingelt und zusammengeschossen. Gerade die SS-Männer begingen oftmals Selbstmord, um nicht in Gefangenschaft zu geraten. Kürzlich durchgeführte Untersuchungen haben ergeben, dass von den rund 22 000 Mann, die tatsächlich versuchten, sich nach Westen zu retten, rund 19 000 Mann umgekommen sind. Gerade einmal 700 Mann erreichten in den nächsten Tagen völlig erschöpft die eigenen Linien. Pfeffer von Wildenbruch hatte nicht die Courage, mit seinen geschlagenen Truppen geschlossen zu kapitulieren und in die Gefangenschaft zu gehen. Stattdessen führte er sie wie die Lemminge in den Abgrund.

Während der Wirren des Ausbruchsversuchs spielten sich unbeschreibliche Szenen in Budapest ab. Die Rotarmisten plünderten und vergewaltigten auch hier, lebten ihre Rachegefühle vor allem an den Russen aus, die auf deutscher Seite gekämpft hatten, aber auch an Gefangenen der Waffen-SS. Zahllose sind von den Sowjets sofort hingerichtet worden. Freilich gab es hier kein einheitliches Bild, die Menschlichkeit war nicht vollends abhanden gekommen. So berichtet etwa SS-Hauptsturmführer Kurt Portugall über seine Gefangennahme: »Nach der Befragung wurden mir ein Stück Brot und Wodka angeboten mit der Bemerkung: Sie sind doch sicher sehr hungrig, haben tagelang nichts zum Essen und Trinken gehabt.

> *Selbst Sepp Dietrich war am Schluss nicht mehr überzeugt. Ich habe ihn in Ungarn erlebt bei der letzten großen deutschen Offensive. Die Sechste SS-Panzerarmee griff südostwärts von Budapest an mit dem modernsten Gerät, das es überhaupt gab, während die Russen beinah schon vor Berlin standen. Das Gelände war völlig ungeeignet, es war tiefer Morast, und die Panzer blieben teilweise stecken. Die Russen fielen in die tiefe Flanke der angreifenden Sechsten SS-Panzerarmee, die dann fluchtartig zurückging. Hitler ließ daraufhin das Ärmelband, das Hoheitsabzeichen der SS, abnehmen. Die SS wurde so am Schluss des Krieges noch durch Hitler degradiert.*
> Philipp Freiherr von Boeselager, Offizier der Wehrmacht

Ich trank und aß und durch die ungewohnte Wärme in einem Raum kam ich ins Schwitzen. Der russische Major sagte mir, ich solle doch meine Tarnbekleidung öffnen. Ich tat dies, und er betrachtete mit Interesse meine Dienstgradabzeichen, die SS-Runen und die Kriegsauszeichnungen. Er sagte dann zu mir: Ich habe große Achtung vor den Soldaten der Waffen-SS. Sie werden nun in unser Hinterland abtransportiert. In unserer Etappe sind genau so viele Etappenschweine wie in Ihrer Etappe. Ich rate Ihnen, legen Sie die SS-Runen und die Kriegsauszeichnungen ab, es ist besser für Ihre Gesundheit.« Freilich war dies ein eher exotischer Einzelfall.

Knapp einen Monat nach dem Fall von Budapest startete Hitler seine letzte »Großoffensive« mit dem hochtrabenden Tarnnamen »Frühlingserwachen«. Ziel war die Vernichtung sowjetischer Streitkräfte östlich des Plattensees. Den Kern der Angriffsverbände bildete wieder die Waffen-SS, von der insgesamt acht Divisionen an der Offensive teilnahmen. Aber auch diese Operation scheiterte, nachdem man gerade einmal 20 Kilometer vorgestoßen war. Die Divisionen waren ohnehin nur noch ein Schatten ihrer selbst. Den sowjetischen Gegenangriffen hatte die SS nichts mehr entgegenzusetzen. Hitler war außer sich vor Wut, dass selbst die Waffen-SS nun seine Haltebefehle nicht mehr befolgte und eigenmächtig zum Rückzug überging. Er fühlte sich von seiner »Garde« verraten und ordnete am 27. März 1945 an, dass ihre Männer zum Zeichen der »Entehrung« die Ärmelstreifen mit ihren Divisionsnamen abzulegen hätten. Dietrich ignorierte die Weisung des Diktators. Selbst bei der SS bestand nun keine Bereitschaft mehr, sich nach den schweren Kämpfen der letzten Monate wahllos abschlachten zu lassen. Die Kampf- und Willensstärke der Verbände war jedoch gebrochen, sie zogen sich eilig zurück. Wenig später stand die Rote Armee bereits vor Wien, das sie nach kurzem Kampf am 14. April eroberte.

Unterdessen saß Hitler in der düsteren Scheinwelt seines »Führer«-Bunkers unterhalb der Reichskanzlei und hoffte auf ein zweites »Mirakel des Hauses Brandenburg«. Am 12. April 1945 war der amerikanische Präsident Roosevelt gestorben. Doch anders als im Siebenjährigen Krieg 1762 brach die gegnerische Koalition nicht auseinander. Am 16. April begann der

> *Kurz vor Kriegsende lagen wir in Oberösterreich in einem Dorf. Als die Amerikaner kamen, haben einige Leute eine weiße Fahne gehisst. Ein Standgericht trat zusammen, und sieben Leute wurden zum Tode verurteilt. Wir mussten im Karree antreten, dann wurden provisorische Galgen errichtet, und die Todesstrafe wurde vollstreckt. Mein Gefühl war damals, dass die Leute zu Recht hängen, denn sie waren uns Soldaten in den Rücken gefallen.*
>
> Friedhelm Busse, Soldat der SS-Division »Hitlerjugend«

sowjetische Großangriff auf Berlin. Nach hartem und verlustreichem Kampf zerbrachen die dünnen deutschen Verteidigungslinien. Die Einkesselung Berlins war nicht mehr aufzuhalten. Hitler hatte alle seine Hoffnungen auf einen Entlastungsangriff des SS-Generals Felix Steiner gesetzt. Nervös fragte er am 22. April immer wieder: »Wo bleibt Steiner?« Der dachte überhaupt nicht daran, seinen zerfledderten Verbänden den Angriffsbefehl zu geben. Als Hitler die aussichtslose Situation erkannte, brach er – zum ersten Mal – zusammen. Alle hätten ihn verraten, tobte er, zuerst die Wehrmacht und jetzt auch noch die SS. Die nationalsozialistische Idee sei verloren, es habe keinen Sinn mehr weiterzuleben. Er werde Berlin nicht verlassen, sondern in seiner Hauptstadt sterben. Hitler weinte, schrie und fluchte. Dann sackte er erschöpft in einen Sessel. Der Tyrann hatte endgültig mit dem Leben abgeschlossen. Alle Versuche seiner Paladine, Steiner doch noch zum Angriff zu bewegen, scheiterten an dessen Realitätssinn. »Nein, ich werde es nicht tun«, weigerte er sich. »Dieser Angriff ist Unsinn – Mord.«

Am 25. April war Berlin endgültig eingeschlossen, die Rote Armee setzte zum Schlussangriff auf die Reichshauptstadt an. Ein zusammengewürfelter Haufen zerschlagener Divisionen, Volkssturmmänner und Hitlerjungen zwang die Rotarmisten, sich in verlustreichen Gefechten Straße um Straße vorzukämpfen. SS-Gruppenführer Mohnke, ein Veteran der »Leibstandarte«, hatte den Befehl über die Verteidigung der Innenstadt. Reste der SS-Division »Nordland« kämpften am Tiergarten, ein Bataillon französischer SS-Männer verteidigte den Belle-Alliance-Platz, und auch lettische SS-Männer waren am Endkampf um Berlin beteiligt. Und

> An den Straßenlaternen hängen welche in deutscher Uniform, als »Feiglinge« ausgewiesen, noch in letzter Minute von fanatischen HJ-Führern und jungen SS-Leuten gehängt.
>
> Günter Dunsbach, damals in der HJ

> Ich habe bis zum Schluss geglaubt, wir würden den Krieg gewinnen.
>
> Herbert Walther, Soldat der SS-Division »Hitlerjugend«

bis zuletzt kannte die SS keine Gnade. Franz Neuhüttler, Angehöriger eines SS-Nachrichtenregiments, erzählt: »Wir waren von einem Einsatz zurückgekommen, und da sah ich vor der Reichskanzlei, vielleicht zehn Meter vom Eingang entfernt, zwei Russen sitzen, Gefangene. …Vom Tor aus beobachtete ich dann, wie die zwei Russen aufstehen mussten. Der Sturmmann zog seine Pistole und gab jedem einen Genickschuss. Ich hab mich nur gefragt: warum?« Am 30. April 1945 beging Hitler Selbstmord, zwei Tage später war der mörderische Kampf um die Reichshauptstadt zu Ende.

In den Trümmern des Reiches ging auch die Waffen-SS unter. Am 30. September 1946 wurde sie zur verbrecherischen Organisation erklärt. Schon vorher hatte der Streit darüber begonnen, was die Waffen-SS eigentlich

Nur noch versprengte SS-Einheiten kämpften im Frühjahr 1945 in Berlin. Wrack eines Schützenpanzerwagens der SS in einer Berliner Straße.

Kriegsgefangenschaft – Schicksal von Millionen deutschen Soldaten. Auch diese beiden »Kindersoldaten« der Waffen-SS wurden von den Amerikanern gefangen genommen.

gewesen sei, was ihren Charakter ausgemacht habe. Von allen Seiten angefeindet, gründete sich bald die Veteranenorganisation »Hilfsgemeinschaft auf Gegenseitigkeit« (HIAG). Allen voran versuchte Paul Hausser das zu beweisen, was nicht zu beweisen war: dass die Soldaten der Waffen-SS »Soldaten wie andere auch« gewesen seien, die mit Kriegsverbrechen und KZ nichts zu tun gehabt hätten. Dies mag von einzelnen SS-Männern durchaus so empfunden worden sein, mit der Realität hatte es freilich nichts gemein. Die Waffen-SS war ein integraler Bestandteil des Staatsschutzkorps, das den NS-Staat gegen innere und äußere, tatsächliche und eingebildete Feinde zu schützen hatte. Die Verbundenheit mit der allgemeinen SS ist nicht zu leugnen – zumal die personelle Verknüpfung überaus eng war. Die Offiziere wurden gemeinsam ausgebildet – ganz gleich, wo die Männer eingesetzt worden sind: im KZ, in Verwaltungsstellen oder an der Front.

Die Waffen-SS erlebte in ihrer kurzen Geschichte einen rasanten Entwicklungsprozess. Anfangs bestand aufgrund der harten Auswahlkriterien, der ideologischen Schulung und des Bewusstseins, einem »elitären Orden« anzugehören, ein klarer Unterschied zum Heer. Je länger der Krieg

Sepp Dietrich im Juli 1946 in Dachau. Angeklagt wurde er wegen der Ermordung von amerikanischen Kriegsgefangenen bei Malmedy.

andauerte, desto mehr trat dieser Unterschied zurück. Zum einen wurde das Heer selbst immer »brauner«, zum anderen gewann die Waffen-SS zumindest in den Kernverbänden an militärischer Professionalität.

Es wäre übertrieben, die Soldaten der Waffen-SS kollektiv als Mörderbande zu bezeichnen. Tatsache ist aber, dass einige der scheußlichsten Kriegsverbrechen von Einheiten der Waffen-SS begangen worden sind.

Die im In- und Ausland betriebene gelegentliche Mystifizierung der Waffen-SS als »Kampfelite deutschen Soldatentums« – ein gern benutztes Stereotyp – hatte mit der Wirklichkeit wenig gemein. Insgesamt gab es 38 Divisionen der Waffen-SS. Doch intern war das Leistungsgefälle extrem. Gewiss galten gerade die SS-Panzerdivisionen als besonders schlagkräftige Verbände. Doch viele andere Einheiten waren militärisch eher als Durchschnitt einzustufen. Überdies darf nicht vergessen werden, dass es besondere Verbände auch im Heer und bei der Luftwaffe gab. Die *Elite* der Wehrmacht war eben nicht die Waffen-SS. Im Übrigen hatte die Waffen-SS insgesamt keine höheren Verluste als das Heer aufzuweisen. Dies mag ein weiterer Beleg dafür sein, dass die viel zitierte »Opferbereitschaft«, so fatal sie auch war, ebenso im Heer vorhanden war.

Die Mär von den hohen Verlusten und der besseren Ausrüstung der Waffen-SS entstand bereits während des Krieges. Die Gründe hierfür liegen auf der Hand: Die SS-Einheiten sahen sich selbst als die »Elite« schlechthin an – und traten in der Öffentlichkeit oft auch so auf. An der Front waren sie schon durch ihre Tarnanzüge vom Feldgrau des Heeres leicht zu unterscheiden, ebenso durch die Tätowierung ihrer Blutgruppe in der linken Achselhöhle. Gewiss verfügte eine Elitedivision der Waffen-SS über eine bessere Ausrüstung als eine durchschnittliche Division des Heeres. Nicht nur gewöhnlichen Landsern, sondern auch ihren Offizieren kamen Divisionen wie »Das Reich« oft vor wie wandelnde Waffenlager. Dies alles verursachte Neid und Rivalitätsgefühle. Als der Befehlshaber der 2. Panzerdivision im August 1944 von Männern der »Leibstandarte« um ein Fahrzeug gebeten wurde, um den verwundeten Divisionskommandeur, Brigadeführer Wisch, aus dem Kessel von Falaise zu bringen, antwortete er nur: »Für die ›Leibstandarte‹? Die haben genug Fahrzeuge, die kriegen keine von mir!« An der Ostfront führte die Rivalität einmal gar dazu, dass 1942 der Stab des II. Armeekorps die Ablösung der Totenkopfdivision durch Heereseinheiten bewusst hinausgezögert hat, nach dem insgeheim gestandenen Motto: »Besser die als wir«.

Dieses Rivalitätsverhältnis baute sich bis Kriegsende freilich mehr und mehr ab. Am Ende meinte General Guderian gar, dass die SS-Einheiten, je länger der Krieg andauerte, immer mehr »die unseren wurden«. Im Nachhinein gesehen ist ein solcher Spruch kein Ruhmesblatt für die Wehrmacht. Freilich kann er an dem besonderen ideologischen Charakter der Waffen-SS und den gravierenden Unterschieden zum Heer nichts ändern. Es waren eben keine Soldaten wie andere auch.

Mythos »Odessa«

Vorsichtig pirschte sich Richter Santos zusammen mit der Guardia Civil an das Haus von Friedrich Schwend in der peruanischen Hauptstadt Lima heran. Der Richter hatte den Tipp bekommen, der Deutsche sei Teil eines nationalsozialistischen Netzwerks. Auch in Falschgeldgeschäfte,

Erpressung, vielleicht sogar in Morde sollte er verwickelt sein. Daraufhin hatte Santos am 12. April 1972 kurz entschlossen eine Hausdurchsuchung angeordnet. Doch offenbar war der Verdächtige gewarnt worden. Durch das Fenster konnten die Ermittler Schwend sehen, noch mit einem Pyjama bekleidet, wie er in seinem Büro im Erdgeschoss eilig Papiere verbrannte. »Wir haben die Dokumente beschlagnahmt, einige waren etwas angekohlt«, sagt der Richter. Unter einem Teppich in der Küche fanden sie eine Falltür, die zum Keller führte. »Dort war eine riesige Sammlung Akten, verteilt auf hölzernen Regalen – das Schwend-Archiv«, erinnert sich der Richter. Unter diesen Papieren befand sich ein eigenartiges Papier, das Protokoll einer Sitzung: die »Akte Odessa«.

In dieser Akte geht es um ein Geheimtreffen in Marbella, Spanien, an einem heißen Tag im Juli Anfang der Sechzigerjahre. Etwa 100 Männer versammelten sich demnach an einem verschwiegenen Ort. Sie kamen aus aller Herren Länder. Aus Irak und Iran, aus Lateinamerika, aus den USA und Kanada, aus vielen Ländern Westeuropas, aus Russland und natürlich aus Deutschland. Dem Protokoll zufolge waren sie sämtlich auf Einladung einer geheimnisumwitterten und berüchtigten Organisation gekommen: »ODESSA«, der »Organisation der ehemaligen oder entlassenen SS-Angehörigen«. Laut dem in Lima beschlagnahmten Protokoll vertrat »Odessa« bei dieser Sitzung »alle Ex-Mitglieder der SS, ohne Unterschied der Nationalität«. Offenbar hatten einige Protagonisten der verbrecherischen Organisationen aus Hitlers Staat den Zusammenbruch des »Dritten Reiches« überdauert: Mit dabei waren »Vertreter des Reichssicherheitshauptamtes und des Sicherheitsdienstes«. Die Identität einiger zwielichtiger Gestalten war offenbar so geheim, dass sie selbst vor den Anwesenden verborgen wurde. Das Protokoll erwähnt »sechs Ex-Offiziere der SS, gegenwärtig israelische Bürger, von denen zwei es geschafft hatten, sich in den Geheimdienst besagten Landes zu infiltrieren. Diese Kameraden wurden ausschließlich von den fünf Kontinentsdirektoren der Odessa identifiziert und nahmen maskiert und ohne das Wort zu ergreifen an den Debatten teil.«

Anlass des Treffens – sofern es denn stattfand – war die Entführung Adolf Eichmanns 1960 durch den israelischen Geheimdienst Mossad: ein Ereignis, das wie ein Schock durch die braune Weltgemeinde gefahren war. Nun hielt man es anscheinend für nötig, ein paar nationalsozialistische »Weisheiten« zum Besten zu geben. Im Protokoll wurde festgehalten, »dass die Unterzeichner der ›Atlantikcharta‹ nichts als unverantwortliche Heuchler und Gewohnheitskriminelle waren« und »dass der Staat Israel selbst, als künstliche und höchst bestreitbare Schöpfung, als nach dem

Die Angeklagten im Auschwitz-Prozess in Frankfurt am Main 1963. Im Bild stehend: Oswald Kaduk, vormals SS-Aufseher in Auschwitz.

Zweiten Weltkrieg geschaffener Staat nie irgendeine Berechtigung hatte«. Als die Versammlung die Suche und Verurteilung von Kriegsverbrechern diskutierte, geriet offenbar Fritz Bauer, Generalstaatsanwalt des Landes Hessen, in die Schusslinie. Bauer hatte es sich zur Lebensaufgabe gemacht, die Verbrechen des »Dritten Reiches« aufzuklären, und seit seiner Amtsübernahme 1956 einen wahren Feldzug gegen die nationalsozialistischen Mörder gestartet. Auf sein Betreiben fand in Frankfurt am Main 1963 der Auschwitz-Prozess gegen 20 Angeklagte statt, einer der größten NS-Prozesse in der Geschichte der Bundesrepublik. Die unsäglichen Verbrechen, die in dieser Gerichtsverhandlung zur Sprache kamen, schockierten die Weltöffentlichkeit und machten Fritz Bauer für eingeschworene alte Nazis zu einem der meistgehassten und -gefürchteten Männer. In Spanien wurde beschlossen: »Betreibt die Hinrichtung Bauers.« Aufgeschreckt durch die Entführung Eichmanns und die zu jener Zeit tatsächlich aktiven israelischen Todeskommandos, wurde die »Schaffung eines Geheimdienstes und eines Spezialkommandos« beschlossen, »das den terroristischen Aktionen der israelischen Kommandos Einhalt gebieten soll« und »wo auch immer die körperliche Liquidierung jedweder israelischer Agenten zu betreiben«. Drei Tage lang debattierte die geheimnisvolle Runde, dann kam sie zu einem Beschluss: »Die Odessa erklärt dem Staat Israel den Krieg.« Zum Abschluss wurde das Horst-Wessel-Lied gesungen und zum Gedenken an den »Führer« ein dreifaches »Sieg Heil!« geschmettert, »das sicherlich bis zum britischen Felsen Gibraltar hinüberschallte«, wie einer der Teilnehmer begeistert berichtete.

Das Protokoll des geheimnisvollen Treffens der »Odessa« in Spanien entstammt dem Privatarchiv von Friedrich Schwend, einem früheren SS-Handlanger und windigen Geschäftsmann, der in Peru untergetaucht war. Es blieb erhalten – trotz seiner Bemühungen, die brisanten Dokumente zu verbrennen. Ein Begleitschreiben zu dem Protokoll belegt, dass es Schwend auf dessen ausdrücklichen Wunsch hin von einem der Teilnehmer der Versammlung übersandt worden war. Ob dieses Treffen tatsächlich stattgefunden hat, ist niemals aktenkundig geworden. In dem Papier werden keine Namen genannt, mögliche Zeitzeugen hüllen sich in Schweigen. Es ist jedoch nicht ausgeschlossen, dass es zu einer solchen Versammlung kam und sich diese »Odessa« nannte – ein Name, der für rechtsextreme Gesinnung und Geheimniskrämerei steht und auch von neonazistischen Kreisen verwendet wurde, um Ermittler zu verwirren.

Um die Organisation »Odessa« rankt sich ein Geflecht von Mythen und Legenden. Ungewiss ist, ob es sie jemals wirklich gegeben hat oder gar immer noch gibt. Wie aus den Dokumenten des amerikanischen Geheimdienstes hervorgeht, wurde ihre Existenz bereits 1946 durch erste Hinweise belegt. Ihnen zufolge wurde sie gegen Ende des Krieges als Fluchtorganisation für SS-Angehörige gegründet. Vor allem nach Lateinamerika und in den Nahen Osten sollen SS-Leute sich mit ihrer Hilfe abgesetzt haben. Auch Sabotageakte in der sowjetischen Besatzungszone, um den Abtransport von Industrieanlagen zu verhindern, sollen demnach auf ihr Konto gehen. Aber war sie eine Organisation oder nur ein Sammelbegriff für mehrere? Für den Nazi-Jäger Simon Wiesenthal steht ihre Existenz außer Frage: »Ich habe 1946 von einem ehemaligen Abwehragenten das erste Mal von ›Odessa‹ erfahren«, sagt er. »Es war eine verschwörerische Geheimorganisation der SS, die dazu diente, Kriegsverbrecher aus Deutschland herauszuschleusen und nach Südamerika zu bringen.« Wiesenthal, der dem britischen Autor Frederick Forsyth den Stoff für seinen Politthriller »*Die Akte Odessa*« lieferte, wundert es nicht, das die Verschwörung geheim blieb: »Hier waren, von Seiten der Nazis, Profis am Werk – ehemalige Illegale, Mitglieder des Sicherheitsdienstes, ehemalige Agenten, Männer, die sich in der Verwaltung des ›Dritten Reiches‹ bewährt und hervorgetan hatten. So wie sie den Massenmord perfekt organisiert hatten, organisierten sie nun auf perfekte Weise die Flucht der Mörder.«

Während Wiesenthal jedoch der Ansicht ist, dass die Organisation nach erfolgreicher Fluchthilfe in den Fünfzigerjahren aufhörte zu existieren, berichten andere Informanten dem US-Geheimdienst von ihrem Fortbestehen. Demnach hat angeblich 1960 ein Treffen in Beirut stattgefunden. In Peru soll »Odessa« gefälschte Dollarnoten in Umlauf gebracht haben. Das

---

Es gab nach Kriegsende mehrere Leute wie ich, die gesagt haben: Wir müssen etwas machen. Aber nach drei, vier Jahren habe ich gesehen: Ich bin der Letzte, der Einzige geblieben. Und das habe ich nicht verkraften können: Auf der einen Seite Millionen Tote – und ich habe nie einen Unterschied gemacht, ob es Juden oder Nichtjuden sind – und auf der anderen Seite etwa 150 000 bis 180 000 Schuldige, die sich in alle Welt verkrochen haben. Das hat man einfach zur Kenntnis genommen. Ich habe damals gewählt: Ich wollte etwas in Richtung Gerechtigkeit tun.
Simon Wiesenthal, Nazi-Jäger

Hauptquartier wurde in Kairo vermutet. Die Köpfe der Organisation, so hieß es, sollen von Südamerika, Spanien und den arabischen Ländern aus agieren. Bis heute hält sich die Vermutung, die SS habe schon vor Ende des Krieges ungeheure Geldsummen, Gold und Edelsteine für die Finanzierung ihrer Flucht ins Ausland geschafft. Auf geheimen Konten, versteckt in Unternehmensbeteiligungen, habe sie sich so das Wohlergehen ihrer Angehörigen gesichert. Im Schutz diktatorischer und extremistischer Regimes soll sie ihren Idealen treu geblieben sein. Ehemalige SS-Leute sollen geholfen haben, Terrororganisationen und Geheimdienste aufzubauen, und dabei stets das eigene weltweite Netzwerk gepflegt haben. Der Losung Himmlers folgend: »Unsere Ehre heißt Treue«, soll »Odessa« mangels eines »Führers« sich selbst und ihrer »Kameradschaft« treu geblieben sein. Wie eine Krake soll sie bis heute ihre Tentakel bis tief in das deutsche Justizsystem, die rechtsextreme Neonazi-Szene, in die Gefängnisse hinein, in internationale Geheimdienste, internationale Finanzkreise, ja über die ganze Welt verbreitet haben.

> Die beliebtesten Nazi-Schmuggler waren »Odessa« und »Die Spinne«, obwohl auch andere mysteriöse Gruppen ab und zu genannt werden.
> John Loftus, US-Justizbeamter und Nazi-Jäger

> Die Deutschen, die an Massenerschießungen italienischer Offiziere oder der Hinrichtung französischer, holländischer, belgischer oder norwegischer Geiseln oder kretensischer Bauern teilnahmen oder sich an den Gemetzeln unter der Bevölkerung Polens oder in Gebieten der Sowjetunion, die derzeit vom Feinde gesäubert werden, beteiligt haben, sollen wissen, dass sie an den Schauplatz ihrer Verbrechen zurückgebracht und dass von den von ihnen aufs Schmählichste behandelten Völkern an Ort und Stelle über sie Recht gesprochen werden wird.
> »Moskauer Erklärung« der Alliierten vom November 1943

Was wie eine fantastische Geschichte klingt, hat durchaus einen wahren Kern. Tatsächlich sind viele SS-Täter auf anfangs unerklärliche Weise ins Ausland geflohen. Tatsächlich hatten sich nach dem Krieg emigrierte Nazis wie Otto Skorzeny, Johann von Leers, Alois Brunner, Friedrich Schwend, Klaus Barbie und Josef Mengele in Madrid, Kairo, Damaskus, Lima, La Paz und Buenos Aires niedergelassen und von diesen Städten aus mithilfe alter Seilschaften teils legale, teils zwielichtige Geschäfte betrieben. Tatsächlich gab es noch jahrelang in der Bundesrepublik SS-Organisationen, deren Einfluss zeitweise immens war. Doch die Existenz einer weltumspannenden, straff strukturierten Organisation »Odessa« war eher unwahrscheinlich. Sie ist vielmehr als Oberbegriff für unterschiedliche SS-Netzwerke und Fluchthilfeorganisationen zu verstehen – wobei die Grenzen zwischen Gerüchten und Wirklichkeit immer wieder verschwimmen. »Odessa« ist der Stoff, aus dem vor allem Kriminalromane sind. Was ist Mythos, was ist Wirklichkeit an der »Akte Odessa«?

Die erste Tauchaktion im Toplitzsee 1959: Zwei österreichische Polizeibeamte bergen gefälschte britische Pfundnoten.

Still und dunkel ruht der Toplitzsee mitten im wildromantisch gelegenen Ausseerland im abgeschiedenen steirischen Salzkammergut. Er ist umgeben von steilen Felswänden und nur über eine kleine Forststraße zugänglich. Auf einmal surrt ein kamerabestückter Tauchroboter durch das dunkle Gewässer. Mit Licht und Ultraschall kämmt er Meter um Meter des Sees durch auf der Suche nach einem Schatz – dem legendären »Nazi-Schatz im Toplitzsee«. Die Tauchaktion der texanischen Spezialfirma »Oceaneering Advanced Technologies« im Jahr 2000, finanziell unterstützt vom amerikanischen Fernsehsender CBS und vom Simon Wiesenthal Center, war mindestens die dritte und bisher aufwändigste dieser Art. An die zwei Millionen Mark soll sie gekostet haben. Gefunden haben die Taucher allerdings nichts – außer mehreren Kisten, gefüllt mit Kronkorken mit der Aufschrift »Leider nicht«. Eine Stammtischrunde hatte sie aus Scherz im See versenkt, um Schatzsucher zu ärgern.

Um den Toplitzsee ranken sich gleichwohl die wildesten Gerüchte. Angeblich haben hier NS-Größen angesichts des unaufhaltsamen Vormarschs der Alliierten etliche Kisten mit Gold und Brillanten versenkt. Vermutet werden in den Behältern neben brisanten Unterlagen des Reichssicherheitshauptamts außerdem Dokumente über Firmengründungen und Fluchtkapital der SS samt Nummern von Schweizer Konten: Sie sollen belegen, was die Nazis an Gold und Geld zunächst in die »Alpenfestung«, dann in die Schweiz und in die ganze Welt verschoben haben. Das Fluchtkapital, glaubt der Nazi-Jäger

Simon Wiesenthal, war für den Aufbau eines »Vierten Reiches« gedacht. Wurde mit diesem Geld »Odessa«, die Fluchtorganisation gesuchter Nazi-Verbrecher, finanziert? Seit Kriegsende zog es Schatzsucher immer wieder zu dem See. Als darin 1963 ein junger Taucher zu Tode kam, erließen die Behörden ein striktes Tauchverbot. Zu gefährlich ist der 100 Meter tiefe Bergsee mit seiner meterdicken Schlammschicht, in dem umhertreibende Baumstämme ihre Äste wie Fangarme nach den waghalsigen Tauchern ausstrecken. Tatsächlich wurden aus dem Gewässer jedoch bereits etliche Hinterlassenschaften des »Dritten Reiches« zutage gefördert: vor allem Waffen, Laboreinrichtungen, rostige Kanonen und Treibsätze für Raketen – Überbleibsel einer Versuchsstation der Kriegsmarine, die ab 1943 hier Munition und Unterwasserwaffen testete. Sie hatte den See vollständig abgeriegelt, was das Gemunkel der Bevölkerung und die Mythenbildung förderte. Aber auch einige Dutzend Kisten mit falschen englischen Pfundnoten samt den dazugehörigen Druckplatten wurden gefunden. Was war geschehen an diesem entlegenen Ort mitten in den Alpen?

Unaufhaltsam überrollten die Alliierten 1944 die von Hitler propagierte »Festung Europa«, die immer mehr zu einer »Festung Deutschland« zusammenschmolz. Noch hofften einige von Hitlers Gefolgsleuten, der Niederlage zu entgehen. Während die braune Götzendämmerung über Deutschland hereinbrach, setzten sich diese Nazi-Größen aus anderen Gebieten des Reiches ab und machten sich auf den Weg in die sagenumwobene »Alpenfestung« – ihre letzte Zuflucht. Ein Mythos umgab diesen Ort, bevor er überhaupt existierte. Am 12. November 1944 erschien in der *New York Times* ein fantasiegetränkter Artikel mit dem Titel »Hitler's Hideaway« (Hitlers Unterschlupf). Darin stand, der »gesamte Bezirk in einer Breite von 15 Meilen und einer Länge von 21 Meilen ist vermint und kann gesprengt werden durch den Fingerdruck auf nur einen einzigen Knopf.

Man sagt, dass dieser schicksalhafte Knopf sich am Schreibtisch in Himmlers unterirdischem Arbeitszimmer befindet, das in einem Stollen unterhalb des Führer-Bunkers liegt.« Bei den Alliierten machte die Horrorvorstellung die Runde, Hitler könne mit einigen Getreuen bis zum letzten Atemzug erbitterten Widerstand leisten und dem Krieg vielleicht doch noch eine neue, blutige Wendung geben. Gerüchte besagten, »Werwolf«-Verbände, fanatische NS-Partisanen, wollten sich im Süden verschanzen.

Lange galt dieses letzte Bollwerk Hitlers als Phantom. Doch tatsächlich spielte SS-Chef Himmler schon Ende Mai 1944 mit dem Gedanken, eine Verteidigungsfestung der SS in den Bergen zu errichten. Angesichts der drohenden Niederlage griff auch Hitler nach diesem Strohhalm: Noch in den ersten Monaten des Jahres 1945 hielt er sich die Option auf eine Endkampfstellung in den Alpen offen, in der er abwarten könne, dass der Zusammenprall der Westalliierten mit Stalins Truppen die »widernatürliche« Kriegskoalition sprengen würde. Hitlers Hoffnung war, sich nur lange genug in den Alpen halten zu können, um vielleicht doch noch einen Separatfrieden zu erzwingen. In einem »Führer«-Befehl vom 24. April 1945 bezeichnete er die »Alpenfestung« als »letztes Bollwerk fanatischen Widerstandes«. Sie solle »durch das Gelände und im Süden auch durch Ausbau starker Kernfestungen« dem Ansturm des Feindes bis zum letzten Mann standhalten. Am Ende entschied sich der Diktator anders. Er blieb in seinem Berliner Bunker. Am 30. April beging er zusammen mit Eva Braun Selbstmord.

»Die Meldung, dass Adolf Hitler tot sei, erschien uns zuerst unfassbar. Zu fest hatten wir auf sein Kommen in die fiktive ›Alpenfestung‹ gehofft«, erinnerte sich SS-Standartenführer Otto Skorzeny in seinen Memoiren. Der Chef der SS-Jagdverbände und vermeintliche Mussolini-Befreier hatte den Auftrag erhalten, aus den Resten seiner Truppen das Schutzkorps »Alpenland« aufzustellen. Als der Endkampf um Berlin tobte, befanden sich die meisten Stäbe, Dienststellen und Versorgungseinrichtungen der Wehrmacht und Waffen-SS bereits in der »Kernfestung Alpen«. Die Flüchtigen aus der nationalsozialistischen Führung zog es vor allem ins Ausseerland, in die Berg- und Seenlandschaft des steirischen Salzkammerguts. In diesem Talkessel, zwischen dem Toten Gebirge und dem Dachsteinmassiv gelegen, nur über den 982 Meter hohen Pötschenpass erreichbar, fühlten sich einige der berüchtigtsten Massenmörder des »Dritten Reiches« am sichersten. Auch Ernst Kaltenbrunner, seit Januar 1943 Nachfolger von Reinhard Heydrich als Chef des Reichssicherheitshauptamts, verlegte seine Dienststelle im Frühjahr 1945 nach Bad Aussee. Dort wollte

er den »Abwehrkampf« organisieren. In die weitläufigen Höhlen und
Bergwerksstollen sollten Teile der Steyr-Munitionswerke verlagert werden, damit in den unterirdischen Rüstungsbetrieben die Produktion
von Waffen weitergehen konnte. Auch wichtige Akten ließen NS-Größen
wie Hitlers Sekretär Martin Bormann in den Höhlen und Schächten der
»Alpenfestung« deponieren, zudem wurden wertvolle Kunstschätze, Tausende von Gemälden, Grafiken, Aquarellen und
Plastiken aus ganz Europa zum Schutz vor
Bombenangriffen und als Pfand für Friedensver-
handlungen im Altausseer Salzbergwerk gelagert.
Diese Kunstschätze wurden von den Amerikanern später sichergestellt.

Auch SS-Obersturmbannführer Adolf Eichmann, »Judenreferent« im Reichssicherheitshauptamt, hatte den Weg ins Salzkammergut gefunden. Der Bürokrat des Todes, der mit seiner
Unterschrift Millionen von Menschen in die Vernichtungslager geschickt hatte, versteckte sich
zusammen mit seiner Frau und seinen drei Söhnen
in Altaussee. Dort sollte er auf Anordnung seines
Chefs Ernst Kaltenbrunner »im Höllengebirge
den Widerstand organisieren«. Nach Meinung

> Ich lebte damals in einer Art
> Schockzustand.
>
> Adolf Eichmann

> Er war nervlich am Ende und
> stützte sich auf einen Stock.
> Er hat sich beschwert, dass
> Kaltenbrunner ihn nicht empfan-
> gen wollte und ihm von seinem
> Adjutanten eine Rolle englischer
> Goldstücke überreichen ließ.
> Er war wütend: »Da pfeif ich
> drauf, Geld brauch ich nicht, das
> hab ich selbst. Ich will Befehle!
> Ich will wissen, wie's weiter-
> geht!«
>
> Wilhelm Höttl zum Verhalten
> Eichmanns am Kriegsende

Säcke mit Goldbarren, Münzen und Papiergeld der Reichsbank in einem Salzbergwerk in Thüringen, April 1945. Auch in der »Alpenfestung« gab es solche Depots.

des früheren SD-Offiziers Wilhelm Höttl war Eichmann »einer der wenigen, die tatsächlich an die Alpenfestung geglaubt haben«. Verzweifelt habe er auf Befehle seines Chefs gewartet. Simon Wiesenthal dagegen sagte in einem Interview, dass der Vollstrecker der »Endlösung der Judenfrage« die abgelegenen Berge nur deshalb aufgesucht habe, um mit seinen Komplizen unter Almwiesen im Toten Gebirge einen Goldschatz zu verbergen. Eichmann soll 22 Kisten, gefüllt mit gestohlenen Wertsachen aus jüdischem Besitz, sowie Zahngold und Trauringe aus den Konzentrationslagern mit sich geführt haben. Den Wert dieses »Eichmann-Goldes«, das nie gefunden wurde, schätzte die Wiener Staatsanwaltschaft 1955 auf acht Millionen Dollar. Auch Kaltenbrunner soll laut einer SS-Liste einen wahren Schatz ins Ausseerland geschafft haben: fünf Kisten mit Edelsteinen und Schmuck, 50 Kilo Barrengold aus Beständen der Deutschen Reichsbank, zentnerweise Gold und Goldmünzen in 50 Kisten, zwei Millionen US-Dollar, ebenso viele Schweizer Franken und eine Briefmarkensammlung im Wert von fünf Millionen Goldmark. Und es heißt, Skorzeny habe ebenfalls 22 Kisten mit Goldbarren in die »Alpenfestung« gebracht und anschließend ins neutrale Ausland befördert. »Alles Märchen, alles Unsinn«, meint dazu Wilhelm Höttl.

Es gilt heute freilich als erwiesen, dass hochrangige Nazis angesichts der drohenden Niederlage Vermögen ins sichere Ausland geschafft haben. Wer an dieser Planung beteiligt war, ist allerdings nicht aktenkundig. Am 7. November 1944 berichtete ein französischer Informant dem US-Geheimdienst über ein konspiratives Treffen führender Industrieller, das am 10. August 1944 im Hotel »Maison Rouge« in Straßburg stattgefunden haben soll. Dem Bericht des Franzosen zufolge hätten neben der »crème de la crème« der Rüstungs- und Großindustrie wie Krupp, Bosch, Thyssen, VW, Rheinmetall, Messerschmitt, Daimler-Benz, AEG und Flick AG auch NS-Größen daran teilgenommen. Den Vorsitz habe ein Vertreter des Thyssen-Konzerns geführt. Er habe laut Bericht den deutschen Industriellen empfohlen, Vorbereitungen für eine »wirtschaftliche Nachkriegskampagne« zu treffen und »Kontakt mit ausländischen Firmen« zu knüpfen: »Die Leitung der NSDAP ist sich bewusst, dass nach der Niederlage Deutschlands einige ihrer bekannten Führer als Kriegsverbrecher verurteilt werden dürften. Es müssen Vorkehrungen getroffen werden, dass weniger prominente Parteiführer bei verschiedenen deutschen Firmen als Sachverständige untergebracht werden.« Ein anderer Redner soll daraufhin gesagt haben: »Die Partei ist bereit, den Industriellen große Beträge vorzuschießen, damit jeder Einzelne eine geheime Nachkriegsorganisation im Ausland aufziehen kann, verlangt jedoch als Gegenleistung die Zurverfügungstellung der vorhandenen finanziellen Reserven im Ausland, damit nach der Niederlage wieder ein starkes Deutsches Reich entstehen kann.« Es heißt, Reichsbankpräsident Hjalmar Schacht habe die wirtschaftliche Seite der Operation übernommen, SS-Mann Otto Skorzeny den organisatorischen Teil. In seinem Büro in Madrid sollen die Gelder für die Finanzierung von »Odessa« später zusammengeflossen sein.

Ob das Treffen im »Maison Rouge« in dieser Form stattgefunden hat, ist nicht erwiesen: Der Forschung ist neben dem von den Amerikanern veröffentlichten Dokument kein weiterer Beleg für diese Konferenz bekannt.

> Wir waren keineswegs bereit, unsere geistige und moralische Unabhängigkeit nun für eine billige Hetze gegen alles in der deutschen Vergangenheit und ein noch wohlfeileres Lob der Sieger aufs Spiel zu setzen.
> Juan Maler alias Reinhard Kops, Fluchthelfer

> Bormann kam zu dem Schluss, dass die einzige Hoffnung der Nazis, die militärische Niederlage zu überleben, in ihren eigenen Ressourcen lag, insbesondere im Zusammenhalt von Zehntausenden von SS-Männern, auf die im Falle der Kapitulation nur der Galgen wartete.
> Carl Oglesby, amerikanischer Publizist

Allerdings verweist es auf die deutsche industrielle Absetzbewegung, die anhand tatsächlich
existierender Dokumente nachgezeichnet werden kann. Eine unabhängige Schweizer Experten-
kommission fand noch im Jahr 2001 heraus, dass
seit Beginn des Krieges mehrere hundert Tarnfir-
men allein in der Schweiz gegründet wurden und
gegen Kriegsende große Mengen von Edelsteinen, in besetzten Ländern geraubten Wertpapie-
ren und ausländischen Banknoten – darunter auch
gefälschte britische Banknoten – den Schweizer
Markt überschwemmten. Für 1946 schätzen die
Experten das in der Schweiz deponierte deutsche
Vermögen auf mehr als zwei Milliarden Franken.
»Der deutsche Vermögenstransfer in die Schweiz
während des Kriegs muss beträchtlich gewesen
sein«, so die Kommission. »Angehörige der un-
ternehmerischen und politischen Eliten standen
vor der Frage, wie die materielle Existenz, unter
Umständen auch die eigene Person, in die Nachkriegszeit hinüberzuretten war. Unverkennbar ist,
dass sich die Aktivitäten in dieser letzten Phase
steigerten und die Form einer Absetzbewegung an-
nahmen.« Leider lässt sich der Transfer von Raub-
gütern und Kapital, mit dem sich die Nazi-Elite die
Flucht sicherte, heute nicht mehr nachweisen.

Angesichts des drohenden Untergangs wurde
1945 auch in den Bergen eilig Vorsorge getroffen.
Kaltenbrunner beorderte eine komplette Fälscherwerkstatt in die »Alpenfestung«: Im »Unternehmen Bernhard«, be-
nannt nach dem Chef der Aktion, SS-Sturmbannführer Bernhard Krüger,
waren jüdische Häftlinge im KZ Sachsenhausen seit 1942 damit beschäftigt, für das Reichssicherheitshauptamt britische Pfundnoten, US-Dollars,
Briefmarken und Dokumente zu fälschen. Ideengeber Reinhard Heydrich
beabsichtigte zunächst, die Pfundnoten über England abzuwerfen, um so
dessen Wirtschaft zu erschüttern. Jetzt wollte die SS mit den »Blüten« im
neutralen Ausland an harte Währungen herankommen. Kaltenbrunner
hegte noch im April 1945 die wahnwitzige Hoffnung, die Alpenbastion

auch mithilfe des Falschgelds über längere Zeit halten zu können. Auch an gefälschten Dokumenten hatte die SS kurz vor dem Ende großes Interesse. Sie waren über die Jahre mit Geschick hergestellt worden: »Einmal erschien ein SS-Sturmbannführer des SD in der Fälscherwerkstatt. Er brachte die Personaldokumente eines Argentiniers mit, der unter einem Vorwand festgenommen worden war. Die Dokumente mussten innerhalb von 24 Stunden fotografiert und bis ins kleinste Detail nachgestaltet werden. Überheblich hat der SD-Offizier erklärt: ›Mit den falschen Personalpapieren wird dann unser Agent nach Südamerika reisen, wo er als argentinischer Bürger überall offene Türen vorfinden wird.‹«, erinnert sich der Buchdrucker Adolf Burger an die Zeit als Fälscher in Hitlers Geheimwerkstatt. Burger war zusammen mit seiner Frau nach Auschwitz verschleppt worden. Seine Frau wurde in Birkenau ermordet, auch seine Eltern starben im KZ. Nur seine geschickten Hände retteten Burger vor dem Gas.

Die falschen Papiere sollten bald nicht nur Agenten, sondern auch gesuchten Kriegsverbrechern die Flucht ins Ausland ermöglichen. »Wir druckten brasilianische Pässe, tunesische Identitätskarten, englische und amerikanische Ausweise und Kapitänspatente«, schildert Burger seine Tätigkeit. »Auch so genannte Prägestempel wurden angefertigt. Einmal waren es niederländische Taufscheine, dann wieder Urkunden französischer Städte oder Briefköpfe des Palästina-Amtes in Genf mit hebräischem Text, englische Heiratsurkunden, amerikanische Soldbücher.« Es waren ideale Vorlagen für einen Identitätswechsel. Mitte April 1945 wurden die 141 Häftlinge des »Unternehmens Bernhard« in ein Außenlager des KZ Mauthausen, nach »Schlier« in Oberösterreich, verlegt, um in den Kellern einer Bierbrauerei die Fälscherwerkstatt wiederaufzubauen. Kistenweise wurde auch das bereits gedruckte Falschgeld mitgenommen. Von dort sollten sie schließlich in die »Alpenfestung« umziehen. Die Ankunft der Amerikaner vereitelte diesen Plan, die Häftlinge des Fälscherkommandos wurden befreit. Doch die »Blüten« waren verschwunden.

Dafür gediehen die Gerüchte um den »Schatz im Toplitzsee«. Nach Aussagen von Einheimischen wurden aufgrund des raschen Vorrückens der Amerikaner große Mengen von Metallkisten zum Toplitzsee geschafft und versenkt. »Schnell musste es gehen, die Nazis waren sehr nervös«, erinnert sich Ida Weißenbacher. SS-Soldaten zwangen die damals 21 Jahre alte Bäuerin, 60 Kisten mit dem Pferdewagen auf dem holprigen, schmalen Pfad zum See zu karren. Dort beobachtete sie, wie die Soldaten die Fracht in Boote luden, auf den See hinausruderten und alles über Bord war-

fen. 14 Nächte lang sollen im April 1945 schwere
Frachtstücke auf Pferde- und Ochsenwagen ge-
hievt und im See versenkt worden sein. Im Juli
1959 entdeckte ein Taucherteam Holzkisten in
dem Gewässer. Als man mit einem Haken einen
der Deckel öffnete, schwebte langsam eine Fünf-
pfundnote an die Oberfläche. Insgesamt wurden
bei dieser Suchaktion 19 Kisten mit Papieren und
gefälschten Pfundnoten geborgen. Der Toplitzsee war offenbar der Mülleimer des »Dritten Reiches« gewesen. Schatzsucher hoffen bis heute,
dass er sich auch als Tresor erweist. Von den
sagenhaften »Reichtümern«, die SS-Leute wie
Kaltenbrunner und Eichmann angeblich in die
»Alpenfestung« schleppten, fehlt bis dato freilich
jede Spur. Auch die Suche nach Geheimpapieren
war bislang vergeblich. Allerdings äußerte ein be-
teiligter SS-Agent selbst die Befürchtung, dass aus dem Toplitzsee Brisan-
tes zutage gefördert werden könnte: »Kennt man einmal die Nummern der
Geheimkonten, dann weiß man, wer von den Führern des Dritten Reiches
noch lebt. Es genügt, wenn man weiß, dass jemand Geld für Martin Bormann abgehoben hat, um zu wissen, dass er noch irgendwo lebt«, schrieb
Friedrich Schwend im November 1963 im peruanischen *Correo*. »Es gibt
viele ehemalige Nazis, die heute bedeutende Posten in den Regierungen
von Deutschland und Österreich innehaben, die sich der Suche nach den
Kisten im Toplitzsee widersetzten. Das ist leicht zu erklären. Dort befinden sich Geheimnisse, die mehr als eine große politische Karriere der
Nachkriegszeit zerstören würden.« Bormann war längst tot, der Fantasie
waren keine Grenzen gesetzt und die Blüten aus dem »Unternehmen Bernhard« teilweise schon geborgen. Doch es gibt Hinweise darauf, was mit
den restlichen gefälschten Pfundnoten geschehen ist. Sie erzählen eine
Geschichte, die einem Kriminalroman alle Ehre machen würde. Wieder
führt die Spur zu Friedrich Schwend nach Lima.

Friedrich Schwend, Deckname Fritz Wendig, war ein gelehrt und dis-
tinguiert aussehender Herr, der mit seiner Hakennase und glänzenden
Glatze Beobachtungen zufolge auch als Antiquitätenhändler hätte durch-
gehen können. Tatsächlich war er eine der zwielichtigsten und gerissens-
ten Figuren im Netzwerk der Nazis. Der Kaufmann, Waffenhändler und

Schmuggler, der sich zeitweilig als SS-Major tarnte, fungierte während des Krieges als Vertriebschef für das Falschgeld aus dem »Unternehmen Bernhard«. Mit den gefälschten Noten kaufte er im Auftrag des Reichssicherheitshauptamts in verschiedenen Ländern Gold, Edelsteine, Schmuck und Valuten, außerdem Immobilien und angeblich auch Gemälde von Rembrandt und Picasso. Zu seinem Hauptquartier erkor er Schloss Labers bei Meran, inmitten von Wein-

> Friedrich Schwend war der Mann, der von der SS dazu auserlesen wurde, Teile des Falschgeldes gegen echte Fremdwährung einzutauschen. Dabei scheint er nicht immer auf Heller und Pfennig abgerechnet zu haben, denn nach dem Krieg war er ein steinreicher Mann.
>
> Simon Wiesenthal, Nazi-Jäger

und Obstgärten. Gegen Kriegsende versuchte Schwend eilig, Wertgegenstände in Sicherheit zu bringen. Im Mai 1945 wurde er in Österreich von den Amerikanern verhaftet, kurz darauf jedoch freigelassen und nach eigenen Angaben vom CIC, dem US-Geheimdienst, sogar als Agent angeworben. Mit Billigung des CIC reiste er schließlich 1946 zusammen mit seiner Frau und einem jugoslawischen Ausweis als Wenceslav Turi nach Lateinamerika aus und ließ sich in der peruanischen Hauptstadt Lima nieder.

Dort betrieb er eine Hühnerzucht als Fassade für seine kriminellen Geschäfte: Er verdingte sich als Waffenhändler, Erpresser, Wucherer, Geldwäscher und war Informant für den peruanischen Geheimdienst. Seine sichergestellte Korrespondenz liest sich wie ein Thriller. An »Rudi, Klitsch und Hans« schreibt er: »Interesse hätte ich weiter an einigen neuen oder neuwertigen MP, wenn möglich mit Muni.« In einem Schreiben an die Maschinenfabrik »Orlikon« heißt es: »Bitte haben Sie die Freundlichkeit und lassen Sie uns wissen, ob Sie in der Lage sind, uns Mittelstreckenraketen zu liefern.« Oft ist von dubiosen Finanzgeschäften die Rede: »Von Spitz verlangte ich für den Rembrandt 40 000,00 DM, Wert zahlbar in der Schweiz als Schadensersatz für den Betrug in der Sache der 600 000,00 R.M.« Es wird kolportiert, Schwend habe in Lima nach Kräften versucht, die übrig gebliebenen falschen Pfundnoten, Immobilien und Wertgegenstände aus der »Operation Bernhard« in klingende Münze umzuwandeln – als Grundstock für die Finanzierung der »Odessa«. Die in den Briefen erwähnten »Geschäfte« mögen Teil davon gewesen sein. Schwend selbst behauptet freilich, ihm sei sein gesamtes Vermögen – er erwähnt unter anderem achtzig Kilo Gold, einen original Rembrandt, einen Koffer voller Geld und einen kunstvoll geknüpften Teppich – nach dem Krieg geraubt worden. Seine Beteiligung an der »Operation Bernhard« fand Schwend jedenfalls selbst so spannend, dass er aus dem Stoff am liebsten einen

Spielfilm hätte drehen lassen, wie aus seinen Briefen hervorgeht. Blieb nur die Frage offen: »Wo kann man die Liebe hineinbringen?«

Eines ist sicher: Schwend hatte im Rahmen seiner kriminellen Machenschaften regen Kontakt mit Kriegsverbrechern aus dem Dunstkreis der SS und war Anlaufstelle für flüchtige Nazis. Anscheinend war ihm Otto Skorzeny, der sich inzwischen nach Spanien abgesetzt hatte, beim Verkauf einiger Brillanten behilflich. Für den früheren SS-Standartenführer Walter Rauff besorgte Schwend Pässe für flüchtige »Kameraden«. Rauff gilt als der Erfinder der »mobilen Gaswagen«, in denen 100 000 Juden, Russen und Partisanen hinter der Ostfront qualvoll umgebracht wurden. Auch mit Hitlers Fliegerass Hans-Ulrich Rudel bestand Kontakt, von dem es in einem Schreiben heißt: »Rudel hat besonders in Zentralamerika die Verbindungen.« Schwends wichtigster Geschäftspartner in Lateinamerika war einer der brutalsten Folterer der SS: Klaus Barbie alias Klaus Altmann. Der einstige Lyoner Gestapo-Chef hatte sich mit der Ermordung von Résistance-Mitgliedern und der Deportation jüdischer Kinder den

»Der Schlächter von Lyon«: Gestapo-Mann Klaus Barbie im Jahr 1944.

342

Beinamen »Schlächter von Lyon« eingehandelt. Nach seiner Flucht war er in Bolivien heimisch geworden, besaß aber in Lima ein zweites Standbein. Auch hier ist der Briefwechsel umfangreich. Ein gewisser »Hieber« bietet den »sehr geehrten Herren Schwend und Altmann« Geld an als Gegenleistung für die »Einbürgerung in Bolivien mit Diplomatenpass«. Um Erpressung geht es anscheinend in einem Brief Barbies an Schwend, in dem er einen »Jud« erwähnt, den er »fertig machen« wolle. »Dein Anwalt soll die Anzeige erstatten und sie hier an die Kripo schicken: Also auf in den Kampf, der Jud hat uns beleidigt.« Wie eine Spinne saß Schwend im Zentrum eines Nazi-Geflechts. Ein Informant des US-Geheimdienstes brachte ihn im April 1965 tatsächlich mit der mysteriösen »Odessa« in Verbindung: »Die Geheimorganisation ODESSA wurde 1947 in Buenos Aires von Hitlers Sekretär Martin Bormann gegründet«, kolportiert der Informant. Das Netzwerk habe momentan seinen Hauptsitz in Kairo, zähle 3087 Nazi-Mitglieder und werde von Nassers Regierung finanziert. Die Organisation sei im Besitz von Druckplatten für Dollarnoten, die aus dem »Unternehmen Bernhard« stammten, wusste der Informant weiter zu berichten. Und: »Der Kopf der Odessa in Südamerika ist Federico Schwend.«

Anlass, ihre Flucht vorzubereiten, hatten prominente SS-Führer allemal. In regelmäßigen Abständen drohten die Alliierten über den Radiosender BBC: »Wer immer als Mittäter oder Anstifter an Kriegsverbrechen, Massenmord oder Hinrichtung schuldig ist – mag er Offizier, Soldat oder Mitglied der NSDAP sein –, die drei alliierten Mächte werden jeden Schuldigen bis in den letzten Winkel der Erde verfolgen und vor seinen Ankläger bringen, auf dass Gerechtigkeit geschehe.« Die Bestrafung der Kriegsverbrecher und Hauptverantwortlichen für den Zweiten Weltkrieg war ein erklärtes Ziel der Anti-Hitler-Koalition. Schon am 20. November 1945 begann in Nürnberg der erste Prozess der vier Siegermächte gegen 24 »Hauptkriegsverbrecher«. Die SS wurde generell zur »verbrecherischen Organisation« erklärt. Begründung: »Die SS wurde zu Zwecken verwandt, die verbrecherisch sind. Sie bestanden in der Verfolgung und Ausrottung der Juden, Brutalitäten und Tötungen in den Konzentrationslagern, Übergriffen bei der Verwaltung besetzter Gebiete, der Durchführung des Zwangsarbeiterprogramms und der Misshandlung und Ermordung von Kriegsgefangenen.« Aus Himmlers Eliteorden war endgültig die »Armee der Geächteten« geworden, wie der SS-General Felix Steiner selbstmitleidig konstatierte.

Als die vorrückenden alliierten Truppen mit der Befreiung der Konzentrationslager endgültigen Einblick in das Ausmaß des Grauens und der Verbrechen erhielten, verstärkte sich die Suche nach den Schuldigen. Überall fahndeten jetzt Sonderkommandos nach den Kriegsverbrechern. Sie führten Listen »automatisch zu verhaftender Personen« mit sich zur Identifizierung von Verdächtigen aus Gestapo, SS, SD sowie aus den Reihen der Bürgermeister, Gauleiter und hohen Funktionäre. Vor allem die Amerikaner trieben die Suche in den Westzonen voran. Dabei bedienten sie sich der schier endlosen Fahndungslisten der Kriegsverbrecherkommission der Vereinten Nationen (UNWCC) und des »Central Registry of War Crimes and Security Suspects«, der Pariser Zentralerfassungsstelle für Kriegsverbrecher, bekannt als CROWCASS. Diese Organisation erstellte Namenslisten flüchtiger mutmaßlicher Kriegsverbrecher und verglich sie mit den Namenslisten von über acht Millionen Menschen, die bei Kriegsende in Kriegsgefangenen- und Displaced-Persons-Lagern untergebracht waren. Auf diese Art wurden zigtausend Verdächtige ermittelt und Tausende von ihnen vor Gericht gestellt. Ironischerweise waren ebendiese CROWCASS-Steckbriefe von Verdächtigen bald der Fundus, aus dem der amerikanische Nachrichtendienst schöpfen konnte, als es darum ging, ehemalige Nazis zu US-Geheimdienstagenten und Informanten umzufunktionieren.

Die Jagd auf Hitlers Vollstrecker war eröffnet. Auch SS-Chef Himmler hatte versucht, mit Augenklappe und gefälschtem Ausweis seinen Häschern zu entkommen. Doch Hitlers Henker wurde gefasst und tötete sich mit Zyankali. Nur wenige taten es ihm gleich: Der Reichsarzt SS Ernst Grawitz jagte sich und seine Familie mit zwei Handgranaten in die Luft. Der SS-Gruppenführer Leonardo Conti brachte sich im Nürnberger Gefängnis um. Im NS-Refugium in den Bergen wurde den SS-Führern der Boden zu heiß. Als die Heeresgruppe Südwest am 3. Mai 1945 in Italien die Waffen streckte, war auch die fiktionale »Alpenfestung« nicht mehr zu halten. Nur vereinzelt versuchten SS-Verbände noch nach der Kapitulation der Wehrmacht am 8. Mai 1945 Widerstand zu leisten. SS-Gruppenführer und Generalleutnant der Polizei, Odilo Globocnik, als Verantwortlicher für die »Endlösung der Judenfrage« im »Generalgouvernement« ein berüchtigter Massenmörder, wurde in der Nähe des Weißensees auf der Mößlacher Alm aufgespürt. Nach seiner Verhaftung zerbiss auch er eine Zyankalikapsel. Julius Streicher, Herausgeber des Hetzblattes *Der Stürmer*, war im April in die »Alpenfestung« geflohen und versteckte sich als Kunstmaler getarnt zusammen mit seiner Frau auf einem Berghof bei Waidring

Oben: SS am Galgen – Vollstreckung eines Todesurteils aus den Nürnberger Kriegsverbrecher-
prozessen.
Unten: Auch Mussolini-Befreier Otto Skorzeny (rechts) ging den Alliierten ins Netz. Hier im
August 1947 in Dachau.

345

in Tirol. Dort wurde er von den Amerikanern entdeckt und am 1. Oktober 1946 in Nürnberg zum Tod verurteilt. Als die Alliierten näher rückten, gab auch Kaltenbrunner seine Verteidigungspläne auf und floh in das Tote Gebirge. Auf der 1523 Meter hoch gelegenen Wildenseehütte wurde er von US-Truppen gefangen genommen, von einem alliierten Gericht zum Tode verurteilt und hingerichtet.

Doch die SS-Protagonisten hatten sich nicht nur vor dem Nürnberger Vier-Mächte-Tribunal zu verantworten. Allein in der amerikanischen Zone gab es zwölf »Nachfolgeprozesse« der US-Militärjustiz, darunter gegen die Mordbataillone der SS-Einsatzgruppen und die Gestapo. Weitere NS-Verfahren der Alliierten richteten sich gegen KZ-Wächter, Schergen und Mörder aus den Todesapparaten der KZ. In den westlichen Besatzungszonen wurden insgesamt 5025 Personen verurteilt, von 806 Todesurteilen 486 vollstreckt. Allein im Kriegsverbrechergefängnis in Landsberg henkten die Amerikaner 255 Verurteilte. In der sowjetischen Besatzungszone wird die Zahl der Verfahren auf 45 000 geschätzt. Im Ausland wurden bis zu 60 000 Personen wegen NS-Verbrechen verurteilt. Allein in Polen starben 1214 Deutsche wegen ihrer Untaten, darunter der Auschwitz-Kommandant Rudolf Höß. Insgesamt sind nach Angaben des Bundesjustizministeriums 80 000 Deutsche wegen NS-Verbrechen verurteilt worden, 12 000 davon durch DDR-Gerichte.

SS-Führer mit guten Beziehungen hatten schon im April 1945, als Stalins Truppen den Ring um Berlin schlossen, damit begonnen, sich eine neue Vergangenheit zu stricken: »Ein hoher Offizier brachte Hunderte von Seiten mit allen möglichen unterschiedlichen Briefköpfen«, erzählte Eichmann später. Die Offiziere bekamen gefälschte »Zeugnisse« mit fiktiven, unschuldig klingenden Aufgaben während des Krieges. »Ich war der Einzige, der sich aus solchen falschen Zeugnissen gar nichts machte.« Als das »Dritte Reich« in Schutt und Asche fiel, ging das Gros der SS-Offiziere in Gefangenschaft. Zwar gelang es einigen von Hitlers Schergen, im Heer der Millionen Kriegsgefangenen unterzutauchen. Doch vielen wurde das frühere Zeichen ihrer Elite-Zugehörigkeit zum Verhängnis. Die Blutgruppentätowierung in der linken Achselhöhle sollte verwundeten SS-Angehörigen in den Krankenhäusern vorrangige Behandlung garantieren. Jetzt war sie für die Fahnder ein schnelles Erkennungsmerkmal. Ende 1945 waren allein in der amerikanischen Besatzungszone etwa 100 000 als gefährlich eingestufte Personen interniert.

Im Chaos der Internierungslager nahm der Mythos »Odessa« Gestalt an. »In den Kriegsgefangenenlagern waren immer zwei bis drei SS-Leute, die der Organisation angehörten«, behauptet Simon Wiesenthal. »›Odessa‹ war ihr Losungswort. Wenn einer dann fragte: ›Worüber redet ihr denn?‹, konnten sie immer antworten: ›Über einen gemeinsamen Freund, der aus der Stadt Odessa kommt.‹« Die Organisation diente laut Wiesenthal dazu, SS-Kriegsverbrecher aus Deutschland herauszulotsen und nach Südamerika zu bringen. Auch ein unter dem Decknamen »Operation Brandy« eingeschleuster amerikanischer Agent berichtete 1947: Neben der »Bruderschaft« und der »Spinne« gebe es das Untergrund-Netzwerk »Odessa«. Dies stehe für »Organisation der ehemaligen« oder »entlassenen SS-Angehörigen«. Führer dieser Gruppe sei Otto Skorzeny. Zum ersten Mal wird hier der Name eines der legendärsten Haudegen des »Dritten Reiches« im Zusammenhang mit »Odessa« erwähnt.

> Wir haben alle SS-Leute, auch wenn sie in einer anderen Uniform gesteckt haben, an der Narbe unter dem linken Arm erkannt, die entstand, wenn sie versuchten, die Blutgruppen-Tätowierung herauszuschneiden. Wir haben sie zur siebten Armee nach Augsburg geschickt, wo alle Kriegsverbrecher hingeschickt wurden.
>
> Wolfgang Robinow, US-Verhöroffizier

Vorbeugende Maßnahme für den Fall eines verlorenen Krieges.
SS-General Wilhelm Koppe über seine im April 1945 vorgenommene Umbenennung in »Wilhelm Lohmann«

Unbehelligt bis zum Ende: Porträtaufnahme von Josef Mengele im brasilianischen Exil.

Das Abtauchen einiger der meistgesuchten NS-Schergen ins Ausland gab dem Mythos um die geheime Fluchtorganisation »Odessa« Nahrung. Wie Phantome geisterten sie jahrelang durch die Köpfe von Nazi-Jägern, Historikern und Journalisten. Der SS-Arzt Josef Mengele verschwand scheinbar spurlos. In Wirklichkeit führte die Spur des »Todesengels von Auschwitz«, der grausame Versuche an KZ-Häftlingen durchgeführt und vor allem Zwillingskinder in Experimenten qualvoll getötet hatte, über Argentinien und Paraguay bis nach Brasilien. Mengele wurde nie gefasst. Er ertrank 1979 beim Schwimmen in der Nähe von São Paulo. Auch der Gestapo-Chef und SS-Gruppenführer Heinrich Müller verschwand. Der Technokrat des Terrors hatte hunderttausende Juden in die Vernichtungslager des Holokaust geschickt. Das letzte Mal wurde »Gestapo-Müller« einen Tag nach Hitlers Tod im Bunker unter der Reichskanzlei gesehen. Im Mai 1945 soll er sich in Altaussee unter dem Pseudonym »Leutnant Schmidt« versteckt haben. Dann verliert sich seine Spur. Adolf Eichmann schien sich zunächst ebenfalls in Luft aufgelöst zu haben. Erst 1960 wurde er vom israelischen Geheimdienst Mossad aus Argentinien entführt, in Israel vor Gericht gestellt und hingerichtet. Klaus Barbie wurde gar erst 1983 in Bolivien aufgespürt und nach Frankreich ausgeliefert. Hinter Alois Brunner, Eichmanns »bestem Mann« für Deportationen, sind die Fahnder heute noch her. Er lebte bis zuletzt in Damaskus. Wohl sind die Fluchtwege dieser Männer, gelinde gesagt, geheimnisumwittert. Doch ein einziger, weltumspannender Geheimverbund namens »Odessa« hat sie nicht geplant. Die Wirklichkeit war komplizierter. Nach dem Zusammenbruch von Hitlers Reich und dem Beginn des Kalten Krieges gab es auf einmal eine Reihe von Netzwerken, Institutionen und Regierungen, die ein Interesse daran hatten, SS-Verbrechern zu helfen. So stellt sich heraus: Viele Wege führen nach »Odessa«.

Einer dieser Wege führte über Rom, den beliebtesten Wallfahrtsort flüchtiger Nazis. Am 15. Mai 1947 berichtete der US-Sicherheitsbeamte Vincent La Vista in einem »Top-secret«-Bericht nach Washington, der Vatikan sei die »größte Einzelorganisation, die in die illegale Bewegung von Auswanderern verwickelt ist«. Er helfe Leuten aller politischer Überzeugungen, »solange sie Antikommunisten und für die katholische Kirche« seien. La Vista nennt eine Reihe katholischer Organisationen, die sich an

Oben: Vatikanstadt 1946. Hier fanden ehemalige SS-Männer auf ihrem Fluchtweg Unterstützung.
Unten: Was wusste der Papst? Pius XII. während einer Messe im Vatikan, 1951.

Nähere Untersuchungen erwiesen, dass in den lateinamerikanischen Ländern, wo die Kirche einen kontrollierenden oder dominanten Faktor darstellt, der Vatikan Druck auf deren ausländische Missionen in Rom ausgeübt hat, mit dem Ergebnis, dass diese eine positive Haltung gegenüber der Einreise früherer Nazis und Faschisten in ihr Land einnehmen, solange sie nur Antikommunisten sind.

Geheimbericht des US-Außenministeriums, 1947 (La-Vista-Report)

Der Vatikan hat immer behauptet, er habe die Identität der Menschen, die seiner humanitären Hilfe würdig waren, nicht gekannt. Aber so mancher einflussreiche Priester wusste nicht nur, wer die Nazis waren, sondern suchte sie sogar bewusst aus und ließ ihnen besondere Behandlung angedeihen.

John Loftus, US-Justizbeamter und Nazi-Jäger

Ich erinnerte mich in tiefster Dankbarkeit an die Hilfe katholischer Priester bei meiner Flucht aus Europa und entschied, den katholischen Glauben zu honorieren, indem ich Ehrenmitglied wurde.

Adolf Eichmann, 1959

illegaler Fluchthilfe beteiligt hätten, darunter das österreichische und das kroatische Hilfskomitee, aber auch Letten, Polen, Rumänen und andere. Inwieweit die katholische Kirche oder gar der Vatikan in die Fluchthilfe für Nazis verstrickt war, lässt sich, solange der Vatikan seine Archive bezüglich dieser Zeit geschlossen hält, nicht restlos klären. Tatsache ist, dass Vollstrecker wie Adolf Eichmann via Rom nach Südamerika entkamen. Doch die Mörder waren nicht allein – unmittelbar nach Kriegsende waren Heerscharen entwurzelter Menschen unterwegs, die danach trachteten, das verwüstete Europa hinter sich zu lassen: entlassene oder flüchtige Kriegsgefangene, Zwangsarbeiter, aus ihrer Heimat Vertriebene, die jüdischen Überlebenden des Holokaust – sowie ihre flüchtigen Henker. Rom zog wie ein Magnet die Hilfsbedürftigen an. Alle hofften, mittels der Kirche weiterzukommen, um Essen, Kleidung, Geld, eine Unterkunft und vor allem Dokumente zu ergattern, die ihnen eine Ausreise über die italienischen Überseehäfen Genua oder Neapel ermöglichten. Großherzig nahmen katholische Institutionen Flüchtlinge auf. Im Chaos dieser Zeit war es gut möglich, dass auch NS-Verbrecher, die sich unter die Hilfesuchenden mischten, unerkannt blieben. Doch gab es auch mehrere hochrangige kirchliche Würdenträger, die ganz bewusst NS-Tätern halfen und sich dabei eines fein gesponnenen Netzwerks bedienten. Welche Erfolge »Odessa« beim Nazi-Schmuggel auch immer für sich verbuchen konnte – im Vergleich zur katholischen Kirche blieb der Mythos ein Laienunternehmen.

Eine treibende Kraft in diesem Netzwerk war der österreichische Bischof Dr. Alois Hudal, Rektor des Priesterkollegs »Collegio Teutonico« von »Santa Maria dell'Anima«, der Nationalkirche der Deutschsprachigen in Rom. »Ich floh am 30. Mai 1948 aus dem Linzer Untersuchungsgefängnis«, berichtete KZ-Kommandant Franz Stangl seiner Interviewerin Gitta Sereny. »Dann hörte ich, dass ein Bischof Hudal beim Vatikan in

Rom katholischen SS-Offizieren half, und so fuhr ich nach Rom.« Stangl hatte die Vernichtungslager Sobibor und Treblinka befehligt, in denen etwa 900 000 Menschen umgebracht worden waren. Als das »Dritte Reich« zerfiel, verbarg er sich als Zivilist in einem kleinen Dorf in Österreich, wo er als SS-Angehöriger von den Amerikanern aufgegriffen wurde. Von den Massenmorden in Treblinka war damals noch keine Rede, anscheinend wussten die Amerikaner nicht, wen sie vor sich hatten. Wie es Stangl gelang, aus dem Gefängnis zu fliehen und über die Grenze nach

Italien zu gelangen, ist nicht bekannt. Simon Wiesenthal ist der Meinung, »Odessa« habe ihn mit Papieren versorgt. In Rom fand Stangl den Weg zu Bischof Hudal. »Der Bischof kam in das Zimmer, in dem ich wartete,

> Ich bin Priester und nicht Polizist. … Es war meine Christenpflicht, jedem Flüchtling vor dem Kommunismus zu helfen. Ich kann weder bestätigen noch dementieren, dass unter ihnen auch Eichmann war. Niemand hat mir seine Vergangenheit im »Dritten Reich« gebeichtet, und Bilder von Eichmann waren damals nicht bekannt.
>
> Bischof Alois Hudal, 1961

Er verhalf zahlreichen NS-Kriegsverbrechern zur Flucht: Bischof Alois Hudal.

streckte mir beide Hände entgegen und sagte: ›Sie müssen Franz Stangl sein. Ich habe Sie erwartet!‹« Bischof Hudal habe ihm eine Unterkunft in Rom, einen Pass des Roten Kreuzes und ein Visum für Syrien verschafft, samt einem Job in Damaskus und einer Schiffskarte, berichtete Stangl weiter. Er setzte sich nach Syrien ab und wanderte schließlich samt seiner Familie nach Brasilien aus. Erst 1967 wurde er an die Bundesrepublik ausgeliefert und zu lebenslanger Haft verurteilt.

Hudal war ein Mann von kleiner Statur, »der deshalb immer versuchte, groß zu tun«, befand ein ehemaliger Kollege maliziös. Als ausgewiesenem Bewunderer der Nazis schwebte dem Bischof eine Art »christlicher Nationalsozialismus« vor, und er hatte sein 1936 erschienenes Werk »*Die Grundlagen des Nationalsozialismus*« dem »Siegfried deutscher Größe«, Adolf Hitler persönlich, gewidmet. In Anbetracht des Flüchtlingsandrangs hatte Papst Pius XII. die Gefangenen- und Flüchtlingsfürsorge einer »Päpstlichen Hilfskommission« (Pontifica Commissione Assistenza, PCA) übertragen, die wiederum nationale Unterkomitees gründete. Hudal stand an der Spitze der österreichischen Sektion, der »Assistenza Austriaca«. Er half jedoch allen Deutschsprachigen und setzte sich besonders für NS-Häftlinge aus den Gefangenenlagern Italiens ein. Der »braune Bischof« hatte es sich gleichsam zum Ziel gesetzt, flüchtige Deutsche dem alliierten Zugriff zu entziehen. In seinen Memoiren prahlte er unverhohlen mit seiner Hilfe für den gefürchteten Gouverneur des »Distrikts Galizien« im besetzten Lemberg: »Im römischen Spital ›Santo Spirito‹ starb in meinen Armen, von mir bis zum Ende betreut, der Vizegouverneur von Polen, Generalleutnant und Sturmbannführer der SS, Freiherr von Wächter, der von alliierten und jüdischen Stellen überall gesucht wurde. Während sein Chef, Generalgouverneur Hans Frank, in Nürnberg gehenkt wurde, gelang es Wächter – nicht zuletzt dank der rührenden selbstlosen Mithilfe italienischer Ordensgeistlicher –, unter fremdem Namen monatelang in Rom zu leben, bis er einer Vergiftung zum Opfer fiel.« Angeblich hatte Hudal sogar ein geheimes Abkommen mit der italienischen Polizei, wo-

Einer von Hudals Schützlingen: Der ehemalige KZ-Kommandant Franz Stangl (rechts) bei seiner Verhaftung in São Paulo, 1967.

nach diese gesuchte Nazis nicht verhaftete, sondern zu den Kirchen und Klöstern brachte, die der Bischof ihnen nannte.

Doch verstecken war nicht genug. Was flüchtige SS-Männer vor allem brauchten, waren Geld und Reisepapiere, um nach Übersee zu gelangen. Hier kam eine Orga-nisation ins Spiel, die es sich zum Ziel gesetzt hatte, allen Schutzbedürftigen, ungeachtet ihrer politischen Gesinnung, zu helfen: das Internatio-nale Komitee vom Roten Kreuz (IKRK). Bewusst oder unbewusst – das Rote Kreuz wurde Dreh-punkt für illegale Reisen nach Italien und von dort wieder heraus. Denn hier erhielten die Flüchtigen die heiß begehrten Reisedokumente, die allen Personen ausgestellt wurden, »die der Krieg auf diese oder jene Weise gezwungen hat, ihr regulä-res Aufenthaltsland zu verlassen, unter der Bedin-

> Es gibt große Gruppen von Nazi-Deutschen, die einzig zu dem Zweck nach Italien kommen, fiktive Personaldokumente zu bekommen, Pässe und Visa, um dann meist unmittelbar über Genua und Barcelona nach Lateinamerika weiterzureisen.
>
> Geheimbericht des US-Außenministe-riums, 1947 (La-Vista-Report)

> **Viele Wege führen nach Rom.**
>
> Kapitelüberschrift im Buch »Zwischen Deutschland und Argentinien« von Hans-Ulrich Rudel

> *Das Erste war jetzt, Papiere zu beschaffen. Das ging nach den Erkundungen einiger*
> *Freunde am einfachsten auf dem Wege über einen Entlassungsschein der Engländer.*
> *Es war nicht schwer, so einen zu beschaffen, schön mit Stempel und Unterschrift und*
> *im Übrigen noch leer. Ich fügte ein, dass ich von einer Wehrmachtseinheit aus Nor-*
> *wegen kam und nach Hamburg entlassen wurde. Auch den Namen konnte ich frei-*
> *bleibend einfügen. Ich wählte Hans Behrens zur Abwechslung.*
> Juan Maler alias Reinhard Kops, Fluchthelfer

gung, dass ihnen ein gültiger Pass fehlt, ein neuer nicht beschaffbar ist, das
Land ihres Aufenthaltes sie ausreisen und das Land, wohin sie sich zu be-
geben wünschen, sie einreisen lässt«. Die Papiere wurden auf welchen
Namen auch immer ausgestellt. Die Identität bezeugte die Päpstliche
Hilfskommission, oft reichte die Empfehlung eines Kirchenmannes wie
Bischof Hudal. Es war ein Traum für jeden gesuchten Verbrecher, der einen
neuen Namen brauchte – und wohlwollende Würdenträger kannte. »Die
Leute standen täglich zu Hunderten bei uns Schlange«, schilderte Gertrude Dupuis-Marstaller, Delegierte des Roten Kreuzes in Rom, die chao-
tische Situation. »Manchmal mussten wir Polizei anfordern, um Ordnung
zu schaffen. Natürlich haben uns sozusagen Gott und die Welt Leute empfohlen, aber auf die Päpstliche Hilfskommission hat man sich irgendwie
verlassen. Und wie konnten wir das Wort eines Geistlichen in Zweifel ziehen?« Wie der US-Agent La Vista meldete, blühte das Schwarzmarktge-
schäft mit diesen Dokumenten: »Man wird niemals wissen, wie viele
Händler, die sich mit erfundenen Namen immer wieder einen neuen Rotkreuzpass ausstellen lassen, in Rom tätig sind.« Allerdings machten sich
die Amerikaner Ende der Vierzigerjahre schon weniger Sorgen um flüchtige Nazis als darum, »dass die Kommunisten diese Möglichkeit ausnutzen, um ihre Agenten in die betreffenden Länder zu schicken«.

Das Geld für Visagebühren und Schiffsfahrkarten erhielt Hudal ironischerweise von den Amerikanern: Die »National Catholic Welfare Con-
ference« unterstützte nach dem Krieg katholische Organisationen in
Europa und erteilte Finanzspritzen direkt an die nationalen Unterkomitees
der Päpstlichen Hilfskommission – somit auch an Hudal. Nun ging es darum, Einreisevisa aufnahmewilliger Länder zu besorgen. Hier wandte sich
Hudal mit Vorliebe an Argentinien, dessen Diktator Juan Perón von jeher
ein Faible für Nazi-Deutschland hatte. Der Abwehroffizier Reinhard
Kops, der ebenfalls in Rom gestrandet war, half dem Bischof dabei:

»Bischof Hudal verwendete mich, um die Ankommenden zu sieben, denn verbrecherische Elemente mussten möglichst fern gehalten werden. Und es wurde der Weitertransport koordiniert«, schrieb Kops in seinen Memoiren. »In diesem Zusammenhang war es ein glückliches Ereignis, dass die argentinische Regierung des Generals Perón damals im Rahmen eines umfangreichen mit Italien abgeschlossenen Einwanderungsabkommens einen Herrn als Sekretär nach Genua sandte, der Südtiroler Abstammung und im Zweiten Weltkrieg deutscher Offizier gewesen war: Franz Ruffinengo. Die Hand, die Franz von Genua ausstreckte, wurde von mir in Rom ergriffen.« Franz Ruffinengo, ein ehemaliger Offizier nicht in Hitlers, sondern in Mussolinis Armee, war in Genua Sekretär der argentinischen Einwanderungskommission in Europa (DAIE), die unter flüchtigen Nazis als Geheimtipp galt. Zumal sogar der Erzbischof von Genua, Giuseppe Siri, der seine schützende Hand über die Flüchtlinge hielt, dafür eigens ein Komitee für die Ausreise nach Argentinien gegründet hatte. Laut einem US-Agentenbericht legte der Erzbischof sein besonderes Augenmerk auf die Emigration antikommunistischer Europäer nach Südamerika: »Diese generelle Klassifizierung als Antikommunisten bezog sich natürlich auf Faschisten, Ustaschi und ähnliche Gruppierungen.«

Die Ustascha war die faschistische Organisation des Kroatenführers Ante Pavelić, Herrscher über den 1941 dank Hitlers und Mussolinis Gnaden gegründeten »Unabhängigen Staat Kroatien«. Gestützt auf Ustascha-Bataillone, KZ und andere brutale Repressalien, hatte das Regime tausende Serben, Juden und Muslime unterdrücken und ermorden lassen. Auf der Flucht vor Titos Partisanen verließen die Ustascha-Leute 1945 Hals über Kopf das Land und suchten Hilfe bei ihrer Päpstlichen Hilfskommission in Rom. Monsignore Krunoslav Stjepan Draganović, Theologe am »Illyrischen Kolleg San Girolamo«, nahm sich ihrer an. Draganović war eine imposante Erscheinung: Groß, dunkel, immer mit langer Soutane, wehendem Mantel und einem breitkrempigen Priesterhut bekleidet, wirkte er finster und unheimlich. »Etwas an seiner aalglatten Art fand ich sehr abstoßend«, erinnerte sich ein Zeitzeuge, der ihn damals in Rom traf: »Er

> Der Vatikan ist die größte Organisation, die an der illegalen Weiterleitung der Emigranten beteiligt ist.
> Geheimbericht des US-Außenministeriums, 1947 (La-Vista-Report)

> Nicht viele Menschen hat es in der haltlosen Nachkriegszeit gegeben, die unbeirrbar und aufrecht ihren Weg gingen. Wohl kaum aber ein Zweiter trat den jungen Nachkriegsauswanderern mit jener Seelengröße, jener klaren Autorität und unerschrockenen Hilfsbereitschaft entgegen wie Seine Exzellenz Bischof Alois Hudal.
> Der Weg, Auswandererzeitschrift, 1949

> Gott segne Deutschlands Wiederaufstieg.
> Alois Hudal, Dezember 1948

hatte schlangenartige Augen und einen ruhelosen Blick. Er gefiel mir gar
nicht.« Draganović war während des Krieges selbst als Oberst der Ustascha für die Deportation von Juden und Serben zuständig gewesen und
hatte sich 1944 in den Vatikan abgesetzt. Der Bock als Gärtner wurde zu
einer Schlüsselfigur der Nazi-Fluchthilfe.

Draganović' gute Kontakte zu Bischof Siri und der Filiale des Internationalen Roten Kreuzes in Genua waren Gold wert. Sein prominentester
Schützling war Ante Pavelić selbst, dem er die Flucht nach Argentinien ermöglichte. Draganović hatte es geschafft, dass die argentinische Einwanderungsbehörde den Kroaten eine Quote von mehreren hundert Personen
zugestand, denen ohne größere Überprüfung die Einreise erlaubt wurde.
Unter diese Gruppe mischten sich, mit Genehmigung Draganović', auch
deutsche Nazis. Beim Beschaffen von Rotkreuzausweisen sowie bei der
Herstellung von Kontakten zu Konsulaten und den Hafen- und Marine-
behörden arbeiteten Hudal und Draganović Hand in Hand. Und wenn
alles nichts half, wandte sich der umtriebige Bischof Hudal persönlich an
Perón, wie in einem Schreiben am 31. August 1948: Darin bittet er um
5000 Visa für deutsche und österreichische »Soldaten«. Diese seien keine
Flüchtlinge, erklärte Hudal, sondern antikommunistische Kämpfer, deren
»Opfer« während des Krieges Europa vor der sowjetischen Vorherrschaft
gerettet hätten. Im Klartext: Er bat um Visa für
deutsche und österreichische Nazis.

Auf diese Weise sind über die so genannte »Klosterlinie« Hunderte von SS-Männern nach Lateinamerika entwischt, darunter einige der größten
Kriegsverbrecher. Der weltweit gesuchte Adolf

Oben: Adolf Eichmann (Mitte) auf einem Auswandererschiff nach Südamerika.
In seiner Begleitung zwei Fluchthelfer.
Unten: Eichmanns Flüchtlingspass. Mithilfe derartiger Papiere gelangten zahlreiche
Kriegsverbrecher nach Südamerika.

357

Eichmann entkam 1950 mithilfe »eines Franziskanerpaters in Genua, der mir einen Flüchtlingsausweis im Namen von Riccardo Klement und ein Visum für Argentinien besorgte«, wie er selbst angab. Wahrscheinlich war es der ungarische Pater Edoardo Dömöter von der San-Antonio-Gemeinde in Genua, ein enger Kontaktmann Hudals, der ihm seinen Rotkreuzausweis unterschrieb. SS-Mann Walter Kutschmann, dem der Mord an Tausenden von Juden in Polen und die Beteiligung an Deportationen aus Frankreich angelastet wurde, konnte sich 1948 mithilfe eines spanischen Karmeliterordens und als Karmelitermönch verkleidet über Spanien nach Argentinien absetzen. Walter Rauff verschwand wahrscheinlich mithilfe von Genuas Bischof Siri nach Syrien. Auch SS-Hauptsturmführer Erich Priebke erhielt unter dem Namen Otto Pape Identitätspapiere von der Päpstlichen Hilfskommission, mit denen er sich einen Rotkreuzpass verschaffte. »Mit meinem eigenen Pass konnte ich ja nicht reisen«, sagte er später, »deshalb hat Bischof Hudal im Vatikan mir geholfen und mir einen Blankoausweis vom Roten Kreuz besorgt.« Priebke, engster Mitarbeiter des Gestapo-Chefs in Rom, war am 24. März 1944 am Massaker in den Ardeatinischen Höhlen bei Rom beteiligt. Bei dem größten Nazi-Verbrechen auf italienischem Boden waren 335 Zivilisten als Vergeltung für einen Partisanenanschlag auf Soldaten eines Südtiroler Polizeiregiments von der SS per Ge-

Nach dem Krieg lebte ich illegal in Italien. Ende 1947 war ich in einem italienischen Kloster versteckt. Eines Tages kam ein amerikanischer Offizier, der von meinem Versteck erfahren hatte, und erklärte mir: »Wir haben genug anderes zu tun, als Sie zu suchen. Wir haben jetzt einen gemeinsamen Feind. Wollen Sie mit uns gegen den internationalen Kommunismus arbeiten?« Für mich war das natürlich eine Lösung. Der Offizier brachte mich nach Österreich, wo ich bei einem CIC-Kommando arbeitete. Ich vernahm Personen, Militärs, die aus Osteuropa flüchteten. Einige wurden zurückgeschickt, um über die politische und militärische Lage in den von Russland besetzten Gebieten Auskunft einzuholen.
Karl-Heinz Hass, ehemaliger SS-Mann

nickschuss ermordet worden. Bis heute wird spekuliert, dass auch KZ-Arzt Josef Mengele und
Alois Brunner, Eichmanns »bester Mann« für
Judendeportationen, bei ihrer Flucht kirchliche
Hilfe erhielten. Stolz vermerkte Hudal später
in seinen Memoiren, er habe nach 1945 seine
»ganze karitative Arbeit in erster Linie den früheren Angehörigen des Nationalsozialismus und
Faschismus, besonders den so genannten Kriegsverbrechern, geweiht ... und nicht wenige mit
falschen Papieren ihren Peinigern durch die
Flucht in glücklichere Länder entrissen«.

Bischof Hudal stand Papst Pius
XII. sehr nahe – daran gibt es kei-
nen Zweifel: Sie waren Freunde.
Bischof Jakob Weinbacher,
Nachfolger von Hudal in Rom

Bischof Hudal stand dem Vatikan
nicht sehr nahe. Er bewegte sich
am äußersten Rand. Und er stand
gewiss nicht dem Heiligen Vater
nahe. ... Man nahm ihn nicht
ernst.
Pater Burkhart Schneider,
katholischer Historiker

Es ist nicht bekannt, ob Papst Pius XII. selbst jemals einem gesuchten SS-
Mann über die »Vatikanlinie« oder die »Klosterlinie« zur Flucht verhalf
oder ob er darüber im Detail informiert war. Noch ist die Fluchthilfe vor
allem Bischof Hudal anzulasten. Sie war ein Netzwerk verschiedener Personen und Organisationen in Italien, die Kontakt zu hohen kirchlichen
Würdenträgern und vatikanischen Institutionen unterhielten. Der Schriftsteller Uki Goñi kommt in seiner neuesten Untersuchung zu dem Schluss,
dass verschiedene Kardinäle sowie Giovanni Battista Montini, der spätere
Papst Paul VI., ihren Einfluss geltend machten, um den Weg für die Fluchthilfe zu bereiten und durch ihre zum Teil fast krankhaft antikommunistische Haltung zumindest die »moralische Rechtfertigung« dafür gaben.
»Bischöfe und Erzbischöfe wie Hudal und Siri ermöglichten schließlich
die notwendige Abwicklung. Priester wie Draganović, Heinemann und
Dömöter unterschrieben die Passanträge. Angesichts solch eindeutiger
Beweise ist die Frage, ob Papst Pius XII. vollständig informiert war, nicht
nur unwichtig, sie ist auch wahnsinnig naiv.« Jedenfalls wies jeder Ausweis,
der von einem Kirchenmann unterschrieben war, einen entscheidenden
Eintrag auf: »Religionszugehörigkeit: katholisch«. Dankbar schrieb Hitlers Fliegerass Hans-Ulrich Rudel aus Argentinien: »Es gab welche, die im
Mönchsgewande von Kloster zu Kloster durch die Alpen gewandert
waren. Man mag sonst zum Katholizismus stehen, wie man will. Was in
diesen Jahren durch die Kirche, vor allem durch einzelne menschlich über-
ragende Persönlichkeiten innerhalb der Kirche, an wertvoller Substanz
unseres Volkes oft vor dem sicheren Tod gerettet worden ist, soll billiger-
weise unvergessen bleiben!«
Die Geschicklichkeit der kirchlichen Fluchthelfer stieß auch bei uner-

warteter Stelle auf Bewunderung: Obwohl der US-Geheimdienst CIC Draganović »als Faschist und Kriegsverbrecher« namhaft gemacht hatte, kam er mit ihm ins Geschäft. Der CIC brauchte Reisedokumente und Visa für Agenten, an deren Verschwinden aus Europa er ein Interesse hatte. Für 1000 bis 1400 Dollar Kopfgeld war Draganović gern behilflich. Dafür drückte man beim CIC beide Augen zu, wenn der Kroate seine Ustascha-Faschisten außer Landes schleuste. Der CIC hatte schon 1947 einen Fluchtweg für seine Agenten aufgebaut: die »Rattenlinie« (»rat line«), wie sie im Geheimdienstjargon genannt wurde. Als der Eiserne Vorhang über Europa niederging, diente sie ursprünglich dazu, gefährdete Agenten aus dem sowjetisch besetzten Teil Österreichs und aus Osteuropa herauszu-führen. Beim CIC in Salzburg wurden sie vom brillanten Organisator der »Rattenlinie«, Jim Milano, in einem sicheren Gebäude, einem »rat house«, einquartiert, wenn möglich mit gefälschten Ausweisen versorgt und dann über die Grenze zu den italienischen Häfen Genua oder Neapel und bis auf das Schiff nach Übersee gebracht. »Pässe zu besorgen, gebrauchte oder von Leuten, die gestorben waren, war eigentlich kein Problem. Die konnte man überall kaufen«, sagt dazu Jim Milano in einem Fernsehinter-view. »Das Visum war der Schlüssel.« Als die »Rattenlinie« dennoch immer mehr von den argwöhnischen Sowjets behindert wurde, nahmen die Amerikaner Draganović' professionelle Hilfe in Anspruch. »Mein Mit-arbeiter kam und sagte mir: ›He, da ist ein Priester, der an Rotkreuzaus-weise herankommt.‹ Er war perfekt für unsere Bedürfnisse. Wir nannten ihn ›The Good Father‹.«

Die Bombe platzte erst 1983, als sich herausstellte, das auch Klaus Bar-bie, Gestapo-Chef von Lyon, auf der Gehaltsliste des CIC gestanden hatte und 1951 über die »Rattenlinie« nach Bolivien gelangt war. Der »Schläch-ter von Lyon« war für seine barbarischen Verhörmethoden berüchtigt, mit denen er Geständnisse von seinen Opfern erpresste. Er tauchte sie in eine Wanne mit eiskaltem Wasser, schlug sie mit der Peitsche oder einem Knüppel, bearbeitete sie mit Spritzen, verbrannte ihre Fußsohlen mit glühen-den Eisen, stellte sie für Scheinexekutionen an die Wand oder rammte ihnen Nadeln unter die Fin-gernägel. Seine Spezialität war Folter mit Elektro-schocks, wobei die Elektroden an Brustwarzen und Hoden befestigt wurden, ehe der Strom durch den Körper gejagt wurde. »Barbie war ein Monster«, sagte eines seiner Folteropfer aus der

Klaus Barbie wird nach seiner Verurteilung zu lebenslanger Haft aus dem Gerichtssaal geführt, Lyon, Juli 1987.

Résistance: »Er hatte immer eine Peitsche in der Hand. Er schlug, ohne zu zögern, zu und forderte andere auf, es ihm gleichzutun. Er hat die Verhöre persönlich geführt. Das Leiden anderer machte ihm richtig Spaß.«

Der flüchtige SS-Hauptsturmführer stand sowohl bei Franzosen als auch bei Amerikanern auf der Fahndungsliste, als er im Frühjahr 1947 die rettende Idee hatte, sich mit den Amerikanern zu arrangieren. Die Zeichen waren günstig. Der Kalte Krieg zwischen West und Ost hatte begonnen, und die Furcht vor kommunistischer Unterwanderung machte vor allem Himmlers geheimdienstliche und polizeiliche Fachleute plötzlich interessant. »Wir wussten einfach sehr wenig über die Russen, über ihre Armee, ihre Taktiken, Einsatzpläne, und es gab ziemlichen Druck auf den Geheimdienst, das zu beschaffen«, ruft sich Jim Milano die damalige prekäre Situation ins Gedächtnis. »Die allgemeine Haltung war damals, fast alles zu tun, um Nachrichten zu sammeln.« Barbie wandte sich an das Counter Intelligence Corps (CIC), die Abwehrpolizei der US-Armee, das ihn prompt als Informanten anheuerte. Seine Aufgabe bestand zunächst darin, die »Kommunistische Partei Bayerns« zu infiltrieren. So entstand ein makabres Doppelspiel, bei dem US-Agenten zum einen für das Nürnberger Tribunal eifrig Jagd auf Kriegsverbrecher machten, aber hinter den Kulissen stillschweigend dafür sorgten, das »wertvolle« Männer ihren Anklägern entkamen. Bald galt Barbie als Tausendsassa der Spionage und als Verhörgenie. »Verglichen mit dem großen Nutzen, den er für unsere Organisation hatte, machten wir uns keine großen Gewissensbisse«, erinnert sich ein amerikanischer Kollege. Doch als Frankreich immer vehementer die Auslieferung Barbies verlangte und französische Fahnder sich ihm an die Fersen hefteten, fanden die Amerikaner eine elegante Lösung für den nun unbequemen Agenten: Sie ließen Barbie untertauchen. Dieser knüpfte in Lateinamerika schnell Kontakte zu früheren SS-Kameraden, arbeitete eng mit Friedrich Schwend zusammen und beriet den bolivianischen Geheimdienst. Wie sich nach und nach herausstellte, war Barbie bei weitem nicht der einzige SS-Offizier auf der Gehaltsliste des CIC. Seit 1998 gibt die CIA, Nachfolgeorganisation des CIC, ihre Akten über Kriegsverbrecher heraus. Neun von 14 dieser braunen Schergen, deren Namensdossiers unlängst freigegeben wurden, hatten Kontakt mit US-Geheimdiensten, darunter auch Gestapo-Chef Heinrich Müller. Die Akten belegen, dass er sich nach Kriegsende in zwei verschiedenen US-Internierungslagern aufgehalten hat und wochenlang von den Amerikanern verhört wurde. Dann verliert sich seine Spur.

Doch nicht nur die Geheimdienste der USA pflegten eine Doppelmoral für nützliche Nazis. Bereits im Sommer 1945 entschied das Oberkommando der US-Armee, »ausgewählte, außergewöhnlich kluge Köpfe wieder zu verwenden, deren anhaltende geistige Produktivität wir ausnutzen möchten«. Gedacht war vor allem an Spezialisten für U-Boot-Bau, Kriegsmedizin, chemische Kriegführung und Raketentechnik. Das »Know-how« deutscher Spezialisten wollte man anzapfen, bevor dies die Sowjets taten. Statt auf der Anklagebank zu landen, starteten auf diese Weise hunderte NS-Wissenschaftler eine neue Karriere in Amerika, so etwa das komplette Team um Werner von Braun, die Raketenkonstrukteure von Hitlers

»Wunderwaffe« V2. Dass von Braun, der Leiter der Raketenversuchsanstalt Peenemünde, SS-Offizier war und tausende Zwangsarbeiter und KZ-Häftlinge bei der Schufterei im unterirdischen Rüstungszentrum Dora-Mittelbau elend zugrunde gegangen waren, wurde geflissentlich übersehen. Doch auch ohne offizielle Rückendeckung war die Einreise für »Antikommunisten« in Länder wie USA oder Kanada oft unproblematisch. Ein ehemaliges Mitglied der Waffen-SS erzählte, er habe 1950 vom kanadischen Generalkonsul in Salzburg ein Visum bekommen, »da ich christlich war und gegen die Bolschewisten«. Ein Freund schlug Friedrich Schwend im Jahr 1953 vor, ihn in Los Angeles zu besuchen: »Politische Bedenken irgendwelcher Art gibt es wirklich nicht mehr. Im Gegenteil, wir Deutschen, gleichgültig ob ehemalige Nazis oder nicht, sind dort geradezu Trumpf.« Erst als sich das 1979 vom US-Justizministerium gegründete »Office of Special Investigation« (OSI) auf die Jagd nach versteckten Nazis machte, blies den in den USA lebenden NS-Kriegsverbrechern ein anderer Wind entgegen. 56 wurden ausgewiesen, 68 wurde die Staatsbürgerschaft entzogen. Gegen 17 US-Bürger läuft derzeit ein Verfahren, 170 Fälle werden noch geprüft. Gegen Zehntausende wurde ein Einreiseverbot in die USA verhängt, so auch gegen den ehemaligen österreichischen Präsidenten Kurt Waldheim. Somit sind die USA noch fast sechs Jahrzehnte nach Kriegsende damit beschäftigt, ein Fluchthilfegeflecht für SS-Leute aufzudecken, das jede Geheimorganisation »Odessa« in den Schatten stellen würde.

Nicht nur die USA werden bis heute mit ihrer »dunklen« Vergangenheit konfrontiert, auch Argentinien mutierte mit Segen von »oben« zur Fluchtburg für Nazi-Verbrecher. Die Rolle, die Argentinien, vor allem jedoch sein Präsident Juan Domingo Perón, bei der Fluchthilfe spielte, bezeichnet der argentinische Schriftsteller Uki Goñi als »the real Odessa«, das eigentliche »Odessa«. Das Land hatte in beiden Weltkriegen mit den Deutschen sympathisiert. Juan Perón, seit 1946 Präsident, stand Hitler und den Deutschen generell recht wohlwollend gegenüber. Den Beginn des alliierten Kriegsverbrechertribunals beobachtete er mit deutlichem Missfallen. Perón nannte Nürnberg »eine Infamie« und »die größte Ungeheuerlichkeit, welche die Geschichte nicht vergeben wird«. Der Dikta-

> Besonders die Amerikaner hatten ein unglaubliches Talent, auf groß gewachsene, blonde, blauäugige Deutsche hereinzufallen, bloß weil sie genauso aussahen, wie amerikanische Offiziere im Kino auszusehen pflegen.
> Simon Wiesenthal, Nazi-Jäger

> Wir wussten, was wir taten. Es war unbedingt notwendig, dass wir jeden Schweinehund verwendeten. Hauptsache, er war Antikommunist.
> Harry Rositzke, CIA-Russland-Experte

tor setzte es sich zum Ziel, so viele Nazis wie möglich vor der Bestrafung zu retten. Eine Schlüsselrolle sollte hierbei Peróns Geheimdienstchef spielen, der in der Casa Rosada, dem Präsidentenpalast
in Buenos Aires, sein »Informationsbüro« hatte:
Rodolfo Freude, ein junger blonder Argentinier
deutscher Herkunft. Sein Vater, der deutsche Geschäftsmann Ludwig Freude, hatte während des
Krieges engen Kontakt zu den Nationalsozialisten, besonders zum deutschen Auslandsgeheim-
dienst, gepflegt. Er war ein guter Freund Peróns.
Unmittelbar nach dessen Machtübernahme wurde
ein »Nationales Ethnisches Institut« mit eindeutig
antisemitischem Charakter gegründet. Seine Mitarbeiter stellten Überlegungen an, wie kommunistische und jüdische Emigranten an der Einreise ge-
hindert werden könnten. Zusammen mit diesem Institut machte sich
Rodolfo Freudes Geheimdienst daran, die NS-Flucht zu organisieren.

Evita Perón im Juli 1947 während einer Messe im Vatikan. Ihr wird heute vorgehalten, sie habe
die Flucht von SS-Kriegsverbrechern nach Argentinien unterstützt.

Wichtigster Drahtzieher dieser Aktivitäten war der frühere SS-Hauptsturmführer und Deutsch-Argentinier Horst Carlos Fuldner. Im März 1945 war der Mitarbeiter des Auslands-SD nach Madrid gereist, um dort Fluchtrouten für die SS zu eruieren. Als die Alliierten seine Auslieferung forderten, floh er 1947 nach Argentinien. Er wurde Agent in Freudes »Informationsbüro« – mit dem Spezialgebiet »deutsche Immigration«. Unter anderen rekrutierte er NS-»Techniker« für die argentinische Luftwaffe. Auf diese Weise fanden Hitlers Fliegerasse wie Adolf Galland, General der Jagdflieger, oder Luftwaffenoberst Hans-Ulrich Rudel, der höchstdekorierte Soldat der Wehrmacht, ihren Weg an den Rio de la Plata. Doch zusammen mit einer Reihe von Kriegsverbrechern aus Westeuropa und Kroatien war Fuldner vor allem mit einer wichtigen Aufgabe betraut: der Rettung der Nazis, deutsche SS-Männer inbegriffen. Der Belgier Pierre Daye, dem wegen Kollaboration mit den Nazis in Brüssel die Todesstrafe drohte, schrieb später: »All diese Ausländer waren in ihren Heimatländern zum Tod verurteilt worden. Der Präsident wusste es, und ich bewundere seine unabhängige Meinung und den Mut, mit dem er uns in seinem Präsidentenpalast empfing.« Nach Ende der Aktion konnte sich Fuldner die gelungene Fluchthilfe von SS-Tätern wie Adolf Eichmann, Josef Mengele, Erich Priebke, Josef Schwammberger und Gerhard Bohne auf die Fahne schreiben.

Wie es heißt, hat Evita, die schöne und umstrittene Frau Peróns, für die »Rettungsaktion« den Boden bereitet. Die Liebhaberin eleganter Kleider und teuren Schmucks hatte dem Vernehmen nach durchaus ein egoistisches Interesse, zahlungskräftige Nazis ins Land zu lassen. Auf ihrer Europareise 1947 sorgte sie bei General Franco in Spanien, in der Schweiz und bei Papst Pius XII. für wohlwollende Stimmung. Auch Nazi-Helfer Horst

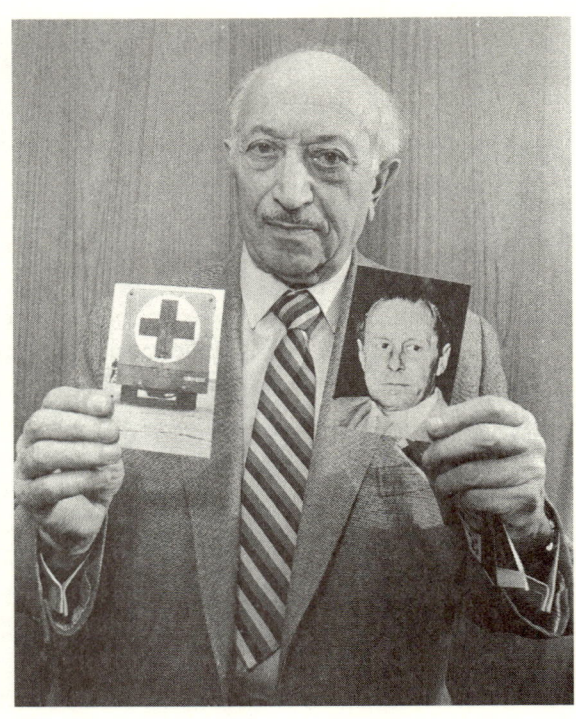

Viele Kriegsverbrecher tauchten in Südamerika unter. Im April 1983 präsentiert Nazi-Jäger Simon Wiesenthal Fotos und Dokumente zum Fall Walter Rauff.

Fuldner traf im Dezember 1947 in Europa ein und machte sich im argentinischen Immigrationsbüro (DAIE) in Genua nützlich, dem Überseehafen für die Schiffe nach Argentinien. Das Hauptquartier des perónschen Rettungsteams jedoch wurde in der Marktgasse 49 in Bern eingerichtet. Offiziell diente es dazu, deutsche »Techniker« für argentinische Militärprojekte anzuwerben. Nach dem Krieg stand deutsches »Know-how« in Sachen Kriegstechnik, Geheimdienstkontakte und Untergrundarbeit auch am Rio de la Plata hoch im Kurs. Im argentinischen Militär kursierten Pläne zum Bau von Waffenfabriken, Kampfflugzeugen und sogar Nuklearwaffen. Perón setzte seinen Ehrgeiz darein, Argentinien in eine militärische und industrielle Großmacht zu verwandeln. »Deutschland war besiegt, das wussten wir«, sagte Perón noch 1970. »Und die Sieger wollten ihre Vorteile aus den enormen technologischen Leistungen ziehen, die das Land während der vergangenen zehn Jahre vollbracht hatte. Die Maschinenkomplexe konnte man nicht mehr verwerten, da sie zerstört waren. Das Einzige, was sich nutzen ließ, waren die Menschen.« Da die Aufnahme früherer Amtsträger der Achsenmächte das Plazet der Alliierten brauchte, mussten sie heimlich herausgeschleust werden. Doch es ging nicht nur um Techniker, Wissenschaftler und Rüstungsexperten. In Wahrheit oblag die Leitung des »Argentinischen Emigrations-Zentrums« notorischen NS-Nostalgikern, die zahlreichen SS-Männern zur Flucht verhalfen. Finanziert wurden die Aktionen von deutschen und österreichischen Industriellen. Ganz normale Kriegsflüchtlinge waren kaum dabei. Die Schweizer Behörden – allen voran der Justizminister und der Polizeichef – drückten beide Augen zu. Selbst die Tatsache, dass viele dieser »Techniker« zunächst illegal aus Deutschland oder Österreich heraus in die Schweiz geschleust werden mussten, ehe sie nach Südamerika weiterreisten, störte die Schweizer nicht. Transitvisa für die Illegalen wurden anstandslos erteilt. Als das Büro im Frühjahr 1949 letzlich geschlossen wurde, hatte Fuldner ungefähr 300 Nazis die Flucht ermöglicht, darunter jedoch nur etwa 40 echten Technikern.

Peróns »Odessa«-Route war denkbar einfach: Zuerst musste von der Immigrationsbehörde in Buenos Aires eine Einreisegenehmigung eingeholt werden, die der Flüchtige bei einem argentinischen Konsulat in Europa beantragen konnte. Bei Nazi-Kriegsverbrechern reichte ein Referenzschreiben eines Mitarbeiters des perónschen »Informationsbüros«, um eine Ein-

Der Hafen von Buenos Aires Mitte der Vierzigerjahre. Hier glaubten sich flüchtige Kriegsverbrecher in Sicherheit.

367

reiseerlaubnis auf den gewünschten Namen, ob echt oder gefälscht, zu erlangen. Es ist sicher kein Zufall, dass Erich Priebke alias Otto Pape ausgerechnet 1948 seine Einreise beantragte, als Carlos Fuldner beim argentinischen Immigrationsbüro in Genua die Einreisepapiere regelte. Am selben Tag, mit fortlaufender Nummer, wurde bei der Einwanderungsbehörde in Buenos Aires die Einreiseakte für den »Todesengel von Auschwitz«, Josef Mengele alias Helmut Gregor, angelegt. Da zu diesem Zeitpunkt täglich an die 500 Einreiseanträge in Argentinien einliefen, ist die Wahrscheinlichkeit gegeben, dass Fuldner beide Namen gleichzeitig an Freudes Büro in der Casa Rosada telegrafierte. Die genaue Reiseroute dieser Kriegsverbrecher wird allerdings für immer ein Geheimnis bleiben: Die argentinische Regierung hat die entsprechenden Akten 1996 allesamt vernichten lassen. »Mehr als alles andere ist es dieser Moment, an dem zwei SS-Verbrecher gleichzeitig ihre Papiere erhalten haben, an dem Peróns Nazi-Flucht-Organisation dem fiktionalen ›Odessa‹ der Romane und Filme ähnelt«, findet Uki Goñi, der diesen Vorgang entdeckt hat. Nur wenige Wochen später beantragten auch Adolf Eichmann und Josef Schwammberger die Einreise.

Jetzt musste die Immigrationsbehörde in Buenos Aires dem jeweiligen Konsulat ihre Zustimmung telegrafieren. Dann konnte der Antragsteller seine Erlaubnis abholen. Für flüchtige SS-Kriegsverbrecher erledigten das in der Regel Abgesandte von Peróns Team in Europa oder Helfer wie Draganović und Hudal. Mit dieser Einreiseerlaubnis konnten die Flüchtigen das Reisedokument des Roten Kreuzes beantragen, in welches das Konsulat wiederum ein Visum stempelte. Die letzte bürokratische Hürde, die es nun noch zu überwinden galt, war das argentinische Immigrationsbüro in Italien, die DAIE. Doch auch hier waren in der Regel keine Schwierigkeiten zu erwarten. Als Chef des DAIE- Immigrationsbüros in Rom fungierte seit 1946 der Salesianerpater José Clemente Silva. Er hatte ausdrückliche Order, die Immigration von vier Mil-

---

Insgesamt wurden etwa 2000 Pässe und 8000 Personalausweise ausgestellt.

Pedro Bianchi, unter Perón Mitarbeiter des diplomatischen Dienstes und heute Verteidiger des ehemaligen SS-Mannes Erich Priebke

Hervorragende Kriegsflieger werden von der deutschfeindlichen Propaganda leider oft mit Eichmann, Mengele, Schwammberger und anderem KZ-Personal, das als Strandgut des Krieges an die Ufer des Rio de la Plata gespült wurde, in einen Topf geworfen. Sie mussten sich hier schlecht und recht durchschlagen, Eichmann als einfacher Arbeiter in einer Automobilfabrik außerhalb von Buenos Aires. Keiner von ihnen kam mit einem Kontrakt von Perón oder gar mit Unterstützung von Geheimorganisationen wie »Die Spinne« oder »Odessa« nach Argentinien. Ich auch nicht.

Wilfred von Oven, langjähriger Mitarbeiter von Goebbels

Menschenrechte und Moral spielten damals überhaupt keine Rolle.

Fabian Philipp, deutscher Publizist in Buenos Aires

lionen Europäern zu organisieren, um Peróns Traum von einer wirtschaftlichen und sozialen Revolution zu verwirklichen. In Genua, wo die DAIE die Einreisewilligen einem letzten medizinischen Check unterzog, spielte ohnehin der schon erwähnte Südtiroler Franz Ruffinengo den »Robin Hood« der angeblich »Entrechteten«. Damit war der Weg frei für die Reise nach Argentinien, eine neue Identität inbegriffen. Nicht nur mehr als zwei Millionen Einwanderer fanden letztlich unter Perón ihren Weg nach Argentinien, sondern auch die Fluchthilfe für SS-Täter funktionierte ausgezeichnet. Am 23. Oktober 1948 verließ das Dampfschiff »San Giorgio« den Hafen von Genua – an Bord Erich Priebke samt seiner Familie. Am 18. Juli 1949 reiste Josef Mengele nach Argentinien, im Gepäck einen kleinen Koffer mit Auschwitz-Aufzeichnungen. Adolf Eichmann alias Riccardo Klement landete am 14. Juli 1950 in Buenos Aires, dem »Tor zur Hoffnung« auf ein neues Leben.

Es gehört in den Bereich der Legende, dass diese SS-Flüchtlinge am Rio de la Plata einen Zweig der »Odessa« gebildet hätten. Allerdings riss der Kontakt unter den »alten Kameraden« auch in der Neuen Welt nicht ab, was die Gerüchteküche immer wieder zum Brodeln brachte. Im Mai 1948 traf auch Franz Ruffinengo in Argentinien ein. Er beschloss, aus seinen Kontakten Profit zu schlagen, und eröffnete in Buenos Aires ein Reisebüro, das sich in deutsch-argentinischen Kreisen bald großer Beliebtheit erfreute – das Geschäft boomte. Dieser Erfolg »wurde natürlich sofort in einer ganzen Reihe von Elaboraten beiderseits des Atlantiks umgedichtet zu verschwörerischer Zusammenarbeit der ›Nazis in Argentinien‹, sollte seinen Ursprung in einer frei erfundenen Organisation ›Odessa‹ haben, die Verbrechern nach Südamerika geholfen hätte«, schrieb hierzu Reinhard Kops, der sich jetzt Juan Maler nannte. Kops, einer von Hudals engen Mitarbeitern bei der NS-Fluchthilfe, hatte sich ebenfalls im September 1948 in argentinische Gefilde retten können. Er fand Anstellung bei der NS-Zeitschrift *Der Weg*, der beliebtesten Postille der NS-Flüchtlinge mit deutlich antisemitischer Tendenz. Das Blatt verherrlichte vor allem die SS.

Der Weg wurde vom Dürer-Verlag publiziert, dessen Geschäftsräume zur beliebten Anlaufstelle für flüchtige SS-Männer wurden. *Der Weg* hielt Kontakt zu prominenten NS-Verbrechern wie Josef Mengele und Adolf Eichmann und war Sprachrohr für Rassisten wie den früheren Schriftleiter der NS-Zeitschrift *Wille und Weg* und antisemitischen Hetzer Johann von Leers. Vor allem die

> Dass Argentinien das endgültige Ziel sein würde, wussten wir damals allerdings noch nicht.
>
> Juan Maler alias Reinhard Kops, Fluchthelfer

Emigranten der Waffen-SS hatten die Zeitschrift
zu ihrem ideologischen Kampfblatt erkoren. Im
»Hotel zur Post« in Buenos Aires traf sich eine
Zeit lang regelmäßig ein Kameradenkreis der SS-
Veteranen: 200 ehemalige SS-Mitglieder, die sich
gegenseitig mit Rat und Tat zur Seite standen, vor
internationalen Fahndungsaktionen warnten und
nationalsozialistische Ideen propagierten. Mit radikalen Tönen versuchten sie im *Weg* die Waffen-
SS zu rehabilitieren: »Uns Waffen-SS-Männer
interessieren Wahlrecht, Rechtsstaat, vier Freihei-
ten und Demokratie einen Dreck, solange in den
so beweihräucherten ›Rechtsstaaten‹ tausende
Kameraden festgehalten werden. Für uns fängt der
Rechtsstaat noch immer mit Gittern an.« Bald er-
reichte *Der Weg* eine Auflage von 20 000 Exemplaren – mit Verbreitung in
Deutschland und Österreich – und geriet in den Ruf, Organ des »Vierten
Reiches« zu sein.

Kein SS-Mann, aber überzeugter Nazi: Der ehemalige Luftwaffenoberst Hans-Ulrich Rudel
(Mitte) unterstützte in Argentinien »alte Kameraden«.

Wegen seiner engen Verbindungen zu NS-Kriegsverbrechern galt auch das von Hans-Ulrich Rudel gegründete »Kameradenwerk« vielfach als »getarnte Nazi-Organisation in Argentinien«. Simon Wiesenthal setzte es sogar mit der »Odessa« gleich. Ziel dieses Vereins war, in Haft sitzende Kriegsverbrecher und deren Familien in Deutschland zu unterstützen. Rudel sammelte in Argentinien und Chile bei »opferfreudigen Spendern, denen das Schicksal der verfemten, von allen verstoßenen, oft treuesten Söhne dieser Heimat, eben Opfer der Siegerjustiz, am Herzen lag«, Geld für Prozesskosten und schickte Pakete mit Kleidung und Lebensmitteln. »Bald zeigte sich der gute Kern des Deutschtums in Übersee«, schrieb Rudel, »schon Weihnachten 1951 konnten 1500 Pakete versandt werden.« Auch die Familien von Hitlers Stellvertreter Rudolf Heß und Admiral Karl Dönitz erhielten auf diese Weise »Care-Pakete« aus Argentinien. Das »Kameradenwerk« war zweifellos von nationalsozialistischem Gedankengut durchdrungen und setzte sich für eine Generalamnestie politischer Gefangener in Deutschland ein. Rudel selbst wurde ein guter Freund Peróns und erfolgreicher Geschäftsmann. Einer seiner engsten Partner war der in Belgien zum Tode verurteilte SS-Mann Willem Sassen. Als Berater und Waffenschieber pflegten beide die besten Kontakte zu lateinamerikanischen Diktatoren wie Alfredo Stroessner in Paraguay und Augusto Pinochet in Chile. Zusammen mit Josef Mengele erkundete Rudel den lateinamerikanischen Markt für die Landmaschinen-Produkte des in Bayern ansässigen Mengeleschen Familienbetriebs. Die Nazi-Elite hielt sich in Argentinien die Treue, traf sich zu Kaffeekränzchen und stieß bei »braunen« Soiréen auf die »guten alten Zeiten« an. Konkrete Belege, dass das »Kameradenwerk« mehr war als ein Paket- und Sozialdienst, stehen allerdings nicht zur Verfügung.

Auch die Gruppe CAPRI war eine verdeckte Auffangorganisation für NS-Flüchtlinge. Mit Unterstützung Peróns und deutschstämmiger Geschäftsleute gründete der umtriebige Fluchthelfer Horst Carlos Fuldner unter dem Dach des staatlichen Wasser- und Energiekonzerns eine Gesellschaft für industrielle Projekte, die »Compañía Argentina para Proyectos y Realizaciones Industriales«, kurz CAPRI. In diesem Unternehmen ar-

> Die Leute bei der CAPRI, die aus der SS kamen, denen sah man an, dass sie einmal die schwarze Uniform getragen hatten. Und es ging sogar das Gerücht, dass mein Personalchef, der selbst SS-Führer gewesen war, wieder eine SS-Standarte haben wollte.
> Heinz Lühr, Eichmanns Chef bei einem Wasserwerk in Buenos Aires

> Die meisten Leute kamen mit einem falschen Namen. Alle hatten Rotkreuzpässe mit Namen wie Meier, Kunz oder Schmidt, hießen aber ganz anders.
> Fabian Philipp, deutscher Publizist in Buenos Aires

beiteten ausgewiesene deutsche Fachleute und Ingenieure im Staatsauftrag an Energie- und Bewässerungsprojekten. Fast alle leitenden Angestellten der CAPRI waren deutsche Einwanderer der Nachkriegszeit. CAPRI erwies sich jedoch auch als perfekte Tarnung für SS-Offiziere und politische Einwanderer, nach denen international gefahndet wurde. Spezifische Berufskenntnisse mussten diese Personen nicht vorweisen. Auch Adolf Eichmann war eine Zeit lang unter seinem Decknamen Riccardo Klement bei CAPRI beschäftigt. Allerdings stellte sich der akribische Organisator der Deportationen von Millionen Juden in die Vernichtungslager ungeschickt an, war schnell überfordert und arbeitete schlampig: »Technisch war er eine vollkommene Null«, meint sein früherer Kollege Heinz Lühr. Als er seine Chefin eines Tages verwundert fragte, warum Klement so verschlossen sei und nie von seiner Vergangenheit berichte, erhielt er zur Antwort: »Lassen Sie ihn mit seiner Vergangenheit in Ruhe, er hat Schweres, Schweres durchgemacht.« Eichmann ist es zu keiner Zeit gelungen, in Südamerika erfolgreich Fuß zu fassen. Er hielt sich mit Gelegenheitsjobs über Wasser und verdingte sich bis zu seiner Entführung durch den Mossad am 11. Mai 1960 als Autoschlosser, Vorarbeiter und Kaninchenzüchter in der Pampas. »Reue« zeigte er nie. 1956 gestand Eichmann seinem Gesinnungsfreund Willem Sassen: »Ich bin es langsam müde, als anonymer Wanderer zwischen den Welten zu leben. … Ich wäre der Letzte, der nicht bereit wäre, sich den deutschen Behörden zu stellen, wenn ich nicht zu bedenken hätte, dass das Interesse am Politikum der An-

»Befehl war Befehl, verstehen Sie?«: Erich Priebke mit seiner Frau in seinem Haus in
Bariloche/Argentinien, August 1995.

gelegenheit doch noch zu groß sein könnte, um einen klaren, sachlichen
Ausgang der Materie herbeizuführen. … Ich war nichts anderes als ein getreuer, ordentlicher, korrekter, fleißiger – und nur von idealen Regungen
für mein Vaterland, dem anzugehören ich die Ehre hatte, beseelter – Angehöriger der SS und des Reichssicherheitshauptamts. Ein innerer Schweine-
hund und ein Verräter war ich nie. Trotz gewissenhafter Selbstprüfung
muss ich für mich feststellen, dass ich weder ein Mörder noch ein Massenmörder war.« Flüchtling Eichmann suchte Zuflucht in Begriffen wie
»Fahneneid« und »Pflichterfüllung«.

Wenn die SS-Gemeinschaft auch nachweislich die Verbindungen untereinander aufrecht erhielt und sich gegenseitig half und abschirmte – ein
straff organisiertes, verschworenes Netzwerk hat es nicht gegeben. Solange Perón seine schützende Hand über die NS-Verbrecher hielt, war das
im Grunde auch gar nicht nötig. Im Juli 1949 erließ der Diktator sogar eine
Generalamnestie für Ausländer, die illegal nach Argentinien eingereist
waren. Fragen zur Vergangenheit wurden keine gestellt. Auch Otto Pape
kreuzte daraufhin bei der Einwanderungsbehörde auf und behauptete, bis

Kriegsende in der deutschen Botschaft in Rom
Unterschlupf gefunden zu haben. So wurde aus
Otto Pape wieder Erich Priebke – ganz legal. Er
siedelte sich in einer der vielen deutschen Emi-
grantenkolonien Argentiniens an, die zum Hort
flüchtiger Nazis mutiert waren: Priebke wählte
San Carlos de Bariloche, einen idyllischen Skiort in den Anden, wo sich
auch schon Reinhard Kops niedergelassen hatte und ebenfalls Josef Mengele öfter zu Besuch weilte. Hier führte er ein friedliches Dasein, eröffnete
einen Delikatessenladen und wurde sogar Vorsitzender des deutsch-
argentinischen Kulturvereins. Er reiste oft in der Welt umher, auch nach
Deutschland, und erneuerte regelmäßig seinen Pass bei der deutschen Botschaft in Buenos Aires. Dies ging so lange gut, bis er 1994 einem amerikanischen Fernsehteam, das eigentlich auf der Suche nach Reinhard Kops
war, freimütig seine Beteiligung an dem Massaker in den Ardeatinischen
Höhlen und die eigenhändige Erschießung von zwei Italienern schilderte:
»Solche Dinge passierten damals«, sagte er, »zu jener Zeit war ein Befehl
ein Befehl, verstehen Sie, junger Mann?« Das Interview sorgte weltweit für
einen Aufschrei der Empörung. Ein italienisches Auslieferungsbegehren folgte umgehend, dem im November 1995 stattgegeben wurde. Am
7. März 1998 verurteilte ihn ein italienisches Gericht in Rom zu lebens-
langem Hausarrest. Seitdem sind die noch lebenden SS-Leute in Argentinien vorsichtiger geworden.

Eine der schillerndsten Figuren im Legendengespinst des »Odessa«-My-
thos ist »Hitlers Wunderwaffe«, Otto Skorzeny. Bis heute hält sich das
Gerücht, er sei der Kopf der »Odessa« in Spanien gewesen. Der Österreicher war in seiner Heimat einer der Nationalsozialisten der ersten Stunde.
1939 wurde er Angehöriger der SS-»Leibstandarte Adolf Hitler« und
kämpfte anschließend in der SS-Division »Das Reich« in Frankreich, Jugoslawien und an der Ostfront. Vom Reichssicherheitshauptamt wurde er
schließlich zum Spezialagenten für Sabotage hinter den Linien erkoren. Anschläge, Entführungen und Mord waren die gängigen Aktivitäten
der SS-Jagdverbände Skorzenys, von den Alliierten »Hitlers Kommandos« genannt. Einen fast mythischen Ruf als »kühner Held« erlangte der
1,90 Meter große SS-Standartenführer, dessen linke Wange ein Schmiss
vom Ohr bis zum Kinn zierte, am 12. September 1943. An diesem Tag befreite Skorzeny, so die Propaganda, an der Spitze deutscher Fallschirmjäger in einer spektakulären Aktion Benito Mussolini aus einem Berghotel

Späte Gerechtigkeit: Erich Priebke wird nach seiner Auslieferung an Italien in den Gerichtssaal geführt, Juli 1996.

im schwer zugänglichen Gran-Sasso-Massiv, wo er von der italienischen Regierung inhaftiert worden war. »Der Führer schickt mich«, soll er dem verdatterten Mussolini erklärt haben. Für diese Aktion erhielt Skorzeny von Hitler persönlich das Ritterkreuz. Später berichteten die beteiligten Fallschirmjäger allerdings wütend, Skorzeny habe die Aktion des Kommandos lediglich begleitet und sich erst, als Mussolini schon befreit war, ins Rampenlicht gestellt und die Lorbeeren eingeheimst. Gleichwohl wurde »Der Held vom Gran Sasso« zum Symbol für alle, die sich mit gewagten Kommandounternehmen eine Wende im Krieg erhofften, und überdies zum Propaganda-Sprachrohr für mörderische Durchhalteparolen. Mit der ebenfalls spektakulären Entführung des Horthy-Sohnes, mit dem Hitlers abtrünniger ungarischer Reichsverweser zur Bündnistreue erpresst wurde, und der »Operation Greif«, bei der Skorzeny während der Ardennenoffensive eine Gruppe von Saboteuren in amerikanischer Uniform hinter die feindlichen Linien führte, erlangte er in seinen Kreisen endgültig einen nahezu legendären Status.

Nachdem sich Skorzeny in die »Alpenfestung« zurückgezogen hatte, fiel er dort im Mai 1945 den Amerikanern in die Hände. Man beschuldigte ihn der Ermordung US-amerikanischer Gefangener während der Ardennenoffensive. Im August 1947 wurde er jedoch von einem amerikanischen Militärgericht freigesprochen. In Gefangenschaft wurde Skorzeny von amerikanischen Vernehmungsoffizieren stundenlang verhört, seine Aussagen füllen mehrere Aktenordner. Da er noch ein »Entnazifizierungsverfahren« durchlaufen musste, wurde er im Internierungslager Darmstadt festgehalten. Angeblich, so Skorzeny später, boten ihm plötzlich sowohl der amerikanische als auch der sowjetische Geheimdienst eine Zusammenarbeit an. Zu dieser Zeit lag bereits ein Auslieferungsantrag der Tschechoslowakei vor, wo man ihm wegen Kriegsverbrechen den Prozess machen wollte. Wie ihm die Flucht aus seinem Gefängnis gelang, wollte Skorzeny lange Jahre auch nicht andeutungsweise erläutern: »Es widerstrebt mir, immer von meiner ›Flucht‹ sprechen zu müssen. Am 27. Juli 1948 machte ich mich auf den Weg; ohne Drahtschere und Strickleiter, ohne Bestechung und fremde Hilfe fand ich ihn. – Ich tat den entschlossenen Schritt zu einem neuen Leben, zur Freiheit«, schrieb er in seinen Memoiren. Doch kurz vor seinem Tod 1975 erzählte Skorzeny seinem Biografen Glenn Infield eine andere Geschichte: Drei SS-Offiziere, die

Einer der Vorzeigesoldaten des »Dritten Reiches«: Otto Skorzeny erhält im September 1943 von Hitler das Ritterkreuz.

Skorzeny vorher kontaktiert hatte, seien als Polizisten der US-Armee verkleidet in einem Wagen mit amerikanischen Nummerschildern vor dem Gefängnis in Darmstadt vorgefahren: »Wir sind hier, um den Gefangenen Skorzeny zu seinem morgigen Verhör in Nürnberg abzuholen«, erklärten sie dem verwirrten Posten und nahmen Skorzeny kurzerhand mit. So einfach war das. In seiner Zelle hinterließ er einen Abschiedsbrief mit den hehren Worten: »Ich glaube, es wird dem Gericht unmöglich sein, zu einer gerechten Entscheidung zu kommen, weil es sich stärkeren Einflüssen von außen wird beugen müssen. Ich habe nur einen Wunsch: ehrenvoll in diesem Vaterland zu leben.«

Angeblich hat Otto Skorzeny schon während seiner Gefangenschaft damit angefangen, eine SS-Untergrundorganisation aufzubauen, die zuerst als die »Skorzeny-Bewegung«, dann als »Bruderschaft«, schließlich als »Odessa« in den Akten des US-Geheimdienstes auftauchte. In einem vertraulichen Schreiben der amerikanischen Militärpolizei an die europäische Geheimdienstzentrale heißt es: »Eine Gruppe ehemaliger SS-Leute und Fallschirmjäger hat sich einer Untergrundbewegung unter der Leitung von Otto Skorzeny angeschlossen. Verlässlichen Quellen zufolge befindet sich deren Hauptquartier in Tirol, Österreich. Diese Bewegung hat zwei Ziele: Erstens: aktiver Widerstand gegen den Bolschewismus. Zweitens: Evakuierung der westlichen Besatzungsmächte.« Später meldete ein Undercover-Agent in einem »Top-secret«-Bericht am 20. Januar 1947 die Existenz von »Odessa«: »Der Führer dieser Gruppe ist Otto Skorzeny, der die Bewegung von dem Lager in Dachau aus leitet, wo er interniert ist. Die polnischen Wachen helfen den Männern, die von Skorzeny den Befehl erhalten, zu fliehen.« Für die weitere Flucht von Deutschland nach Italien hatte Skorzeny angeblich die Organisation »Die Spinne« ins Leben gerufen. Seine Mitarbeiter hatten demnach ein ausgeklügeltes System aus »sicheren Häusern« über ganz Deutschland verteilt. Die Flüchtlinge wurden innerhalb Deutschlands und Österreichs laut Simon Wiesenthal ausgerechnet mit jenen Lastwagen der US-Armee befördert, mit denen deutsche Zivilangestellte die Armeezeitung *Stars and Stripes* transportierten: »So schaute höchstens mal ein Militärpolizist in den Laderaum und erblickte dort Stapel von Zeitungspaketen. Was er nicht sah, waren die Männer, die hinter den Zeitungspaketen kauerten und den Atem anhielten, um nicht gehört zu werden; was er nicht wusste, war der Umstand, dass der Fahrer des Lastwagens zur ›Odessa‹ gehörte.« Die Fluchtroute verlief anfangs angeblich über Süddeutschland nach Österreich oder in die Schweiz, später von Bremen direkt nach Rom oder Genua.

Trotz seines Freispruchs durch ein US-Gericht stand Skorzeny immer noch auf der UN-Fahndungsliste. Was sein Biograf Glenn Infield nach persönlichen Gesprächen mit Skorzeny über dessen Fluchtweg schreibt, klingt wie eine Räuberpistole. 1949 soll er nach Argentinien gereist sein, um seinen Anspruch auf den geheimen Schatz des »Dritten Reiches« zu erheben: Geld, Gold und Schmuck, der von in den KZ ermordeten Juden stammte und den Hitlers Sekretär Bormann dem argentinischen Diktator Juan Perón anvertraut haben soll. Infield zufolge soll es dem schneidigen SS-Mann gar gelungen sein, die schöne Evita zu verführen und überdies Teile des angeblichen »Nazi-Schatzes« für sich und seine »Odessa« sicherzustellen. Quellen für diese Informationen nennt Infield nicht. Es ist zu vermuten, dass Skorzeny dem Autor einfach einen Bären aufgebunden hat.

Argentiniens Präsident Carlos Menem sah sich unter öffentlichem Druck 1997 gezwungen, eine Untersuchungskommission zur Erhellung der Nazi-Aktivitäten in Argentinien (CEANA) einzuberufen. Deren Aufgabe war unter anderem auch die Suche nach dem legendären »Nazi-Gold«. Doch nach zwei Jahren Forschungsarbeit konnte die Kommission lediglich nachweisen, dass Argentinien Zufluchtstätte für mindestens 180 Nazi-Verbrecher war, obwohl die Dunkelziffer ungleich höher liegt – vom »Nazi-Gold« keine Spur. Da jedoch die meisten Akten in Argentinien vernichtet worden waren und auch die Unabhängigkeit der unter einer perónistischen Regierung eingesetzten Kommission angezweifelt wurde, heißt das nicht viel. Skorzeny jedenfalls traf 1950 schließlich in Madrid ein, wo er sich unter dem Decknamen Rolf Steinbauer sowohl als Vertreter deutscher und österreichischer Industrieunternehmen als auch als Waffenhändler betätigte. Er reiste viel und pflegte die Kontakte zu »alten Kameraden« der SS. Außer dem Umstand, dass der Österreicher »gern Whiskey mit wenig Wasser trinkt«, kam selbst der US-Geheimdienst zu der Erkenntnis, es sei »sehr gut möglich, dass Skorzeny den Aufenthaltsort vieler gesuchter Deutscher kennt, die auf geheimen Wegen Deutschland verlassen haben, um ihre Identität zu verschleiern«.

Bald sollte der umtriebige Otto Skorzeny Gelegenheit bekommen, einem der brutalsten Massenmörder des »Dritten Reiches« seine helfende Hand entgegenzustrecken. 1953 bat Ägyptens ehrgeiziger Präsident Oberst Gamal Abd el-Nasser die Amerikaner, ihn beim Aufbau eines militärischen Geheimdienstes und eines internen Sicherheitskommandos zu unterstützen. Die CIA hatte schon lange keine Skrupel mehr, Nazi-Verbrecher in ihre Geheimdienstaktivitäten zu integrieren. Der Fall Barbie war keine Ausnahme. Doch nicht immer war es opportun, die amerikanische Beteiligung öffentlich zu machen, was vor allem für die Krisenregion im Nahen Osten galt. In besonders heiklen Angelegenheiten wandten sich die Amerikaner daher bevorzugt an den früheren Wehrmachtsgeneral Reinhard Gehlen, dessen Organisation – die Vorläuferin des Bundesnachrichtendienstes – sie seit 1946 unterstützten. Hitlers Spionagechef für den Krieg im Osten hatte sich nach der Niederlage mitsamt seinen brisanten Akten den Amerikanern angedient. Sein Spionagenetz in der Sowjetunion, aber auch seine Verbindungen zu ehemaligen SS-Männern waren für die Amerikaner Gold wert. Gehlen beauftragte Skorzeny mit dem Job. Im Laufe der nächsten 18 Monate aktivierte Skorzeny seine Drähte zu den SS-Fluchtnetzen und Nazi-Vereinigungen und rekrutierte etwa 100 deutsche Berater für den ägyptischen Sicherheitsdienst, die meisten frühere SS- oder Gestapo-Männer. Zu ihnen gesellte sich laut den Recherchen des amerikanischen NS-Experten Christopher Simpson auch Alois Brunner. Er war neben Adolf Eichmann der berüchtigtste »Endlöser« des »Dritten Reiches« und einer der meistgesuchten Kriegsverbrecher überhaupt.

Sie vermochten ihrer gerechten Strafe nicht zu entgehen: Die SS-Angehörigen der Einsatzgruppe A wurden wegen gemeinschaftlicher Beihilfe zum Mord an über 5500 Menschen in Litauen verurteilt.

Brunners Werdegang zieht sich wie eine Blutspur durch Europa. 1938 wurde er engster Mitarbeiter Eichmanns in der »Zentralstelle für jüdische Auswanderung« in Wien. In Eichmanns Auftrag organisierte er die Deportationen der österreichischen Juden in die Vernichtungslager. Bald wurde er Eichmanns »Entsorgungsspezialist« für schwierige Fälle. Immer wenn die Deportationen irgendwo ins Stocken kamen, wurde Brunner in Marsch gesetzt: ob nach Saloniki, Paris, Nizza oder Pressburg. Wo auch immer er hinkam – kurze Zeit später konnte er seinem Chef stolz vermelden, die Stadt sei »judenrein«. Insgesamt schickte Brunner über 120 000 Menschen in den Tod. Sein genauer Fluchtweg ist bis heute nicht geklärt. Zunächst tauchte er ein paar Jahre als »Alois Schmaldienst« in Deutschland unter. Selbst in amerikanischer und britischer Gefangenschaft flog seine Tarnung nicht auf. Eine Zeit lang arbeitete er sogar als Fahrer für die US-Besatzungsmacht. Anfang 1954 wurde er in Frankreich zum Tode verurteilt – in Abwesenheit. Als Brunner der Boden zu heiß wurde, verließ er Deutschland. Sein Freund, SS-Hauptsturmführer Dr. Georg Fischer, überließ

Unter den noch lebenden Verbrechern des »Dritten Reiches« ist Alois Brunner der zweifellos schlimmste.

Simon Wiesenthal, Nazi-Jäger

ihm seinen Pass. Nach einigen kosmetischen Korrekturen glich Brunner sogar Fischers Passbild. Nun setzte sich der neue Georg Fischer in den Zug nach Amsterdam und flog weiter nach Rom. Wer ihm in der Heiligen Stadt weiterhalf, bleibt Spekulation. Doch es ist anzunehmen, dass auch Brunner in den Genuss der Hudalschen »Nächstenliebe« kam. Jedenfalls reiste Brunner mit einem Touristenvisum von Rom direkt nach Kairo.

Ägypten war, wie der ganze Nahe Osten, ein idealer Zufluchtsort für NS-Verbrecher. »Wer ein Feind der Juden ist, ist unser Freund«, lautete hier das Motto, zumal die Gründung Israels als Affront betrachtet wurde und deutsche Fachleute für Geheimdienste, Militär und Propaganda daher willkommen waren. Doch als Brunners Visum nach drei Monaten abgelaufen war, machte er sich auf nach Syrien – ebenfalls ein Hort gestrandeter Nazis. In Damaskus ließ sich der Mörder häuslich nieder und betätigte sich als umtriebiger Geschäftsmann, Waffenhandel inbegriffen. Als Brunner schließlich 1960 vom syrischen Geheimdienst angeheuert wurde, konnte er vor Auslieferungsanträgen sicher sein.

Brunner, sofern er noch lebt, ist bis heute seiner Bestrafung entgangen. Lustlos mahlten in Nachkriegsdeutschland allzu lange die Mühlen der Justiz, die Gerechtigkeit blieb vielfach auf der Strecke. Zwar erließ Österreich Anfang der Sechzigerjahre Haftbefehle gegen Brunner und stellte ein Auslieferungsbegehren an Syrien, doch die halbherzigen Bemühungen, ihn zu finden, verliefen im Sande. Auch in Deutschland schleppten sich die Ermittlungen dahin. Ein Haftbefehl der Kölner Staatsanwaltschaft, der 1984 endlich zustande kam, gefolgt von einem Auslieferungsbegehren, endete ergebnislos. Andere wussten offensichtlich genau, wo Brunner steckte: Im Juni 1961 explodierte eine Bombe, als Brunner auf dem Hauptpostamt von Damaskus ein an ihn gerichtetes Päckchen öffnete. Er überlebte schwer verletzt, verlor aber sein linkes Auge. Zwanzig Jahre später, im Juli 1980, verstümmelte ihm eine weitere Paketbombe beide Hände. Als der gesuchte Kriegsverbrecher unverfroren 1985 der deutschen Illustrierten *Bunte* in Damaskus ein Interview gab, erhob sich ein Sturm der Empörung unter Brunners Opfern. Die bundesdeutsche Justiz unternahm nichts, sie brachte nicht einmal ein Fahndungsplakat zustande. Schon mehrfach wurde Brunner totgesagt – doch immer noch steht er zur Fahndung an. Viele solcher Fälle lie-

> Wenn Eichmann den Generalstabsplan zur Judenvernichtung entworfen hat, hat Brunner ihn in die Tat umgesetzt. Sie sind ein gleichberechtigtes Zweigestirn des Todes.
> Simon Wiesenthal, Nazi-Jäger

> Ich bin bereit, mich einem internationalen Gerichtshof zu stellen und mich zu verantworten. Nur Israel wird mich nie bekommen. Ein zweiter Eichmann werde ich nicht.
> Alois Brunner, 1985

Die deutsche Illustrierte
Bunte spürte Brunner 1985
auf. Dennoch lebte er
weiter unbehelligt
in Syrien.

ßen sich schildern. Sie sind Teil einer fatalen Vergangenheitspolitik: Fluchthilfe durch Unterlassung.

Von Anfang an hatte es deutsche Proteste gegen die »Siegerjustiz« und die alliierte Entnazifizierung gegeben. Mit der Verschärfung des Kalten Krieges und dem Beginn des Koreakriegs hatten auch für die Siegermächte »Säuberungen« keine Priorität mehr. Wiederbewaffnung und Westintegration der Bundesrepublik standen auf dem Programm. Um das Wohl der NS-Kriegsverbrecher sorgte sich vor allem der SS-Veteranenverein »Stille Hilfe«. Er wurde nach jahrelanger Arbeit im Verborgenen am 15. November 1951 offiziell gegründet. Als Vorstand fungierten hochrangige frühere SS-Offiziere zusammen mit Würdenträgern der evangelischen und der katholischen Kirche. Erste Vorsitzende des Vereins war die Prinzessin Helene Elisabeth von Isenburg, liebevoll als »Mutter der Landsberger« bezeichnet.

Die stramme Katholikin, die von ihrer NSDAP-Ortsgruppe einst als »politisch zuverlässig« eingestuft worden war, hatte ihr Herz für die Insassen des alliierten Kriegsverbrechergefängnisses Landsberg am Lech

entdeckt. Hier saßen insgesamt etwa 1600 Häftlinge ein: Verurteilte aus den Nürnberger Nach-
folgeprozessen, darunter Mitglieder der SS-
Einsatzgruppen, der Gestapo, des deutschen Ge-
neralstabs und führende Industrielle. Unermüd-
lich setzte sich die Prinzessin sogar beim Papst persönlich für die »Opfer
der Siegerjustiz« ein – mit tatkräftiger Unterstützung von Hans-Ulrich
Rudels »Kameradenwerk«. Diese Verbindung brachte sie in den Verdacht,
Teil der NS-Fluchthilfe zu sein, Teil von »Odessa«. Ihre Kontakte zu internationalen SS-Gruppen, etwa in Skandinavien, nährten die Gerüchte. Auf
jeden Fall war »Mutter Elisabeth« erfolgreich: Unter dem vehementen
Druck der Bundesregierung wie auch der Lobbyisten der »Stillen Hilfe«
wurden mit der Zeit fast alle Insassen des Kriegsverbrechergefängnisses
in Spandau entlassen. Nach einem Gnadenerlass des amerikanischen
Hochkommissars John McCloy kamen im Februar 1951 92 der restlichen
142 verurteilten »Landsberger« frei, während unter einem Sturm der Entrüstung in Deutschland die letzten sieben Kriegsverbrecher am 7. Juni
1951 in Landsberg gehängt wurden.

Die Umtriebe alter SS-Kameraden in Deutschland gingen jedoch weiter. So wurde das SS-Netzwerk »Hilfsgemeinschaft auf Gegenseitigkeit,
Bundesverband der Soldaten der ehemaligen Waffen-SS«, kurz HIAG, gegründet. In diesem Verband konnten die SS-Mitglieder in aller Ruhe den
NS-Staat verherrlichen, Kriegserlebnisse glorifizieren und ihre Weisheiten zum Besten geben: »Das Leben ist Kampf, Kampf jeder Art – und die
Welt ist unbarmherzig genug, über jeden hinwegzugehen, der nicht bereit
und gewillt ist, dieses Lebensgesetz anzunehmen.« Auch der HIAG gelang
1956 die Anerkennung als Verein. Innerhalb kürzester Zeit verfügte der
Verband über ein Netz von Hunderten lokaler und regionaler Gruppen.
Vorsitzender war lange Jahre der General der Waffen-SS, Kurt Meyer, von
den Seinen liebevoll »Panzer-Meyer« genannt. Bis zu seinem Tod 1961
kämpfte er für die Rehabilitierung der Waffen-SS. Die HIAG vertrat den
Standpunkt, die Mitglieder der Waffen-SS seien Soldaten gewesen wie alle
anderen auch und hätten mit den Verbrechen der allgemeinen SS nichts
zu tun gehabt. »Von den Gräueltaten haben wir nichts gewusst«, sagte ein
Sprecher der HIAG, »und wir sind dem damaligen Staat dankbar, dass die
Geheimhaltung funktioniert hat.« Bis zu den Siebzigerjahren hatte der SS-
Verein erheblichen Einfluss auf Soldaten- und Traditionsverbände sowie
die politischen Parteien. Für die CDU saß jahrelang ein früheres Mitglied
der »Leibstandarte Adolf Hitler« im Bundestag: Hans Wissebach, ein

> **Eine wahrhafte Mutter der von allen Verlassenen.**
>
> Hans-Ulrich Rudel über Helene Prinzessin von Isenburg

Soldaten wie andere auch? Das erste große Nachkriegstreffen von Angehörigen der Waffen-SS, Verden 27. Oktober 1952.

SS-Veteranentreffen der HIAG. Kurt Meyer (links) grüßt mit geballter Faust, rechts vorn der ehemalige SS-General Paul Hausser.

Sprecher der HIAG. Die HIAG wurde zwar 1992 aufgelöst, ihr Verbandsblatt *Der Freiwillige* erscheint aber immer noch. 1952 war neben der HIAG zur Sicherung des »braunen« Nachwuchses die »Wikingjugend« nach dem Vorbild der HJ gegründet worden. Sie wurde erst 1994 verboten.

Die Gründung der Bundesrepublik schien den Deutschen die willkommene Gelegenheit zu bieten, einen vermeintlichen Schlussstrich zu ziehen. Für Kanzler Konrad Adenauer war die Integration der vielen Mitläufer des NS-Regimes Voraussetzung für den Wiederaufbau: »Man schüttet kein schmutziges Wasser weg, wenn man kein sauberes hat«, postulierte der Kanzler. So kamen frühere NS-Eliten auch in der jungen Bundesrepublik wieder zu Amt und Würden. Schon 1952 konnten mit dem so genannten »131er-Gesetz« ehemalige Nazi-Beamte, auch Mitglieder der Gestapo, erneut in den öffentlichen Dienst übernommen werden. Höhepunkt war das Straffreiheitsgesetz von 1954. Nach Ansicht des Historikers Norbert Frei bedeutete dieses Gesetz, dass Mitte der Fünfzigerjahre fast niemand mehr befürchten musste, »ob seiner NS-Vergangenheit von Staat und Justiz behelligt zu werden. Fast alle waren jetzt entlastet und unschuldig.« Schleichend folgte die Amnestie: Zwar hob der Bundestag 1965 die zwanzigjährige Verjährungsfrist für Mord auf, doch 1960 bestätigte er die Verjährung für Totschlag, 1968 sogar die für Beihilfe zum Mord. Daraufhin mussten die Verfahren gegen etwa 300 ehemalige Angehörige des Reichssicherheitshauptamts eingestellt werden, obwohl in der Eichmann-Behörde der Holokaust organisiert worden war. Hätte man Eichmann statt in Israel in Deutschland vor Gericht gestellt, so wäre er womöglich nicht verurteilt worden. Am aktivsten zeigte sich noch die Zentrale Stelle zur Verfolgung von NS-Verbrechen in Ludwigsburg, die in Deutschland die NS-Strafermittlung koordiniert. Nach dem Krieg wurden zwar über 100 000 Strafverfahren eingeleitet, doch verurteilt wurden nur 6500 Personen, davon zwölf zum Tode, 163 lebenslänglich. Viele Verbrecher kamen ungeschoren davon. Nicht wenige von ihnen leben immer noch in Freiheit.

Weil sie das nicht ertragen konnten, wurden Nazi-Jäger weltweit aktiv, um die Kriegsverbrecher doch noch zur Strecke zu bringen. Der israelische Geheimdienst Mossad machte mit der Entführung Adolf Eichmanns aus Argentinien 1960 von sich reden: Der Schreibtischtäter der »Endlösung« wurde in Israel abgeurteilt und hingerichtet. Auch das Ehepaar

Serge und Beate Klarsfeld hatte sich die Jagd auf NS-Verbrecher zur Lebensaufgabe gemacht. Ihre hartnäckige Recherche führte 1983 zur Verhaftung von Klaus Barbie. Einem Bombenanschlag auf Serge Klarsfeld in den Siebzigerjahren folgte übrigens ein Bekennerschreiben der »Odessa«. Der New Yorker Privatdetektiv Steven Rambam bezeichnet sich selbst als Teilzeit-Nazi-Jäger. Doch er ist erfolgreich: Seine Ermittlungen führ-

> Eine Fluchtorganisation wie die »Odessa« war eigentlich gar nicht notwendig – die NS-Kriegsverbrecher konnten doch unbehelligt in Deutschland leben.
> Beate Klarsfeld, Nazi-Jägerin

> Es gibt keine Zukunft, wenn nicht die Vergangenheit aufgeklärt ist.
> Efraim Zuroff, Nazi-Jäger

ten im Jahr 2001 zur Verurteilung des SS-Offiziers Julius Viel – wegen der Ermordung von Gestapo-Häftlingen in Böhmen. Der wohl legendärste Nazi-Jäger ist der KZ-Überlebende Simon Wiesenthal. Seine Dokumentationszentren brachten nach eigenen Angaben insgesamt über 1200 flüchtige NS-Täter vor Gericht.

Das Aufspüren von NS-Verbrechern sei ein »Rennen gegen die Zeit«, sagt Wiesenthals Nachfolger Efraim Zuroff, Leiter des Simon-Wiesenthal-Instituts in Jerusalem: Die Täter sterben aus. Wie ein Nazi-Jäger sieht Zuroff nicht aus, eher wie ein Büroangestellter: ordentlicher Anzug, Schlips, korrekter Seitenscheitel, leicht getönte Brille. Er versteht sich selbst als Schreibtischfahnder, der präzise, unerbittlich und, wenn es sein muss, jahrelang den Verbrechen der Vergangenheit nachspürt. Nicht selten war er involviert, wenn flüchtige SS-Täter Schlagzeilen machten: Er war derjenige, der herausfand, dass der Auschwitzer KZ-Arzt Josef Mengele entgegen allen Gerüchten in Brasilien gestorben ist. Im Moment ist Zuroff hauptsächlich in Osteuropa aktiv: »Der Holokaust war ein europäisches Phänomen.« Aufgeben will er noch lange nicht: »Es sind noch immer NS-Täter am Leben, die vermutlich sechsmal so viele Menschen wie Osama bin Laden getötet haben; die sollten auch verurteilt werden.« In den letzten Jahren kam es allenthalben zu einem neuen Aufschwung bei der Jagd

---

Mein Auftrag im März 1960 war ganz einfach, ich hatte eine Straße und eine Hausnummer in Buenos Aires und sollte mir ansehen, ob es stimmt, dass die Familie Eichmann in dem Haus wohnt, das war alles. Ich fuhr hin und habe gleich festgestellt, dass das Haus leer steht, und wenn überhaupt Eichmann dort gewohnt hat, dass er weg war. Später habe ich dann gehört, dass die Eichmann-Familie jahrelang in Chacabuco gelebt hat und genau zwei Wochen, bevor ich kam, umgezogen ist.
Zvi Aharoni, Nazi-Jäger

Familienbande: Himmler-Tochter
Gudrun Burwitz engagiert sich
für die »Stille Hilfe«.

nach den letzten NS-Verbrechern. Selbst die deutschen Ermittler legten dabei wachsende Entschlossenheit an den Tag. 1987 wurde der frühere SS-Obersturmführer Josef Schwammberger, einst Leiter eines Lagers in Polen, in Argentinien verhaftet und 1992 in Deutschland wegen mehrfachen Mordes zu lebenslanger Haft verurteilt. Friedrich Engel, früher Chef der Sicherheitspolizei in Genua, wurde im Jahr 2002 wegen der grausamen Tötung von italienischen Gefangenen im Mai 1944 zu sieben Jahren Haft verurteilt. Wiesenthal fasste zumindest seine Motivation für die unerbittliche Jagd nach den Verbrechern einmal in einer Parabel zusammen: »Im Jenseits werden wir Juden mit den Opfern des Holokaust zusammentreffen. Die Opfer werden fragen: ›Was habt ihr getan im Leben?‹ Der eine wird sagen: ›Ich war Anwalt.‹ Der nächste: ›Ich war Lehrer.‹ Und ich werde sagen: ›Ich habe euch nicht vergessen.‹«

Man beginnt ein neues Leben nicht mit einer Lüge. Ich bleibe die Gudrun Himmler.

Gudrun Burwitz in den 1950er-Jahren

Dass auch die Täter nicht in Vergessenheit geraten, dafür sorgt bis heute die »braune Solidarität«. Gudrun Burwitz verkörpert die Seele des SS-Ver-

Auf den »Ulrichsberg-Treffen« in Kärnten werden die Gefallenen der Waffen-SS geehrt.

eins »Stille Hilfe«. Die Tochter Heinrich Himmlers ist der Star bei Veranstaltungen der Alt- und Jungnazis und hält dort regelrecht Hof: zum Beispiel bei der jährlich stattfindenden Gedenkfeier der Kameraden vom »Freikorps und Bund Oberland« auf dem Annaberg bei Schliersee oder beim SS-Veteranentreffen auf dem Kärntner Ulrichsberg in Österreich. Jeden Oktober pilgern junge und alte Nazis aus ganz Europa zu der früheren keltischen Kultstätte, um »braunen« Idealen zu huldigen. Für »Püppi«, wie Himmler seine Tochter gern nannte, ist der Vater heute noch ein Held. Getreu dem SS-Slogan »Unsere Ehre heißt Treue« unterstützt die »Stille Hilfe«, der 1999 endgültig die »Gemeinnützigkeit« aberkannt wurde, noch heute inhaftierte Kriegsverbrecher, besorgt Geld und Anwälte für die Angehörigen. In den Genuss der Wohltaten des Netzwerks kam auch der frühere SS-Oberscharführer Anton Malloth. Wegen der Ermordung von KZ-Häftlingen schon 1948 in der Tschechoslowakei zum Tode verurteilt, wurde seit-

> In stiller tätiger Hilfe allen denjenigen helfen, die infolge der Verhältnisse der Kriegs- und Nachkriegszeit durch Gefangennahme, Internierung oder ähnliche, von ihnen persönlich nicht zu vertretende Umstände ihre Freiheit verloren haben.
>
> Aus der Satzung der »Stillen Hilfe«

389

dem nach dem ehemaligen Aufseher im Polizeigefängnis »Kleine Festung Theresienstadt« europaweit gefahndet. Wie sich jetzt herausstellte, lebte er seit 1988, unbehelligt von der deutschen Justiz, mit Unterstützung der »Stillen Hilfe«, friedlich in einem Altenheim bei München. Erst im Jahr 2001 wurde er zu einer lebenslangen Freiheitsstrafe verurteilt. Die »Stille Hilfe« kümmert sich noch heute um ihn. Sie steht auch nach wie vor zu »Opfern« wie Josef Schwammberger und Erich Priebke, der sich seit seiner Verurteilung 1998 in Italien unter Hausarrest befindet: »Priebke, soldatisch aufrecht, zeigt der Welt, was ein echter Deutscher ist.«

Inzwischen wird die Suche nach NS-Flüchtigen zunehmend zur Jagd nach Gespenstern: Alois Brunner wäre heute 90 Jahre alt, »Gestapo-Müller« 102. Wer aber glaubt, mit dem Tod der letzten Täter rissen auch die Netzwerke der SS, der irrt. Die alten SS-Vereine haben frühzeitig für »braunen« Nachwuchs gesorgt. Nach dem Vorbild der »Stillen Hilfe« kümmert sich die »Hilfsorganisation für nationale politische Gefangene« (HNG), 1979 gegründet, um inhaftierte Neonazis. Ihre Sympathien gelten laut Verfassungsschutz nachdrücklich Häftlingen, »die Brandanschläge auf Asylbewerberunterkünfte, Körperverletzung und andere Straftaten aus ihrer politischen Überzeugung heraus begangen haben«. Die »Betreuung« ist ein perfekter Deckmantel für die Rekrutierung neuer Kämpfer. Auch sie unterstützt Vorbilder aus der Vergangenheit, wie die SS-Männer Erich Priebke und Josef

Besonders die SS war Vertreter einer Politik, welche die Auswanderung der Juden bezweckte. Es war den Folgen des Krieges – der nicht durch Deutschland verursacht worden war – zuzuschreiben, dass die Auswanderung nur noch in geringerem Umfang weitergehen konnte. Im Laufe des Krieges wurde der Entschluss gefasst, die Juden in Arbeitssiedlungen im Osten zu evakuieren. Man soll in diesem Zusammenhang daran erinnern, dass das Weltjudentum Deutschland schon im März 1933 den Krieg erklärt hatte.

Aus einer rechtsradikalen Internet-Seite

Schwammberger. »Die ›Stille Hilfe‹ hatte immer eine Vorbildfunktion für die rechte Szene«, bestätigte einmal Christian Worch, ein mehrfach vorbestrafter Neonazi. Zusammen mit ihrem Ziehsohn, dem rechtsextremen Anwalt und Neonazi-Führer Jürgen Rieger, ist auch die frühere BDM-Führerin Gertrude Herr für den Nachwuchs aktiv. Zusammen gründeten sie mehrere dubiose Vereine und errichteten Heime, die der Verfassungsschutz als »bedeutendste deutsche Schulungsstätten alter und neuer Nazis aus dem In- und Ausland« klassifizierte. Als Rednerin konnte sie ihre Jünger mit ihren Ansichten belehren: »Es ist kein Jude in Auschwitz vergast worden, überhaupt gab es keine Vergasungslager.«

Als Ersatz für die verbotene »Wikingjugend« wurde klammheimlich der »Freundeskreis Ulrich von Hutten« ins Leben gerufen. Gründer waren seinerzeit die ehemalige BDM-Führerin Lisbeth Grolitsch und Otto Ernst Remer, einst Kommandeur des Wachbataillons »Großdeutschland«. Der Freundeskreis hält bis heute die Ideale der SS hoch und ist besonders bei der Nachwuchspflege aktiv. Offen verbreitet er militantes Propagandamaterial, organisiert Tagungen für Rechtsextremisten, überzieht den deutschsprachigen Raum mit seinen Tarnvereinen und steht viel verspre-

»Staffelübergabe«: Der ehemalige SS-Mann Walter Matthaei mit jungen Rechtsradikalen bei einem »Gautreffen« 1988. 2. von links: Michael Kühnen, 3. von links: Christian Worch.

chenden »Jungstars« mit ideologischer Schulung zur Seite. In seinem Organ, den *Huttenbriefen*, verbreitet er unverhohlen antisemitische Hetzpropaganda, Holokaustleugnung, militanten Rassismus und Verherrlichung des »Dritten Reiches«. »Die großen Menschheitsfragen schreien unüberhörbar in der Zeit. Adolf Hitler hat Wege zu ihrer Lösung gewiesen«, hetzt das Kampfblatt, und: »Das Vierte Reich bleibt das Ziel der Deutschen.« So bedeutungslos in einer pluralistischen Gesellschaft solche Arabesken auch klingen mögen, sie zeigen doch, dass giftiges SS-Gedankengut bis heute fortbesteht – und nicht zuletzt bei Pubertierenden Früchte trägt. Noch heute gibt es im Internet Tausende von Seiten, auf denen die SS verherrlicht wird. Noch heute ziehen Jugendliche nach dem Vorbild der SS in Springerstiefeln durch die Straßen. Noch heute werden Menschen auf offener Straße drangsaliert oder Brandanschläge auf ihre Häuser verübt – wie 1992 in Rostock-Lichtenhagen, als drei Tage lang der Mob tobte und ein Wohnheim für Ausländer in Brand setzte, während Anwohner und Polizei zuschauten. Noch heute werden Menschen öffentlich als »Jud« diffamiert. Noch heute dient wie bei der SS »Kameradschaft« als Begriff für gemeinsam ausgeübte Gewalt. Solange Teile Deutschlands für »Fremde« zur Falle geraten, solange im Land der Euthanasie Behinderte traktiert werden, geistige Brandbeschleuniger demokratische Werte verteufeln, solange Computerspiele wie die »KZ-Rattenjagd« die Hemmschwellen senken – so lange ist der unselige Geist der SS noch nicht erloschen. Die Geschichte der SS ist deshalb immer auch eine Warnung der Geschichte.

Literatur

Der Machtkampf

Bennecke, Heinrich: Hitler und die SA. München, Wien 1962.

Bennecke, Heinrich: Die Reichswehr und der »Röhm-Putsch«. München, Wien 1964.

Crüger, Herbert: Ein alter Mann erzählt. Lebensbericht eines Kommunisten. Schkeuditz 1998.

Gallo, Max: Der schwarze Freitag der SA. Der Röhm-Putsch. München 1981.

Gossweiler, Kurt: Die Röhm-Affäre. Hintergründe – Zusammenhänge – Auswirkungen. Köln 1983.

Gritschneder, Otto: »Der Führer hat Sie zum Tode verurteilt…«. Hitlers »Röhm-Putsch«-Morde vor Gericht. München 1993.

Höhne, Heinz: Der Orden unter dem Totenkopf. Die Geschichte der SS. Augsburg 1996.

Höhne, Heinz: Mordsache Röhm. Hitlers Durchbruch zur Alleinherrschaft 1933 – 1934. Reinbek 1984.

Jamin, Mathilde: Zur Rolle der SA im nationalsozialistischen Herrschaftssystem. In: Hirschfeld, Gerhard / Kettenacker, Lothar (Hrsg.): Der Führerstaat. Mythos und Realität. Studien zur Struktur und Politik des Dritten Reiches. Stuttgart 1981.

Longerich, Peter: Die braunen Bataillone. Geschichte der SA. München 1989.

Mau, Hermann: Die Zweite Revolution – der 30. Juni 1934. In: Vierteljahreshefte für Zeitgeschichte (1) 1953, S. 119–137.

Messenger, Charles: Hitler's Gladiator. Oberstgruppenführer und Panzergeneral-Oberst der Waffen-SS. London 1988.

Oven, Wilfred von: Mit ruhig festem Schritt. Aus der Geschichte der SA. Kiel 1998.

Richardi, Hans-Günter / Schumann, Klaus: Geheimakte Gerlich-Bell. Röhms Pläne für ein Reich ohne Hitler. München 1993.

Richardi, Hans-Günter: Schule der Gewalt. Die Anfänge des Konzentrationslagers Dachau 1933 – 1934. Ein dokumentarischer Bericht. München 1983.

Röhm, Ernst: Geschichte eines Hochverräters. Neudruck Bremen 1982.

Schulz, Paul: Meine Erschießung am 30. Juni. Stuttgart 1967.

Stresemann, Wolfgang: Wie konnte es geschehen? Hitlers Aufstieg in der Erinnerung eines Zeitzeugen. Berlin 1987.

Weißbuch über die Erschießungen des 30. Juni. Paris 1934.

Werner, Andreas: SA und NSDAP. SA: »Wehrverband«, »Parteigruppe« oder »Revolutionsarmee«? Studien zur Geschichte der SA und der NSDAP 1920–1933. Erlangen, Nürnberg 1965.

Himmlers Wahn

Ackermann, Josef: Heinrich Himmler als Ideologe. Göttingen 1970.

Breitman, Richard: Der Architekt der »Endlösung«. Himmler und die Vernichtung der europäischen Juden. Paderborn 1996.

Fest, Joachim C.: Das Gesicht des Dritten Reiches. München 1963.

Fraenkel, Heinrich / Manvell, Roger: Himmler. Kleinbürger und Massenmörder. Frankfurt/Main 1965.

Frischauer, Willi: Himmler. The Evil Genius of the 3rd Reich. New York 1953.

Goodrick-Clarke, Nicholas: Die okkulten Wurzeln des Nationalsozialismus. Graz 2000.

Heiber, Helmut (Hrsg.): Reichsführer! … Briefe an und von Himmler. Stuttgart 1968.

Hüser, Karl: Wewelsburg 1933 bis 1945. Kult- und Terrorstätte der SS. Eine Dokumentation. Paderborn 1987.

Kater, Michael H.: Das »Ahnenerbe« der SS 1935–1945. München 1997.

Knopp, Guido: Hitlers Helfer. München 1996.

Mitscherlich, Alexander / Mielke, Fred (Hrsg.): Medizin ohne Menschlichkeit. Dokumente des Nürnberger Ärzteprozesses. Frankfurt/Main 1993.

Padfield, Peter: Himmler. Reichsführer SS. London 2001.

Schäfer, Ingeburg / Klockmann, Susanne: Mutter mochte Himmler nie. Die Geschichte einer SS-Familie. Reinbek 1999.

Smith, Bradley F.: Heinrich Himmler 1900–1926. Sein Weg in den deutschen Faschismus. München 1979.

Smith, Bradley F. / Peterson, Agnes F.: Heinrich Himmler. Geheimreden 1933 bis 1945 und andere Ansprachen. Frankfurt/Main, Berlin, Wien 1974.

Witte, Peter, et al. (Bearb.): Der Dienstkalender Heinrich Himmlers 1941/42. Hamburg 1999.

Heydrichs Herrschaft

Aly, Götz: Vordenker der Vernichtung. Auschwitz und die deutschen Pläne für eine europäische Ordnung. Hamburg 1991.

Aronson, Shlomo: Reinhard Heydrich und die Frühgeschichte von Gestapo und SD. Stuttgart 1971.

Breitman, Richard: Der Architekt der »Endlösung«. Himmler und die Vernichtung der europäischen Juden. Paderborn 1996.

Broszat, Martin: Hitler und die Genesis der »Endlösung«. In: Vierteljahreshefte für Zeitgeschichte, 25 (1977), S. 737–775.

Browning, Christopher R.: Der Weg zur »Endlösung«. Entscheidungen und Täter. Bonn 1998.

Calic, Edouard: Reinhard Heydrich. Schlüsselfigur des Dritten Reiches. Stuttgart 1984.

Deschner, Günther: Reinhard Heydrich. Statthalter der totalen Macht. München 1980.

Gellately, Robert: Die Gestapo und die deutsche Gesellschaft. Die Durchsetzung der Rassenpolitik 1933–1945. Paderborn, München, Wien, Zürich 1994.

Haasis, Hellmut G.: Tod in Prag. Das Attentat auf Reinhard Heydrich. Reinbek 2002.

Herbert, Ulrich: Best. Biographische Studien über Radikalismus, Weltanschauung und Vernunft 1903–1989. Bonn 1996.

Krausnick, Helmut: Hitlers Einsatzgruppen. Die Truppe des Weltanschauungskrieges 1938–1942, Frankfurt/Main 1985.

Lang, Jochen von: Die Gestapo. Instrument des Terrors. München 1994.

MacDonald, Callum: Heydrich. Anatomie eines Attentats. München 1993.

MacDonald, Callum / Kaplan, Jan: Prague in the Shadow of the Swastika. A History of the German Occupation 1939–1945. Wien 2001.

Paul, Gerhard / Mallmann, Klaus-Michael (Hrsg.): Die Gestapo im Zweiten Weltkrieg. »Heimatfront« und besetztes Europa. Darmstadt 2000.

Pätzold, Kurt / Schwarz, Erika: Tagesordnung: Judenmord. Die Wannsee-Konferenz am 20. Januar 1942. Berlin 1992.

Tuchel, Johannes / Schattenfroh, Reinold: Zentrale des Terrors. Prinz-Albrecht-Str. 8. Das Hauptquartier der Gestapo. Berlin 1987.

Wildt, Michael: Generation des Unbedingten. Das Führungskorps des Reichssicherheitshauptamtes. Hamburg 2002.

Wilhelm, Friedrich: Die Polizei im NS-Staat – Die Geschichte ihrer Organisation im Überblick. Paderborn 1999.

Totenkopf

Aly, Götz: »Endlösung«. Völkerverschiebung und der Mord an den europäischen Juden. Frankfurt/Main 1995.

Browning, Christopher R.: Ganz normale Männer. Das Reserve-Polizeibataillon 101 und die »Endlösung« in Polen. Reinbek 1993.

Buchheim, Hans / Broszat, Martin / Jacobsen, Hans-Adolf / Krausnick, Helmut: Anatomie des SS-Staates. München 1999.

Frei, Norbert, et al. (Hrsg.): Darstellungen und Quellen zur Geschichte von Auschwitz. 4 Bände. München 2000.

Gerlach, Christian: Kalkulierte Morde. Die deutsche Wirtschafts- und Vernichtungspolitik in Weißrussland von 1941 bis 1944. Hamburg 2000.

Goldhagen, Daniel J.: Hitlers willige Vollstrecker. Berlin 1996.

Grabitz, Helge, et al. (Hrsg.): Die Normalität des Verbrechens. Bilanz und Perspektiven zu den nationalsozialistischen Gewaltverbrechen. Festschrift für Wolfgang Scheffler zum 65. Geburtstag. Berlin 1994.

Gutman, Yisrael, et al. (Hrsg.): Enzyklopädie des Holocaust. Die Verfolgung und Ermordung der europäischen Juden. 3 Bände. Berlin 1993.

Herbert, Ulrich / Orth, Karin / Dieckmann, Christoph (Hrsg.): Die nationalsozialistischen Konzentrationslager. Entwicklung und Struktur. 2 Bände. Göttingen 1998.

Herbert, Ulrich: Nationalsozialistische Vernichtungspolitik 1939–1945. Neue Forschungen und Kontroversen. Frankfurt/Main 1998.

Herbert, Ulrich (Hrsg.): Europa und der »Reichseinsatz«. Ausländische Zivilarbeiter, Kriegsgefangene und KZ-Häftlinge in Deutschland 1938–1945. Essen 1991.

Hilberg, Raul: Täter, Opfer, Zuschauer. Die Vernichtung der Juden 1933–1945. Frankfurt/Main 1992.

Höß, Rudolf: Kommandant in Auschwitz. Autobiografische Aufzeichnungen. München 1963.

Höß, Rudolf / Broad, Perry / Kremer, Johann Paul: Auschwitz in den Augen der SS. Auschwitz-Birkenau 1998.

Jäckel, Eberhard: Hitlers Weltanschauung. Entwurf einer Herrschaft. Stuttgart 1991.

Klee, Ernst, et al. (Hrsg.): »Schöne Zeiten«. Judenmord aus Sicht der Täter und Gaffer. Frankfurt/Main 1988.

Klein, Peter (Hrsg.): Die Einsatzgruppen in der besetzten Sowjetunion 1941/42. Die Tätigkeits- und Lageberichte des Chefs der Sicherheitspolizei und des SD. Berlin 1997.

Knopp, Guido: Holokaust. München 2000.

Longerich, Peter: Politik der Vernichtung. Eine Gesamtdarstellung der national-sozialistischen Judenverfolgung. München 1998.

Ogorreck, Ralf: Die Einsatzgruppen und die »Genesis der Endlösung«. Berlin 1996.

Orth, Karin: Die Konzentrationslager der SS. Sozialstrukturelle Analysen und biografische Studien. Göttingen 2000.

Orth, Karin: Das System der nationalsozialistischen Konzentrationslager. Hamburg 1999.

Schwarz, Gudrun: Die nationalsozialistischen Lager. Frankfurt/Main 1996.

Segev, Tom: Die Soldaten des Bösen. Zur Geschichte der KZ-Kommandanten. Reinbek 1992.

Smelser, Ronald M. (Hrsg.): Die SS. Elite unter dem Totenkopf. 30 Lebensläufe. Paderborn, München, Wien, Zürich 2000.

Wiesenthal, Simon: Denn sie wussten, was sie tun. Zeichnungen und Aufzeichnungen aus dem KZ Mauthausen. Wien 1995.

Die Waffen-SS

Blandford, Edmund L.: Hitler's Second Army. The Waffen-SS. Shrewsbury 1994.

Boberach, Heinz: Die Überführung von Soldaten des Heeres und der Luftwaffe in die SS-Totenkopf-Verbände zur Bewachung von Konzentrationslagern 1944. In: Militärgeschichtliche Mitteilungen 34 (1983), S. 185–190.

Brunegger, Herbert: Saat in den Sturm. Ein Soldat der Waffen-SS berichtet. Graz 2000.

Förster, Jürgen: Vom Führerheer der Republik zur nationalsozialistischen Volks-armee. In: Dülffer, Jost, et al. (Hrsg.): Deutschland und Europa. Kontinuität und Bruch. Gedenkschrift für Andreas Hillgruber. Berlin 1990, S. 311–328.

Hastings, Max: Das Reich. Resistance and the March of the 2nd SS-Panzer-Division through France. June 1944. London 1981.

Höhne, Heinz: Der Orden unter dem Totenkopf. Die Geschichte der SS. Augsburg 1996.

Lumans, Valdis O.: Himmler's Auxiliaries. The Volksdeutsche Mittelstelle and the German National Minorities of Europe, 1933–1945. Chapel Hill, London 1993.

Michaelis, Rolf: Die Brigade Kaminski. Partisanenbekämpfung in Russland, Weiß-russland und Warschau. Berlin 1999.

Schneider, Wolfgang: Die Waffen-SS. Berlin 1998.

Smelser, Ronald / Syring, Enrico (Hrsg.): Die SS. Elite unter dem Totenkopf. Paderborn 2000.

Stein, George H.: Geschichte der Waffen-SS. Düsseldorf 1967.

Sydnor, Charles W.: Soldaten des Todes. Die 3. SS-Division »Totenkopf« 1933–1945. Paderborn, München, Wien, Zürich 2000.

Wegner, Bernd: »My Honour is Loyalty«. The SS as a Military Factor in Hitler's Germany. In: Deist, Wilhelm (Hrsg.): The German Military in the Age of Total War. Leamington Spa 1985, S. 220–239.

Wegner, Bernd: Auf dem Weg zur pangermanischen Armee. Dokumente zur Entstehungsgeschichte des III. (»germanischen«) SS-Panzerkorps. In: Militärgeschichtliche Mitteilungen 28 (1980), S. 101–136.

Wegner, Bernd: Hitlers politische Soldaten. Die Waffen-SS 1933–1945. 6. Auflage, Paderborn 1999.

Wegner, Bernd: The »Aristocracy of Nazism«. The Role of the SS in Nationalsocialist Germany. In: Koch, Hannsjoachim W. (Hrsg.): Aspects of the Third Reich. London 1985, S. 430–450.

Yerger, Mark C.: Riding East. The SS Cavalry Brigade in Poland and Russia, 1939–1942. Atglen, PA 1996.

Mythos »Odessa«

Aarons, Mark / Loftus, John: Unholy Trinity. How the Vatican's Network betrayed Western Intelligence to the Soviets. New York 1991.

Elam, Shraga: Hitlers Fälscher. Wie jüdische, amerikanische und Schweizer Agenten der SS beim Falschgeldwaschen halfen. Wien 2000.

Farago, Ladislas: Scheintot. Martin Bormann und andere NS-Größen in Südamerika. Hamburg 1975.

Frei, Norbert: Karrieren im Zwielicht. Hitlers Eliten nach 1945. Frankfurt/Main, New York 2001.

Frei, Norbert: Vergangenheitspolitik. Die Anfänge der Bundesrepublik und die NS-Vergangenheit. München 1996.

Giefer, Rena / Giefer, Thomas: Die Rattenlinie. Fluchtwege der Nazis. Eine Dokumentation. Frankfurt/Main 1992.

Goñi, Uki: The Real Odessa. How Perón Brought the Nazi War Criminals to Argentina. London 2002.

Hafner, Georg M. / Schapira, Esther: Die Akte Alois Brunner. Warum einer der größten Nazi-Verbrecher noch immer auf freiem Fuß ist. Frankfurt/Main, New York 2000.

Höttl, Wilhelm: Einsatz für das Reich. Koblenz 1997.

Infield, Glenn B.: Skorzeny. Hitler's Commando. New York 1981.

Kaltenegger, Roland: Operation Alpenfestung. Mythos und Wirklichkeit. München 2000.

Klee, Ernst: Persilscheine und falsche Pässe. Wie die Kirchen den Nazis halfen. Frankfurt/Main 1992.

Linklater, Magnus, et al.: Klaus Barbie. The Fourth Reich and the neo-Fascist Connection. London 1984.

Maler, Juan: Frieden, Krieg und »Frieden«. Bariloche 1987.

Meding, Holger M.: Flucht vor Nürnberg? Deutsche und österreichische Einwanderung in Argentinien 1945–1955. Köln, Weimar, Wien 1994.

Müller-Tupath, Karla: Verschollen in Deutschland. Das heimliche Leben des Anton Burger, Lagerkommandant von Theresienstadt. Berlin 2000.

Rudel, Hans-Ulrich: Zwischen Deutschland und Argentinien. 5 Jahre in Übersee. Göttingen 1954.

Schröm, Oliver / Röpke, Andrea: Stille Hilfe für braune Kameraden. Das geheime Netzwerk der Alt- und Neonazis. Ein Inside-Report. Berlin 2001.

Sereny, Gitta: Am Abgrund. Gespräche mit dem Henker. Franz Stangl und die Morde von Treblinka. München 1995.

Simpson, Christopher: Der amerikanische Bumerang. NS-Kriegsverbrecher im Sold der USA. Wien 1988.

Skorzeny, Otto: Wir kämpften – wir verloren. Lohmar 1975.

Spitzy, Reinhard: So entkamen wir den Alliierten. Bekenntnisse eines »Ehemaligen«. München 1989.

Wiesenthal, Simon: Recht, nicht Rache. Erinnerungen. Frankfurt/Main 1995.

Personenregister

Kursive Seitenangaben verweisen auf Abbildungen.

Orts- und Sachregister

Bildnachweis

AKG: 108, 151 oben, 173, 180, 195 unten, 243, 255 unten, 259 unten, 309, 345 unten

Alain Morvan/Gamma: 357 unten

Aus: »Die Bunte« Nr. 45, v. 30. 10. 85: 382

Bildarchiv Preußischer Kulturbesitz: 42 unten, 47, 49, 51 oben, 51 unten, 69, 74, 88 oben, 88 unten, 89 oben, 89 unten, 97, 106 oben, 106 unten, 110, 113 unten, 123 oben, 145, 147 oben, 161 oben, 161 unten, 187, 198 rechts, 198 links, 207, 213, 218, 239, 259 unten, 265, 274, 275, 279, 283 oben, 289 unten, 295, 307, 311, 323, 324

Bundesarchiv: 20 (Nr. 80/31/16 A), 21 (Nr. BA WO319/508), 35 (Nr. 2000/5/23), 37 (Nr. 183/R99973), 82 (Nr. 74/80/34), 86 (Nr. 146/73/26/45), 101 (Nr. 183/H8448), 113 oben (Nr. 152/11/12), 123 unten (Nr. 73/10/11), 138 (Nr. 146/72/39/24), 147 unten (Nr. 183/S21073), 157 (Nr. 152152/4), 183 oben (Nr. 183/N0221/502), 189 (Nr. 183/H26314), 192 (Nr. 146/72/39/44), 197 oben (Nr. 146723956), 197 unten (Nr. 146/72/39/14), 208 (Nr. 183/32279/5), 220 (Nr. 101/212/221/6A), 268 (Nr. 93/21/33), 271 (Nr. 183/H29077), 281 (Nr. 183/B 22308), 285 oben (Nr. 73/119/9), 285 unten (Nr. 183/B 8160), 289 oben (Nr. 73/113/18), 305 oben (Nr.:101/297/1722/29), 305 unten (Nr. 146/84/11/3017), 319 (Nr. 146/69/141/42)

Corbis: 315, 317, 325, 366

DHM: 127

Dietmar Gust: 391

Hulton Deutsch Collection/Corbis: 345 oben

Karl-Bernd Karwasz: 388, 389

Keystone: 342, 349 unten

Kreismuseum Wewelsburg: 103

Muzeum Historii Fotografii/USHMM: 116

Senoner/Eupra: 303 unten

SV Bilderdienst: 63, 65, 81, 121 oben, 121 unten, 215, 351

Timepix: 349 oben, 367

Ullstein Bilderdienst: 26, 29 oben, 29 unten, 34, 42 oben, 61, 72, 93, 126, 134, 151 unten, 159, 167, 183 unten, 195 oben, 199, 203, 211, 222, 271 unten, 283 unten, 297, 303 oben, 328, 332, 336, 353, 357 oben, 361, 364, 373, 375, 380, 384, 385

USHMM: 235, 249 oben, 249 unten, 255 oben

ZDF: 178

Die Rechteinhaber der Abbildungen auf folgenden Seiten konnten leider nicht ermittelt werden: 335, 347, 370, 377. Der Verlag bittet Personen oder Institutionen, welche die Rechte an diesen Fotos haben, sich zwecks angemessener Vergütung zu melden.